Tiempo de México

Debo, luego sufro

Primero vivo

Guadalupe Loaeza

DEBO, LUEGO SUFRO

OCEANO PROFECO

EDITOR: Rogelio Carvajal Dávila

DEBO, LUEGO SUFRO

© 2000, Guadalupe Loaeza

D. R. © EDITORIAL OCEANO DE MÉXICO, S.A. de C.V.
 Eugenio Sue 59, Colonia Chapultepec Polanco
 Miguel Hidalgo, Código Postal 11560, México, D.F.
 ☎ 5282 0082   📠 5282 1944

PRIMERA EDICIÓN
COEDICIÓN: OCEANO/PROCURADURÍA FEDERAL DEL CONSUMIDOR

ISBN 970-651-464-3

IMPRESO EN MÉXICO / PRINTED IN MEXICO

Para Enrique Goldbard,
con el que siempre estaré en deuda.

ÍNDICE

Presentación

1

*L*a era del vacío significa, en lo más profundo, la derrota de las grandes ideologías de la historia y, al mismo tiempo, el adveni-miento de un nuevo individualismo, marcado por el culto de la auto-nomía individual del cuerpo, por el culto del placer. Este proceso ha dado como resultado un fenómeno de ansiedad y de comunicación de esa ansiedad. Esta nueva faceta del individualismo continúa desde ha-ce varias décadas, porque la sociedad del consumo y la comunicación se desarrolla siempre y cuando las grandes ideologías ya no puedan regresar. Vivimos una época marcada por el derrumbe de las grandes ideologías y las tradiciones, el individuo se encuentra más solo que nun-ca. Ya no existe el orden social y religioso que lo guiaba y que, de cierta manera, lo ayudaba a vivir.

Por necesidad, esta situación se engancha a una existencia pro-blemática, a una existencia de interminables preguntas sobre uno mis-mo. La era del vacío es la era donde todo se presenta como un proble-ma, absolutamente todo: la salud, la comunicación, las vacaciones, los niños, el trabajo, el cuerpo, la juventud, la vejez. Todo lo que en otros tiempos tenía una respuesta más o menos estable —fijada por la tra-dición o por la religión— ha desaparecido. Vivimos en sociedades don-de constantemente se nos pide que cambiemos, que perfeccionemos lo que ya existe. Por fuerza, esta situación está acompañada de malestar.

Ese cambio, esa exigencia constante de perfeccionamiento se vincula con la permanente necesidad de consumir. La explicación no es tan complicada: vivimos en sociedades dedicadas a estimular las necesidades, mediante la moda de las compras a crédito, la publicidad y el hedonismo; siempre hay nuevos productos para consumir. Al mis-mo tiempo, en estas sociedades, cada uno desea lo mejor para sí, cada cual quiere "realizarse". Cuando predomina este deseo se presentan muchas dificultades que impiden lograr ese objetivo. Pero el malestar no radica tan sólo en el consumo, y no es evidente que sólo éste cause la mayor parte de los problemas a las personas. Hoy día existe una ansiedad mucho mayor ligada a las relaciones privadas, como la relación entre una pareja o las relaciones de trabajo.

Los años sesenta fueron la gran época del consumismo. La tendencia decreció porque nos dimos cuenta que los objetos representaban soluciones a algunos problemas, pero no a los grandes problemas existenciales. Hoy se trata, más bien, de preocupaciones permanentes en cierto sentido. Los problemas de comunicación —mucho más que los problemas sexuales que no son los más dramáticos— son muy intensos, porque exigimos demasiado de los demás. Ya no esperamos una sola cosa, sino muchas a la vez: queremos que una mujer sea bella, que se conserve joven, que sea activa, que sea buena madre, que sea buena amante, que goce en la cama, que sonría. Queremos una especie de mujer total. Resulta evidente que eso es imposible de hallar. Ello, a su vez, crea problemas de comunicación, divorcios…

El problema se complica todavía más, porque hoy las mujeres son mujeres modernas. Existe la "tercera mujer", tiene una doble vida, la profesional y la doméstica, está desgarrada entre dos esferas: si trabaja, no puede ocuparse de los hijos; si se ocupa de los hijos, no puede desempeñarse con plenitud en la esfera profesional. De ahí ese desgarramiento total y muy frecuente que sufren las mujeres en la actualidad y que se manifiesta con un sentimiento de culpabilidad hacia ellas mismas.

Los grandes problemas de la existencia se arraigan hoy en la vida privada, pero también en la vida profesional. En otros tiempos había un solo oficio, el de nuestros padres. Siempre se ejercía la misma profesión, que se conocía bien, y la gente no se hacía demasiadas preguntas. Hoy la gente estudia y tiene aspiraciones, tiene deseos, ideales. Pero la realidad es difícil, porque no responde a dichas aspiraciones. De este modo, el ser posmoderno está desgarrado entre sus deseos y la realidad que lo hiere en lo más profundo.

Y para tratar ese malestar existe un aumento creciente en el consumo de psicoterapias. Aunque no fuera así, habría manifestaciones depresivas más o menos grandes. Se dice que en Europa una persona de cada cinco padece depresión nerviosa alguna vez en su vida. La sociedad es más suave pero, al mismo tiempo, mucho más exigente: hay que mejorar siempre, obtener a cada momento nuevos resultados. De esta manera se sofoca al individuo.

El acceso a numerosos objetos de consumo, al progreso de la tecnología, la globalización, los viajes y las tarjetas de crédito, en apariencia nos hace la vida más fácil. Pero al mismo tiempo la vuelve complicada porque, justamente, todas las posibilidades están abiertas. Ahí están también las normas sociales que nos dirigen y nos organizan. Son éstas las que nos presionan para hacernos cargo de nosotros mismos. La masajista ya es un código social que induce a las mujeres a observarse a cada instante y a angustiarse cuando suben de peso. Antes no existía tal angustia. Las cosas que cambiaban con el tiempo se aceptaban mejor. Hoy estamos forzados a hacernos cargo de todo a cada momento. Es una sociedad que provoca ansiedad, donde las cosas dan cada vez más miedo. El miedo se añade a la era del vacío. No es sólo una ansiedad abstracta, es el temor a todo tipo de cosas.

No se sabe cómo educar a los niños, pues existen dudas sobre lo que es bueno y lo que es malo para ellos. Nos da miedo lo que comemos, pues pueden estar surgiendo nuevas epidemias. En la esfera del consumo no hay simple frustración —eso es un modelo clásico de explicación—, hay algo más, la gente está inquieta, se pregunta si las ondas que emite el teléfono celular pueden causar males al cerebro, si la carne de res es peligrosa, si está en riesgo de contagiarse de una enfermedad, si es dañina la polución que existe por todos lados. La era del vacío es, a la vez, un mundo donde se exacerban los goces, el placer hedonista y, al mismo tiempo, un mundo de miedo por esas múltiples razones.

Tengo reservas con respecto a las afirmaciones de Pascal Bruckner a este respecto. Yo no diría que el mundo moderno es un mundo de infantilización. Podemos decir, más bien, que hay algunas formas y figuras de infantilización incuestionables. Existe una sociedad en la que caminamos en una marcha inversa para volvernos adultos: hay que estar informados de todo, hay que hacernos cargo, sin descanso, de lo que pasa. El miedo a la responsabilidad sofoca. Mientras que la infantilización implica una descarga de la responsabilidad, estamos, más bien, agobiados por un exceso de responsabilidades.

En la esfera profesional hay gente que trabaja con mucha más intensidad que antes —los médicos, los abogados, los profesionales de los medios. Trabajamos mucho bajo una presión ejercida al estilo estadunidense. Estamos en una sociedad estratificada cuyo ideal fue impuesto por los supermercados y la publicidad, que se ha pretendido transformar en fórmula para la felicidad.

Al mismo tiempo, esta sociedad no cree en la alegría de vivir, porque exige muchas cosas de nosotros. Nos angustiamos para permanecer siempre jóvenes y sanos. Pero las normas que nos dirigen son draconianas, nos obligan a hacer siempre aquello que se entiende por lo mejor. Fenómenos como el liberalismo y la globalización acentúan más y más esa tendencia; tenemos que ser competitivos, y también ser los mejores en todo: buenos padres, buenos amantes y muy productivos en las empresas. Ello es muy difícil y, además, aporta satisfacciones de escasa intensidad.

El fenómeno de las drogas acompaña a la era del vacío en una sociedad donde el trabajo y el consumo dan sensaciones muy poco intensas. Las drogas constituyen una respuesta a esa permanente necesidad de intensidad. Puede darla el amor, pero no siempre estamos enamorados; puede darla el deporte, pero no es suficiente. Es esa necesidad de exuberancia la que nos hace vibrar y nos explica la atracción por las drogas. Ésta también puede explicarse como un afán de calmar la angustia de una sociedad en la que estamos sufriendo, no por la represión o por el control, sino al contrario, porque ya todo se volvió posible. Como todo es posible, todo es difícil y ansiógeno. Los jóvenes no sólo se drogan; a veces, también se suicidan. Ello es un fenómeno nuevo. Antes el suicidio era común sólo en personas de edad avanzada. Ahora, los adultos siguen recurriendo al suicidio, pero los jóvenes también lo practican. Su deseo de morir expresa un problema de comunicación, justo ahora, cuando los padres han tratado de comunicarse con ellos.

Los jóvenes de hoy ya no parecen tener adolescencia, toman Viagra, se deprimen, ingieren tabletas. Siendo jóvenes se comportan como viejos. Hay una inquietud que no existía antes porque el mundo no cambiaba tan rápido, y el lugar de los jóvenes estaba más o menos establecido. En una familia de campesinos la joven hija sabía que se casaría con un muchacho del mismo oficio que su padre, sabía qué camino le correspondía a cada uno. Hoy eso ya no ocurre. Hay una completa apertura. Podemos hacer lo que queremos, estudiar lo que deseamos. Pero no sabemos cuál será nuestro lugar en la sociedad y eso suscita mucho malestar entre los jóvenes.

Para enfrentar el temor, la ansiedad y la incertidumbre que hemos descrito ya no existen, como antes, grandes soluciones como la *sagesse*. Los pensadores griegos inventaron la filosofía para proponer nuevas fórmulas de vida y liberar a los hombres de su angustia, de su mie-

do, para enseñarlos a vivir de la mejor forma posible. La actual reno-
vación de la espiritualidad que se refleja en la moda del budismo y
otras tendencias por el estilo (las formas de esoterismo que están, una
vez más, de moda) son una especie de búsqueda para la gente que
quiere escapar a esos problemas y comprobar que hay un límite en la
felicidad materialista. Expresan también una voluntad de cambiar la
manera de ver las cosas trabajando sobre la propia conciencia.

2

En una sociedad individualista no hay una solución global a la
cuestión de la felicidad. Existen propuestas para arreglar la economía,
para reducir el número de los desempleados. Para las cuestiones técnicas, podemos aportar cierto número de soluciones. Pero ante los problemas de la existencia, ante el problema de la felicidad, estamos por
completo desprovistos de recursos. Eso no quiere decir que no podamos hacer nada. Hay que buscar las soluciones en los recursos de la in-
dividualidad.

En la era del vacío percibimos que no hay soluciones globales,
simples o sistemáticas al problema del sufrimiento o la ansiedad. Las
que existen son muy fragmentadas y no son las mismas para cada individuo, son pruebas de ensayo y error, lo que resulta inevitable en
una sociedad individualista. En otros tiempos eso no venía al caso, las
grandes filosofías proponían modelos de sabiduría, la religión ofrecía
varios apoyos para vivir mejor o, en todo caso, para soportar el sufrimiento. Hoy tenemos un nuevo fenómeno: el sufrimiento no tiene ya
ningún sentido.

Durante miles de años había un sentido religioso; sufríamos,
pero nuestra vida se preparaba para después de la muerte; derramá-
bamos un mar de lágrimas que, según esto, nos preparaba para una
vida mejor. Después surgieron las grandes ideologías de la historia
que decían: "Bien, vamos a sufrir, pero por el bien de las futuras generaciones que vivirán mejor que nosotros". Ahora ya no podemos creer
en esas dos ideas. Ya no pensamos que viviremos mejor en el otro mundo; tampoco creemos en las soluciones revolucionarias.

No es precisamente que inventemos todo tipo de problemas
para sufrir de cualquier manera, tampoco es que suframos para pagar
nuestro derecho a la vida. El auténtico problema es que ya no sufrimos
por nada y eso es un escándalo. Antes, sufrir formaba parte de la reali-

dad, pero en el mundo posmoderno el sufrimiento ya no es aceptable. Por eso hay una constante búsqueda: sectas, una nueva mujer, otro hijo, someterse a una cirugía plástica, ir de vacaciones a Venecia...

El sufrimiento es inaceptable porque ya no hay nada ni nadie que nos diga "tienes que sufrir porque tu sufrimiento tiene un valor y es como una escalera para, más tarde, llegar a algo mejor". Eso ya nadie lo cree. Hoy día el sufrimiento es una pérdida pura y es justo por eso que todo se ha vuelto tan difícil en una sociedad que sacraliza la felicidad y la autonomía individual.

Sofía, el personaje de *Debo, luego sufro*, vive contradicciones y paradojas. Se va a casar y tiene muchos miedos: consulta a un astrólogo para que le diga si ha hecho una buena elección, paga mucho dinero para someterse a toda una serie de tratamientos de belleza, visita al psiquiatra, *se angustia cuando debería estar feliz*. Su angustia se traduce en la necesidad de comprar y, sobre todo, de endeudarse. Su endeudamiento en el sentido económico provoca ansiedad y sufrimiento moral. Es posible que exista una "bulimia de consumo" que permite esconder o disimular ciertos problemas, y hay más mujeres que hombres que recurren a esa estrategia.

Cuando las mujeres no se sienten bien, cuando sienten ansiedad, cuando están bajo condiciones de estrés, van de shopping, a cortarse el pelo o a hacerse un masaje. Es una manera que tienen de ocuparse de ellas mismas, de darse tiempo para ellas, porque muchas veces tienen un tiempo mucho más limitado que los hombres. Se puede ver en la bulimia del consumo una especie de escudo para protegerse o para olvidar la angustia que nos abruma. Los hombres recurren al tabaco o al alcohol. Las mujeres prefieren consumir objetos. En francés este fenómeno se llama "un ménage surendetté": gente que no llega ni siquiera a pagar o rembolsar las deudas que ha contraído; vende su casa, hace de todo, es un auténtico problema. Eso les provoca sufrimiento: son las víctimas de un sistema que no pueden controlar. Pero eso no les despierta, paradójicamente, sentimientos de culpabilidad.

La cultura posmoderna nos remite más a la ansiedad que a la culpabilidad, esta última pertenece a un atavismo ligado a la religión, a la idea de la falta, a la noción del mal. Por su parte, la ansiedad está más cercana a los fenómenos relacionados con la era del vacío, pero no se acompaña, por necesidad, de la idea de cometer una falta.

Podemos ser ansiógenos considerando, por ejemplo, que somos víctimas, que la gente no nos comprende, que no tenemos una vida feliz, que hemos fracasado en nuestra existencia. La noción de culpabilidad fue muy fuerte en los siglos de la cristiandad y en los primeros tiempos de la modernidad. Hoy en día experimentamos más el sentimiento de vacío, ansiedad, miedo, temor de fracasar en la vida… y este sentimiento se desarrolla más cada día. La gente regresa hacia sí misma y se dice "¿qué he hecho de mi vida?, he fracasado" pero no se siente culpable.

No se trata de una mala consciencia, es definitivamente el sufrimiento, el cual se explica por hallarnos en una sociedad que hace posibles muchas expectativas. La felicidad se ha vuelto una cosa "legítima", se nos ofrecen muchas cosas, todo es posible, en principio. Pero la realidad no es así. Hay una contradicción porque la vida ya no está organizada como antes. La gente del campo tenía una vida muy repetitiva, hoy no ocurre así. Las cosas cambian todo el tiempo, nuestras exigencias se hacen cada día más grandes y, con la ayuda de los medios, se puede, en apariencia, hacer lo que queremos.

Pero cuando enfrenta pruebas difíciles, la gente se vuelca hacia sí misma y experimenta un sentimiento de depresión, no de culpabilidad. Y el repliegue a uno mismo explica, tal vez, el fenómeno posmoderno de la soledad. La soledad se da porque tenemos exigencias mucho mayores que las posibilidades de comunicación. En otros tiempos, la gente, por ejemplo, una pareja, no se entendía mejor que hoy, sin duda estaban peor, la vida sexual de las mujeres casadas no era nada extraordinario. Hoy somos mucho más exigentes, las personas están educadas en una cultura individualista y no soportan hacer ningún sacrificio.

Tampoco se aceptan las debilidades de los demás, porque el YO se ha vuelto mucho más exigente y, en consecuencia, quien no es perfecto no está contento. Mucha gente vive sola en las grandes ciudades y no toda vive mal. Pero tampoco vive muy bien. Muchas mujeres prefieren estar solas a vivir con una pareja y sentirse solas. Eso no significa que el individualismo sea el fin del culto amoroso, pero sí una exigencia mayor; y a mayores exigencias, más dificultades.

Quizá atrás de eso está el miedo a la muerte, pero lo que no deja de aumentar es el miedo a las enfermedades graves y mortales, que nos empuja a hacer cualquier cosa para tratar de escapar de ellas. Hay un sobreconsumo de medicamentos y una "sobreproducción" médica por todos lados. Entre más se desarrolle la oferta médica para permanecer joven y en forma, habrá un mayor desarrollo de la medicina. Y eso no es tan malo. Finalmente se vive mejor, y por más tiempo.

Todo ello forma parte de los nuevos temores: el miedo al mal desempeño en el trabajo, a perder la salud, el miedo a la vida y la muerte, el miedo a una mala situación económica. Esos temores se han vuelto muy fuertes, se hallan difundidos por todos lados, se traducen en ansiedad por el futuro. Es una paradoja, porque mientras se estimula el presente, crece más y más la incertidumbre con respecto a todo.

En apariencia vivimos en una época de paradojas; las relaciones sexuales son más abiertas, pero tenemos el problema del sida. Sin embargo, éste no explica el malestar de la gente. No hay tanto frenesí sexual en la sociedad, aunque el sexo está por todos lados: revistas, periódicos, anuncios publicitarios, películas. En realidad hay una vida sexual que no es tan desenfrenada. Existen preguntas más problemáticas que las relacionadas con la vida sexual. Es mucho más difícil encontrar a la persona adecuada para compartir la vida por un tiempo. Es mayor la angustia que surge ante la disyuntiva entre vivir solo o con alguien con quien no se está a gusto.

Los personajes de Guadalupe Loaeza dependen de la tarjeta de crédito y esta dependencia los persigue. Son ricos, son sanos, pueden viajar, tienen niños, están casados y, a pesar de todo, sufren mucho. Eso nos hace volver a la larga tradición filosófica de los griegos que nos dice que, finalmente, la felicidad no se encuentra en la adquisición de cosas. No se trata de hacer un elogio de la pobreza o del ascetismo. El consumo de objetos nos aporta cierta satisfacción pero no todas las satisfacciones. Somos una sociedad de consumo, pero al mismo tiempo reconocemos que el consumo material es incapaz de responder a todo lo que esperamos de la vida. Los grandes problemas que enfrentamos tienen que ver con hacer algo de nuestra existencia, amarla, amar a los seres con quienes vivimos. El consumismo no puede dar respuesta a todo eso; las cosas serían más fáciles si en verdad pudiera. ¡Sería suficiente con ir de compras! La fuga hacia el consumismo, sin duda nos da satisfacciones, pero no puede responder a las expectativas profundas del ser humano.

Los libros de Guadalupe Loaeza son leídos por los ricos, pero también por las personas endeudadas, que no consumen de una manera compulsiva y no buscan la satisfacción material, pero tienen deudas. Para quienes no tienen lo mínimo para vivir, el consumo representa la felicidad y eso es por completo legítimo. Nunca he criticado a la sociedad de consumo, sólo hay que tener límites. Hay que retomar, en última instancia, lo que los filósofos griegos nos han enseñado: no es malo el placer, sino el exceso. Hay que saber reconocer los límites en el momento preciso.

La sociedad nos ofrece muchas cosas y luego uno no puede llegar a ellas; es un verdadero drama que provoca frustración, amargura, lucha de clases y violencia. Pero ya no hay violencias revolucionarias, ya no creemos en eso. La delincuencia se ve ahora entre los jóvenes, cosa que no había antes; es el precio de una educación que los obliga a ser adultos antes de tiempo. Quieren afirmarse temprano, disponen de dinero en sus bolsillos, miran la televisión, ven muchísimas cosas. No es que la televisión provoque violencia, pero favorece los comportamientos de afirmación de uno mismo, la conquista del propio territorio, sensación que puede engendrar fenómenos de agresión entre los más inestables.

Pero no hay que ver todo tan negro. Ahora hay más libertad individual, se vive más tiempo, en mejores condiciones, sin soportar condenas morales o religiosas. Está siempre la posibilidad de reanimar y comenzar de nuevo nuestra vida. Éste es el lado positivo de nuestra sociedad actual. Ya no son las revoluciones lo que marca un cambio en la vida. Ya nadie quiere una revolución. Estamos en una sociedad donde la vida cambia, donde cambian varias veces nuestras vidas en una sola vida. Es una sociedad que ocasiona depresión, donde hay altibajos constantes, pero también ofrece muchos estímulos.

En contraposición a la era del vacío está la sociedad religiosa. Pronto tendremos religiones a la carta, individuales, donde la gente compondrá su propia versión, configurará sus mercados. En otros tiempos las religiones institucionales enmarcaban el comportamiento y las creencias. Pero esa época ya terminó. Estamos en las sociedades individualistas. La religión tal y como la hemos concebido hasta ahora será remplazada con las religiones de cada uno. Pero también hay quien no tiene religión. Para ellos está la actividad profesional, el deporte, el consumo, los placeres, el ocio. Habrá muchos escenarios diferentes, la religiosidad no es más que un aspecto, que podrá tomar una forma agradable para unos y dramática para otros.

Para sobreponernos a la era del vacío habría que cambiar los fenómenos de educación, o inventar nuevas formas de ésta. Todavía nos hallamos lejos de lograrlo, pero será necesario invertir tiempo en eso para brindar oportunidades en el futuro.

Hay nuevas formas de servidumbre que derivan del exceso de todas las cosas, pero hay también nuevas figuras de libertad, en especial para las mujeres, quienes hoy tienen un horizonte mucho más abierto. A pesar de que todo parece difícil y ansiógeno la vida es más estimulante. Sofía rehace su vida, se casa a los cincuenta años, comienza de nuevo. Es formidable, no hay que ver todo con pesimismo, ni cerrar los ojos ante los problemas. No hay un verdadero progreso global, sólo existen algunas cosas que van mejor. Hay que tratar de analizarlas.

Gilles Lipovetsky

*La libertad no está hecha de privilegios,
sino que está hecha sobre todo de deberes.*

Albert Camus

*En esta vida el ser humano debe darse
la oportunidad de sufrir.*

Dolores Antoni

Sofía, la peor de las deudoras

*C*ada mes era lo mismo. Todos los días 24 —fecha en que llegaba, religiosamente, a su destinataria un gran sobre blanco con el estado de cuenta de American Express— Sofía empezaba a tensarse; dependiendo de la liquidez económica de ella, era la intensidad de su nerviosismo. Entre menos dinero tenía para liquidar su deuda, más tensión empezaba a acumular conforme pasaban los días previos al vencimiento. Si para la fecha límite no contaba con la totalidad del monto, su estrés podía llegar a grados i-ni-ma-gi-na-bles.

No obstante que Sofía gozaba de ingresos sumamente respetables, siempre vivía por encima de sus posibilidades. Era algo que no podía evitar. ¡Cuántas veces se había propuesto luchar contra su consumismo, debilidad que con el tiempo se había convertido en una verdadera adicción! ¡Cuántas veces se había prometido a sí misma bajarle a esos gastos superfluos que no hacían más que incrementar su narcisismo y la obsesión por mantener un supuesto "estatus"!: "Estoy dispuesta a perder todo menos el glamour", solía reafirmar.

¿Qué significaba ser "glamorosa" para Sofía? ¿Estar, obsesivamente, a la moda? ¿Verse distinta a las demás? ¿Desplegar, a como diera lugar, una cierta sofisticación? ¿Por qué, para no perder ese "glamour", se obligaba a gastar tanto dinero y, en consecuencia, a estar eternamente en deuda? Tal vez se debía a su obsesión por el individualismo, que invariablemente expresa la necesidad de un estatus. Un estatus gracias al cual, pensaba, la respetarían y la aceptarían aún más. ¡Qué costo tan alto debía pagar esta compradora compulsiva por ese "estatus", porque su flaqueza no nada más tenía que ver con el equilibrio de sus finanzas, sino con el de su salud mental!

"Ay, mamá, ¿por qué siempre estás tan estresada? Ya te llegó la cuenta de American, ¿verdad?", era el reproche constante de su única hija. ¿Se daba cuenta Sofía de esto? Perfectamente. He ahí parte de su neurosis: gozaba al comprar pero, como buena exalumna de colegio de monjas, era necesario que pagara con sufrimiento aquello que le había procurado tanto placer. Por tanto: entre más gastaba, su deuda y su castigo iban "in crescendo". Si tenía que pagar, por ejemplo, más de diez mil dólares, cada uno de esos dólares significaba una flagelación moral, más dolorosa que la física, tratándose de esta pecadora. "Te va a castigar Dios", es una máxima que aprendió desde muy niña. De alguna manera, ¿se había convertido su tarjeta American Express en ese dios que le inculcaron cuando colegiala; es decir, el mismo que la podía consentir sin límites pero que luego, invariablemente, le pasaba la cuenta? Una cuentota, por cierto, que tenía que pagar por todos esos gustos proporcionados. Una cuentota que habría de liquidar por haber incurrido en el pecado de la vanidad, el orgullo, la gula y la avaricia. Una cuentota que le recordaba lo que siempre le decía su madre: "No olvides que en la vida tooooodo se paga". Pero cuando esta mamá tan "culpígena" —como su hija (¿de tal palo tal astilla?)— decía "tooooo-do", en cada una de esas "o" se hallaban encerradas tanto las buenas como las malas acciones de ella.

De esta curiosa actitud ante la vida se concluye: "Si soy feliz, híjole, seguro algo terrible me va a suceder, porque en la vida tooooo-do se paga. Y: si soy muy infeliz, por algo será..., porque en la vida tooooodo se paga...".

Era indiscutible que esa tarjeta hacía muy feliz a Sofía; pero, al mismo tiempo, profundamente desgraciada. Por algo un día le comentó a su psicoanalista: "Ay, doctor, anoche tuve una pesadilla horrible. ¿Sabe qué; con quién soñé? No, no soñé con mi mamá; soñé con mi tarjeta American Express. ¡Se lo juro! Estaba yo en El Palacio de Hierro y, al momento de pagar en la caja, me dice la señorita: 'No pasa'. '¿No paaaaaaassaaaaaa?', le pregunté como loquita. Después de suplicarle con un nudo en la garganta que por favor intentara otra vez, 'No pasa', me dijo de nuevo. Lo peor de todo, doctor, es que, atrás de mí, se veía una fila interminable de gente que estaba esperando para pagar. Y mi tarjeta seguía sin pasar. 'Por favor, insista', le rogaba a la empleada. E insistía e insistía, una y otra vez, pero todo era inútil; la tarjeta no pasaba. Entonces, doctor, en mi sueño, vi que la señorita llamó por teléfono para pedir la autorización a la central de American Express; empezó a deletrear mi nombre y apellido a gritos. Eran unos gritos espantosos. Todo el mundo miraba hacia a mí. Yo me quería morir. Sentía una humillación terrible. Como si se hubiera tratado de verdaderas puñaladas, sentía todas sus miradas sobre mi espalda. '¿Qué no ve que no pasa? ¡No pasa! ¡No pasa! ¡No pasa!', gritaban los que estaban esperando. Todos comenzaron a burlarse. Hasta la vendedora se reía en mi cara, a carcajadas. '¡No pasa! ¡No pasa!', continuaban diciendo los demás, muertos de risa. 'Sí pasa, sí pasa', les contestaba llorando como una María Magdalena. ¿Y sabe quién también estaba formada en la fila, doctor? Mi maestra Carmen, de tercero de primaria: '¡No pasa! ¡No pasa!, porque cuando era mi alumna tampoco pasó de año', comentaba a los demás. '¡Reprobada! ¡Reprobada!', me gritaban en mi nariz. Sus gritos eran tan fuertes que hasta me desperté sobresaltada. Se lo juro, doctor, que al incorporarme en la cama tenía taquicardia. Me desperté super deprimida.

"¿Sabe qué, doctor? En estos momentos, efectivamente, mi tarjeta está bloqueada. Ay, doctor, no sé qué hacer, otra vez tengo muchas deudas. Debo mucho dinero. Yo por mí la destruiría para siempre, pero no puedo vivir sin ella y mi problema es que tampoco puedo vivir con ella. Se lo juro, la odio pero también la quiero. 'Te odio y te quiero', como dice la canción de Celorio González. ¿La recuerda? No, la verdad es que la necesito. Ya me acostumbré a ella. Dependo de ella. Ay, doctor, ¿por qué diablos seré tan consumista? Confieso que siempre lo he sido. A usted le consta que hace años que lo soy. Hasta cuando he sido pobre, he sido muy consumista. Claro, de cosas baratas, pero tampoco eso deja de ser consumo. El caso es que no puedo dejar de serlo, a pesar de que estoy tan consciente de todo el daño que esto me causa. ¿No le parece extraño, doctor, sobre todo en esta época en que me siento tan feliz? ¿Verdad que en el fondo soy una masoquista? ¿Por qué me gustará vivir constantemente en el límite? ¿Sabía usted que hay una teoría que dice que asumir riesgos rejuvenece y que las energías se recargan sin cesar? Se dice que el consumir compulsivamente tiene que ver con la insatisfacción personal; que es una forma de llenar un vacío y de compensar algo que no anda bien. Pero por lo que a mí se refiere, le juro que hoy para nada es el caso. ¡Al contrario, nunca me había sentido tan plena y feliz! Por eso, precisamente, estoy tan preocupada. ¡Qué contradicción! Porque se diría que lo único que me importa no es lo que puedo sino lo que quiero. Ahora sí me tiene que ayudar; de lo contrario, corro el riesgo de terminar, una vez más, en el Buró de Crédito. ¿Que qué es eso? Eso, doctor, es como entrar al infierno. Es como llevar sobre la cabeza la espada de Damocles. A partir del momento en que un usuario de cualquier tarjeta entra en la lista negra del Buró de Crédito, está perdido; en ese mismo instante, deja de ser sujeto de crédito. ¿Se da cuenta de lo que significa ya no ser 'sujeto de crédito'? Es como si se dejara de existir. Si no se tiene crédito, uno es nadie. ¡Nadie! ¡No existe! Y eso, doctor, no me lo puedo permitir. Perder el crédito es lo peor que le puede suceder a alguien. No me refiero, naturalmente, al crédito moral, como, por ejemplo, perder la virginidad antes de casarse; como están las cosas, ése, creo, ya ni importa. El que le interesa a todo el mundo, hoy por hoy, es el crédito financiero. No, doctor, no quiero volver a estar en la lista negra del Buró de Crédito. Ellos ya tienen mi expediente, y ahí aparece todo acerca de mi vida: lo que compro; lo que debo; cuántas veces he ido al dentista; mis viajes al extranjero; cuánto pago de teléfono y de luz; si tengo o no Sky; si soy clienta de Domino's; si estoy a dieta; en fin, todo mi historial como deudor. Gracias a que le escribí una carta al director de American Express, explicándole cuáles habían sido las razones de mis atrasos, me hicieron el favor de darme otra nueva; pero, eso sí, bajo la advertencia de que si me atrasaba otra vez en mis pagos, regresaría al Buró de Crédito. ¿Se da cuenta de lo que significaría? Informarían de inmediato a los bancos y a las tiendas departamentales que he dejado de ser sujeto de crédito. En otras palabras, es el principio del fin, el desprestigio ¡total!

"Y sabe qué, doctor, lo más llamativo de todo es que así como vibro comprando, vibro todavía más cuando pago. Porque sufro tanto al conseguir el dinero que una vez que logro reunirlo, el hecho me produce una satisfacción mucho mayor que la que pude haber experimentado cuando compré tantas cosas. Sí, se lo juro. Es tan así que, frente a la caja de la sucursal de American Express del hotel Nikko, donde suelo pagar, cuando la cajera me entrega mi recibo con un sello que dice 'pagado', siento como si, en ese instante, tuviera un orgasmo. ¿Será cierto que el dinero tiene mucho que ver con la sexualidad? ¿Será cierto que ambas cosas sirven como una herramienta de control? Ay, doctor, no quiero decirle cuánto debo nada más de este mes porque, se lo juro, me da pena. Es más, no puedo ni pronunciar la cifra. Siento que si lo hago, la boca se me haría chicharrón de puritita vergüenza. Sobre todo, viviendo en un país donde existe tanta injusticia, tantos contrastes sociales y económicos. ¡Cuarenta millones de mexicanos viven en la pobreza extrema! ¿A cuánto asciende el salario mínimo? ¡No, no me lo diga, doctor, no quiero saberlo, porque ya lo sé! Mil ciento cincuenta pesos mensuales. ¡Ciento veinte dólares! ¿Se da cuenta? Por eso mejor se van a trabajar al otro lado; aunque expongan no nada más su vida, sino su dignidad como seres humanos. Me ha tocado ver en qué condiciones trabajan esos compatriotas en Nueva York, en Chicago o en

San Diego. No sabe la vergüenza que siento cuando voy a comer a un super restaurante, llena de bolsas con mi shopping, y, a lo lejos, advierto a uno de ellos, ya sea en la cocina lave y lave enormes pilas de platos, o bien, barriendo, con la cabeza media gacha y con una expresión en su rostro de absoluta tristeza y resignación. Porque, por añadidura, doctor, nada más pueden conseguir trabajos que antes le daban a los negros, quienes ahora ya no los quieren porque les resultan demasiado degradantes. Pues bien, en esos momentos tengo ganas de devolver la comida y de regresar todas mis compras o de regalarles mi shopping. Siento una pena ajena y una culpa terrible. El otro día leí en el periódico que un mexicano de un pueblo que se llama San Pablito se fue hasta Washington a trabajar como jardinero en el cementerio de Arlington —en Virginia—, en donde se ocupa de la tumba de John F. Kennedy. Claro que su tarea resulta muy romántica y hasta de interés histórico, pero no deja de ser muy triste que sea precisamente un mexicano el que limpie la lápida. ¿Se imagina a un gringo ocupándose de la tumba de Díaz Ordaz? ¡Qué horror! No entiendo, doctor. Explíqueme, ¿cómo es posible que en Estados Unidos se dé la misma situación que aquí? También allá existen dos categorías de ciudadanos mexicanos: los muy pobres y los muy ricos que van a gastar sus dólares, y que, para colmo, son servidos por sus propios compatriotas que no encuentran trabajo en su propio país. ¿Por qué si estoy consciente de todo esto, no puedo dejar de gastar? ¿Entonces mi caso es todavía peor, porque soy una cínica? ¿Una irresponsable? ¿Una apátrida? Lo más triste de todo, doctor, es que todo lo que compro resulta tan inútil, tan prescindible. ¿Quiere que le diga cuántas pashminas —ya sabe cuáles, que son como rebozos pero muy finos— compré este mes, a crédito, aparte de todas las que tengo? No puedo, me da vergüenza. Le juro que si las atara unas a otras medirían lo largo de todo el Periférico, es decir, desde Lomas Verdes hasta Xochimilco. Tengo de todos los colores: pale peach, fucsia, vainilla, champagne, peppermint, silver blue, ocean, navy, aqua, negro, rojo, café oscuro, color pimienta, lila, pelo de camello y blanco; además de las bordadas, las de fleco con chaquira, etcétera. ¿Usted cree que tenga curación; que tenga remedio?

"Ahora sí, fíjese, doctor, que ya me asusté. ¿Sabe por qué? Porque llevo tres meses pagando la misma cantidad a American Express a pesar de que la mayor parte de ese tiempo he tenido bloqueada mi tarjeta. Antes de ayer recibí mi estado de cuenta y no lo podía creer. Por un momento temí ser sonámbula; me dije entonces que, a lo mejor, salía por las noches y compraba en esas tiendas que abren las veinticuatro horas. Pensé también que sufría de esquizofrenia aguda y que yo misma me robaba mi tarjeta y firmaba a escondidas de la verdadera Sofía. No, no me mire con esa cara, doctor. Permítame explicarle lo que pasó. Después de que llamé a Servicio a Clientes, un señor muy amable que se llama Víctor, me explicó lo que había sucedido. Todo se debió a un enorme, enormísimo adeudo de hace, precisamente, noventa días; como no tuve con qué liquidar, me difirieron mi deuda en tres pagos. '¿Cuánto dinero puede usted pagar?', me dijo Víctor. 'Tanto', le contesté, porque eso fue lo más que pude conseguir esa misma mañana. Hasta a mi exmarido le tuve que pedir prestado dinero, aparte de los mil dólares que me prestó mi novio. 'Tráigamelo cuanto antes para que no le vayan a cancelar su tarjeta. Voy a ayudarla difiriéndole el resto en tres pagos.' Ya se podrá imaginar cuán agradecida me sentí con Víctor. Fantasiosa como soy, di por sentado que los otros pagos habían desaparecido como por arte de magia y que mi tarjeta estaba 'clean', super 'clean'. No fue sino hasta el siguiente mes que me fijé que el saldo se había incrementado por los intereses que provocó el hecho de haber diferido el pago del saldo; más los cargos por cheques devueltos; más los gastos que se acumularon en los pocos días que sí me liberaron la tarjeta, es decir, los gastos fijos como el teléfono celular, el Sky, etcétera. ¿Ahora entiende por qué enloquecí tanto al momento de recibir mi estado de cuenta? Ay, doctor, ahora sí ya me asusté. ¿Por qué diablos me endeudaré de esa forma? ¿Qué me pasa que no puedo manejar con cautela mis finanzas? No hay duda de que estoy entrampada en un círculo vicioso. Porque fíjese, doctor, el hecho de contar con una tarjeta American Express me da una sensación de absoluta libertad porque la pago con lo que gano, es decir, con mi trabajo. Nadie la paga por mí, y esto me hace sentir sumamente orgullosa, y, al mismo tiempo, estimula en mí una sensación de independencia que creo es fundamental para la mujer de hoy. Cuando veo que mis amigas casadas, y que no trabajan, no pueden viajar o comprarse algo si no le piden autorización a su marido, no sabe la lástima que me provocan. '¡Ay, pobres! Ha de ser horrible ser tan dependiente y no poder gozar de una autonomía económica', pienso. Pero he ahí la trampa a la que me refiero, doctor, porque mis amigas tal vez dependan de un marido que quizá sea un codo y un controlador; un marido que se queja todo el día por tener a una esposa gastadora que le tira su dinero; un marido que maneja a su mujer por el dinero. Y es que yo no dependeré de un hombre así pero vivo atada a una tarjeta que cada treinta días me hace su rehén. Si no la pago, estoy expuesta a sufrir peores consecuencias que las que podrían padecer mis amigas casadas; estoy expuesta a que la empresa acabe conmigo, con mi prestigio, pero sobre todo con mi tranquilidad. ¿Verdad, doctor, que no deja de ser muy contradictorio? Ese plástico que en apariencia me proporciona tanta independencia, a la vez, me tiene por completo en sus manos. ¿Quién diablos habrá inventado el crédito? ¿Por qué vivimos en una sociedad donde el consumismo está consumiendo nuestra tranquilidad y todo lo que esto implica? ¿Qué tal si una de mis nietas sale tan consumista como su abuela? ¿Acabará uno de mis hijos en la cárcel? ¡Necesito un FOBAPROA personal! Ay, doctor, ya no puedo más..."

Mientras Sofía le explicaba, con su característica vehemencia, por qué se encuentra en esa extraña crisis existencial, el doctor Muller no pudo evitar recordar que también a él su paciente le debía más de dos meses de consulta; habérselos cobrado después de esa sesión tan intensa, habría sido, además de contraindicado, un tanto cruel. Tal vez en la próxima lo haría; por el momento era importante dejar que Sofía se expresara para que ella misma, primero, pudiera llegar a preguntarse a qué se debía su insaciable consumismo y, segundo, se planteara de qué manera podía ayudarse. En el fondo el doctor lamentaba que Sofía no hubiera podido, todavía, después de un año y medio de psicoanálisis, dominar su añeja compulsión consumista, pero, sobre todo, su paranoia persecutoria respecto a las deudas económicas.

Claro que este mal lo viene padeciendo desde hace muchos años pero ¿por qué en lugar de superarlo, al cabo del tiempo, fue empeorando más y más? Se hubiera dicho que su padecimiento se había multiplicado por diez. ¿Por qué? Porque una década atrás, lo más que Sofía llegó a adeudar por su tarjeta fueron como mil quinientos dólares; ahora la cantidad se había vuelto diez veces mayor: debía ¡quince mil dólares! Por otro lado, era cierto que había que considerar la inflación y el hecho de que ganaba diez veces más, pero ¿por qué, en consecuencia, tenía que endeudarse una decena de veces más? De ahí entonces que su culpabilidad ahora también se hubiera multiplicado. ¿Por qué si en la actualidad había resuelto aspectos fundamentales para la vida de cualquier ser humano, como el aspecto sentimental, se autofabricó este adeudo tan descomunal? ¿De qué se estaba castigando? Era una manera de vivir al filo de la navaja y esto más que resultarle desagradable, ¿estaría acabando por gustarle? Habría que ir más a fondo con el problema. Habría, asimismo, que volver a esa infancia tan traumática. Habría que revisar todavía más ese comportamiento que le generaba todos esos kilos de culpa y que se traducía en un constante dolor de cuello que no se podía quitar ni con tres Advils juntos.

El doctor Muller, psicoanalista lacaniano, era un voraz lector de la Biblia; mientras escuchaba los lamentos de su paciente recordó lo que aparece en Ezequiel (7:19, 20): "Arrojarán su plata a la calle y mirarán su oro como estiércol. Ni su plata ni su oro podrá salvarlos en aquel día del furor del Señor, ni saciar su alma, ni llenar sus vientres; pues les ha servido de tropiezo en su maldad". Lo que venía luego en el versículo le quedaba como anillo al dedo al caso de Sofía: "Y las joyas que se adornaban las convirtieron en pábulo de su soberbia, e hicieron de ellas las imágenes de sus abominaciones y de sus ídolos; por lo mismo haré que sean para ellos como inmundicia".

El doctor Muller sabía perfectamente que, desde siglos atrás, el abuso del crédito siempre generó mucha culpa. Sabía él que san Basilio, cardenal de césares, aseguraba que era mejor rogar y pedir limosna que pedir prestado; que les decía a todos aquellos que pedían prestado: "Viniste en busca de apoyo y encontraste un enemigo. Buscaste medicina y encontraste sólo veneno. Habiendo recibido dinero, eres feliz y despreocupado por un momento. Pero el dinero desaparece y el tiempo sigue su marcha, aumentando el interés. La noche ya no da descanso, el día no trae luz, el sol pierde su radiante apariencia y empiezas a odiar la vida". Sabía él que los padres de la Iglesia latina también atacaron la usura desde el siglo IV; que san Ambrosio de Milán (340-397) dedicó a esto su *Libro de Tobías*, y que, en el nombre de la religión, condenó los préstamos entre hermanos, como lo define el Deuteronomio. Sabía él que Dios creó tres tipos de hombres: los pastores para asegurar la supervivencia de los otros, los caballeros para defenderlos y los clérigos para gobernarlos. Pero el doctor Muller sabía también que el diablo había creado un cuarto tipo: los usureros; y sabía que éstos no tenían lugar en el trabajo del hombre y que eran castigados con los demonios, porque la cantidad de dinero que hubieran recibido con la práctica de la usura correspondía a la cantidad de madera que enviaron al infierno para allí ser quemados. Sabía el doctor que santo Tomás dijo que la usura era pecado porque era la evidencia de una adhesión demasiado grande al mundo; un reto a los valores eternos y un desprecio a la pobreza de Cristo; y la negación de dar limosnas como un acto de expiación del alma. Y sabía que el primer monte de piedad había abierto sus puertas en Perugia en 1462 y que el segundo lo hizo en Gubbio en 1463; y que estas tiendas de empeño, controladas por el Estado, las habían apoyado los franciscanos, y que se distribuyeron por toda Italia con el propósito de ayudar a los pobres y proteger a los cristianos del pecado de la usura.

Porque lo había leído en *The History of Consumer Credit*, escrito por Rosa-Maria Gelpi y François Julien-Labruyère, sabía el doctor Muller que el monte de piedad de Florencia fue el mejor organizado y el más estable financieramente, por lo que desde 1542 se le autorizó a dar intereses a los depositarios, convirtiéndose en el banco principal del Estado en Toscana. Pero también sabía que los primeros montes de piedad creados en el siglo XV eran en extremo tambaleantes; que incluso muchos se habían visto obligados a cerrar por diversas razones: falta de efectivo, demasiados burócratas viviendo a sus expensas, fraude por parte de los clientes, el saqueo de las ciudades y la rapacidad de ciertos príncipes que llevaron a las ciudades a la total insolvencia; sin embargo, como eran protegidos por la Iglesia y por el papa, siguieron extendiéndose por toda Europa; y, claro, que muy pronto se volvieron una herramienta oficial de la Contrarreforma, en su lucha contra los excesos teológicos de los protestantes en países como Francia, España y Austria. Sabía el doctor que el padrenuestro decía específicamente: "perdónanos nuestras deudas, como también nosotros perdonamos a nuestros deudores"; y que no fue sino hasta la reforma de Lutero que se cambió esta oración: ya no se pedía por el perdón de las deudas, sino por el de las ofensas. El doctor Muller sabía que esta versión no había sido adoptada por la Iglesia católica sino hasta el siglo XIX. Y que Calvino criticó la traducción al latín de la palabra hebrea "mesech" como usura, porque el verdadero significado de dicha palabra era "mordida", es decir, "morder al pobre"; por eso concluyó que las Escrituras no condenaban los préstamos con interés sino sólo el interés excesivo. Él, mejor que nadie, sabía que para Calvino no era la naturaleza del contrato lo que hacía al usurero sino la tasa de interés del préstamo; fue así que legalizó una práctica que las Escrituras no condenaban y que fue saludable para la vida social y económica.

También sabía el doctor Muller que, en 1732, Benjamin Franklin había publicado en *Almanaque del pobre Ricardo* la siguiente sentencia: "Si sabes el valor del dinero, ve y trata de pedirlo prestado; porque aquel que pide prestado termina lamentándose". ¿Por qué no le dijo todo esto a Sofía? Lo más seguro es que la habría consolado un poquito. ¿Por qué la dejaba sufrir de ese modo? ¿Por qué no le contó la historia de la familia Singer? Él sabía que le hubiera gustado; que le hubiera interesado saber que aproximadamente en 1850, la Singer Sewer Machine Company había empezado a vender sus máquinas mediante arrendamiento. Y que fue así que se empezaron a proveer los bienes de la casa a cambio de pagos mensuales. ¿Por qué no le contó que fue precisamente la relación de la mujer con la máquina de coser la que empezó a tentar a muchas otras mujeres para que cambiaran su vida adquiriendo una máquina a crédito? No hay duda de que a Sofía le hubiera gustado enterarse que, antes de la segunda guerra mundial, las compras por arrendamiento, que introdujo la familia Singer y retomaron los fabricantes de automóviles y de artefactos caseros, indiscutiblemente, contribuyeron a la llamada "integración social". El doctor Muller le pudo haber dicho que por culpa de la familia Singer ahora ella estaba tan endeudada; pues con el tiempo, gracias a la Singer Sewer Machine Company, empezaron las tarjetas de crédito. Lástima que nada de todo lo que sabía acerca del crédito le había contado. ¿Acaso el consumismo desaforado de su paciente no había provocado que comprara el libro y así se enteró de tantas cosas inesperadas? Sin duda: he ahí uno de los lados oscuros de este personaje que, en el fondo, envidiaba a Sofía porque ella sí podía verbalizar sus problemas...

La consentida de sí misma

Sofía era una mujer de cincuenta y dos años, producto de una familia burguesa muy conservadora, la cual, curiosamente, siempre vivió por encima de sus posibilidades. El papá de Sofía había sido un abogado de prestigio pero que nunca había hecho dinero, situación que siempre tensó mucho a su esposa. Por desgracia, doña Sofía nunca llegó a valorar el espíritu quijotesco de su marido; a pesar de la admiración que le profesaba y que respetaba su enorme capacidad intelectual, le hubiera gustado ser tan rica como algunas de sus amigas millonarias que solía tratar con tanto entusiasmo. Aunque doña Sofía pertenecía a las familias más viejas de Guadalajara y era una de las Trescientas y algunas más... según el criterio del Duque de Otranto, era una señora nada convencional. Al contrario, se distinguió siempre por ser una persona de carácter bien definido que hacía y decía todo lo que le pasaba por la cabeza. De ella, Sofía aprendió que, en la vida, no había mejor arma para salir adelante de cualquier situación, por adversa que ésta pudiera ser, que la verdad. De ella también aprendió la perseverancia y la capacidad para "sacar el toro de la barranca". Pero, por desgracia, también de doña Sofía, su hija menor había aprendido a ser despilfarradora.

Como su madre había vivido permanentemente endeudada, cuando la situación llegaba a extremos incontrolables, se acogía a un remedio externo; y volvía a empezar, una y otra vez, hasta que la circunstancia creaba una tensión que por momentos no podía controlar, y esto repercutía en su marido y sus tres hijos. En consecuencia, Sofía creció en un mundo donde las apariencias eran prioritarias; de ahí que, a cualquier costo, empleara ella tanta energía para mantener su estatus; de ahí que no fuera nada ahorrativa; y de ahí que le hubiera tomado tanto gusto a las situaciones límite, de las que casi siempre salía airosa.

Desde que Sofía fue muy niña descubrió que en la vida la seducción era una llave que abría muchas puertas. Entonces no nada más seducía con su carita de "niña buena", con su mirada color azúcar quemada, con sus labios redonditos y con los dos hoyuelos que se le marcaban a cada lado de sus rosadas mejillas; también lo hacía procurando tener siempre un bonito modo, y haciendo reir a los demás o simplemente siendo, naturalmente, encantadora. Cuando estaba en el colegio de monjas, más que concentrarse para llegar a ser una buena estudiante, hacía todo lo posible para llegar a ser la consentida de la maestra. Y lo lograba. Por eso cuando reprobaba un examen, sabía cómo hacerse perdonar; cuando la sorprendían copiando un ejercicio de otra compañera, sabía cómo explicarle a la monja cuáles habían sido las dificultades que había tenido para no haberse aprendido correctamente la lección. Con esa misma energía, quería ser la consentida del señor del camión del colegio. La consentida de los vecinos. La consentida de sus admiradores. La consentida de sus amigas. La consentida de sus hermanos. La consentida de sus tíos. La consentida de las amistades de la familia. La consentida de sus papás grandes, como llamaba a sus abuelos. La consentida de los amigos grandes de la familia. La consentida de su padre. Pero de la que nunca llegó a ser la consentida, a pesar de todos sus esfuerzos, fue de su madre. He ahí una herida que nunca sanó por completo y que tal vez tuviera que ver con su compulsión para ser aceptada por los demás y por comprar.

Cuando compraba, de alguna manera, se consentía todo lo que no la había consentido doña Sofía; de ahí que estuviera ávida de llegar a ser, ahora, la consentida de La Vida y de American Express.

Una de las características de la personalidad de Sofía era la intensidad con que vivía. Así como vibraba con los problemas de Chiapas, lo hacía, con la misma fuerza, si la sirvienta no llegaba el lunes; si no habían traído la ropa de la tintorería; si no encontraba su mascada Hermès; o si el platón para servir el arroz que traía la sirvienta a la mesa no correspondía con la vajilla de ese día. Pero este padecer, además de sus adeudos, era nada comparado con lo que sentía por las manifestaciones normales que tenía el paso del tiempo en su persona. Uno de sus peores fantasmas era el envejecimiento: "No, yo no puedo envejecer. No lo merezco. Mi carácter siempre ha sido jovial; además, soy la 'benjamina' de la familia. No, me niego a cumplir años", se decía en cada aniversario. Sin embargo, Sofía empezó, efectivamente, a perder poco a poco su frescura. "Ya no me arreglo para agradar. Me arreglo para no desagradar", le confesó un día a sus mejores amigas, Alejandra, Inés y Ana Paula.

¡Qué feliz sería si yo fuera feliz!

La tarde del día de la sesión con el doctor Muller, Sofía había hecho una cita con un amigo economista en el café Balmoral. En el trayecto hacia Polanco, en tanto manejaba su chevy negro 2000, escuchó en el radio una canción de Joaquín Sabina que la hizo reflexionar mucho:

> *Una gota de sangre en MTV,*
> *un cadáver conectado a Internet,*
> *Mona Lisa llorando en el jardín,*
> *un licor de cianuro,*
> *muera el futuro,*
> *pasado mañana es ayer.*
> *La enfermedad del corazón,*
> *tan mortal, tan externa,*
> *tiñe de amargura la aventura del yo,*
> *peligros de la vida moderna.*

"¿Tiñe de amargura la aventura del yo?", se repitió Sofía despacito. "¿Qué tanto tiño, inconscientemente, de amargura mi propia aventura? ¿Por qué me costará tanto trabajo vivir con tranquilidad? Me niego a pasar mi vida preocupada de si tengo o no para pagar mi tarjeta de crédito; si eduqué bien o no, a mis hijos; si tengo derecho de volver a ser feliz; si mi mamá me traumó; si la que se equivocó en mi matrimonio con Fernando, fui yo; si debí haber estudiado una carrera universitaria; si de niña mejor me hubieran enviado a un colegio laico; si debí haber sido la mayor de mis hermanas para haberlas podido ayudar más con respecto a nuestra madre; si debí haber probado el amor sexual antes de casarme; si debí haber sido hippie y vegetariana; si debo estar más delgada; si debo hacer yoga; si... si... Así se me pueden ir muchos días y con ellos mucha vida. ¡Qué estéril es todo! ¡Qué absurdo! La vida tiene que ser otra cosa que este infierno que me impongo..."

Mientras Sofía se sumergía más y más en sus reflexiones filosóficas, Joaquín Sabina continuaba cantando en el radio:

> *Una secta de hermanos de Caín,*
> *una lágrima por ordenador,*
> *aguafuertes del muro de Berlín,*
> *pasarelas de hielo*
> *para modelos violadas por Christian-Dios,*
> *tragicomedia musical,*
> *cementerio de besos,*
> *hoy, a la deriva, por la General Paz,*
> *naufraga el galeón de los excesos.*
> *Filosofías de arrabal,*
> *mártires del rock and roll*
> *discutiendo, entre las piernas*
> *del dolor,*
> *el álgebra de la vida moder...*

"Clic", hizo el aparato cuando Sofía lo apagó. Después de un intenso tráfico, por fin, había llegado al estacionamiento de la calle de Emilio Castelar. Eran las 6:25 p.m. Iba diez minutos retrasada. "Ahí se lo encargo", le dijo al muchacho, a la vez que recibía su ticket. En seguida se dirigió corriendo hacia el hotel Presidente Chapultepec, lugar de la cita. Mientras se alejaba, el muchacho del estacionamiento no pudo evitar verle las piernas. "Está muy flaca", pensó, a la vez que encendía el radio. Todavía el empleado alcanzó a escuchar lo que seguía interpretando Sabina:

> *...na. Y al final nunca sé cómo empezar*
> *a decirte a gritos*

que necesito
más que respirar,
que necesito
escapar
del purgatorio de sobrevivir,
hasta el año dos,
hasta el año tres,
hasta el año diez,
hasta el año cien mil.
La soledad
es la ecuación
de la vida moderna.

Lástima que Sofía ya no alcanzó a escuchar esta última parte. Seguro que le hubiera hecho pensar un poquito en otro problema que tampoco tenía resuelto: el miedo a la soledad. He ahí un enemigo que en un periodo de su vida le había dado muchos dolores de cabeza.

Más de tres años había padecido Sofía la soledad. Más de tres años se la había pasado completamente sola. Más de tres años se le había metido la soledad a través de cada uno de sus poros. En ese lapso Sofía conoció el desamor, la deslealtad, el abandono, los celos, la inseguridad personal, el resentimiento, la depresión, la rabia, la tristeza, el vacío de la ausencia pero, especialmente, la so-le-dad. En esa época, debido a su trabajo, pasó una larga temporada en París. Nunca como en esa supuesta Ciudad Luz, Sofía conoció la oscuridad. Nunca como en esos días, Sofía supo lo que era vivir sumida en una tristeza insoportable. Nunca como en esos meses, Sofía se convenció de que no sabía manejar la soledad. Llegó a sentirla con tal intensidad, que una tarde se atrevió a poner en práctica lo que le había aconsejado una amiga francesa: compró el *Nouvel Observateur*; se sentó en un café de Saint-Germain-des-Prés; pidió su "orangina"; abrió el semanario y sus ojos melancólicos buscaron la sección de pequeños anuncios que se encuentra en las últimas páginas: en ella aparecían las solicitudes de muchos hombres solitarios en busca de compañía femenina. La mayoría corresponde a hombres de negocios, médicos e ingenieros que no tienen tiempo para entablar relaciones con el sexo opuesto.

> **Cherche femme intelligente**. Drôle. Pas nécessairement jeune. Qui aime la lecture. Qui aime la tendresse. Mais surtout qui aime l'aventure. Jean Pierre [Busco mujer inteligente. Divertida. No tiene que ser joven. Que le guste leer. Que le guste la ternura. Pero sobre todo la aventura. Jean Pierre]

fue el primer anunció que leyó. "Qué chistoso, porque me describe", pensó Sofía al esbozar una sonrisa ligeramente coquetona. Siguió leyendo:

> **45 ans. Libre.** Pr. Ht. Niv. soc-cult. Dominateur. Exigent. Rech. Tr. Belle femme, élégante, mince, fine, look BCBG, docile pour complicité plaisir. Femme marié bienvenue. Phto sh. [45 años. Libre. Procedencia sociocultural, alta. Dominante. Exigente. Busca mujer bella, elegante, delgada, fina, con "look" de niña-bien, dócil para complicidad en el placer. Bienvenida mujer casada. Foto].

Después de este anuncio, Sofía estaba ya más intrigada. Siguió leyendo:

> **Beau JH métis clair,** 28 a, bon niv; sport; exigent, ch. H. 50ª ans. Et +, bon niv. Soc. et cult. Pour relation durable [Joven bien parecido mestizo claro, 28 años, buen nivel; deportista; exigente, busca hombre de 50 años. Y más, buen nivel social y cultural. Para relación durable].

Sofía leyó dos veces el anuncio porque le costó trabajo imaginar que un joven buscara, por este medio, compañía con alguien de su mismo sexo. Y siguió leyendo:

Cherche brune, bouche pulpeuse ou blonde BCBG, je t'attend pour relation harmonieuse, tendre et complice pour réussir deuxième partie de notre vie. Toi: chic, choc, charme, chaleureuse. 35-45 de niv. Sup., avec ou ss enfants. Moi: 48, ssenf; tonique, aise dirigeant, droit, brun et... plein de défauts" [Busco morena de boca sensual o rubia tipo niña-bien, me interesa una relación armoniosa, tierna y cómplice para consumar exitosamente la segunda parte de nuestra vida. Tú: chic, choc, encantadora, expresiva. De 35 a 45 años de nivel superior, con o sin hijos. Yo: 48, sin hijos; posición económica holgada, moreno y... con muchos defectos].

Voulez vous vivre à fond l'amour passion qu'au plus secret de votre cœur vous espère toujours et que je désire de toute mon âme rendre paradisiaque solide definitif? 66 ans. Entrepreneur, tv. Physique morale sécurrissante, tendre, subtil, complice. Altruiste, sens de l'humeur, profond, sincère. Prêt a comprendre côtés, câlines, choyer, chérir, faire vibrer remplir de merveilles bonheur à vie dans don total réciproque. Jolie femme sentim. Douce, sensible et fidèle. Photo souhaite, tout pays réponse assu-

ré" [¿Quiere usted vivir hasta sus últimas consecuencias el amor apasionado, el cual ha estado esperando y deseando con toda su alma para que sea sólido y definitivamente paradisiaco? 66 años. Empresario, tv. Física y moralmente seguro, tierno, sutil, cómplice. Altruista, con sentido del humor, profundo, sincero. Presto a comprender, cariñoso, cálido, afectuoso, le encanta hacer vibrar a su compañera con maravillas para una vida en total reciprocidad. Busca mujer bonita sentimental. Dulce, sensible y fiel. Se requiere fotografía, abierto a recibir respuesta de todo el mundo].

Súbitamente Sofía frunció el ceño. Ya no podía más. Tantas promesas y requerimientos comenzaban a hartarla. En lugar de que su interés se hubiera incrementado aún más, fue la tristeza la que se fue apoderando de ella. ¿Cómo era posible que se encontrara leyendo esos anuncios? ¿Cómo era posible que terminara buscando compañía con personas que no conocía, que no tenía ni idea de quiénes eran? ¿Acaso no la vencía el miedo de toparse con un degenerado, como en la película de Buñuel *Belle de jour*? ¿Y el sida? ¿Y los riesgos de toparse con un psicópata? ¡Cuánta razón había tenido la Madre Teresa al declarar, antes de morir en 1999, que la peor enfermedad que padecía la humanidad en el siglo XX, no era ni el sida, ni tampoco la lepra, ni la desnutrición, ni las guerras entre etnias, ni los suicidios, ni la multiplicación de sectas, ni el consumo de drogas, sino la soledad y la falta de amor. En esa época, Sofía era una más de tantas y tantas víctimas de esa enfermedad. Curiosamente, mientras leía por encimita esas extrañas solicitudes formuladas por personas que se sentían tan solas como ella, de pronto se percató de que un parroquiano, que se encontraba en la mesa contigua, la miraba fijamente. Sin duda, él también estaba solo. Sin querer queriendo, de repente Sofía alzó los ojos y lo miró. El señor, de más de cincuenta años, vestido con una chamarra de nylon azul turquesa, le hizo un guiño. Y, en ese preciso momento, a Sofía se le instaló la rabia en la garganta: "Garçon, l'addition s'il vous plaît", ordenó de inmediato. Pagó. Y con su gabardina Burberrys —que días antes había pagado con su tarjeta de crédito— sobre los hombros, salió del Deux Magots. "Vous êtes belle", alcanzó a escuchar que dijo ese "don Juan", quien en realidad era "un vieux cochon", como hay tantos en París, en busca de extranjeras solitarias.

En efecto, Sofía era lo que se considera en Francia "une belle femme": pelo rubio, constitución ni gorda ni flaca; siempre muy bien vestida, con accesorios muy originales, adonde llegara robaba la atención. Pero esa noche, mientras caminaba por el bulevar preguntándose quién sabe cuántas cosas respecto al señor de la chamarra, ni siquiera se percató de que dos jóvenes, con apariencia de estudiantes, que pasaron a su lado, voltearon a verla y comentaron entre sí: "Pas mal". Y es que en esos momentos Sofía nada más escuchaba sus pensamientos: "Seguramente vive en una 'chambre de bonne' en Pigalle. Pobre cuate, me dio entre lástima y asco. Se veía tan desamparado. ¿Qué tipo de vida habrá llevado?". Y entre más se preguntaba, más se deprimía.

Cuando Sofía llegó, finalmente, al hotel La Louisiane preguntó si tenía recados. "Non, madame", le contestó la recepcionista. "Merci", dijo con un nudo en la garganta; y ese nudo estuvo a punto de deshacerse en el elevador. Salió del ascensor y se encaminó por un largo y angosto corredor; su habitación estaba al fondo del pasillo. De pronto percibió un olor a café que salía de uno de los cuartos; era el de su vecina, una negra que, en ese momento, preparaba su café. "Le café à l'hôtel est trop cher", le había comentado una mañana que se encontraron en el elevador. Esa misma noche, su vecina la invitó a tomar "un petit café" pero Sofía decidió no aceptar: "Peut-être un autre jour", le dijo con mucha pena por haberse negado. Había algo en la mirada de aquella mujer que no le había inspirado mucha confianza. "A lo mejor es una bruja", pensó Sofía infantilmente. Pero no, Madelaine no tenía nada de "bruja". Todo lo contrario: era enfermera y trabajaba en la clínica Belvedere de Boulogne. Al invitar a Sofía a tomar un "cafecito", lo único que quería era estrenar su cafetera Moulinex que acababa de comprar en La Samaritaine.

Estaba a punto de abrir la puerta, cuando, de pronto, pasó por su mente una extraña fantasía. Se imaginó al hombre que acababa de ver en el restaurante; y lo imaginó sentado al borde de la cama. ¿Era un "wishful thinking"? Quizá. El hecho es que cuando Sofía por fin entró a su habitación, con lo único que se encontró fue con su peor enemiga: doña Soledad. "Chole" la llamaba, como para dulcificar un poquito sus efectos. Sin embargo, esa noche la advirtió más implacable que nunca. Sintiéndose más sola que nunca, se quitó su gabardina y se dirigió hacia el baño. Ahí se desmaquilló lenta, muy lentamente, con muchísimo desgano. Cuando se quitó la pintura de los ojos, sintió de repente que su mirada la miraba con mucha compasión. En seguida se puso su camisón de piqué blanco que había comprado a crédito en México en la boutique Cabassi antes de viajar a Francia. Se metió en la cama: las sábanas estaban heladas, tanto que hasta las sintió húmedas. Sin hacer mucho esfuerzo alargó su brazo hasta el buró y tomó el libro de André Comte-Sponville que acababa de comprar; el título correspondía a la perfección con su estado anímico de esos días: *Amar desesperanzadamente*. Leyó:

En un fragmento de los pensamientos de Pascal, dedicado al tiempo, el filósofo explica que nunca vivimos para el presente. Vivimos un poco para el pasado pero, sobre todo, para el futuro. Lo cual nos indica que nosotros nunca vivimos, esperamos vivir. Como siempre estamos dispuestos a ser felices, es inevitable que nunca lo seremos. Woody Allen dice un poco la misma frase que Pascal: "¡Qué feliz sería si yo fuera feliz!". Pero jamás lo será porque espera serlo. Todo se juega en la esperanza del bienestar. Por definición, nosotros esperamos sólo lo que no tenemos: cuando nosotros esperamos el bienestar significa que no lo tenemos, cuando esperamos ser felices es que no lo somos.

Estas reflexiones le llegaron a Sofía derechito al corazón. Todas le habían parecido llenas de sabiduría y veracidad. "Si deseamos intensamente ser felices, es porque, efectivamente, no lo somos. Si invertimos tanta energía esperándola, es previsible que terminemos por impacientarnos e irremediablemente, acabemos sintiéndonos muy infelices", pensó al comenzar a sentir una cierta paz en su interior. "La desesperanza no es para nada la tristeza, sino lo contrario de la acepción literaria, casi etimológica, de la palabra 'des-esperanza': la cual quiere decir ausencia de esperanza, la misma que nos libera de esta espera de bienestar para el mañana, dejándonos entonces disponibles para el bienestar de ahora".

Sofía interrumpió su lectura. Cerró los ojos. Colocó el libro abierto sobre su corazón y se dijo: "Entonces, ¿el sabio es aquél que es desesperanzado porque no espera nada, nada? ¿Sólo así puede ser feliz? Y al revés: ¿es feliz porque no espera nada, porque se conforma con lo que tiene sin desear nada más?". Sofía volvió a retomar su libro, y sintiéndose mucho menos desesperanzada que horas atrás, leyó líneas abajo:

> Tratemos entonces de aumentar nuestra parte de sabiduría; es decir, nuestra parte de amor gozoso, nuestra parte de aceptación. Como el verdadero camino es el camino de la aceptación, cuando no somos capaces de decir "sí" a la realidad, entonces nos encontramos con el sufrimiento y la angustia. A menudo con ambas. La única sabiduría es entonces: si no podemos decir "sí" a la realidad, por lo menos decir "sí" al sufrimiento y a la angustia. ¡Aceptémoslos! De esta manera, sin desaparecer por completo la angustia, se vuelve más soportable. Rechazarla cuando está allí, es agregar un segundo sufrimiento al primero. Si tú amas la vida sin aceptar la muerte, entonces no amas la vida.

Sofía cerró su libro. Apagó la luz. Y como de costumbre rezó un padrenuestro y un avemaría.

Esa noche tuvo un sueño extraño: se vio frente a un hombre de bata blanca. Era un personaje de apariencia muy particular, llevaba el pelo todo hacia atrás, peinado con gomina y tenía las cejas totalmente depiladas. Se veía demasiado pálido. "Docteur, quiero que me ponga colágeno en los labios. Quiero tenerlos como los de Brigitte Bardot. No, mejor como los de Celia Cruz. No, mejor como los de Díaz Ordaz. Ay, no, qué horror. En realidad, docteur, lo que deseo es que estén como dicen ustedes los franceses: 'pulpeuses', es decir gruesos, carnosos y sensuales. Quiero que me busquen muchos hombres. Quiero que me deseen médicos, ingenieros y notarios. Quiero que me chupen la soledad. Quiero casarme con todos. Quiero vibrar. Quiero conquistar al señor de la chamarra azul. ¿Dónde está? ¿Lo conoce? Pero píqueme los labios. ¡Aunque me duela, no me importa...! " Más adelante, veía en el sueño cómo el doctor le introducía una aguja gigantesca, primero en su labio superior y luego en el inferior. En la jeringa había un líquido espeso y translúcido. En seguida venía un piquete, y luego otro y otro y otro. La aguja era como la que usan los veterinarios. ¡Enorme! ¡Larguísima! ¡Gruesísima! En realidad se asemejaba a un falo. Cuando Sofía se percató de esto empezó a jadear y a gritar en francés: "Encore, encore, encore!". De pronto se despertó abrazando su cojín y en posición fetal.

He ahí una típica pesadilla edípico-fálico-sadomasoquista. De todo el contenido del sueño, lo que más preocupaba a Sofía era que el médico era abiertamente gay. ¡Cuántas horas se pasó Sofía tratando de explicarle al doctor Muller el contenido de su sueño! Como buena exalumna de colegio de monjas excluyó algunos detalles, por lo que el psicoanalista no pudo descifrar el verdadero significado de su sueño.

Estamos en las mismas

En el café Balmoral ya la esperaba su amigo economista, Enrique Quintana. Hablaron de las próximas elecciones presidenciales, que estaban ya en la recta final, y de los diferentes tipos de voto que habían surgido por la necesidad inminente de un cambio en la vida política de México. De repente y a boca de jarro le preguntó a su amigo: "¿Por qué nos endeudamos? ¿Por qué los mexicanos dependemos tanto del crédito?".

Enrique se quedó un tanto perplejo ante la pregunta. No obstante, dirigiéndose a Sofía como si se tratara de una de sus alumnas de la universidad, le contestó: "Porque no tenemos una cultura para que la gente cuide correctamente el uso de la tarjeta. Los bancos no la han generado. Al contrario. En el pasado, prácticamente, a uno lo hostigaban regalándole tarjetas de crédito. Toda la clase media urbana de este país recibía llamadas telefónicas y correspondencia que decían: '¿No le interesa utilizar tal o cual tarjeta?'. Cuando ibas a un centro comercial, se te atravesaban las edecanes ofreciéndote una tarjeta de crédito. Entonces, en lugar de promover que la gente fuese racional, y en lugar de aconsejarle que la utilizara como un instrumento de financiamiento racional o por seguridad para no llevar efectivo, la bombardeaban con lemas como 'Con el poder de su firma'".

–Para ti, Enrique, ¿quién es peor, el que roba un banco o quien lo establece?; como dice *La ópera de los tres centavos* de Bertolt Brecht —preguntó Sofía, sintiéndose muy ufana de su cultura.

–Algo que tienes que tomar en cuenta es que el banco nunca pierde porque cobra comisiones a los comercios; es decir, el cliente no paga pero el comercio que acepta la tarjeta sí le paga al banco una comisión. Ahí está el negocio para el banco. Los bancos están diseñados para no perder nunca, salvo que todos dejen de pagar, que es lo que pasó en 95. Fíjate que antes de la crisis de ese año, el mexicano tenía fama de ser un excelente pagador. Uno hacía todo lo que fuese necesario pero el deudor pagaba. Le pedía prestado a un familiar, a un compadre o hasta a un vecino, pero siempre terminaba liquidando gracias a estas redes de solidaridad familiares o vecinales, cosa que no existe en otros países. De hecho, en México los sistemas de crédito más generalizados no son de los bancos. Por ejemplo, aquí en el Distrito Federal lo que opera de manera masiva son las tandas, un sistema de crédito que es típico de las empresas; en las oficinas, en las fábricas, en los condominios, o antes en las vecindades, se acostumbra que cada quien ponga un poquito cada mes o cada semana, y en función de lo que se acumula en la tanda, te toca. Es decir, recibes dinero con el crédito que han puesto los demás. Esto, junto con las cajas de ahorro, son modalidades muy mexicanas. Estos esquemas han funcionado durante décadas. Ahora, volviendo a las tarjetas de crédito, que tanto te afligen, recuerda que hay tres tipos: la de crédito, la de débito y la de servicios, como la American Express, que financia las compras que uno hace a lo largo de un mes y, al cabo de este tiempo, tienes que pagar lo que consumiste. Si a veces no puedes, pero has sido un buen tarjetahabiente, te difieren tu deuda.

Cuando Sofía escuchó esto último se puso roja, roja como la mascada Hermès que llevaba alrededor del cuello y que había comprado a crédito en el duty free del aeropuerto de París. Sin saber cómo, tuvo la impresión de que su amigo estaba enterado de las que estaba atravesando con su tarjeta American Express. No obstante, se hizo la disimulada y dio un sorbito a su café americano, que por cierto ya se había enfriado, y agregó: "¿Y después qué pasa?", con cara de mosquita muerta.

–Pues en el caso de American Express, este tipo de esquemas causa mucho más intereses ("Y un chorro de estrésssssss", el suyo se escribía con muchas "s", iba a agregar la deudora, pero no osó interrumpir al maestro). De hecho, son mucho más altos que los que se pagan en cualquier banco —decía Enrique, en tanto en la cabeza de Sofía se escuchaba una vocecita que repetía: "La odio, la odio. Por eso la odio tanto".

A pesar de que el economista tenía un poquito de prisa, el interés que manifestaba su interlocutora era tan evidente que no pudo más que continuar con su explicación:

–Entonces, si un usuario de la tarjeta de repente pierde el control, que es muy frecuente, y ya no sabe bien a bien cuánto es lo que tiene como pagos diferidos, puede acabar pagando una cantidad inmensa de intereses ("Yessssss, I know", pensaba la usuaria endrogada). Ahora bien, American Express es quizá la institución que más esquemas tiene. A mí en lo personal es la que más me gusta. Es la más segura ("La adoro; te adoro tarjeta mía. Perdóname por tratarte tan mal y no tenerte siempre al día", pensaba Sofía la contradictoria). Por otro lado, es la que más está detrás de sus clientes. Por ejemplo, si te pasas tres días de tu límite de pago, da por seguro que ya te buscaron en tu trabajo y te dejaron tres recados en tu casa. Si te pasas quince días, recibes una cartita diciendo que por favor pagues, de lo contrario, corres el riesgo de que la institución tome medidas de carácter legal ("La odio. Te odio. Llegando a mi casa juro que te quemaré en una pira, como a la pobre Juana de Arco. Sin embargo, como ella, seguirás siendo mi heroína", se decía Sofía la obsesiva). Ese tipo de recursos usualmente tiene un efecto psicológico tremendo. Provoca temor, miedo; de ahí que entonces no tengas otra más que recurrir a un pariente o a un amigo y le pidas prestado.

No terminó Enrique la frase, cuando Sofía sintió que algo se le atravesaba en la garganta. Repentinamente tuvo deseos de abrirle el corazón a su viejo amigo y decirle: "Tú sabes cuánto te respeto y te admiro. ¿Verdad que tú y yo somos muy buenos amigos? ¿Me puedes, por favor, prestar dinero? Es que American Express ya me dejó como doce recados en mi casa. Y si tuviera una oficina, seguramente, ya me habría dejado otra docena. Te juro que si me prestas, te pago el dos por ciento que cobra cualquier banco a los comercios por uso de la tarjeta. Te juro que si me prestas, hago que la American te dé una extensión de la mía. Te juro que si me prestas, podrás contar con mi amistad hasta después de muerta. Te juro que si me prestas, cuando seas candidato a la presidencia, votaré por ti". Pero no se atrevió. Y no es porque Enrique no le acabara prestando aunque fuera un pequeño porcentaje de su elevadísima deuda, sino porque, a sabiendas de que su amigo lo habría hecho con la mayor solidaridad, le parecía un verdadero abuso.

–¿Tú crees, Enrique, que esta cultura del crédito la importamos de Estados Unidos? —preguntó Sofía, como para disipar todos sus malos pensamientos.

–Sí, en cierto modo. La estadunidense es una de las sociedades que más se endeuda; vive del crédito. Pero el estadunidense, a diferencia del mexicano, en general tiene un empleo estable que le deja ingresos a lo largo de su vida laboral. No hay una familia estadunidense que no tenga una hipoteca. Con ella compran una casa que pagan en veinte años a una tasa anual de cuatro por ciento. Y como tienen un negocio seguro y un empleo seguro, el banco y el cliente tienen la certeza de que se pagará con el tiempo. Lo que ocurre es que la sociedad de Estados Unidos lleva muchos años viviendo casi sin inflación; entonces, cuatro por ciento anual representa algo. En cambio, aquí en México, al pequeño ahorrador no le pagan ni siquiera lo que necesita para compensar el deterioro de la inflación. Si uno tiene, por ejemplo, veinte mil pesos y los deposita en el banco en una cuenta de ahorro o en una cuenta maestra o en algún pagaré, lo que le pagan hoy día es ocho o nueve por ciento al año. Eso no alcanza ni para cubrir la inflación que existe. Por eso es que aquí nadie piensa en el largo plazo y mejor se gasta el dinero. En el caso de los créditos tampoco los hay a largo plazo. A partir de la crisis del 95 los préstamos hipotecarios desaparecieron en México, ya no hay ningún banco que los haga. ¿Por qué? Por la incertidumbre. Nadie quiere arriesgarse a darte un crédito a veinte años. En ese lapso quién sabe qué pueda pasar en el país.

–He ahí el meollo de la realidad mexicana, nadie sabe lo que puede pasar ya no se diga en dos décadas, sino en dos semanas. O en dos horas. A lo mejor saliendo de aquí nos enteramos que al final Vicente Fox va a la cabeza de las encuestas por diez puntos —aseveró Sofía, con cierto humor, antes de despedirse de su amigo, a quien nunca le confesó su secreto crediticio. ¿Por qué no lo hizo? ¿Por qué se abstuvo de pedirle un consejo a alguien que hubiera podido asesorarla muy bien? ¿Para guardar las apariencias? ¿O bien, porque temía que le dijera "yo también estoy en las mismas..."? Lo ignoramos. Lo que sí sabemos es que al despedirse ambos resintieron un ligero dejo de zozobra. Como que habían dejado muchas cosas en el tintero. Como que estuvieron a punto de abrir sus corazones, pero que, finalmente, los mantuvieron herméticos.

Aparte de esos sentimientos ambiguos, la preocupación de Enrique tenía que ver con los asuntos pendientes que urgían. Con todo el trabajo que lo esperaba en su oficina, ¿por qué aceptó tomarse un café con Sofía? ¿Nada más para hablar sobre el crédito, sobre ¡su crédito!? En fin, una vez más lo había dominado su generosidad y lealtad hacia los amigos. Cuando iba por su coche, se preguntó si no aprovechaba la cercanía del hotel Nikko para ir a pagar su American Express. Vio la hora y prefirió dirigirse a su oficina.

La voz de su conciencia

¿Y Sofía? Bien, gracias. Estaba en la tabaquería del hotel Presidente Chapultepec a punto de pagar en la caja su ejemplar de *Paris-Match*. De pronto, su mirada se distrajo hacia un exhibidor de libros y entre muchos títulos le saltó uno que decía: *10 Minute Guide to Beating Debt*; sin dudarlo, tomó el volumen y, junto con la revista, quiso pagarlo con su tarjeta. En realidad fue una magnífica intención porque su tarjeta, para variar, no pasó. En lugar de discutir, rogar y suplicar para que la empleada volviera a pasar el plástico, no dijo nada. Buscó su cartera y sacó un billete de cien pesos. Salió del hotel. Conforme caminaba hacia la calle Emilio Castelar, sintió un enorme peso sobre su espalda. Llegó al estacionamiento y con irritación vio que su chevy negro estaba estacionado hasta el fondo. "Ahorita se lo traigo", le dijo un muchacho que no dejaba de meter y de sacar coches y más coches. "¿De veras no se tarda?", le preguntó Sofía, a sabiendas de que se tardaría más de la cuenta. Con toda resignación pagó el estacionamiento. Se dirigió hacia una vieja banca que estaba por ahí y se sentó. En seguida, de una bolsa, sacó su libro; buscó sus anteojos Calvin Klein que no hace mucho había comprado y empezó a hojear el ejemplar: "El dinero es libertad", fue lo primero que leyó. Le gustó la frase. Respiró hondo y profundo para después continuar con su lectura.

> Da poder, da opciones. La vida asusta menos cuando se tiene. Además, es divertido gastarlo, aun cuando el dinero que se gasta no sea nuestro. Ése es el problema: es fácil adquirir el hábito de gastarlo antes de ganarlo. No olvide que gasta 23% más cuando utiliza tarjetas de crédito que cuando usa efectivo.

Otras maneras de conseguir dinero, en vez de utilizar el crédito, son:

- Conseguir un segundo empleo y guardar el sueldo.
- Tener alguien en casa con quien compartir los gastos.
- No gastar el dinero que nos regresan en las declaraciones de impuestos.
- Dejar de fumar.
- Pedir un aumento.
- Vender cosas que no se necesitan.

Es importante sólo pedir prestado por razones adecuadas:

- Cuando se hace una compra significativa, como una casa o un coche.
- Cuando es necesario pagar colegiaturas.
- Cuando ocurre una emergencia.
- Cuando se puede aprovechar una oferta de algo que se sabe se usará pronto.
- Cuando con ese dinero se puede pagar una deuda con intereses más altos.

En cambio, nunca se debe pedir prestado cuando:

- Se está en riesgo de perder el empleo.
- Se prorrogan los préstamos por años, y se deja que los intereses absorban los ahorros.
- Se pide prestado para subsidiar malos hábitos de consumo.
- No se está seguro de tener el dinero para pagar.
- Se viven cambios personales importantes, como divorcio, separación o muerte de un ser querido.

Comprar lo que no se necesita es un desperdicio; y pedir prestado para comprar lo que no se necesita no hace sentido alguno. Una de las razones principales de la deuda innecesaria es el comprar por impulso. Si se tiene poca voluntad, es buena idea pasar el tiempo libre lejos de las tiendas para no gastar más.

El tener una gran deuda puede ser síntoma de un problema más profundo como:

- depresión
- problemas familiares
- estrés por el trabajo
- aburrimiento

Algunos signos de advertencia que indican que se tiene una deuda excesiva con tarjetas de crédito son:

- Se usa una tarjeta para pagar otra.
- Las tarjetas que se poseen están en su límite.
- Se acostumbra recolectar efectivo de los amigos en los restaurantes y después se carga la cuenta a una tarjeta de crédito.
- Se usan las tarjetas sólo para conseguir retribuciones como millas aéreas, crédito para un nuevo coche, etcétera.
- Sólo se paga el mínimo, y la cuenta continua aumentando cada mes.
- Se ocultan los recibos al cónyuge.
- No se sabe lo que se ha cargado a la tarjeta hasta que llega la cuenta.

Justo diez minutos se tardó el muchacho en sacar el coche. "Aquí lo tiene, güerita", le comentó a la peor de las deudoras. Sofía cerró el libro. Tragó saliva. Subió a su coche y, sin darle propina al empleado, arrancó el motor con una terrible sensación de culpa. "No sé lo que se ha cargado a la tarjeta hasta que llega mi cuenta. No sé lo que se ha cargado a la tarjeta hasta...", repetía mientras cambiaba una y otra vez las velocidades de su automóvil como una verdadera autómata. Conducía sin ver y sin pensar. Conducía sin importarle todo el tráfico que había a su alrededor. Y conducía sin poner atención a todos los claxones que estaban dirigidos a "esa vieja que no sabía manejar". No, no ponía atención porque mientras tanto escuchaba una vocecita que le decía:

"No, que no se te olvide. Recuerda que tienes que pagar antes del día 24. ¡Qué curioso, cuando sales nunca olvidas llevártela contigo y, sin embargo, siempre de los siempres se te olvida la fecha de pago!

Lo que es imperdonable es que, invariablemente, se te borre el lugar donde guardaste el sobre. Bueno, decir 'guardaste' es una forma de hablar, ya que en realidad lo que acostumbras hacer es esconderlo en los lugares más inverosímiles. ¿Te acuerdas cuando lo ocultaste en medio de las páginas de un viejo directorio telefónico amarillo que estaba en tu desordenadísima covacha? ¡Cuántos días no perdiste en buscarlo! Días que naturalmente te representaron todavía más intereses. ¿Y recuerdas aquella vez que se te ocurrió meterlo en el interior de uno de los tenis que tu hijo ya no usaba? ¿A quién tratas de engañar con esos jueguitos? ¿No crees que resultas demasiado infantil al quererte engañar de esa forma? Gastas como loquita y luego cuando hay que pagar, sientes que el mundo se te viene encima. 'Ay, ¡qué horror! ¿Y ahora con qué voy a pagar?', te preguntas por las noches en tanto tratas de conciliar el sueño. Y por más que piensas de dónde vas a sacar el dinero, la gastritis que creías ya desaparecida, te quema con fuerza el estómago. ¿Sabes qué? De verdad pienso que no tienes remedio. ¿Recuerdas lo que hiciste el viernes por la tarde? ¿No te acuerdas? ¡Mientes! Sabes perfectamente que fuiste a una de esas boutiques de Polanco y que te compraste dos sacos. Sí, ya sé, si lo hiciste es porque estaban en barata: ¡cincuenta por ciento más baratos! ¡Qué barbaridad, qué ofertón! ¿Los necesitabas? ¿Te resultan imprescindibles? ¿Adquirirlos era un asunto de vida o muerte? ¿Qué habría pasado si no los compras? ¿Sabes lo qué hubiera pasado? ¡Nada, absolutamente nada! Me das pena, porque tu vida se te va a ir en pagar intereses de tarjetas de crédito. Vives de prestado. ¿Te das cuenta de lo que esto quiere decir? Gastas dinero que no es tuyo para comprar sueños, estatus, falsas satisfacciones, evasiones y estúpidas angustias. Créeme que si sigues con ese ritmo, y llegue el momento en que tengas que partir de este mundo, seguro que tu féretro será adquirido a crédito, así como la esquela en los periódicos, las coronas de flores y el espacio en el panteón. 'Vivió y murió de puritito fiado', será tu epitafio. Y cuando llegues al cielo (si es que llegas), muy probablemente san Pedro te dirá: 'Lástima, pero fíjese que para entrar aquí no funciona la Gold Card'. ¿Sabes qué eres? Una cínica. Sí, discúlpame, pero eres una cínica. Sé perfectamente bien (por más que quieras jamás podrás engañarme) que desde hace unos días pones el mismo compacto una y otra vez: 'Unforgettable', con Nat King Cole. 'Es que soy muy nostálgica', te dices con tu característica sonrisa farsante. ¡Mentiras! Sabes muy bien que esa canción sirve como fondo musical para uno de tus anuncios consentidos. ¿Quieres que te diga cuál? ¡El de American Express! ¿Tú crees que no me doy cuenta de la cara que pones cuando ves el anuncio por la televisión? Toda tu expresión se transforma: tu piel se vuelve tersa, tus ojos brillan, tus facciones se suavizan y en esos momentos pareces olvidar todos tus problemas, deudas y presiones. ¡Con qué poquito te compran y te hacen flotar los expertos en sueños terrenales! Tener cuentahabientes como tú ha de ser para ellos como una verdadera bendición del cielo. ¡Te felicito! ¡Bravo! Pero te recuerdo que debes de pagar antes del 24, de lo contrario, cada vez que escuches 'Unforgettable', se te irá formando poco a poco un rictus profundo de amargura a los lados de las comisuras de los labios. Y lo que es peor, para el departamento legal de la empresa, que tantas facilidades te da para gastar y gastar y gastar, serás completamente 'unforgettable'. Remember, tienes que pagar antes del 24", le decía la voz de su conciencia.

We're going to get married

Cuando, al fin, Sofía llegó a su casa, éstos fueron los recados que Lupita la recamarera le entregó escritos en una lista: "Le llamó dos veces Israel Martínez de American Express. Le hablaron de la carnicería para avisarle que les habían rebotado el cheque (multa de veinte por ciento sobre la cantidad del documento). Le habló la señora Alejandra Snyder para preguntarle cuándo puede venir a cobrar los tres chales [pashminas] que le mandó con su chofer. Le llamó su hermana Antonia para saber cuándo puede pasar por los tres mil pesos que le prestó hace más de quince días. Le hablaron de El Palacio de Hierro porque hace dos meses no paga. Vino su hija y le trajo un paquete que dejó sobre su cama; dijo que después le llamaba. También llamó el doctor Felipe; dijo que por favor le llamara a su celular". Éste fue el único telefonema que apaciguó un poco su pobre corazón, el cual, para esas horas, ya estaba totalmente endrogado.

El doctor Felipe Deutsch era su novio, y es curioso que lo que los atrajo cuando se conocieron, haya sido una conversación que tuvo que ver con sus respectivas deudas financieras. "Por el momento tengo mi tarjeta bloqueada; soy una consumista incorregible", comentó entonces Sofía, en aquella cena organizada por Humberto, un amigo mutuo, a quien, hacía tiempo, se le había metido en la cabeza que estaban hechos el uno para el otro. "Mi caso es aún peor: a mí ya me retiraron todas mis tarjetas. En una época yo también fui muy consumista", había dicho entonces Felipe, con sus ojos sonrientes color chicloso Kraft. Cuando Sofía escuchó esto, se le quedó viendo como si intentara reconocer a un viejo amigo que había tratado en otro tiempo y en otro lugar. Lo más increíble de todo es que Felipe le regresó la mirada como si también él la hubiera reconocido. "Hace un año que no pago mis impuestos", le dijo él. "¿Qué uno debe pagar impuestos?", le preguntó la evasora ignorante. Los dos se rieron.

A partir de esa fría noche de enero, ya no se separaron más. Ambos eran de la misma edad, compartían los mismos recuerdos, las mismas nostalgias, el mismo gusto por el cine, por la música, por la literatura; tenían la misma ideología política, y lo más importante: el mismo sentido del humor. Hablaban de todo: de sus malas y pésimas épocas sentimentales y económicas. Por ejemplo, de cuando Felipe fue víctima de eso que se llama anatocismo; es decir, de que los deudores tenían que pagar intereses sobre intereses. "Yo quise formar parte del Barzón", le confesó Sofía una noche saliendo del cine. "Yo creí en Salinas y quebré", le dijo él una tarde mientras tomaban un chocolate en el Snob de Polanco. "Yo creí en una Sofía que no existía, y me divorcié", le comentó ella una madrugada. "A mí me pasó lo mismo pero al contrario: me divorcié porque creí en mí", le respondió Felipe en un tono muy enigmático. "Yo creí en la lealtad y me topé con la infidelidad", le dijo ella a él. "Yo creí en la solidaridad y me enfrenté con la soledad", le dijo él a ella.

Y así, mientras pasaba el tiempo entre sus respectivas confesiones, iban al cine, a cenar, a Bellas Artes a escuchar música barroca, a los centros comerciales, a comer hamburguesas, a comprar discos, al teatro a ver obras de Sabina Berman, a Nueva York, a Chicago, a San Diego, a Washington, a París, a Londres, a Madrid, a Barcelona, a Acapulco, a Tijuana, a Huatulco y a Tepoztlán. Y como si se hubiera tratado de una pareja salida de un texto de Oliverio Girondo, con toda naturalidad se acompañaban. Se divertían. Se enamoraban. Se gustaban. Se sinceraban. Se ayudaban. Se elogiaban. Se admiraban. Se atraían. Se morían de la risa. Se burlaban de sí mismos. Se acordaban de cuando eran niños. Se miraban. Se acariciaban. Se hacían el amor. Se despeinaban. Se estimulaban. Se peinaban. Se flechaban. Se mandaban correos electrónicos. Se seducían. Se coqueteaban. Se arrullaban. Se fascinaban. Se peleaban amorosamente. Se consolaban. Se felicitaban. Se identificaban. Y hasta se prestaban dinero para pagar una que otra deudilla que de pronto aparecía por ahí. Seis meses después de estar juntos, se dieron cuenta de que ambos habían rejuvenecido y que ya no hablaban del pasado. Igualmente se percataron de que a pesar de las lluvias, ambos se sentían vestidos por el sol. Juntos empezaron un nuevo siglo y una nueva vida. Fue así que comenzaron a compartir sus soledades.

De todas las cualidades de Felipe, tal vez la que más apreciaba Sofía era su humor. A pesar de que se trataba de un médico prestigioso, viajado y culto, no se tomaba en serio. Respecto al humor, Sofía había leído muchas cosas; tal vez era una forma de justificar el exceso del suyo. Por ejemplo, en su libro de cabecera, *El pequeño tratado de las grandes virtudes* de André Comte-Sponville, había subrayado: "Carecer de humor es carecer de humildad, de lucidez, de liviandad, es estar demasiado lleno de uno mismo, demasiado engañado por uno mismo, es ser demasiado severo o agresivo y carecer por ello, casi siempre, de generosidad, de dulzura, de misericordia [...] Hay algo sospechoso e inquietante en el exceso de seriedad...". Del libro *La tercera mujer* de Gilles Lipovetsky había subrayado: "En la actualidad las mujeres consideran el humor como un factor esencial de la seducción masculina. Antaño para cortejar uno debía mostrarse apasionado y hablar de amor; al presente, hay que hacer reir. En la promoción del amor subyace algo más que la valoración del esparcimiento distractivo; de hecho, traduce el deseo femenino de relaciones menos convencionales y más libres, de trato más cómplice con los hombres". De una entrevista de Woody Allen subrayó estas dos reflexiones: "Lo único que lamento es no ser otra persona"; "Si Dios me diera una prueba de su existencia... si me depositara una gran suma en un banco suizo, por ejemplo".

Con Felipe se reía de ella misma; también de él. Se reía de los conductores de las noticias de televisión; de los que asistían a los talk-shows; de las declaraciones de los políticos mexicanos. Se reían al imaginarse viejitos. Se reían de sus deudas. Se reían de sus respectivos ex. Se reían de sus familias y, a veces, hasta de sus mutuos amigos. Pero esto no lo hacían de mala fe. Ciertamente no se trataba de una ironía mezquina, ésa que hiere. Sus observaciones eran más bien hechas con humor. Respecto a lo anterior, Sofía había aprendido de Comte-Sponville a diferenciar muy bien entre la ironía y el humor. Había aprendido que: "La ironía puede matar; el humor ayuda a vivir. La ironía quiere dominar; el humor libera. La ironía es despiadada; el humor es misericordioso. La ironía es humillante; el humor es humilde".

Además de su sentido del humor, había algo en el físico de Felipe que a Sofía le recordaba enormemente a su padre, a quien había adorado. Pero no nada más ella había tenido esta impresión, también su hermana Antonia le había encontrado un cierto parecido a don Enrique; cuando lo conoció, después de haber charlado con él brevemente, lo primero que le comentó a Sofía fue: "Me recuerda mucho a mi papá". "¿Verdad que sí?", exclamó Sofía entusiasmada, con una gran sonrisa que le cerraba por completo sus ojos.

El que Sofía se hubiera enamorado de Felipe no habría sorprendido en absoluto a Francesco Alberoni, ya que, según el filósofo italiano, nos enamoramos de alguien que nos recuerda a las personas amadas durante la infancia. "El paradigma del psicoanálisis requiere que todo lo que ocurre de importante en la vida adulta sea la réplica de algo sucedido en la vida infantil. Para el psicoanálisis todo es remembranza, incluso el enamoramiento." El día en que Felipe le dijo a Sofía: "¿Te quieres casar conmigo?", en el aeropuerto de Nueva York, la supuesta novia no lo podía creer. "¡Estás loco! No te convengo. Tengo varices. Soy muy gastadora. Ya no tengo cintura. Siempre llego tarde a todos lados. Debo el predial desde 1989. Ya estuve una vez en el Buró de Crédito. Ronco por las noches. No tengo seguro de vida. No soy deportista. Tengo arrugas. No puedo dormir sin mis hombreras. Soy muy desorganizada... Pero mi peor defecto es mi ego. ¡Es enorme! Además cuando me enojo me convierto en una verdadera bruja: grito horriiiiiible. No soy tolerante. Soy muy narcisa. Muy egocéntrica. Estoy demasiado volcada a mi persona. Aunque ya estoy madurita, no soy una persona madura. Sigo siendo la típica niña-mujer. Soy muy unilateral. Criticona. Chismosa. Frívola. Materialista. Ignorante. No sé cuántos ríos hay en la república. No me sé de memoria todas las estrofas del himno nacional. No sé cocinar. No sé quién es Caravaggio. No tengo dote...", y entre más enumeraba sus defectos y deficiencias, Felipe más la abrazaba y más se moría de la risa por tener a una prometida tan autocrítica. "No, no te convengo", continuaba diciéndole Sofía, mientras avanzaban por un corredor larguísimo todo pintado de gris para tomar su avión de regreso. Súbitamente, Felipe se hincó en el suelo y, mirándola fijamente a los ojos, le repitió la pregunta: "¿Te quieres casar conmigo?". Al verlo así de rodillas, como un verdadero caballero medieval, Sofía no pudo más que exclamar: "Yeeeesssssssss!". Los dos se abrazaron. Como todavía tenían tiempo antes de tomar su vuelo, se fueron a la cafetería: "Hoy tenemos una oferta de champagne, ¿no quieren aprovechar?", les dijo una mesera con el pelo pintado del mismo rubio que la Barbie. Ambos asintieron; y se dijeron que la "oferta" era un guiño más del destino que los había reunido. Por veinte dólares, Felipe y Sofía brindaron por su felicidad con un champagne frío, con demasiadas burbujas que al servirse no dejaban de multiplicarse. "¿Sabes lo que decía Saint-Exupéry acerca del amor?", le preguntó la pedida. "Que el amor no consiste en mirarse el uno al otro, sino en mirar juntos en la misma dirección. Así como miramos tú y yo, hacia el mismo punto, hacia el mismo paisaje y hacia...", estaba a punto de terminar su frase tan romántica, cuando de repente se escuchó desde un altoparlante: "Passengers on flight Aeroméxico number 205 bound to Mexico City, please, board on gate number five". Con una sonrisa de oreja a oreja, pagó Felipe. Por su parte, Sofía se llevó las dos botellitas de champagne. "As a souvenir. We're going to get married", le comentó la flamante prometida a la mesera. "Oh, my God... Congratulations, darling!", agregó la señorita, mostrando una enorme encía toda rosada y unos dientes de leche muy pequeñitos. Esa ocasión fue la primera vez en toda su vida de consumista que Sofía no pasó al duty free. He allí una fecha histórica para una novia compradora compulsiva.

A partir de ese evento, la futura novia comenzó a sentir los componentes básicos del amor romántico descubiertos recientemente por la científica estadunidense Helen Fischer. En el organismo de Sofía se empezaron a producir las dosis adecuadas de dopamina y noropinefrina que fueron provocándole una sensación de euforia y alborozo que hacía mucho no había sentido. Después de haberse devorado el libro de la también socióloga, *El primer sexo*, descubrió que la dopomina probablemente "estimula también esa intensa motivación para ver, hablar y estar con el ser amado". Gracias a los conceptos de esta autora, llegó a la conclusión de que la pasión tenía que ver con la química. En buena hora le sucedía esto a alguien tan parlanchín como Sofía. Y de ahí que los novios se pasaran tantas horas platicando en plena madrugada. De ahí que cuando hablaban por teléfono lo hicieran durante largos ratos y hasta cuatro veces al día. De ahí que Sofía sintiera esa imperiosa necesidad no nada más de contarle su vida, toda enterita, sino de platicarle también la de sus hermanas, la de su tía Guillermina, que tanto había querido; la de sus amigas de infancia, incluyendo la de sus primas; la de las familias bien de México; la de sus exnovios; la de las artistas de cine que más admiraba; la de su exfamilia política; y la de las que imaginaba de los parroquianos que veían en los cafés que frecuentaban.

Un vestido de boda, aunque sea usado

En el avión, sentada muy cerquita de su flamante prometido, Sofía fue leyendo un best-seller que le había comprado Felipe "en muy buen plan", como le dijo. Si su novio tuvo que hacerle esa precisión fue porque el título resultaba un poquito desconcertante; sin embargo Sofía lo había tomado con humor. *The Complete Idiot's Guide to Beating Debt* era un libro que le quedaba como anillo al dedo. Se acercaban a Miami y nada más le faltaban diez páginas para terminarlo.

Gracias a los autores Steven D. Strauss y Azriela Jaffe había confirmado lo que siempre había supuesto en relación con el manejo del dinero, que éste se aprende a través de nuestros padres. Doña Sofía, su madre, sabemos que también había sido terrible con eso de "los dineros". También ella había vivido siempre más allá de sus posibilidades. ¿Por qué? Porque, a su vez, había visto a su padre gastar y gastar, no obstante que no era un hombre que contara con una fortuna. Don Esteban había aprendido que el dinero era un elemento escaso y que el poseerlo era algo que bien podía asustarlo o hacerlo sentir muy mal por despilfarrador. A don Esteban le encantaban las antigüedades, los libros de viejo y jugar a la lotería. Era tan conocido entre los anticuarios, que no había semana en que no lo visitara uno. "Ahora, don Esteban, le traigo un santo estofado del sigo XVI", le decía el señor Maurer, un viejo anticuario de Puebla. Antigüedad que le ofrecía Maurer, antigüedad que compraba a pesar de que ya tenía deudas con otros "chachareros".

A propósito de las finanzas, a don Esteban le encantaba citar al autor de *La importancia de llamarse Ernesto*. "Como decía Oscar Wilde: 'Cuando yo era joven creía que el dinero era la cosa más importante en la vida; ahora que soy viejo, sé que lo es'." "Ja, ja, ja", se reía el abuelo de Sofía siempre que evocaba esta frase. Es muy lamentable que don Esteban nunca se hubiera imaginado que su adicción a "endrogarse", como se decía antes de "endeudarse", tuviera tantas repercusiones en las generaciones siguientes. Como prueba allí estaban su hija, su nieta y su bisnieto.

El avión de Aeroméxico estaba a punto de sobrevolar Miami justo a la hora prevista por el capitán Suárez, cuando Sofía leyó con mucho interés: "Deudores Anónimos es un grupo para personas cuyo comportamiento en cuanto a las deudas ha llegado a ser compulsivo al punto de que sienten que se ha perdido control; para personas que sienten que sus problemas relacionados con las deudas están destruyendo sus vidas, así como pueden hacerlo el alcohol y las apuestas. Esta organización comenzó en 1968 cuando unos miembros de Alcohólicos Anónimos tuvieron una reunión para discutir sus problemas financieros; su mejor solución fue adaptar los doce pasos de Alcohólicos Anónimos".

Cuando la peor de las deudoras leyó esto último, se preguntó si no debía inscribirse en el grupo. Claro que esto se lo cuestionó muy quedito; no quería atemorizar a su novio. Hubiera sido muy injusto. Pensó, sin embargo, que tal vez en esa institución podrían ayudarla. Cerró su libro. Le dio un beso a Felipe y empujó el asiento hacia atrás. Se sentía cansada. Pero más que fatigada, se sentía todavía muy emocionada por la pedida de matrimonio. "Híjole, ¿qué me voy a poner? Ni modo que me vista toda de blanco. ¿A mi edad? ¿Para un segundo matrimonio? ¡No estoy loca! Todo tiene que ser muy discreto, muy 'low profile', con clase. Mi vestido tiene que ser entre clásico, original, sofisticado, de buen gusto y muy favorecedor. Tendría que vestirme de ¿beige?, de ¿gris perla?, de ¿'off white'?, pero muy off off, de ¿rosa champagne? ¿Y si me visto de color "obispo", como le llamaba al morado mi tía Guillermina? ¿Qué tal de fucsia? ¿Y si me vistiera de charra? ¿De adelita? ¿De china poblana? ¿De tehuana? ¿Y si me pusiera un corsé forrado de satín, como los que usa Madonna, con una falda larga negra? ¿Y si me mando a hacer el vestido con las monjas de Guadalajara? ¿Y si me lo hago de crochet con el punto muy cerradito? ¿Y si utilizo el de mi mamá grande, que guardo todavía en su caja laqueada de China hasta el fondo de mi clóset? ¿Y si me compro uno de esos de organdí muy hampones, como los que venden en La Lagunilla? ¿Y si lo mando forrar con un millón de perlas cultivadas? ¿Y si compro en Sotheby's el vestido de novia que usó lady Diana el día de su boda? ¿Y si se lo pido prestado a la cantante Lucerito, que se casó hace cuatro años con Mijares? ¿Y si me arreglo el de mi primera comunión? ¿Y si me adapto el de mi hermana Antonia, que se casó en los 'first sixties'? ¿Y si nada más me envuelvo con un mantón de Manila todo blanco? ¿Y si le pido el vestido al diseñador mexicano Juan Méndez? ¿Y si, mejor, me lo diseña Christian Lacroix? ¿Y si me visto como extraterrestre? ¿Y si yo misma me lo confecciono con la ayuda de un 'patrón'? ¿Y si busco a Otilia, la costurera que tenía mi mamá en los años cincuenta y que vivía en las calles de Nápoles? ¿Y si me lo tejo yo mismo en gancho? ¿Y si me lo compro en La Merced? ¿Y sí...?", pensaba Sofía con una cierta angustia. De pronto volvió a abrir los ojos. Volvió a darle un beso a su novio, y al ver que estaba sumido en su lectura, respiró hondo y profundo; se reacomodó en su asiento. En seguida reabrió su libro en un capítulo que parecía haber sido escrito especialmente para ella: "La novia, el novio y el dinero", decía lo que escribió Pat Curry.

Hay personas que me preguntan si en las invitaciones de su boda pueden advertir: "Se sugieren regalos sólo en efectivo". Mi respuesta siempre ha sido: "No. No puede". No obstante, una encuesta citada por stockgift.com asegura que 94% de las parejas comprometidas estarían felices con abrir un regalo en donde encontraran un papel que dijera: "Páguese a la orden de...". Es importante señalar que la misma encuesta refleja que aproximadamente uno de cada diez regalos típicos de boda que se hacen a una pareja son devueltos a la tienda de origen. ¿Por qué? Porque con frecuencia necesitan el dinero para pagar los gastos de la boda. Existen muchísimas parejas que piensan: "Espero que podamos reunir mucho dinero en esta recepción o estaremos en problemas para pagar los gastos de la recepción". Veamos un típico ejemplo. La feliz pareja se casa un sábado en la noche y el domingo en la tarde vuelan al Caribe. Han recibido varios sobres con dinero pero el banco está cerrado hasta el lunes, de manera que se llevan los sobres a la luna de miel. Con todo ese dinero hubieran podido pagar los vinos y parte de la cena; y lo más seguro es que durante el par de semanas que dure su luna de miel la vivirán en grande, aunque con seguridad regresarán a casa tan arruinados como ya estaban antes. Respecto a la posibilidad de que efectivamente le regalen dinero en lugar de objetos, piense que nunca tendrá la oportunidad de reunir a 200 o 250 invitados. Piense que estas amistades podrían contribuir a sus gastos de boda; incluso hasta podrían contribuir pagándole el primer enganche de un departamento, o bien evitarle el riesgo de incurrir en más deudas.

"¡Claro!", exclamó Sofía, pensando en sus deudas, las de su futura boda y las pasadas de su tarjeta American Express... pero después consideró todas las críticas que esto podría suscitar entre sus amigas y acabó por concluir que lo mejor era actuar de la manera tradicional; es decir: esperar un bonito regalo de su tienda predilecta, Dupuis. "Es más, ahí voy a poner mi lista de regalos; además de que siempre tienen cosas de muy buen gusto, siempre son muy útiles", se dijo. Sin embargo, lo que acababa de leer le había entusiasmado a tal grado que hasta tuvo deseos de mostrárselo a Felipe. A punto estaba de hacerlo, cuando se dio cuenta de que su novio dormía. Lo miró con mucha ternura y siguió leyendo:

Si quiere usted hacerle saber a sus invitados que para esta ocasión tan especial el dinero es su regalo predilecto, existen un par de opciones para transmitirles este mensaje, sin que por ello resulte una insensatez. En los últimos años han ido cobrando popularidad las listas de regalos. Las parejas seleccionan regalos diversos de tiendas que van desde Tiffany hasta Home Depot; por lo general los novios eligen lo que más les gusta y lo que más necesitan. Todos estos objetos deben reunirse en una mesa con su respectivo precio, y, de este modo, los interesados estarán más seguros de sus regalos, puesto que previamente los eligieron los novios. Si va usted a recurrir a esta fórmula se recomienda seleccione distintas tiendas, tanto de las más exclusivas como aquéllas que son más económicas; así sus invitados no se sentirán presionados para comprar regalos o excesivamente caros o demasiado baratos.

Más adelante leyó algo en lo que no había reflexionado pero que le pareció más que oportuno.

¿Están locamente enamorados y van rumbo al altar? Lo primero que hay que hacer es hablar sobre las finanzas de ambos. Según expertos, las parejas deben comunicarse abiertamente sus asuntos financieros, desde créditos escolares hasta los pagos del auto y los estados de cuenta de las tarjetas de crédito. La pareja debiera evitar casarse con deudas pasadas; de lo contrario, podría afectarles en el futuro. Respecto a este tema debieran entre ellos aclararse todo: cuánto ganan, cuánto deben, cuáles son sus pertenencias, qué ahorros o inversiones maneja cada uno. Aunque las deudas de la pareja que se acumularon antes de casarse no afectan el crédito del cónyuge, sí pueden interferir con los planes financieros del matrimonio. Por ejemplo, el historial bancario de cada uno se revisará detalladamente, sobre todo, si deciden solicitar un préstamo hipotecario. Asimismo debieran ventilarse las deudas que se contrajeron cuando se era estudiante o con aquel viaje a Europa que se realizó cuando se era soltero.

Ya que se casaron, cualquier cuenta conjunta, incluyendo préstamos para compra de auto, tarjetas de crédito e hipotecas, debieran salir a relucir en el historial de crédito de ambos.

Después de hablar de las deudas, hay que discutir las prioridades y metas financieras que tiene cada uno. Una de las metas financieras pudiera ser pagar los créditos escolares o pagar el saldo de la tarjeta de crédito de alguno de los dos. ¿Está dispuesto su cónyuge a ayudarle?

Dicho lo anterior, estamos conscientes de que el dinero y las deudas son temas muy delicados para abordar, especialmente, entre enamorados. La comodidad con respecto a estos temas varía de persona a persona. Hay quienes no pueden dormir tranquilos sin saber que tienen una cantidad determinada de dinero guardada. Otros, trasladan los saldos de una tarjeta a otra sin pensarlo dos veces y sin que esto les preocupe demasiado; incluso, se ufanan de su habilidad para hacerlo.

"Los polos opuestos se atraen. Eso es lo que lo hace interesante", dice Ruth L. Hayden, asesora en finanzas y autora del libro *Richer for Poorer: The Money Book for Couples*: "Pero cuando se trata de dinero, quisiéramos casarnos con un clon".

Una vez casados, los expertos también recomiendan a las parejas que sigan explorando sus propios intereses y cómo dividirán sus gastos; ya sea para adquirir otro título universitario, vestirse bien o tomar clases de fotografía, cada uno debe tener su dinero como individuo. El hecho de estar casado no significa que tiene que privarse de algo o consultar con su pareja cada vez que quiera algo.

"Pero cuando se trata de los preparativos de la boda, es cierto que no es lo más romántico hablar de finanzas; sin embargo, no hay duda que es una forma de ahorrarse un mal rato en el futuro." Sabiendo que el costo promedio de una boda se acerca a los veinte mil dólares, no es de extrañar que muchas parejas comiencen sus vidas de casados, endeudados. "Es mucho dinero por sólo un día y una luna de miel. Pueden pasarse tres o cuatro años pagando la deuda. No es una buena manera de empezar una nueva vida."

Era evidente que después de que Sofía leyó esto no pudo evitar pensar en su deuda con la tarjeta de crédito, pues aunque no la había traído consigo, seguro que acumuló muchos intereses mientras se encontraba de viaje. También se acordó de la tarjeta de Saks, que apenas abrió hacía unos días: como no había llevado su "plástico", según ella porque se propuso gastar nada más los mil doscientos dólares que traía en líquido, la tarde que fueron a Saks Fifth Avenue se le hizo muy fácil dirigirse al departamento de crédito y pedir una nue-ve-ci-ta. "Oh, thank you very much. You are so kind", exclamó con una gran sonrisa cuando una señorita muy amable se la entregó. Había sido tan fácil pero, sobre todo, tan rápido: bastó con que mostrara su pasaporte y poner una firmita, para que de inmediato se convirtiera por sexta vez en cuentahabiente (las otras cinco se la habían retirado por impuntualidad en los pagos) de uno de los almacenes más prestigiados del mundo. "¿Verdad Felipe que aquí en Estados Unidos son de lo más buenas personas? ¿Qué tal de eficaces? ¿Verdad que en Liverpool o en El Palacio no te hubieran entregado una tarjeta de crédito así de rápido?", le preguntó, en tanto deambulaba entre los racks llenos de vestidos de coctel de la temporada.

Por eso cuando leyó que los futuros casados deben ventilar entre ellos sus asuntos financieros, fotografió en su mente todo lo que acababa de comprar. "Oh, my God!", se dijo suspirando.

Pero a esas alturas, literalmente hablando, Sofía ya no quería saber más ni de consejos para bodas, ni de regalos, ni de sobres con dinero en efectivo, ni de crédito, ni de gastos, ni de nada. Empezó a sentirse un poco harta y hasta avergonzada: "Ya no tengo edad para estos trotes", pensó, a la vez que cerró su libro. "¿Para qué tanto show? Lo mejor es actuar con muy bajo perfil. Como dice mi hija: 'Ay, mamá, el día de tu boda, te suplico que seas lo más discreta posible. No se te vaya ocurrir bailar la danza del Venado o del Conejo; ni ésa que solías bailar cuando eras adolescente: you put your right foot in, you put your left foot out... Ni tampoco vayas a bailar la danza de los Viejitos. Tienes que estar de super low profile. No te vayas a poner a cantar con los mariachis o te vayas a hacer la payasa imitando a las típicas novias de las películas de Mauricio Garcés'.

"Tiene razón Ita. Esa fecha procuraré comportarme muy 'lady like'. Por las características de la boda, es evidente que no faltarán los clásicos 'faux pas' por parte de personas que se quieren hacer muy ingeniosas; como que un mesero te pregunte que si sé dónde está la novia; o el típico tapón negativo de Alejandra: 'Pues ¿no que habías adelgazado para este día tan especial?', quien de seguro me preguntará; o bien el borracho que toma el micrófono y hace chistes de pésimo gusto sobre la noche de bodas de unos novios otoñales... En el fondo, siento vergüenza; una especie de pena ajena y pena personal. ¿Para qué tanto protagonismo? ¿Para qué tantos gastos si ni Felipe ni yo tenemos dinero? ¿Qué queremos probar a nuestras muy respetables edades? ¿Acaso nos hemos preguntado lo que de verdad pensarán de nosotros nuestros respectivos hijos? A lo mejor les da una infinita 'hueva', como dicen, y no se atreven a decírnoslo. Who knows? Y luego, ¿qué vamos a hacer con tantos regalos? Ay, no, qué pena. Yo prefiero que no nos regalen nada. Todavía no recibo ninguno y ya me estoy sintiendo culpable. ¿Y si el día de la boda organizáramos un garage-sale con todos los regalos que recibimos? ¿Y si mejor hiciéramos una subasta para poder costear nuestros gastos? ¿Y si en las invitaciones pusiéramos una tarjetita que dijera: 'Con todo cariño, sugerimos que el valor del regalo que piensa hacerle a los novios se lo mande a los niños de Chiapas'? Qué ridícula. ¿Qué nos regalarán Inés y Daniel? Tal vez una super antigüedad mexicana. ¿Y Ana Paula? ¿Un cuadro de Martha Chapa? Alejandra es capaz de mandarnos el típico 'roperazo'. ¿Y si invito a American Express como testigo? A lo mejor hasta termina regalándonos una tarjeta de oro de 24 kilates, cubierta de diamantes. ¿Invitaré a la boda al doctor Muller?"

Ésta fue la última pregunta que se hizo Sofía antes de caer completamente dormida. Cinco minutos después, la pasajera del asiento 17 B (Felipe tenía el 16 A) tuvo un sueño: se vio en medio de mucha gente que estaba sentada en semicírculo, en una habitación bastante amplia pero vacía; no tenía ni puertas ni ventanas. Aunque todos hablaban al mismo tiempo, nadie lograba hilar un discurso coherente. Sofía era la única que se mantenía en silencio. Se veía triste. "¿Qué te pasa?", le preguntó de pronto su vecina. "No tengo ni dinero ni vestido para casarme", le contestó. "Y eso a nosotros qué nos importa. Aquí no venimos a hablar de esas estupideces. Aquí vinimos a hablar de nuestras deudas con nosotros mismos y con el banco. Si no debes tu vestido de novia, mejor lárgate", le dijo una mujer como de sesenta años, completamente chimuela. Luego apareció un señor en medio del círculo y dijo: "Les voy a leer los doce pasos de Deudores Anónimos. Pongan mucha atención".

- Admitimos que no pudimos con nuestras deudas.
- Que nuestras vidas se volvieron inmanejables; creemos que un poder mayor que nosotros puede devolvernos nuestra salud.
- Decidimos orientar nuestras vidas y nuestros deseos hacia el cuidado de Dios.
- Hicimos, sin miedo, un inventario moral de nosotros mismos.
- Admitimos ante Dios, ante nosotros mismos y ante los demás, la naturaleza exacta de nuestros errores.
- Estamos listos para que Dios retire todos estos defectos de nuestro carácter.
- Pedimos humildemente que Dios retire nuestras debilidades.
- Hicimos una lista de personas a las que hemos lastimado y a las que queremos compensar.
- Compensamos directamente a las personas que nos fue posible, a excepción de los casos en que dichas enmiendas perjudicarían a otros.
- Continuamos haciendo un inventario personal, y cuando estuvimos mal, lo aceptamos oportunamente.
- Buscamos, a través de la oración y la meditación, mejorar nuestro contacto consciente con Dios.
- Al tener un despertar espiritual como resultado de estos pasos, tratamos de llevar este mensaje a otros deudores compulsivos, y aplicar estos principios es todo lo que hacemos.

No acababa de leer, cuando súbitamente se puso de pie un joven de pelo largo hasta los hombros que exclama: "No se vale, ésas son las reglas de Alcohólicos Anónimos. Los compradores compulsivos queremos unas que estén hechas especialmente para nosotros, que tengan que ver con el consumo pero no de alcohol, sino con nuestro shopping". Sofía lo miró desconcertada. Observaba su camisa y sus pantalones hechos unos verdaderos harapos; sus tenis se veían todos agujerados. "Usted no puede ser un consumista compulsivo. Mire en qué estado tan lamentable se encuentra", dijo otro señor; éste sí muy bien vestido con traje Hugo Boss y corbata Hermès. "Todo mi dinero se va en harapos; no paro de comprar puras cosas viejas que ya nadie quiere. Soy, a toda honra, un vagabundo que nada más compra ropa usada. ¿Qué tiene de malo? Soy un consumista de harapos." Cuando Sofía lo escuchó, de inmediato se puso de pie y le preguntó: "Oiga, señor, de casualidad ¿no sabe dónde puedo conseguir un vestido de novia, aunque sea usado?". En esos momentos todos se echaron a reir a carcajadas. "Está loca. Le falta un tornillo. ¿Cómo se va a casar si es una anciana?", decían a gritos. "Eso no le importa a Felipe. Así me quiere", contesta la pobre de Sofía, que no dejaba de llorar. "No te puede querer porque él es ahorrador y tú eres una gastadora. Él controla sus finanzas y tú no tienes ni idea de lo que gastas. ¿Sabías que las finanzas son una de las tres razones que provocan más problemas maritales y divorcios? Si no ocasiona un divorcio, por lo menos causa estrés, ansiedad y muchas, muchas peleas. ¿Sabías que en los matrimonios los secretos concernientes a las finanzas siempre se descubren?", exclamaba a gritos el señor muy bien vestido. "Cuando me case ya no voy a gastar. Juro por todos los ángeles del cielo, que ya nunca más gastaré; juro que seré mucho más ahorrativa; juro que...", reiteraba Sofía totalmente angustiada.

"Mi amor, linda, ya vamos a llegar a México", le murmuró Felipe con mucha delicadeza, a la vez que tomaba una de sus manos. Cuando Sofía entreabrió los ojos se le veían chiquitos, chiquitos. Se hubiera dicho que, en efecto, había llorado. Se veía realmente mortificada. "¿Qué te pasa, mi amor? ¿Sucede algo?" "No, nada. Es que tuve un sueño muy extraño. Pero ya estoy bien", respondió, mientras se polveaba la nariz, ligeramente enrojecida. Si había soñado lo que soñó era evidente que le preocupaba la manera en que, cuando estuviera casada, organizaría sus finanzas. ¿Sería cierto que una de las tres causales de divorcio son los problemas que tenían que ver con el dinero? Esto se lo preguntaría al doctor Muller en su siguiente sesión.

Inés, la amante tardía

*D*espués de hablar por teléfono con su novio y de haberle contado, con todo lujo de detalle, la plática que había sostenido con Enrique Quintana en relación con el tema del crédito, Sofía se sintió tan cansada que esa noche ya ni vio las noticias. Se fue derechito a la cama. Ahí la esperaba un regalo que le había dejado su hija. Un libro publicado por la Procuraduría Federal del Consumidor que contenía varios ensayos que se referían al consumismo en el final del milenio. Sofía sonrió; más que una sonrisa, lo que sus labios habían hecho era una mueca. Sinceramente le mortificaba que su hija se preocupara por su debilidad. "Ayer me ha de haber visto muy estresada. ¡Ay... y todo por la deuda de esa tarjetita! Parece increíble que una mica dizque dorada, haga tambalear mi equilibrio emocional de esa manera. ¿De dónde diablos voy a sacar el dinero para pagarla? Y si llevo la charola de plata de mi mamá a empeñar al montepío. Parece que hay uno en Santa Fe, que es como un monte de piedad pero para gente 'bien'. ¿Cuánto me podrían dar? Creo que nada más prestan diez por ciento del valor de lo que se lleve a empeñar. No, ya sé, mejor le vendo a mi tía Esthercita el cuadro de la Dolorosa que heredé entre las cosas de mi mamá. Aunque sé que es muy valioso y raro, por estar pintado en lámina, no me acaba de gustar. Además, dicen que es de mala suerte tener la Virgen de la Dolorosa en casa. 'Niñas, acuérdense que en esta vida venimos a sufrir', me acuerdo que nos decía Madame Goreti en la clase de catecismo de tercer año de primaria. Según las monjas, para ganarse el eterno descanso había que sufrir. ¿Por qué será que las mamás mexicanas creen que tienen que sufrir para llegar a ser buenas madres? En todas las fotografías que conservo de mi mamá grande, tiene ella la misma cara de sufrimiento que la Dolorosa. No, yo no quiero ser una "dolorosa" y, sin embargo, sufro. ¿Será un tipo de sufrimiento distinto al mío el que solía padecer mi abuela? Ella, ciertamente, no sufría por tener que pagar su tarjeta de crédito; aunque, tal vez, lo hacía porque en realidad no tuvo razón por la cual sufrir en la vida. A lo mejor sufrió por no saber quién era. Pobrecita, seguro que se fue a la tumba sin saber lo que es en verdad la felicidad, la libertad, ya no se diga un orgasmo. Fue, lo que se llama, una mujer de deber: callaba y obedecía. Fue, entonces, una mujer sin deseo alguno de ser ella misma. ¿Para qué pensaba, si su marido lo hacía por ella? ¿Para qué se preocupaba, si el pater familia resolvía todos los problemas de la casa? ¿Para qué luchaba, si asumió el destino que la vida le impuso? ¿Neta? Creo que aunque equivocada mi abuela llegó a ser una mujer muy feliz; precisamente porque no padeció mis sufrimientos, azotes e inseguridades. Porque ¿y si en realidad le bastó con lo que tenía; porque no consumía; porque no se imponía falsas necesidades; porque tenía un marido decente y trabajador; unos hijos sanos y con carrera; unas amistades de toda la vida y una casa propia en una colonia residencial donde todo mundo se conocía? ¿Qué más quería? Y no obstante, le faltaba, a mi manera de ver, lo más importante: metas por las cuales luchar. En fin, todo es tan relativo. ¿Qué tanto valdrá la pena pasarse la vida dizque superándose; dizque encontrándose a una misma; dizque realizándose; dizque aceptándose; y aparte de todo esto, intentando a como dé lugar ser feliz?"

Siempre que Sofía se llenaba de dudas al grado de sentir su cabeza y su espalda llenas de nudos de nervios, optaba por decirse a sí misma lo que acostumbraba Scarlett O'Hara, personaje protagonista de la novela *Lo que el viento se llevó*, de Margaret Mitchell, cuando se encontraba en una situación semejante: "I'll think it over tomorrow". Sí, mañana vería todo con más claridad. Seguir pensando en cómo conseguir ese dinero era meterse en un laberinto sin salida.

Con la cara muy bien desmaquillada y con sus ojitos completamente vírgenes, se concentró en el primer capítulo del libro *Consumo, individualismo y sociedad posmoderna*. Frunciendo ligeramente el ceño, leyó:

La era del consumo masivo debe ser concebida como el principal instrumento del surgimiento del individualismo actual, y con mayor precisión, como el instrumento de la revolución del individualismo contemporáneo. La era del consumo masivo ha precipitado el nacimiento de lo que llamo la segunda revolución individualista, más o menos a partir de los años cincuenta y sesenta.

Inmediatamente después de terminar de leer el primer párrafo, Sofía buscó el nombre del autor: Gilles Lipovetsky. En seguida recordó que era uno de los autores predilectos de su amiga. "Es un sociólogo francés im-por-tan-tí-si-mo. Gracias a su obra me di cuenta qué era el arquetipo de la mujer posmoderna. Para entender el mundo en que estamos viviendo, con todos sus cambios, tienes que leer *La era del vacío* y *El imperio de lo efímero*. Te lo juro que después entiendes tantas cosas respecto al comportamiento de las sociedades posmodernas. Pero lo más importante es que ayuda a entenderte, por eso me encanta", le había dicho Inés.

De todas sus amigas, la lectora más voraz, sin duda, era Inés; además, escribía, lo que le daba una cierta autoridad sobre sus otras tres amigas, que ni leían ni mucho menos escribían. Y por si fuera poco, de todas, había sido la única que había terminado su carrera de bióloga investigadora. A Sofía le encantaba platicar con ella. Y a Inés le gustaba reunirse tête-à-tête con su amiga porque no nada más la advertía inquieta y sensible, sino con muchas ganas de crecer. De ahí que siempre le anduviera comentando el libro que leía en esos días; a veces hasta se lo prestaba. "Estoy segura que si leyeras más, serías más feliz y gastarías mucho menos", solía decirle, impresionadísima de saber que en México existía una librería por cada 170 mil lectores. Además de su curiosidad intelectual, lo que Sofía llegó a apreciar mucho de su amiga fue su generosidad y su forma de entender el mundo. Inés no juzgaba. Inés no etiquetaba. Inés hacía meditación. Inés tenía su propio universo; un mundo donde no dejaba entrar a cualquiera. Y por encima de todas estas cualidades, había algo en la personalidad de Inés que impresionaba muchísimo a Sofía: de las cuatro, Inés había sido la única que se había atrevido a tener un amante, no obstante estar casada por todas las leyes, las del cielo y las de la tierra.

Inés, además de bióloga investigadora y profesora en la UNAM, era una mujer liberada a la que obsesionaba la lectura y entender su realidad. No obstante su inteligencia y preparación, Inés vivía llena de atavismos y miedos: como Sofía y Alejandra, también ella era producto de una educación acotada por prejuicios de toda índole.

El padre de Inés era notario, miembro de una familia orgullosamente porfirista, ya que su abuelo había sido el colaborador más cercano de José Ives Limantour, ministro de Hacienda del entonces presidente Porfirio Díaz. Su madre, doña Beatriz, hija de una familia que había poseído numerosos ingenios azucareros en el estado de Morelos, era una mujer pretenciosa y mocha. Pinturas de arte religioso colonial cubrían los muros de la sala de su casa. Arriba de la cabecera de su cama, pendía un enorme cristo de marfil, heredado de su bisabuela. A lo largo de un corredor que llegaba hasta una gran terraza, vestían las paredes diversas bendiciones papales enmarcadas, que siempre mostró cada vez que una nueva amiga visitaba su casa. Con su marido y sus hijos, todos los domingos iba a misa de doce a la iglesia de Santa Teresita. De ahí que a Inés, la hija mayor, se le hubiera educado en un ambiente más que conservador e hipócrita, asfixiante. Siempre peinada con sus rubias trenzas rematadas con enormes moños azul marino y un fleco muy tupido, Inés fue una alumna ejemplar del Colegio Francés. Y todas sus compañeras querían ser amigas de esa niña tan bonita, tan aplicada, tan rica, tan disciplinada, tan bien portadita, tan educada y tan piadosa. Cada fin de año, las manos de la superiora condecoraban a Inés con las medallas de excelencia. Siempre que las monjas, ante las otras alumnas, ponían a alguien como ejemplo, era a Inés. "¿Por qué no le pides a Inesita que te explique?"; "Dile a Inesita que te preste sus apuntes de geografía"; "Hemos elegido a Inesita para que represente al colegio en el campeonato de basquetbol", decían monjas y maestras a propósito de una de sus mejores alumnas. En la secundaria, Inés funda la estudiantina y crea una revista mensual a la que bautizan con el nombre de *Entre Nous*; asimismo se ocupa de organizar los ejercicios espirituales para las alumnas que iban a hacer su primera comunión. En la preparatoria fue la líder de su generación, y a pesar de que ya tenía 18 años se seguía vistiendo con su falda kilt escocesa y su eterno blazer con escudo y botones dorados.

Y así como Inés era la primera en todo, también lo fue en casarse con su primer y único novio, a quien conoció en el club Vanguardias del padre Pérez del Valle. "Yo me casé virgen", les decía, con cierta vergüenza, a sus hijos. Después de ocho años de casada decidió inscribirse en la UNAM, donde se topó con una Inés muy distinta, mucho más auténtica y combativa. En la Facultad de Química descubrió otro mundo, otra realidad, otro lenguaje y otra manera de ver la vida. Éste era un mundo que nada tenía que ver ni con sus padres, ni sus tíos, ni su marido, ni sus hijos, ni, mucho menos, sus amigas. Poco a poco y conforme pasaba el tiempo, Inés fue aprendiendo a desarrollar y encarnar dos personalidades: Inesita la de Daniel e Inés a secas. Lo más curioso de todo es que con las dos se sentía a gusto. Por las mañanas era Inesita, la que iba al club a jugar golf; la que hacía su super en Barrilaco;

la que hablaba horas por teléfono con sus amigas; y la que iba al salón de belleza en donde se hacía de todo porque tenía una cena en la noche. Por las tardes, cuando se quitaba su medalla de la Virgen de Guadalupe de troquel antiguo, se convertía en Inés, la de la Universidad, la de los trabajos de investigación, la del café universitario y la de las discusiones políticas. A partir del hecho de que las dos Inés no entraban en conflicto, todo marchó sobre ruedas; hasta que llegó el día en que las dos personalidades comenzaron a enfrentarse.

Una noche Inés soñó que el corazón se le hacía chiquito, chiquito, hasta reducirse casi diez veces. "Se me está secando como una pasita", se dijo entre sueños. Curiosamente, una semana después, en un seminario sobre ecología y medio ambiente, conoció a Juan, uno de los tres ponentes. Después del encuentro se fueron a tomar un café a Sanborns de San Ángel. Allí, mientras escuchaba a Juan hablar sobre las "grillas" de la Universidad, Inés descubrió una manera diferente de relacionarse con un hombre. Él no pertenecía al mundo consumista, hipócrita y convencional en el que ella vivió desde siempre. Para Juan las cosas eran mucho más sencillas; tal vez, se dijo Inés mientras él hablaba de su participación en el movimiento estudiantil del 68, ni le importa qué tipo de reloj usa, ni si su auto no es del año, ni si su traje es Hugo Boss, mucho menos si la corbata es Hermès. Ella quiso conocer ese "mundo raro" al que seguro él pertenecía; y por primera vez en su vida se "lanzó" a vivir una aventura.

Lo primero que hizo Inés fue hablar con la verdad: le contó a Juan de sus miedos, de sus fantasmas, de su inconformidad con la vida y, naturalmente, también de sus deudas; pero no todas de índole monetaria, sino morales. Él la escuchaba. Inés se sorprendió de la manera como él la escuchó, sin enjuiciar, sin criticar, como si lo que compartió con Juan fuera lo más normal. Por primera vez Inés supo lo que es el respeto. "¿Qué tal si transformamos tu infierno en un cielo?", le propuso Juan; y sin esperar la respuesta rozó su mano con las suyas en algo que era más una caricia que un gesto seductor.

Poco después de este pacto extraordinario, acabaron por verse todas las tardes en un departamento propiedad de un amigo de Juan, también investigador, allá por Tepepan. Nunca como en esos días Inés llegó a sentirse tan eufórica, vital, femenina, creativa e increíblemente sensual. Lo que más sorprendió a Inés de esa relación fue que en ningún momento se sintió culpable; y eso también se lo debía a Juan, porque la primera ocasión que Inés osó mencionar la palabra "culpa", él le preguntó que qué era eso de la culpa, que él no conocía esa palabra y que, por favor, la desechara de su vocabulario. "Simplemente renuncia a sentirte culpable y verás qué bien la pasamos."

¿Habían sido Inés y Juan víctimas del "flechazo"? Absolutamente. Digo que ambos habían sentido, al mismo tiempo, el impulso de abandonarse totalmente, sin reservas, al proceso de fascinación, tal como lo explica Alberoni en su libro *El enamoramiento*. A partir de ese momento los dos sintieron el "impulso vital" que se requiere para enamorarse:

Nos enamoramos cuando estamos dispuestos a variar, a dejar una experiencia ya adquirida y desgastada y tenemos el impulso vital para llevar a cabo una nueva exploración para cambiar de vida. Cuando estamos dispuestos a hacer fructificar capacidades que no habíamos aprovechado, a explorar mundos que aún no habíamos explorado, a realizar sueños y deseos a los que habíamos renunciado. Nos enamoramos cuando estamos profundamente insatisfechos del presente y tenemos energía interior para iniciar otra etapa de nuestra existencia.

Además de todo lo que aprendía del mundo de Juan, hubo algo que le dio mucho gusto de la relación: que ninguna de sus tres amigas podría haberse relacionado con Juan; ni él tampoco con ninguna de las tres. "Si les llegara a contar lo que existe entre Juan y yo, de seguro sentirían envidia. Y como jamás lo admitirían, harían todo lo posible por hacerme sentir culpable; sobre todo Alejandra. Quizá Sofía reaccionaría de otra forma; no sé. Y para Ana Paula sí que sería terrible: porque ella daría cualquier cosa por encontrar a alguien. Mejor me quedo calladita. Como dice Juan: 'No entienden que no entienden'."

Cuando Inés tuvo que ir en semana santa a Tepoztlán con sus hijos, extrañó a Juan: las tardes con él, los besos, los tequilas, la chimenea, la cama donde se acomodan a la perfección sus helados cuerpos mientras, poco a poco, entran en calor, el olor de Juan, las caricias de Juan, las palabras que Juan le susurra entre música de boleros mientras bailan sin cansancio. Después de un día agotador de convivencia con los niños en la piscina y de haberlos dejado involucrados jugando Turista o Scrabble, con lo que se podían concentrar durante largos ratos, Inés se encerró en su recámara, puso música y escribió: "Mi queridísimo Juan: Heme aquí, en medio de estos cerros, extrañándote. Mis hijos están en el jardín jugando con sus primos y bajo el cuidado de tres nanas (no te vayas a reir, pero están perfectamente bien uniformadas con tela de cuadritos rosa y blanco). Como te dije, Daniel se fue de viaje de negocios y yo hablo, hablo y hablo por teléfono con mis amigas y me lleno de palabras para no sentirme tan vacía. Y este vacío que me provoca no estar contigo, lo lleno de frases, de chistes, de oraciones huecas, y es puro bla, bla, bla. Y no me importa si me oyen o no. Yo sé que el único que me escucha eres tú. Esto lo sé desde que te conocí, hace casi un año, y que me dijiste que te recordaba a una prima lejana, que en realidad era una hija adoptiva de tus tíos, porque ella también hablaba mucho, como yo. Allí comprendí que tú sí me escuchabas. Una tarde repetiste exactamente las palabras que yo te había dicho y me sorprendió tu capacidad para "prestar oídos", porque siempre me has atendido con tus ojos, con tu piel, con tu cabeza, pero sobre todo con tu corazón. Por eso te extraño tanto en estos momentos, porque tengo la impresión de que los otros, los que aparentemente me escuchan, no lo hacen. No me entienden. Mis palabras no les llegan. Ésas nada más te llegan a ti. Incluso si están llenas de alguna que otra queja. Eres tan generoso y tan lindo que hasta ésas las escuchas con todos tus sentidos. Malditas palabras que pudieron haberte ofendido. Benditas las que han hecho que me quieras más. Me has dado atención, ternura, solidaridad y mucho oído. Dime si a veces te aturdo. Dime si todas las palabras que te digo a veces te marean. Dime si no te canso, si no me encuentras muy repetitiva. ¿Sabes?, a mí también me gusta mucho escucharte. Un día te dije que me gustaba tu voz de hombre, de sabio, de alguien que sabe prestar atención; voz de quien entiende tantas y tantas cosas. Tú entiendes, por ejemplo, por qué me gusta pelar las uvas verdes sin semilla, por qué me llegan los poemas de Sabines, por qué me río con las películas italianas de los sesenta, por qué me aprendí las canciones de Dolores Pradera. Contigo ya no me siento parchada de un ojo; no me siento como una silla a la que le falta una pata. Por contradictorio que parezca, me gusta que no estés aquí, porque así compruebo que te extraño (y te deseo). Ahora sí que, como dice esa canción, 'tú me acostumbraste a todas esas cosas... y tú me enseñaste que son maravillosas...' Bueno, Juan, corro a ver qué sucede con estos niños que se están peleando. Te quiere una barbaridad y besa cada una de tus rodillas. Inés".

Como esta carta, Inés le escribió a Juan decenas; prácticamente en todas le agradecía que la escuchara, y por el diálogo que se había establecido entre los dos; le compartía sus ganas de vivir sin cadenas y de acabar con ese mundo tan burgués y farsante que apenas desaparecía si estaba a su lado. Fue en esa época que viajó a Cuba por primera vez acompañada de Daniel su marido, Sofía y Fernando, Alejandra y Antonio. Y todo, todo le recordó a Juan: la música, las palmeras, el mar, los "mojitos", el color de la piel de los cubanos.

Una tarde, mientras se paseaban los tres matrimonios por las calles viejas del barrio antiguo de La Habana, Inés le contó a Sofía que estaba enamorada de otro hombre. "¡Estás loca! ¿Quién es? ¿Lo conozco? ¿Cómo se llama? ¿Es del Grupo? ¿Está casado? ¿Tiene hijos? ¿No me digas que es un alumno tuyo?", le preguntaba Sofía muerta de ganas de saber de quién se trataba. Inés le dijo que "se dice el pecado pero no el pecador" y lo único que le pidió encarecidamente fue: "Júrame que no se lo vas a contar a nadie". Aunque Sofía se lo juró por todos los ángeles del cielo, esa misma noche ya se lo estaba platicando a su marido. "Dice que gracias a este señor volvió a creer en que la vida valía la pena vivirla con intensidad. ¿Tú crees?", le confiaba a Fernando, mientras se desmaquillaba en el baño con sus cremas Orlane (antes de dejar el hotel se las regaló todas a la recamarera, así como su shampoo y su enjuague que había comprado en San Diego). "Es una mosquita muerta, ¡una hipócrita!, pobre Daniel", gritó Fernando. Sofía, un tanto perpleja, se preguntó que por qué la juzgaba tan ferozmente, sabiendo que Daniel constantemente engañaba a Inés; pero a Fernando, que los maridos fueran infieles, le parecía normal. En cambio, que las mujeres sostuvieran una relación extramarital, le parecía imperdonable.

Fue desde La Habana que Inés, a escondidas de su marido y de sus amigos, se atrevió a mandarle un telegrama a su enamorado: "No dejo de pensar en el compañero Juan". Hasta que una noche optó por quedarse en el hotel en lugar de ir al Tropicana: "Me duele mucho la cabeza", pretextó. Se puso un camisón igualito a los que usaba el personaje de *Mi bella dama* y, sentada en la cama, con su cara y su cuello cubiertos de crema para la noche, escribió: "Mi queridísimo compañero: Déjeme decirle que la ciudad de La Habana me encanta. Nunca me imaginé que fuera así de bonita. Me gustaron mucho sus calles, con sus largos portales sostenidos por altísimas columnas. Son tantas las columnas como no te puedes imaginar. Lo más bonito es que son de distintos colores: unas, azul aqua, otras, color ámbar, otras, verde musgo, hasta de color rosa las he visto; como que cada una de ellas está habitada por historias de hace mucho tiempo. No me lo vas a creer Juan, pero a veces siento que las calles me platican algunas de esas viejas historias. En serio. Mira, si te paseas por las más viejas, te cuentan cosas tristísimas acerca de lo mucho que sufrieron los esclavos. Otras te hablan de las invasiones que ha sufrido la isla, sobre todo de Estados Unidos. ¿Te das cuenta que antes del triunfo de la Revolución, los gringos eran propietarios de todos los ingenios azucareros? Ellos decidían el precio del azúcar en el mercado. Ellos determinaban a dónde había que exportarla. Ellos, en complicidad con los presidentes cubanos, especialmente Batista, hicieron de este país un burdel para los estadunidenses, su traspatio. Ellos permitieron la entrada de los gángsters más temidos, como Lucky Luciano, Meyer Lansky, Bugsy Siegel, quienes se apropiaron de los cabarets y de los casinos. Con decirte que me dijeron que en las dulcerías que antes había por allí, vendían caramelos americanos, fabricados con azúcar que exportaban a Estados Unidos. ¿Te das cuenta? Caminando y caminando descubrí plazas preciosas, rodeadas por árboles muy frondosos. Déjame decirte que éstas son super románticas. Allí te pensé mucho. De plano tienes la impresión de que estas plazuelas se ponen a recitar a José Martí. Dicen que lo extrañan, tanto como yo a ti. Y todo esto, compañero, sin esmog ni anuncios publicitarios; por eso aquí la luna brilla más que en Miami, llena ésta de luces capaces de venderte lunas artificiales para hacer más brillantes las noches de neón de Florida. ¿Te imaginas? En La Habana puedes pasear por la calle hasta muy noche, y tus pasos los guiará siempre la luna cubana. ¿Sabías que desde hace veinticinco años Cuba duerme con los ojos abiertos por temor a que puedan llegar los marines? Entonces no te pasa nada. Ella te cuida. Déjame decirte que también me encantaron los cubanos. Les descubrí una dignidad personal que me pareció a la vez discreta y austera. No sé por qué siento que son hombres de palabra. También los niños me gustaron, se ve que son buena onda. Fíjate que un día, cerca de la catedral, que por cierto es bellísima, me puse a platicar con unos chavos que salían del colegio: '¿Qué estudiaron hoy en clase?', les pregunté. Sorprendidos se miraron entre ellos: 'Yo, inglé'; 'Yo, a Don Quijote'; 'Yo, geografía'; 'Y yo la Revolución francesa', me respondieron uno por uno. De pronto recordé aquello de 'Barriga llena, corazón contento'. Hasta me tomé una foto con ellos. Ya te la mostraré. También me gustó mucho el campo. El paisaje me pareció maravilloso. En algo me recordó al de Veracruz. Sin embargo, el cubano es como más pacífico, menos exuberante. Cuando en la 'guagüita' pasábamos por los valles, a lo lejos veía las palmeras. No sabes con qué elegancia se mecían con el viento. Te juro que hasta tenía ganas de ponerme a bailar con ellas un viejo vals. Como ése que dice: 'Pensamiento, dile a Fragancia que yo la quiero, que no la puedo olvidar...'. ¿Sabes que Pensamiento y Fragancia eran dos hermanas? Híjole, no te puedes imaginar la luz que hay en Cuba, te juro que es como nacarada. Palabra que el azul es azul y el verde es verde. Aparte de la casa de Alejo Carpentier, llena de balcones pintados de ese azul tan cubano, conocí la casa de Hemingway, y donde vivió por más de veintidós años. En la finca Vigía, que está a dos leguas y media de La Habana, escribió *El viejo y el mar* y *Por quién doblan las campanas*. En su biblioteca, todavía intacta, hay nueve mil volúmenes; y en los jardines del lugar están enterrados los cuatro perros y cincuenta y siete gatos que llegó a tener. ¿Sabías que en una entrevista que le hicieron a un año del triunfo de la Revolución dijo: 'Vamos a ganar. Nosotros los cubanos vamos a ganar'. Y agregó en inglés: 'I'm not a yanky, you know?'. Ahora te voy a comentar lo que no me ha gustado de Cuba. Primero, el mercado negro. Lo odio. Lo peor de todo es que es tan atractiva la diferencia que terminas por no querer cambiar en el hotel. Segundo, no me gustó la confusión que te provocan las diferentes versiones que escuchas de los cubanos cuando les preguntas sobre el régimen. Unos te dicen que ya no aguantan, que se sienten en una cárcel; que ya no les importa lo que dice Fidel; que se mueren de ganas de irse a Miami porque ya no quieren pertenecer a una isla que vive tan al margen del resto del mundo. Sin embargo, están orgullosísimos de su Revolución. Esto te desconcierta muchísimo, porque estos logros los ves, los sientes, pero claro, como uno no vive aquí, pues a lo mejor es otra película. El tercero tiene que ver con un sentimiento personal. Fíjate que no sé por qué pero Cuba me duele. Me provoca tristeza. ¿Será porque en estos momentos no estás a mi lado? ¿Será porque mis compañeros de viaje me parecen lejanísimos? O ¿por qué será? Lo ignoro. Lo que sí te puedo decir es que tengo tristeza. Pero nada más de acordarme de los tragafuegos y de las marías que hay en cada esquina en el DF, me entristezco más. Bueno, pero déjame decirte qué más sí me gustó: la leche es riquísima, los yoghurts, las natillas, los helados Copelia, la red de carreteras, la música, el profundo cariño que sienten por México, los museos, la apertura que muestran hacia los turistas, el jugo de guayaba, el arroz y los frijoles que comí en La Bodeguita del Medio, las guaguas, los guareros, el Ballet Cubano, el discurso que escuché de Fidel, en fin, y otras cosas más, como la carta que le mandó el Che Guevara a sus hijos. ¿Qué te parece esta frase?: 'Crezcan como buenos revolucionarios. Estudien mucho para poder dominar la técnica que permite dominar la naturaleza. Acuérdense de que la Revolución es lo importante y que cada uno de nosotros, solo, no vale nada. Sobre todo, sean siempre capaces de sentir en lo más hondo cualquier injusticia cometida contra cualquiera en cualquier parte del mundo. Es la cualidad más linda de un revolucionario'. A pesar de todo, lo que menos me ha gustado es que tú estés allá y yo aquí. A estas alturas del partido es antinatural. Me urge verte, besarte y decirte todo lo que te quiero".

Al final del viaje, Inés ya no aguantaba ni a Daniel, ni a sus otros acompañantes. Ya no aguantaba sus comentarios reaccionarios, sus observaciones clasistas y sus juicios insensibles respecto al comunismo y a Fidel. Lo único que ellos querían era recorrer una y otra vez las calles de El Vedado, sobre todo, la Quinta Avenida, donde se conservan las maravillosas mansiones donde solía vivir la burguesía cubana y que ahora, abandonadas muchas de ellas por sus dueños que huyeron a Miami, se han convertido en las residencias de las embajadas más importantes. Mientras iban y venían en el coche que alquilaron, Sofía no dejó de narrar cómo se imaginaba a las niñas-bien cubanas de los cincuenta. "Las veo perfecto, con un 'look' entre Natalie Wood y Ninón Sevilla. Las veo con faldas muy amponas y zapatos blancos de charol y de tacón muy alto. Las veo rodeadas de sirvientes mulatos que no dejan de subirles a sus habitaciones, en enormes charolas de plata, jugos de mango, guayaba y una que otra milk-shake hecha con helado Copelia. Las veo subiendo y bajando unas escaleras de mármol como las de la mansión de Scarlett O'Hara cuando llegó a ser millonaria. Las veo conduciendo su cadillac convertible último modelo color verde menta dirigiéndose al down town para hacer su shopping en El Encanto; una tienda como Saks pero mucho más sofisticada, donde a la entrada las esperaba un portero perfectamente uniformado, que las saludaba por su nombre de pila porque hacía años también atendió a sus madres. Y no acababan de pasar por la puerta estas reinitas cuando ya las estaba recibiendo su vendedora personal, que las conocía también desde niñas cuando venían con sus mamis y sus nanas, enfundada ella en uniforme y con guantes. Entonces cada vendedora les mostraba los últimos modelos importados de Nueva York y París. Tras elegir dos o tres modelitos Dior, Patou o Pierre Cardin, decían: 'No te olvides de mandar la cuenta a papi', frunciendo ligera-

mente su pequeña nariz con algunas pequitas. Y, claro, el 'papi' era seguramente socio de un yanqui dueño de un enorme ingenio azucarero.
También las veo en El Tropicana bailando 'El bodeguero' interpretada
por la orquesta Aragón; o en el Sans Souci, que estaba muy cerca del
Country Club Park y era un club super exclusivo. Y las veo en verano,
con sus pantalones 'pesqueros', en su casotota de Varadero, 'Rhapsody
in Blue', como lo bautizó un escritor estadunidense". Siempre que Sofía se ponía en este plan, Inés tenía ganas de "ahorcarla". ¿Cómo podía
invertir tanta energía imaginando este tipo de cosas, cuando, para
Inés, lo importante de esa época, era imaginar a la mujer guerrillera
que había participado en la Revolución? ¿Por qué mejor no intentaba
imaginar a las que habían participado en la Campaña de Alfabetiza-
ción, que, en lugar de irse a Miami, optaron por quedarse en La Habana, aunque también pertenecían a la burguesía? Era más que evidente
que, en esos días, Inés estaba en una tesitura distinta a la de sus acompañantes de viaje. Pero lo que ya no aguantaba sobre todo era no saber
nada de Juan. Por eso al día siguiente de su regreso lo único que quería
era verlo. "Voy a una conferencia a la UNAM", le dijo a su empleada doméstica antes de subirse a su renault. La cita era a las siete de la noche
en el Sanborns Riviera. Ella sabía que en ese lugar jamás se encontraría
con alguien conocido. Cuando llegó al restaurante vestida con su falda
negra de algodón y una blusa de seda beige, ya estaba ahí Juan. Se sa-
ludaron con efusividad pero procurando ser muy discretos. Después
de verse hasta el fondo de los ojos, de tomarse las manos al mismo
tiempo, de que Inés acariciara por debajo de la mesa un mocasín de
Juan y de decirse cuánto se habían extrañado, ella le contó todo lo que
había padecido por la compañía, incluyendo las tonterías que dijeron
Antonio y Fernando. Pero lo que no le contó es que le había contado
lo suyo a Sofía. Confidencia de la cual después se arrepintió como de
sus pecados, porque Sofía no era, ciertamente, discreta.

Los vicios privados de Daniel

Y mientras Inés pasaba largas tardes en el departamento de Tepepan, en los musculosos brazos de Juan, escuchando música
de Silvio Rodríguez, Daniel, su marido, también se refugiaba en otros
brazos, pero éstos mucho más morenos y velludos que los de su mujer;
y por andar probando brazos y más brazos femeninos, una de esas
noches le pasó algo que no olvidaría en mucho tiempo.

No supo si lo oyó o lo imaginó. "Nos vemos, papito", le pareció
escuchar antes de que un chasquido indicara el cerrar de la puerta. Entonces sólo quiso dormir un poco más, aunque le fuera tan difícil. El sudor frío, la inquietud, el temblor, la náusea, el dolor en las sienes. Dio
media vuelta en las sábanas desordenadas pero todo resultó igual, la
ansiedad no lo dejaba conciliar el sueño. A tientas buscó el apagador
de la lamparita de noche pero no encontró ni el uno ni la otra. No llevaba su reloj de pulso, ¿qué hora era, carajo? Al poco, sus ojos se acostumbraron a la oscuridad. Un escuálido haz de luz artificial se colaba
por la gruesa cortina apenas entreabierta. ¿En dónde estaba? Con trabajo se incorporó para buscar el interruptor a un lado de la puerta. La
luz cegó sus ojos e hizo más intensa la sensación de náusea. Se horro-
rizó viéndose completamente desnudo, parado sobre una alfombra
raída y manchada, a unos pasos de una cama inmunda con sábanas
luidas. Su traje, un Brioni de dos mil dólares, yacía tirado en el suelo
al igual que el resto de su ropa. Sobre una cómoda desvencijada notó
una hielera de plástico con agua sucia que una vez fue hielo, flanquea-
da por botellas vacías de coca-cola y agua mineral. En el suelo, una botella de brandy Don Pedro, vacía también, remataba la deprimente escena. Un bulto negro rodeado de estampas de colores atrapó su atención.
Trató de alcanzar su cartera pero lo venció la náusea. Corrió al baño y
vomitó un líquido amarillo, abundante y amargo. Encendió la luz del
lavabo y quiso vomitar más pero su estómago ya estaba vacío. Las ar-
cadas produjeron lágrimas: cesaron las primeras pero continuaron las
segundas por mucho tiempo más.

Tambaleante avanzó hacia la cómoda para revisar su cartera. Como ya lo suponía la encontró vacía, a pesar de que siempre llevaba una buena cantidad de efectivo. Tan sólo la tarjeta American Express estaba a un lado, pero faltaban otras dos, una Visa y la otra Master Card, ambas Oro y con un amplio límite de crédito. Su licencia de manejar, sus tarjetas de presentación y las de otras personas que acababa de conocer se amontonaban en desorden a un lado de la billetera. Se sintió mal nuevamente: la sed reclamaba líquido pero la náusea advertía de su intolerancia. El dolor en las sienes era agudísimo. Buscó residuos líquidos en aquel desorden pero no los encontró. Temblando cogió la hielera con ambas manos y apuró aquella agua sucia hasta la última gota, tan sólo para vomitarla minutos después.

A gatas regresó a la habitación y buscó su ropa. Poco a poco juntó las prendas o al menos algunas de ellas. A estas alturas ¿qué importaba andar sin el cinturón o las mancuernillas? No encontró su reloj de pulso: un Phantom de Cartier, regalo de Inés en su cumpleaños número cincuenta. Tampoco estaba el celular ni sus plumas, y ¿el coche? Ni rastro de las llaves. Abrió las sucias cortinas y trató de ubicarse en el tiempo y en el espacio. Las luces de neón le indicaron que era de noche, pero el intenso tráfico le dijo que no era muy tarde. ¿Las nueve? ¿Las diez? Tampoco reconoció la avenida ni vio anuncios que le hubieran podido resultar familiares. Marlboro, Pepsi o pastelitos Marinela se anunciaban por cualquier parte. ¿En dónde estaba, coño?

Tendría que acudir a la administración y preguntar en dónde estaba, qué día y qué hora eran. Lo juzgarían loco. Y bien pensado, para saber la hora sólo necesitaba un taxi que lo llevara a casa. Inés estaría furiosa. ¿Estaría furiosa? ¿Cuánto tiempo llevaba fuera? ¿Qué había pasado? Recordaba con nitidez la comida en Bellinghausen con los ejecutivos de Four Seasons y de Banamex. Se construiría un hermoso hotel en Los Cabos con financiamiento de Banamex, ya estaba decidido, pero aún no se elegía al arquitecto que se hiciera cargo del proyecto. Necesitaba él desesperadamente ese contrato, de ello dependía la supervivencia de su despacho, técnicamente ahora quebrado. Por eso había promovido la comida y por eso había insistido en llevar a los jóvenes ejecutivos al Men's Club. Por eso había pedido una y otra botella de Chateuneff du Pape y una y otra botella de XO en el restaurante, y por eso pidió una y otra botella de Dom Perignon en el table dance. Y ¿por qué discutió y quiso golpear a esos banqueritos? De eso no se acordaba, pero sí recordó que los había tildado de mamucos pretenciosos y arribistas de tercera, que ni sabían lo que era bueno y que se largó gritando que quería putas de verdad y no muñequitas operadas que ni sabían coger; y que se fue en busca de antros arrabaleros por los rumbos de Garibaldi. ¿Qué pasó después?

A un lado de la cómoda vio un aparato telefónico. Se extrañó al constatar que se trataba de un arcaico Ericsson gris de disco. ¿Es que alguien aún disca? Pensó en llamar a casa pero ¿qué diría? No tuvo el valor suficiente para enfrentar a Inés. ¿Estaría ella en casa? ¿Qué hora era? Necesitaba hablar con alguien. Necesitaba llorar. Descolgó el auricular y pidió línea. Con torpeza "discó" el número de su "cuate del alma". Un minuto después:

—Con Antonio, por favor.

Una voz femenina contestó sorprendida.

—¿Daniel?

—Qué tal Alejandra. ¿Está tu marido?

—¿Dónde estás? Inés está preocupadísima.

La pregunta lo cogió de sorpresa.

—Es que... yo..., ¿está Antonio?

—Sí, sí. Orita te lo paso.

Daniel sintió de nuevo la náusea. Iría a vomitar y pediría de nuevo la comunicación. Estaba a punto de colgar cuando de pronto escuchó la voz alarmada de su amigo.

—¿Daniel? ¿Dónde estás, cabrón?

—Ni yo sé, mano. ¿Puedes venir por mí? —se oyó decir en un susurro.

—Pues claro, pero ¿dónde andas?

—Es que no sé.

—Pues pregunta, mano, y orita mismo me jalo pa'llá. ¿En dónde te metiste, cabrón?

—Te digo que no sé, no sé ni qué horas son. ¿Qué horas son?

—Van a dar las siete. Estuviste dos días perdido.

—¿Dooooooos díiiiiias?

—Dos días y lo que va de éste; te hemos buscado por todo México. ¿Qué te pasó, mano?

—Ya supo mi mujer...

—Pues claro que ya supo. Te digo que nos la hemos pasado buscándote. ¿Qué te pasó? ¿Estás bien?

—Creo que sí. No, no. Estoy de la chingada, de la super chingada. Me fui con los de Four Seasons y...

–Sí, sí. Eso ya lo sé. Tuvimos que preguntarles. Quisiste madrear a Montero y te saliste, pedísimo, del Men's Club. ¿Te acuerdas a dónde te fuiste después?

–Creo que al Bombay. Creo que está por Garibaldi. Después ya no me acuerdo. ¿Dices que quise madrear a Montero? ¿Les dijiste que no me encontraban? Uta, creo que ya valió madres el contrato.

–Eso ahorita es lo de menos. Dime dónde chingaos estás para irme por ti.

–El cenicero dice Hotel Monarca. Déjame preguntar y te hablo.

–Hotel Monarca. Creo que está por la central camionera. Pregunta la dirección exacta pero de volada. Aquí te espero.

Daniel colgó el auricular. Quiso llamar a la administración pero una vez más lo sometió la náusea. Antes de llamar corrió al baño a vomitar y a llorar. Era jueves y corría el mes de marzo de 1992.

Cuando Daniel le platicó todo esto a su psicoanalista, el doctor Weisz, lo hizo con un enorme nudo en la garganta y con las manos húmedas por el sudor. Era evidente que estaba muy deprimido. Era evidente que se sentía solo. Y también era evidente que algo advertía respecto a Inés. "La siento muy lejana, doctor. Desde hace meses anda como media rara. Se pasa demasiado tiempo en la Universidad. Siempre está corriendo. Siempre dice que está muy ocupada, que tiene que entregar quién sabe cuántos trabajos a la Universidad y quién sabe cuántas otras cosas. Tengo la impresión como de que me huye, como de que ya se aburrió. El week-end pasado en Tepoz fue terrible. Llovió los dos días completitos. Se fue la luz. No había modo de hacer nada, ni de jugar tenis, ni de echarse un partidito de backgammon, ni nada. A ella la sentía triste y yo me sentía de la chingada. Pero a pesar de esto ninguno de los dos hizo un esfuerzo para consolarse. No cogimos, naturalmente. Yo creo que no hicimos el amor porque no había tele. A ella le gusta mucho hacerlo con la televisión puesta; dice que porque refleja una luz muy bonita. A propósito de este hábito, ¿sabe lo que dice Monsiváis?: que mucha gente se ha acostumbrado a hacer el acto sexual con la televisión encendida porque en realidad se trata del rumor social que acompaña al ruido genital, y el oído, en estas circunstancias suele escuchar con sentido muy crítico. Dice que por eso el sexo con la pantalla encendida es una guía para verificar la seriedad o la solemnidad de los programas. ¡Es genial ese cuate!"

En el momento en que Daniel le comentó lo anterior, el doctor Weisz recordó lo que había leído esa misma mañana mientras esperaba a su primer paciente del día. Tenía que ver, precisamente, con la adicción hacia la pequeña pantalla, que describe maravillosamente bien el filósofo Pascal Bruckner en su libro *La tentación de la inocencia*: "La televisión sólo exige del espectador un acto de valor —aunque sobrehumano— que es apagarla". El doctor Weisz también era un obsesivo en "zapear" frenéticamente los 190 canales de su Direct TV durante noches enteras, incapaz de sustraerse a todas esas imágenes que hacían que olvidara a todos los fantasmas de sus pacientes. "En el televisor siempre están ocurriendo cosas, muchas más que en nuestra propia vida. Tal es la hipnosis televisiva, que nos quema con su luz como mariposas alrededor de una lámpara: produce chorros continuos de flujos de colores e impresiones que vamos mamando sin desmayo. La televisión es un mueble animado y que habla, cumple la función de hacer que lo banal se vuelva insoportable", había leído dos veces como para explicarse su propia dependencia con el aparato.

Súbitamente volvió a concentrarse en lo que seguía confiándole Daniel: "...el caso es que este fin no hicimos nada, lo cual me indica que hay algo que anda mal, doctor. No sé si es ella o soy yo. A lo mejor todavía me guarda mucho rencor por desaparecerme dos días. Pero ya le pedí perdón. Hasta le compré una pinturita de Sergio Hernández, su pintor predilecto. Todavía la debo. Me costó una buena lana. La verdad es que no sé qué le pasa. Es tan rara. ¿Sabe lo que me dijo el otro día? Que no tenía capacidad para amar. Que si el amor se pudiera medir sobre una base de 100, mi potencial nada más era de 45. 'Sé que me quieres muchísimo. Hasta el tope. Pero para mí no es suficiente. Yo necesito 100, por lo tanto estás en deuda conmigo con 55', me dijo. ¡Qué absurdo! Si el amor no se mide. No se cuantifica. Además, 45 no está mal si pensamos que hay personas que nada más quieren 25. ¡Está loca! La verdad, no sé de dónde saca todas esas ideas tan extrañas. Su problema es que lee demasiado. Con un carajo, también yo necesito que me quieran hasta 100. Pero según Inés, que dizque me conformo con la mitad. No es cierto. Son puras pendejadas. ¿Sabe qué libro está leyendo en estos momentos? *Las mujeres que aman demasiado*. ¡Hágame el favor! Un día revisé su agenda, para buscar un número de teléfono, y en una hojita había escrito: 'Cuando estar enamorada significa sufrir, estamos amando demasiado'. ¿A quién se refería, doc? Oiga, ¿no me estará pintando el cuerno? No, no creo. La verdad es que no le he dado motivo. Tiene todo, doctor: chamba en la UNAM, sus tarjetas de crédito, su casota en las Lomas, en Tepoz, su renault 18, su club de golf, sus cuates, sus buenos viajes, sus maids, pero sobre todo, ¿sabe qué tiene?, li-ber-tad. Hace lo que se le da la gana. ¿Qué más quiere? Nunca la checo. Nunca le pregunto con quién va a comer o a desayunar. Nunca estoy sobre ella. Por lo general, siempre procuro respetarle sus vacaciones con sus amigas, seminarios y convenciones y quién sabe cuántas otras chingaderas más. Siempre que viajo, le compro su ropa. Me sé de memoria su talla, los colores que le quedan y cuál es el 'look' que le conviene. Por cierto, ¿sabe qué me dijo cuando desaparecí esos dos días? '¿Sabes qué? A partir de ahora, si quieres que hagamos el amor, te tienes que poner un condón.' ¿Se da cuenta de qué desconfiada? Oiga, ¿no será ella la que me está pintando el cuerno y que por eso me dijo lo del condón? La verdad es que no sé ni qué onda...".

Efectivamente, Daniel no sabía ni qué onda con su mujer, ni qué onda con sus hijos, ni qué onda con su trabajo, ni qué onda con su propia vida. Así como Inés se sentía de sola, también él estaba solo. Por más que llenara su hueco personal con gadgets, con antigüedades, con aparatos musicales, con suscripciones de decenas de revistas extranjeras, con computadoras, con coches blindados marca BMW y con sesiones con su psiquiatra, seguía sin saber ni qué onda. Respecto a su esposa, su problema era que no la conocía, por lo tanto, no podía comprenderla. En una ocasión, en uno de los pleitos que solían sostener, Inés se lo dijo bien claro: "El problema es que nunca sabes cuándo estoy triste". Sin embargo, Daniel no entendió. Como tampoco entendía las cartas y los mensajes que con mucha frecuencia le escribía Inés, especialmente en épocas en que sentía que su matrimonio se estaba desmoronando. ¿No entendía todos esos SOS? No, no les daba la menor importancia. Pensaba que eran sensiblerías absurdas. "Necesito que me necesites de la misma forma en que yo te necesito", le escribió en uno de esos tantos papelitos que acostumbraba meterle en las bolsas de sus sacos. Pero Daniel seguía sin entender. Hasta que llegó el día en que Inés se cansó de que no se la entendiera.

Tuvieron que pasar tres años de terapia con el doctor Weisz para que Daniel se diera cuenta de que el engañable era él y no ella, y que si no cambiaba, corría el riesgo de ser el abandonable. Por su parte Inés comprendió, gracias a la ayuda de la doctora Celia Ruiz, la psicoterapeuta a quien consultó por más de cuatro años, que su relación con Juan había sido, exclusivamente, para colorear un poquito su vida pintada en diversos tonos grises. Pero que había que agradecerle a la vida por haber conocido al único hombre que la había hecho vibrar. Así como había que estarle eternamente agradecida a ese hombre por haberla hecho descubrir quién era realmente. Juan se fue a vivir a provincia, le pidió a Inés que no lo buscara, que no se aferrara a él. "Nuestra relación fue un regalo que nos dio la vida, preciosa, tómalo así y no te aprisiones con él, suéltalo; ya verás que el recuerdo de lo vivido será tan valioso que vas a sonreir al pensar en todo lo que pasamos juntos." "Pero ¿por qué, Juan, por qué se tiene que terminar?; ¿Ya no me quieres?; ¿Qué te hice?", preguntaba Inés, chorreando lágrimas escondida en el hombro de Juan. "El cariño que te tengo no tiene nada que ver con que nos separemos." Inés no lo entendió entonces pero no le quedaba más que aceptar. La vida le iba a contestar varios años después.

En ese lapso, Daniel fue con el doctor Weisz hasta tres veces a la semana: lunes, miércoles y viernes. Era la época en que más confundido se sentía. También era la época en que más bebía. Entonces se hacía preguntas acerca de todo: de su matrimonio, de la vida, de sus hijos, de su carrera profesional, de sus amigos y de su sexualidad. He aquí quizá una de las más difíciles sesiones que sostuvo con su psicoanalista.

"Bien, doctor, bien. ¿Y usted, qué tal? Pues yo aquí, como siempre, puntual a la cita. Esta semana no he tenido problemas de copas. El domingo me tomé un tequila y, bueno, dos cervecitas con la comida, pero todo bajo control. Por supuesto que se me antojó seguirle pero, como le he dicho, estoy seguro de que yo puedo controlar lo que tomo. Lo que le quería contar desde hace tiempo es otro problemilla que tengo por allí y la verdad es que me da cierta vergüenza. Pero... este... ni modo... se lo tengo que contar, ¿verdad, doctor? Porque si no para qué viene uno aquí... Bueno, el caso es que... desde que era chico, no sé por qué, como que tengo una suerte con los jotos que pa'qué le cuento. Sí, sí, con los maricas, doctor. Este... hubo un tiempo en que me los topaba hasta en la sopa. Lo primero medio extraño que me sucedió fue una vez que fui al dentista. Tenía como... quince años o un poquito más y ahí estaba yo esperando el elevador en el edificio. De esos edificios medio viejones de Insurgentes a la altura de Sears. Entonces, este... estaba yo esperando el elevador, cuando se me acerca un ruco, tendría como cuarenta años, para entonces los de esa edad me parecían rucos, imagínese. Se veía decente, muy trajeadito, un señor normal. Me preguntó muy correcto que a dónde iba y le dije que al dentista. Luego me dijo que qué iba a hacer después y a mí se me hizo lo más normal decirle que nada. Entonces me preguntó que si no quería ir con él a dar una vuelta después de mi consulta. Ahí ya me sonó medio extraño. Sin embargo, como pendejo, todavía le pregunté que a dónde. Me dijo: 'A donde tú quieras', y eso sí que ya no me gustó. Obviamente le dije que no pero me llevé un sustote. Ya para entonces sabía que existían degenerados a quienes les gustaban los jovencitos. Mi mamá me había dicho algo así como que nunca les hiciera caso a los viejos desconocidos que me hicieran plática, que casi siempre se trataba de unos cochinos y degenerados. La verdad, en esa época, no la pelé mucho, pero con lo de ese ruco me acordé y me entró miedo. Todavía cuando salí del dentista iba todo friqueado. Me fui a mi casa como a mil por hora. Luego, como tres años después, ya más grande, me siguieron unos maricones en el aeropuerto, pero a ésos sí que se les notaba, y a leguas. Eran dos. Yo había ido a recoger a mi papá que llegaba de no sé dónde y estaba dando vueltas en el pasillote ese que había antes, ¿se acuerda?, y, bueno, entonces se aparecieron esos tipejos y comenzaron a fregar, que estaba bien chulo y que fuéramos a una fiesta y no sé cuántas cosas pero ya en mal plan. No se me despegaban, doctor, por más que me hacía pendejo y que me iba a otro lado, como lapas, hasta que, de plano, me eché a correr y me di la vuelta por donde están las estatuas de los aviadores; y luego que pasaron me regresé pa'l otro lado y me metí en una cabina telefónica que estaba enfrente del mostrador de Mexicana. Desde ahí los veía, y cuando se acercaban me agachaba. Con decirle que ni me acordé de la hora en que llegaba mi papá. Obvio, llegó y no me vio; se fue en taxi mentando madres. Luego que vi que pasaron los maricones, cuando se alejaron un poco, salí como alma que lleva el diablo y me fui a mi casa. Mi papá ya había llegado y estaba furioso. Cuando le conté lo que pasó primero me dijo que por qué no les rompí la madre pero luego se botó de la risa. Yo estaba asustadísimo pero poco a poco me comenzó a entrar la curiosidad ¿Y si hubiera ido con ellos? ¿Qué harían los gay? ¿Qué se sentirá? Y cosas así. Hasta soñé. Ya después me olvidé del tema. Comencé a picarme a una chava de fijo, Sara, una enfermera del ABC que era mayor que yo y que me enseñó un chorro. Me cae que con ella aprendí japonés pero siempre estaba... ¿cómo se dice...?, el gusanito..., la curiosidad... Cuando comencé a agarrar el pedo en serio, como que me surgía el tema de... este, cómo se dice, de los gays, y como que me quería atrever a... algo más, pero no sabía a qué... Me di cuenta de que siempre que traía copas encima, imitaba a los gays; siempre contaba chistes de gays. Y casi siempre terminaba las reuniones enumerando los nombres de todos los políticos que creía que eran gays o bisexuales. Una vez estaba en un antro de mala muerte, ya bastante servido, y no supe ni cómo comencé a platicar con unos cuates. Se veían muy normales pero al rato me dijeron que si no la quería seguir con ellos, que iban a no me acuerdo dónde. Ya ve que en esos trotes uno le entra a todo con tal de seguirla y pa'pronto, que me apunto con ellos, pero no me imaginé que fueran de los que cachan granizo. ¿Se acuerda, doc, que así se decía en los sesenta? También se decía que se les hacía agua la canoa, o bien que tomaban arroz con popote, o que bateaban del otro lado. También los llamaban 'puñal de doble filo' o los 'gilletes', porque cortaban por los dos lados. Total, que nos fuimos a otro lado, a un barecillo que estaba, si no me equivoco, por esa colonia donde las calles tienen nombres de bahías y de lagos. ¿Ya sabe cuál? Ahí sí que me cayó el veinte. El antro estaba repleto de maricones. Unos muy pintados, muy amanerados, pero otros, normalísimos. Como ya estaba bien pedo ni se me ocurrió irme, se me antojó seguir la onda. Me acuerdo que en el baño había un poster de una vieja de minifalda meando en un mingitorio, y otros, varios, de hombres en cueros. Había uno de un negro con un pito descomunal. Debe haber sido un fotomontaje, porque ni los burros lo tienen tan grandote. Se me acercó un chavo muy jovencito que me vio muy asombrado contemplando aquello y me dijo '¿Cómo la ves, güero?', pero en un tonito que denotaba que quería ligue. Yo me hice el güey. Ya no me acuerdo qué le contesté y me fui a la barra. El barman se veía normal; le pedí un trago y, cuando me lo sirvió, le pregunté que si a ese antro iban puros jotos. Sólo me contestó: '¿Tú qué crees, manito?'. Me sentí hecho un pendejo. Luego que se acercó otra vez le pregunté bien directo que si él también era del otro bando y ¿qué cree que me contestó? Me dijo, muy seguro: '¿Y a poco tú no?'. Me quedé helado. ¿A poco se me notaba algo? Yo no sabía que fuera gay, pero ¿no sería? El asunto con Sara ya había acabado hacía rato y no me había conseguido otra, es decir, de fijo. De que me gustaban las viejas, eso ni hablar, pero de un tiempo a esa fecha lo de los hombres me daba mucha curiosidad. ¿No sería bi? ¿Sería simplemente curiosidad? En ésas andaba cuando se dejó venir el gay del baño, el que me pescó viendo el poster del negro. Me comenzó a hacer plática pero me sentí sacadísimo de onda; de plano, no me atreví a seguirle la corriente. Pagué mi trago y me fui derecho a mi casa. Lo malo es que me quedé todavía con más curiosidad. Con mucho más. Ya para entonces el tema era recurrente, comencé a comprar revistas gay y a buscar anuncios en el periódico, de ésos de hombres que dan masajes. Una vez, incluso, hablé por teléfono. Me contestó un güey y me dijo que me fuera a una caseta telefónica que estaba en equis lugar y que de ahí le volviera a hablar, que ahí me diría a dónde tenía que ir. Ya no fui. En primer lugar, porque lo que quería era que me dijeran qué hacían, pero sentí que si le preguntaba quedaría como un pendejo. Además, tampoco me sentía declaradamente gay como para ir a un hotelucho a ver a qué con un marica. Pero cada vez que se me ocurría algo de eso me entraba más curiosidad. Por fin, una vez que me fui de jarra me metí a un cabaretucho en donde había una variedad dizque muy gruesa. Una encueratriz se metía en una copa gigante, llena de espuma, y hacía como que se bañaba, pero el baño resultaba un masturbadero. Se embarraba los senos de espuma, hacía gestos cachondos y se metía los dedos por todos los agujeros posibles. La variedad era bastante burda y corriente pero me acuerdo que tenía una coreografía con bailarines. Acabó la variedad y vinieron los guitarristas, pa'los trasnochados. Como siempre, le pedí a uno que se viniera a tocar a mi mesa. Yo estaba sentado con dos o tres putillas y no supe ni cómo ni cuándo pero de repente ya estaba en la mesa uno de los bailarines de la bañista. Me acuerdo que cantaba muy bien, con buena voz y que se sabía las canciones que a mí me gustaban. Al rato ya no le pedía las canciones al guitarrista sino al bailarín. Luego, cuando se ponían a cantar las viejas, comenzamos a platicar. Le pregunté si era gay. Me dijo que no pero me dio a entender que sí y la verdad, doctor, comencé a calentarme. Hay que ver que ya estaba bien pedo pero entonces el pinche bailarín me pareció cachondo. Le pregunté dónde y con quién vivía. Me dijo en dónde y que solo. Seguimos chupando un rato pero a mí ya se me había metido el gusanito. Decidí que esta vez sí me atrevería y de plano le dije que no quería ir a dormir a mi casa porque mi mujer me iba a armar un panchotote y que me invitara a dormir. Obviamente dijo que sí y nos fuimos en taxi. No me acuerdo dónde quedaba su departamento pero lo que sí le puedo decir es que no estaba tan pior. Tenía tequila, Bacardi, otros brandys y refrescos. Preparó unas cubas. Yo le seguí preguntando si era gay. Como nada más se reía le dije que me contara entonces qué hacían los putos además de coger por detrás, que yo no era gay pero que tenía mucha curiosidad y que a lo mejor me gustaba. Entonces se acercó como para besarme pero lo paré en seco. Le dije que eso sí ni maiz, que mejor nos fuéramos a la cama. El asunto es que me metí a la cama, en calzones, y el otro también; me dijo que qué quería hacer, que podía hacerle lo que yo quisiera o que si quería que él me hiciera algo. El problema es que yo no me sentía ni tantito excitado. Una cosa es la emoción de dar un paso totalmente prohibido, lo cual es de por sí excitante, y otra muy distinta es que sienta deseos por un hombre. Si lo tocaba sentía una decepción, casi asco. ¿Cómo me iba a calentar con unas piernas peludas? De plano, yo no podía hacer nada con la libido en cero. Entonces me dije que lo dejara a él pero nomás empezó y me vino la repulsión. Le dije que estaba en chino, que de plano yo no era maricón. Lo extraño del caso es que el cuate ese lo tomó con mucha filosofía. Me dijo que no había tos, que me durmiera, pero le dije que pa'qué nos hacíamos pendejos, que no había ido a dormir. Después nos pusimos a platicar de mi obsesión por los gadgets, de arquitectura y quién sabe cuántas otras cosas. Me vestí para irme al carajo. ¿Creerá usted que todavía me acompañó a buscar un taxi? Era un gay muy decente, me cae. Corrí con suerte. Yo nomás me imagino que si una vieja se mete en mi cama, en cueros, y ahí me sale con que siempre no, yo la violo, doctor. Pero ese tipo no, quedó muy formalito en conseguirme chavas pero por supuesto que nunca volví al antro aquel. ¿Sabe a dónde me fui? Derechito a la calle de Amsterdam. Antes llamé por teléfono a Inés y le dije que tenía que llevar a unos franceses de la revista *Vogue* que habían venido a conocer la última casa que construyó Barragán, a la plaza Garibaldi y que después de allí los llevaba al Camino Real y después a la casa. Entonces había una estética en donde daban dizque masajes. Había muy buenas viejas. Jovencitas y a precios razonables. Tenían unas tinotas, casi unas piletas, que les decían tinas romanas. Ahí se metía uno en agua hirviendo y una chava lo bañaba. A un lado estaba un como camastro, bajo y acolchonado, para el masaje. Ya se imaginará. Yo quería sacarme la espina. Pedí que me bañaran tres viejas, las tres mejores. Escogí unas muy guapas y me agasajé de lo lindo con las tres. Tenía que probarme que no era gay. Durante un buen rato me dije a mí mismo que no era gay, que ya había hecho la prueba del añejo: me había acostado con un hombre y no me había gustado. Pero ahora, desde hace un tiempo, me acuerdo mucho de aquel episodio y, ¿sabe qué, doctor?, me arrepiento de no haber dejado al bailarín hacer lo que quería. Al menos sabría si me gusta o no. He vuelto a comprar revistas gay y a buscar anuncios. Sé que ahora hay mucho más liberalidad, que hay muchos bares y antros gay. No me he atrevido a ir pero se me antoja un buen. Desde luego que me gustan las viejas, hasta la mía, así que no soy gay, pero no se me olvida aquello. Usted qué cree, doctor, ¿seré bi? Lo que sí le puedo decir es que yo sí les gusto a los gays. No sé por qué pero siempre los reconozco. Y esto me preocupa. He allí uno de mis tantos fantasmas que va y que viene pero, siempre, vuelve. Pongamos, doctor, que no sea gay pero que tengo un alma medio feminoide. ¿Será por eso que me gustan tanto las antigüedades y la decoración? Claro que esto es normal por mi profesión. Dicen que en el medio de arquitectos hay mucho gay... Who knows? La verdad es que lo que más me preocupa es que siento que mi fantasma, de alguna manera, se lo estoy trasmitiendo a mi hijo que tiene 16 años. Cuando invita a comer a sus amigos a la casa, me la paso observándolos como para detectar algo que pudiera parecerme extraño. Nunca he hablado de esto con él. Porque sé que esto es mi bronca, y no quisiera trasmitirle mis dudas. Sería muy injusto, ¿no cree, doctor? De lo que sí le he hablado es del sida. Miento. Un día sí le hablé de los homosexuales porque él me preguntó que qué onda con los gays. Entonces le dije que era una preferencia y que por lo tanto era muy respetable. Fíjese que yo tenía un tío que dicen que era totalmente del otro lado. ¿Usted cree que podría ser hereditario? ¿Que sea un problema genético? Tengo una amiga que dice que ahora ya todos los gays están saliendo del clóset que porque ahora ya están más aceptados. Según mi amiga, que es divorciada, dice que cuate con el que sale, cuate que le huele a gay. Es cierto, como que han proliferado, ¿verdad, doc?"

Aunque Daniel pretendía abordar el tema con una actitud de lo más "cool", en realidad estaba tensísimo. No paraban de sudarle las manos, a la vez que sentía que los síntomas de su eterna gastritis le quemaban la boca del estómago. Era evidente que el doctor Weisz había detectado perfectamente el nerviosismo de su paciente, y, cuando, estaba a punto de decirle que en el ser humano se daba una bisexualidad innata, de repente Daniel agregó, sin más: "No, nunca he hablado de esto con Inés". No obstante que el doctor no se lo había preguntado, él seguía concluyendo por qué, hasta ese momento, no lo había hecho: "¿Para qué? Sería meter más ruido a nuestros problemas. Además no sé si me entendería. Si lo hiciera es capaz de decirme que nada más la quiero una décima parte. Se volvería más exigente, desconfiada. ¡Sería todavía más insoportable!". Entonces sobrevino otro silencio. El doctor miró su reloj, se puso de pie y dijo: "Nos vemos el viernes". Daniel se incorporó. Se despidió. Y al salir, sin darse cuenta, dio un portazo. A partir de ese momento empezó a manifestarse la transferencia con el doctor gracias a la cual comprendería Daniel muchas cosas; precisamente, a propósito del carácter posesivo y dominante de su madre y de la distancia que siempre mantuvo con él su padre.

Durante el trayecto a su casa, en lugar de cavilar sobre lo que le había comentado al doctor, Daniel pensó en sus relojes y en sus plumas: una de sus obsesiones. Viaje que hacía, viaje que se hacía de un reloj y un par de plumas; a pesar de que ya atesoraba 86 relojes que fue comprando desde su adolescencia y 173 plumas de todo tipo y marca, según él, aún le faltaba mucho a su colección... Nunca importó si en esos días en que atrajo su atención ya sea un reloj o una pluma, estuviera muy endrogado, compraba los objetos costaran lo que costaran. Y en un Periférico repleto de autos, comenzó a reprocharse: "¡Carajo! ¡Carajo! ¡Carajo! No tengo límites, ni vergüenza, ni voluntad, ni cordura, y lo que es peor, ni dinero. Cómo me atrevo a comprar otro reloj, es verdaderamente el colmo; por si fuera poco lo escojo carito, porque con mi experiencia en estos menesteres de comprar relojes, no cualquiera me satisface, tiene que ser uno de marca de prestigio, suizo (o alemán, que también hay algunos buenos), mecánico, no de cuarzo, con cristal de zafiro, resistente al agua, correa de cocodrilo y demás refinamientos. Aunque esta vez exageré: un Vacheron-Constantin; eso ya es verdaderamente el colmo, siete mil quinientos dólares, ni más ni menos, ¿cómo demonios lo voy a pagar? Mi tarjeta está a punto de reventar, los pagos mínimos ya están fuera de mi alcance. Pero ahí voy de nuevo. Vaya vicio este, resulta más caro que cualquiera de los que se atribuyen a las mujeres; con eso de que 'el reloj es la única joya que puede usar un hombre', me vinieron a joder. Debería devolverlo de inmediato. En serio ¿lo devuelvo? Pero es que está precioso; es verdaderamente una obra de arte, y de la fábrica de relojes de pulso más antigua de todas. Además estoy seguro de que me lo vendieron a buen precio; y la verdad, sobre todo: ¡me lo merezco! Trabajo como burro todo el año, cómo no permitirme algunos lujos. Me voy a quedar con él, nada de devolverlo. Pude haber comprado el modelo más caro, el de mayor vuelo, y sin embargo me conformé con éste. Ya basta de recriminaciones y de mortificación. Suficiente de autocrítica. Esta fascinación por los relojes es para gente refinada como yo; no cualquiera conoce tantas marcas ni ha profundizado sobre las peculiaridades del funcionamiento de estas maravillas de la mecánica y del ingenio humano. ¿Tendrá que ver el asunto con la aspiración mítica del ser humano por poder controlar algo que ni siquiera entiende? El tiempo: manejarlo a nuestro arbitrio, forzarlo a dividirse en pequeñísimas fracciones para poder contarlo, dominarlo, amaestrarlo y colocarlo dentro de un adminículo de exquisita fabricación. Es por eso, tal vez, que no podría conformarme con medir el divino tiempo con un pinche reloj chino de plástico; eso, más que una vulgaridad, sería un insulto a ese linaje de científicos, filósofos y técnicos-artistas de la edad de la razón, desde Bacon hasta Newton, de Descartes a Pascal, de Jean-Jacques Blancpain a Abraham Louis Bréguet. Este último genio, un relojero suizo, en su obsesiva búsqueda de la precisión, se empeñó en desarrollar un mecanismo tal que fuese capaz de compensar la fuerza gravitacional y que, por añadidura, fuese lo suficientemente pequeño como para caber en un reloj. Me imagino a monsieur Bréguet, con su chaqueta de brocado, camisa de encaje, peluca polveada, sentado en un incómodo banco de madera, agachado sobre la mesa de trabajo y esgrimiendo unos diminutos instrumentos, diseñados además por él, para confeccionar la maravilla mecánica a la que elegantemente (privilegio de los artistas) llamó: tourbillon, torbellino, un minúsculo ciclón, un tornado en una cajita, un sistema de cuento de Borges, una máquina de Leonardo en un mundo de Lewis Carroll, un perfecto invento humano para compensar las imperfecciones divinas. Porque en esta incesante búsqueda de la complejidad, aspiración de la ciencia mecánica, las cosas han llegado a extremos tales de sofisticación que para el año 2000, la casa Blancpain, fundada en 1735, creó un reloj de 740 piezas distribuidas en 28 niveles, extraplano, con fases de la luna, tourbillon, cronógrafo, alarma mecánica de minutos y una entelequia más: el calendario perpetuo. Con este inadjetivable objeto, se rinde homenaje al calendario gregoriano, que hoy rige en el mundo occidental. Pues sucede que el año 2000 es un año especial, no es un bisiesto (se llama bisiesto por los dos seis de 366) común y corriente, resulta que como la tierra gira alrededor del sol en 365 días, 5 horas, 48 minutos y 45.96768 segundos, en 1578 el año ya tenía diez días de más, por lo que el papa Gregorio XIII encargó a su matemático de cabecera, Christopher Clavius, la creación de un sistema que estuviese de acuerdo con los nuevos descubrimientos astronómicos. En 1582 se promulgó el calendario que introducía una complicación extra: el año bisiesto se suprimiría cada cien años y se agregaría cada cuatrocientos; quiere decir esto que el año 2000 tiene un día adicional que no tuvo, por ejemplo, el año 1900 y que solamente ha sucedido una vez antes, en el año 1600. Bueno, pues, el relojito este no necesitará ajustarse jamás; claro, mientras siga vigente el calendario gregoriano. Lo único malo es que esta obra de arte cuesta trescientos mil dólares. Cosa que tal vez no sea tan mala, de otro modo ya estaría pensando en comprarlo. Mi otra adicción, las plumas fuente, también ha llegado a límites insospechados. No basta sólo con poseer 173 instrumentos de escritura de este tipo, sino que todos deben tener alguna característica que los haga poco comunes, que no sean del montón. Ya sea por su acabado: bakelita, pasta, laca, metales preciosos, grabados, resinas, etcétera, por su antigüedad, por su sistema de carga o bien por la calidad de su punto. Por más que la forma de escribir se haya modificado de manera tal que en la actualidad ya no se parezca en nada a lo que estaba acostumbrado en mi niñez, la fascinación por las plumas creo que no ha disminuido un ápice. Los primeros embates de la modernidad, recuerdo, acontecieron cuando, en quinto año de primaria, el riquillo que se sentaba atrás, apareció un buen día presumiendo que era el orgulloso poseedor de algo a lo que llamó 'pluma atómica'. En esa época todo era atómico: había personajes atómicos, plantas atómicas (yo siempre pensé que eran unos vegetales radiactivos), detergentes atómicos e idiotas atómicos. Cuando nos percatamos de que aquel novedosísimo instrumento de escritura manchaba los dedos igual que los otros, con el agravante, además, de que la tinta no se quitaba, mandamos a la chingada a su pedante poseedor. El advenimiento de la computadora ha cambiado por completo mi relación con las plumas fuente; ya no las uso propiamente para escribir, las empleo para anotar, firmar, tomar apuntes, coleccionar y contemplar. Ahora ya no se preocupa el escritor, periodista o estudiante de si su pluma tiene tinta o su lápiz punta, se trata más bien de guardar, copiar, pegar, enviar o perder información. El bello arte de la caligrafía ha sido sustituido por la monótona actividad de 'teclear'. Dice un amigo francés que a él le basta con 'une gomme et un crayon' y una secretaria, agregaría yo, para que le pase todo al disco duro. Después de todas estas disquisiciones seudofilosóficas me siento más tranquilo y podría llegar a la conclusión, temporal, de que lo que sucede es que me aferro al pasado, a los relojes mecánicos y a las plumas fuente; soy en el fondo un romántico. Ésta es la racionalización más aceptable que se me haya ocurrido últimamente para disfrazar mis vicios."

Motivos del dolor

ue justamente en esa época, en que Daniel estaba tan desorientado, que Inés y Juan se separaron. Unos meses después de la
ruptura, Inés fue a escuchar una conferencia a la Facultad de Psicología de la UNAM que impartía un joven filósofo, Óscar de la Borbolla,
y cuyo título correspondía perfectamente a su estado de ánimo de ese
entonces: "Bosquejo de la metafísica del dolor". Cuando Inés llegó al
salón donde se llevaría a cabo la plática, no obstante faltaban todavía
quince minutos para que empezara, ya había muchísima gente y no
quedaba un solo lugar vacío. Después de buscar alguna cara conocida
y de no haber reconocido a nadie, se sentó en uno de los escalones junto con otros estudiantes. En esa postura y en medio de universitarios,
la inundó la sensación de sentirse más joven. En ese momento se feli-
citó por su independencia, por poder permitirse asistir a este tipo de
actividades. Le gustaba tener su universo, su espacio. Le gustaba con-
vivir con sus alumnos, con los universitarios de otras facultades, con
los que en algunos aspectos tenía más en común que con Daniel. "Y si
Juan anduviera por allí", pensó, sintiendo una ligera tensión en el estómago. Pero sabía que eso era imposible; hacía cuatro meses que no tenía noticias de él. Sacó su cuaderno, buscó su pluma de plata Tiffany
y escribió la palabra "Juan" en letra de molde; también la escribió con
su letra picudita de colegio de monjas. Lo escribió en francés y en inglés. Lo escribió en medio de un círculo que había trazado previamente. Lo escribió en letra chiquita, en una muy grande y en otra como la
que usan en las caricaturas. Una vez llena toda la página, la miró y
sonrió. En seguida guardó su pluma y sacó su polvera Christian Dior.
Se miró en el espejo: vio sus ojos rodeados de arrugas; vio sus ojeras;
y, sobre todo, vio su mirada triste y apagada. Denotaba un particular
cansancio. "¿Por qué nunca me pongo crema hidratante? ¿Y si me hago un peeling? Todo, todo está envejeciendo conmigo: mi libido, mis
capacidades intelectuales, mis dedos chiquitos de los pies, mis párpa-
dos. Cómo me he de ver ya mayorcita que hace unos días se acercó un

vendedor ambulante para ofrecerme unos juguetitos y me dijo: "Lléve-selos para sus nietecitos". No hay duda, ya parezco mamá grande. Siento que me pesa demasiado el corazón. ¿De qué me preocupo? Ya dijo Erica Jong: "Si una posee su propia alma, una no tiene que asus-tarse de los 53 años", pensó, al mismo tiempo que se polveaba con ab-soluto desgano. Guardó el estuche. En otra hoja en blanco volvió a es-cribir el nombre de Juan varias veces.

Al fin llegó el conferenciante. Poco a poco se fueron callando las voces. El filósofo se quitó su reloj de pulsera, lo colocó a un lado del micrófono. Bebió dos traguitos de agua del vaso que había sobre la me-sa cubierta con una franela verde botella. Probó el micrófono. Y co-menzó su intervención: "Buenas tardes. Perdonen la tardanza pero ha-bía una manifestación en el Periférico. Bueno, pues fui invitado para hablarles del dolor, del sufrimiento que causa. Llevo muchos años re-flexionando sobre estos temas, de ahí que haya concluido que entre las muchas cosas que me impiden conformarme con este universo, está la existencia del dolor: nunca he logrado comprender cuál sea su sentido, para qué lo experimentan los animales y para qué los hombres. Que el dolor exista es incompatible con la idea de un dios creador colmado de bondad y, también, con la creencia atea de que el mundo está ahí sin ningún propósito. El dolor tiene una razón de ser tan evidente: existe para que suframos, su presencia delata un plan malévolo, un propó-sito ruin. Este plan no puede adjudicarse a Dios sin convertirlo en un ser perverso ni a la Naturaleza, porque en una visión estrictamente lai-ca la Naturaleza carece de propósitos. Metafísicamente, pues, me re-sulta incomprensible la razón de ser del dolor; y menos la entiendo cuando paso la vista por el mundo y descubro su obscena omnipresen-cia, porque no sufren unos y otros no, sino que todos sufren en algún momento y, a veces, casi en todo momento.

"Por qué hay tanto dolor es, todavía, una pregunta más difícil de contestar, pues se formula cuando uno constata que en el manifies-to del mundo no sólo se exhibe un plan maligno, sino un proyecto de saña encarnizada, de crueldad obtusa. Y da igual comprobarlo frente a un perro que escapa ensangrentado de las ruedas de un auto, que en la tristeza impotente de un niño que ha perdido a su madre. ¿Por qué el dolor? ¿Para qué el dolor? Sería tan fácil que la Naturaleza nos hu-biese dotado con un dispositivo que nos desconectara, automática-mente, en cuanto la intensidad de la sensación negativa llegara hasta cierto punto. Si el perro atropellado ya está condenado a morir, ¿para qué ese tormento? Si la ausencia de la madre es irreparable, ¿para qué cuenta el niño con esa lastimosa capacidad de sufrir?

"Se ha dicho que el dolor humaniza y es verdad: quienes han sufrido son más comprensivos; el dolor enseña la compasión, la tolerancia y el perdón. Pero también es cierto lo contrario: el dolor nos vuelve fieros, rencorosos, vengativos, inhumanos. En cualquier caso, no parece un buen recurso para enderezar lo que uno reprueba; yo, al menos, no lo emplearía ni con mi perro ni con mi hijo. Y, sin embargo, en este universo el dolor está ahí, detrás de todo, pues cualquier cosa puede llegar a dolernos. Los seres humanos contamos con una insondable capacidad para experimentar el dolor. A esa percepción del dolor se le llama sufrimiento. La distinción no es ociosa pues permite entender por qué, aunque todo puede llegar a provocarnos dolor, no todos lo sufrimos con intensidad idéntica.

"El fuego causa dolor, el hambre causa dolor, una herida causa dolor; pero la impresión de esos dolores no es la misma de persona a persona ni de ocasión en ocasión: puede ser la misma quemadura, pero sufrimos menos cuando es el resultado de una torpeza en la cocina que cuando nos la inflige un torturador; puede ser la misma herida, pero la sufrimos más en mitad del campo de batalla que en mitad del campo de golf; puede ser la misma hambre, pero taladra más el hambre de los días de miseria que el hambre autoimpuesta en una huelga de hambre por la dignidad.

"Y también conviene distinguir entre dolores físicos y dolores morales, y no porque unos se prendan de las terminales nerviosas y nos arrojen beatamente a los médicos y a los brujos, a los analgésicos, a los somníferos, al opio, a la morfina; y los otros, más bien, muerdan el alma y nos esclavicen al diván del psicoanálisis o al confesionario, sino porque según sea la jerarquía que establezcamos entre ellos, nos volvemos un tipo peculiar de persona: quienes temen por encima de todo al dolor físico están destinados a ser esclavos de los poderosos y quienes temen más a los dolores morales están destinados a ser esclavos de sí mismos. Así, frente al dolor unos son títeres del miedo y otros, marionetas de la culpa.

"El dolor y su correlato, el sufrimiento, hacen del ser humano un ser en el que no se puede confiar: está demasiado partido, demasiado doblado como para que podamos creer que sus actos son libremente adoptados. Los actos humanos verdaderamente importantes son la bastarda consecuencia de la coacción del dolor. El dolor hace del hombre no una sufriente especie digna de compasión, sino una especie taimada digna del más cauto de los recelos.

"El ser humano es lumpen ontológico a causa del dolor; animal predispuesto a obedecer y a lanzarse contra lo que le ordenen, pues aunque la conciencia ciertamente permite que nos distanciemos del dolor al conceptuarlo, no por ello conseguimos sobreponernos al vergonzoso instinto de sumisión que nos hace lamer la mano que nos hiere. No somos exactamente como el animal: uno con el dolor, pero tampoco logramos reapoderarnos de nosotros mismos desprendiéndonos del dolor, lo traemos untado en el ser —aun no siendo todos los dolores igualmente graves, como aquellos a los que se refería César Vallejo, "como del odio de Dios"— que nosotros nos encargamos de empatar, pues, cuando se trata de sufrir, lo hacemos con toda la capacidad sin tomar en cuenta que lo que duele tenga o no importancia.

"Sólo los dolores ajenos nos parecen pequeños y eso que, por las experiencias que cada cual posee, en estos casos, siquiera, podría ser solidario. De esta indiferencia, sin embargo, no somos responsables, pues, paradójicamente, el dolor no queda en la memoria. Recordamos sí, que alguna vez nos dolió, que sufrimos; pero no somos capaces de reproducir el recuerdo del dolor como lo hacemos cuando se trata de recordar una dirección o un teléfono. El dolor no tiene memoria y por esa razón no nos condolemos por el dolor ajeno; podemos sentir lástima, preocuparnos, pero no lo que se llama dolor, salvo que también sea nuestro dolor.

"En el mundo hay muchas cosas inexplicables; muchas cosas que dan al traste con el principio de razón suficiente. Entre todas ésas, quizá la más incomprensible sea el dolor, pues las otras: empezando por la muerte y terminando por el error, son males presentes de los que, al menos de forma temporal, podemos desentendernos. El dolor es una grave falla del cosmos ante la que no podemos hacernos de la vista gorda. El dolor inevitablemente nos inconforma."

Desde que el filósofo había empezado a hablar, Inés fue tomando notas de las expresiones que más la habían impactado: "Se ha dicho que el dolor humaniza. Quienes han sufrido son más compasivos; el dolor enseña la compasión, la tolerancia y el poder". ¿Por qué había escrito, precisamente, esa afirmación? ¿Desde que sufría la ausencia de Juan, se sentía, en efecto, más humana y más tolerante? Más abajo, había escrito: "Los seres humanos contamos con una insondable capacidad para experimentar el dolor. A esa percepción del dolor se le llama sufrimiento". ¿Qué era lo que más le hacía sufrir a Inés? ¿Su no-relación con Daniel? ¿O la imposibilidad de una verdadera relación con Juan? Ambas. Las dos porque entre ellas no tenían nada que ver. Las dos porque, como bien había dicho De la Borbolla: "El sufrimiento hace del ser humano un ser en el que no se puede confiar: está demasiado partido, demasiado doblado, como para que podamos creer que sus actos son libremente adoptados". Efectivamente, Inés estaba partida en dos: una parte le pertenecía a Juan y la otra a un mundo que cada vez le parecía más lejano. Sin embargo, en el fondo sabía que nunca habría podido formalizar su relación con Juan, porque no se divorciaría. Sabía que, de haberlo conocido de soltera, jamás se hubiera casado con él porque, como le dijo Daisy a Gatsby en la novela de Scott Fitzgerald: "Rich girls never marry poor boys", y lo más probable es que Juan le habría dicho lo que Gatsby, irritado por la actitud de Daisy, que "su voz se escuchaba como si estuviera llena de dinero". Sabía que si hubiera llevado a Juan a casa de sus padres en Virreyes, con seguridad su madre le diría que Juan no quedaba con la decoración de los muebles. Sabía que nada más en esas circunstancias: ella casada y él separado de su mujer, se pudieron relacionar como amantes. Sabía esto y la entristecía.

PARA ESO ES EL CRÉDITO

A pesar de que Daniel e Inés se habían perdonado (porque gracias a la conferencia de De la Borbolla Inés comprendió que había ya sufrido demasiado) y acabaron comprendiéndose, y hasta llegaron a la conclusión de que su unión era más fuerte de lo que habían imaginado, desafortunadamente dos años después, a partir de la crisis económica de 1994-95, las cosas entre ellos volvieron a deteriorarse.

De nuevo Inés sintió la necesidad de ir con un psicoanalista: empezaba otra vez a soñar con Juan; pero al mismo tiempo fantaseaba con que su marido seguía viendo a otras mujeres. Desde la primera cita que tuvo con el doctor Katz, recomendado por el doctor Muller, habló sin parar. Entre los muchos temas que abordó sin la menor coherencia, tocó el de los valores: "¿Se ha fijado, doctor, que ahora todo es light? La cultura, los mensajes políticos, las mermeladas, los cereales, los refrescos, el contenido de los libros que más se venden, las relaciones amorosas, hasta las depresiones son light. Basta con que se dé una vueltecita a cualquier centro comercial para que, como por arte de magia, desaparezca 'el azote'. Ah, claro, también está la felicidad light o instantánea, conquistada gracias al consumismo. También existe ahora la corrupción light. Cuando alguien se refiere a un amigo que no ha sido totalmente honesto, se dice: 'Bueno, corrupto, corrupto, lo que se dice corrupto, no es tanto. Créeme que robó poco. De ninguna manera se puede comparar con lo que se llevó Salinas de Gortari. Ése sí que es un super corrupto'. Entonces, doctor, se puede hablar de 'corruptito' por haberse robado nada más cien millones de pesos; y de 'corruptote' por 'llevarse' doscientos; y de 'corruptotote' por quedarse con más de trescientos. Como verá estoy muy confusa, doctor. Si ése fuera el criterio, resulta que si una mujer engaña a su marido nada más con un amante, será sólo un poco infiel, pero si lo hace con tres, ¿es una super infiel? ¿Sabía, doctor, que ahora una se puede confesar por Internet? Quizá los sacerdotes cibernéticos sean más abiertos y plurales que los de carne y hueso. No crea, esto tiene su lado práctico: una se podría confesar hasta en piyama, y con una mascarilla y tubos eléctricos puestos mientras comemos una quesadilla. De este modo no está una obligada a soportar el mal aliento del padre, además. Y hacerlo por Internet obligaría a los pecadores a tener mejor ortografía. Para los pecados importantes se podría recurrir a las mayúsculas, los subrayados, puntos suspensivos, signos de admiración y cursivas, sin olvidar, naturalmente, las negritas. ¿Usted cree, doctor, que por este medio seremos más rápidamente perdonados? ¿Cómo será la penitencia? ¿También virtual?". Era evidente que lo que quería Inés era hablar de su infidelidad. Todavía se sentía culpable. Pero lo peor es que aún extrañaba a Juan. Y esto tal vez lo sintió Daniel; de ahí que también él empezara con una nueva crisis.

¿Cómo y cuándo fue que empezó Daniel a enredarse con sus negocios?

Desde luego que el hecho de haber puesto su propio despacho contribuyó a ello. Con Legorreta gozaba de un sueldo base, no muy generoso pero sí suficiente para cumplir sus compromisos. De las obras recibía una buena participación, más que suficiente para sus lujos y sus gadgets, aunque esporádica. Y lo malo es que nunca sabía cuándo cobraría otra vez ni tampoco qué porcentaje le tocaría. Pero como decidió que ya había aprendido todo lo que tenía que aprender y que cualquier porcentaje que le tocara sería inferior a cien por ciento, optó por volar con sus propias alas. Su cuñado, amigo y rico de la familia, le prestó cien mil dólares para instalarse; el mismo Daniel insistió en que fueran dólares para que no hubiera problema por aquello de la inflación. Así, a los cuarenta y cinco años y con dos obras —una casa en Valle de Bravo y otra en Contadero—, inauguró su despacho.

Al cabo de un año había pagado a su cuñado la mitad del préstamo, sacrificando para ello, casi en su totalidad, los honorarios de dos casas más en Valle de Bravo; pero amortizar esa mitad en un año no estaba nada mal. O al menos así parecía, porque en el afán de quedar bien con su familia política pagó con tarjeta de crédito casi todo el mobiliario de su nueva oficina. La Banamex Plus reportaba un saldo de 106 mil pesos; poco más de treinta mil dólares en aquel entonces. Muy manejable, para eso era el crédito.

El despacho no iba mal: era conocido y se le contrataba con cierta regularidad. Él hubiera preferido una regularidad sin adjetivos pero para eso habría que esperar. Sin embargo, y considerando que una nueva obra en Tepoztlán dejaría buen dinero, aceptó que Inés viajara con los hijos a Madrid, en verano. Y para cubrir los gastos existía la tarjeta Visa Oro Internacional del California Commerce Bank: para eso era el crédito. En el remoto caso de que no llegara el anticipo de la casa de Tepoz, la Master Card lo sacaría del apuro mediante una disposición en efectivo: para eso era el crédito. También, para su buena fortuna, El Palacio de Hierro y Liverpool pusieron a su disposición sendas cuentas para adquirir en cómodas mensualidades los aparatos eléctricos necesarios para vivir como Dios manda —televisión de pantalla gigante, la super VHS, parabólica, modular Onkyo y algunas otras pequeñeces—: para eso era el crédito.

El crédito era, definitivamente, la moneda del futuro. Así como el ganado dejó el paso a los metales y éstos al papel moneda, el crédito sustituiría a todo. "Si no tienes crédito estás muerto", decía. Más vale ser buen sujeto de crédito que ganar mucha lana; con el crédito se abren todas las puertas. Por eso aceptó hipotecar su casa en las Lomas, adquirida desde sus tiempos con Legorreta, y construir una para los fines de semana, en Malinalco; las amortizaciones son razonables: para eso era el crédito. Si no cómo hacer frente a las cuentotas que pagaba de gastos de representación cuando tenía que invitar a clientes o funcionarios; lo común era que del restaurante pasaran al table dance y a veces, muchas, de ahí la seguían, no faltaba dónde, al fin que había plástico: para eso era el crédito.

Lo malo fue que con el viaje de Inés y los hijos quedó demasiado libre: tenía amplio margen para promover comidas; dar a conocer el despacho; y conseguir nuevas obras que buena falta le hacían. O para ver a los cuates o para recordar viejos tiempos o para platicar de los nuevos. "Si no hay promoción no hay chamba", decía. "Si no hay amigos no hay vida", decía también. ¿Por qué Inés no entiende que llegar tarde y con copas es parte del trabajo? Los bancos otorgan tarjetas de crédito para que los ejecutivos puedan hacer con comodidad sus gastos de representación: para eso era el crédito.

No supo exactamente cuándo fue que empezó a recibir estas llamadas en su despacho: que a American Express le debía desde hacía tres meses; que en la Visa Internacional estaba sobregirado; que cancelarían su Master Card; que no había cubierto la hipoteca. Para su fortuna una nueva obra representaba un nuevo anticipo. En esa ocasión, y sólo en esa ocasión, destinaría esos recursos a ponerse al corriente en los pagos mínimos que le exigían; de esa manera quedaría liberado su crédito y tendría la oportunidad de recurrir a las siempre útiles disposiciones en efectivo para comenzar la obra. Era necesario proteger su buen crédito: para eso era el crédito.

Y fue que sobrevino el llamado error de diciembre. Jaime Serra Puche, el efímero Jaijo, anunció que no se trataba de una devaluación pero que desde el 20 de diciembre de 1994 el dólar costaba treinta por ciento más caro. Pero no es una devaluación, repitió, repitió el secretario de Hacienda. Simplemente se amplió la banda de "deslizamiento"; en unos días volveremos a la paridad anterior. No se asusten porque no hay motivo, recomendó Jaijo. Pero nos asustamos: la burra no era arisca, dice el dicho, pero la hicieron los palos. Los mexicanos ya recibimos muchos palos de ésos como para asustarnos: en pocos días el dólar se vendía en ocho pesos, después de que hasta el 20 de diciembre se cotizaba en menos de cuatro.

Lo "bueno" para Daniel fue que la mayoría de sus adeudos era en pesos. Cierto que debía los cincuenta mil dólares de su cuñado y lo del viaje de Inés, más alguna otra cosilla: en total no llegaba a los ochenta mil. Lo grande era en pesos: lo del anticipo para la obra, la hipoteca, las camionetas, los mínimos (más de cien mil pesos al mes). Qué bueno que era en pesos: lo que ya estaba pactado, pues ya estaba pactado, pensó. Por eso se "congeló" cuando recibió el estado de cuenta después del fatídico "error de diciembre": las tasas de interés habían aumentado en forma dramática y, además, sin previo aviso o explicación, redujeron sustancialmente su límite de crédito. La posibilidad de recurrir a su tabla de salvación, la disposición en efectivo, quedó cancelada.

Los demás estados de cuenta no fueron mejores: aumentaron su hipoteca, las amortizaciones de las camionetas, los mínimos a pagar (en enero se incrementaron a casi ciento cincuenta mil pesos mensuales, y para mayo rebasaron los doscientos mil). Sus clientes rugían porque no avanzaban las obras y Daniel no pudo admitir que gastó lo de las estimaciones y el anticipo en otras cosas: ya no le darían dinero. Pero ya no tenía crédito. Así que ya no podía trabajar ni tenía con qué pagar. Ya no quedaba ni para sus propios empleados.

En la desesperación revisó sus adeudos. La hoja que preparó su secretaria fue mucho peor de lo que pensaba. Siempre se compadeció del que debía hasta la camisa, y él debía además la tele, el refrigerador, la casa, el coche, el estéreo y la universidad de sus hijos. Y no tenía con qué pagarlo, ni de dónde agarrarlo, como alguna vez oyó decir. Incrédulo y desconcertado leía y releía la hoja arrugada. No supo qué hacer. Sólo una frase venía a su memoria: para eso era el crédito.

Sofía, ahora una señora divorciada

*P*or suerte en esa época Inés ya no estaba con Juan y ya no trabajaba en la UNAM. Pudo, entonces, acompañar a su marido en esta mala racha. Para pagar los gastos que había hecho en España con la tarjeta de crédito, vendió su collar de perlas de dos hilos a Sofía. "Te lo compro pero te lo pago poco a poco, ¿eh?", le dijo. Fue así que Sofía cada mes le pagaba, exactamente, lo que sumaba el mínimo del adeudo de la tarjeta de Inés. Más de tres años tardó en pagárselo. No obstante todo el mal que a Daniel le causó el "error de diciembre", fue este mismo hecho el que unió más a esta pareja, endeudada no nada más en lo económico sino en lo amoroso.

–Ay, Sofía, la verdad es que fuiste muy tonta por haberte divorciado de ese señor tan rico que era tu marido. ¿Dónde te vas a encontrar otro igual? Mira, si Sebastián, tu hijo, es tan inseguro y tiene tantas broncas con su mujer, estoy segura que es consecuencia de tu divorcio. Para mí que después de que te separaste, tu hija ya nunca fue la misma. ¿No te preocupa que sea tan reservada y siempre parezca tan alejada? No hay nada más traumático para los hijos que el divorcio de sus padres. Es como si llevaran una herida en su corazón que nunca acaba de cicatrizar... Es como si tuvieran el alma moreteada... Es como si les hubieran pisoteado su respectivo jardín interior.

A propósito de estos reproches estériles de Alejandra, la respuesta de Sofía era contundente: "Por el error del diciembre". En efecto, a causa del "error de diciembre", Fernando se vio obligado a abandonar el departamento que tenía en las calles de San Borja, en donde se encontraba, todos los jueves por la tarde, con las "dueñas de sus pasiones descosidas", como llamaba a sus "amiguitas"...

Un día que Sofía se había llevado el celular de Fernando porque había perdido el suyo, le llamaron a su marido. "¿Está el licenciado De Garay?", preguntó la voz de un hombre. "No, ¿de parte de quién?" "Del licenciado Suárez de Banamex. Le llamo para avisarle que si no pasa a liquidar los seis pagarés que adeuda del departamento de las

calles de San Borja, nos vamos a ver obligados a rescindir el contrato",
le dijo el abogado con una voz muy engolada. "Oiga, yo creo que está
equivocado porque nosotros no tenemos ningún departamento en la
calle de San Borja." "Su marido, ¿no es el licenciado Fernando de Garay?" "Sí, así se llama. Pero no tenemos ningún departamento en San
Borja." "También me dejó su número de su oficina. ¿No es el 520-86-
24?" Cuando Sofía escuchó el número, se quedó de piedra. "Sí, ése es.
¿Cómo lo sabe?". "Pues él me lo dio, señora. Dígale por favor que tiene
que pasar al departamento legal de Banamex, de lo contrario perderá
la propiedad. Muchas gracias." Así fue como Sofía descubrió que su
marido tenía una "leonera" en la colonia del Valle. El 18 de febrero de
1996 Fernando perdió el departamento de la calle de San Borja, pero
también perdió la confianza de Sofía. A partir de ese evento su matrimonio comenzó a derrumbarse; hasta que tiempo después, Fernando
y Sofía se divorciaron.

Aunque el divorcio fue excepcionalmente civilizado, Sofía sufrió mucho. Sufría por sus hijos, a quienes veía tristes, sin consuelo.
Sufría porque ellos, junto con su padre, representaban una mayoría
frente a una minoría, ella, la única en la familia que quería el divorcio.
Sufría porque su familia jamás la comprendió en esos momentos ni le
tendió la mano. Sufría porque adoraba a la que había sido su suegra.
Sufría porque sentía que se había roto algo que había construido, hacía
años, con mucha ilusión. Sufría porque, en el fondo, sentía mucha compasión por Fernando. Y sufría porque estaba segura que de tanto sufrir se volvería una viejita con una joroba llena de lágrimas, las que le
faltaba por derramar, no obstante que ya había llorado, como decía
ella, todo el líquido de los tinacos de las Lomas.

La que también sufría profundamente era Ita, quien entonces
tenía ocho años y para comunicarse con su padre le escribía: "Ayer que
viniste a buscarme a mi clase de baile no lo podía creer. 'Mira, ahí está
tu papá', me dijo mi amiga Patricia. No sé por qué pensé que me estaba choteando (siempre me está haciendo bromas de lo más sangronas).
Pero después reconocí tu coche y te juro que hasta me dolió el estómago de puritito gusto. Por eso corrí hasta el coche y luego luego te abra-
cé. ¿Te das cuenta de que no te había visto en dos semanas? Ay, papito
lindo, a veces te extraño mucho. Por las noches me acuerdo de ti y llo-
ro. Mi mamá dice que me tengo que ir acostumbrando al divorcio de
ustedes. Pero ¿sabes qué?, me cuesta mucho trabajo. Y yo le digo que
cuándo se van a contentar y otra vez vamos a vivir los cuatro juntitos.

Los papás de Patricia también están divorciados. Casi todas las compañeras de mi clase tienen papás divorciados. Creo que la Miss también es divorciada. Dice Patricia que ella ya se acostumbró. Que es padre ser hija de divorciados: porque tienes dos regalos de cumpleaños, dos regalos de santo, dos regalos de navidad, dos domingos por uno, dos mamás, dos papás y que terminas por ser dos veces más consentida que cuando estaban casados tus papás. Yo le digo que eso no es importante. Que lo que importa es ver juntos a tus papás, aunque nada más recibas un regalo por cada fiesta, un regalo de navidad y un solo domingo. Papi, ¿por qué se tienen que divorciar los papás? ¿Por qué se tienen que separar las dos personas que más quieres en el mundo? ¿Quién habrá inventado el divorcio? Seguro que fue un hombre que odiaba a su esposa. O, a lo mejor, fue un señor que odiaba que las parejas fueran felices, un señor envidioso. O quizá lo inventó un loco que nunca conoció a sus papás. Cuando sea grande yo nunca me voy a divorciar. ¿Sabes por qué? Porque no quiero que mis hijos sufran. Porque no quiero que mis hijos se la pasen en una casa y luego en otra. Porque no quiero que mis hijos tengan ni padrastros ni madrastras. Odio el divorcio porque por su culpa se divorciaron. ¿Sabes que el sábado pasado te extrañé mucho? ¿Se te olvidó que era el Día del Padre, verdad? Lástima, porque te tenía un regalo super bonito. Híjole, el lunes me preguntó la Miss: '¿Le gustó a tu papi?'. Y yo no sabía qué contestarle. 'Sí, mucho', le dije, por decir algo. Bueno, pues ese sábado, después de esperar un chorro a que me llamaras por teléfono desde tu celular nuevo, finalmente acompañé a mi mamá al super. Después comimos en un restaurante chino (como ella no tenía suficiente dinero, mi hermano y yo no pudimos pedir postre) y en la tarde fuimos a rentar una película. Mi hermano escogió *El exorcista* y yo *Bambi*, que he visto como cinco veces. Mi hermano se burló de mí horrible porque rentaba películas para bebés. ¿Sabías, papi, que el papá de Bambi se parece a ti? Tú eres igual de guapo y de fuerte. Me gustó tanto que cuando salió hasta sentí que se me subía el estómago. Si ese venado hubiera sido hombre, hubiera sido igualito a ti. Por la noche fuimos a ver a mi abue y cenamos en su casa. Yo no quiero a mi abuelita porque siempre te está criticando: que si casi no le pasas dinero a mi mamá; que si no te ocupas de nosotros; que si eres un Don Juan (¿qué es eso?) y sales con puras jovencitas; que si te pasas el tiempo jugando golf; que si fuiste muy mal educado; y quién sabe cuántas otras cosas le dice mi abuelita a mi mamá. Cuando nos fuimos, no me quise despedir de ella; entonces mi mamá me regañó en el coche y me dijo que era una niña muy mal educada. También mi hermano me estuvo molestando todo el tiempo. 'Naca, naca, naca', me gritaba en el oído. Por su culpa hasta soñé feo. Soñé que me quedaba paralítica y que ya no podía tomar clases de ballet. 'Dios te castigó por naca', me decía mi mamá en mi sueño. También soñé que te metían a la cárcel porque no habías pagado tus deudas. Ay, papito, a veces pienso que te pueden pasar muchas cosas muy feas. Ahora que tienes tu teléfono celular, ¿me puedes hablar más seguido? Dice mi mamá que esta carta te la va a mandar por el fax de su oficina, o sea que te va a llegar en un minutito. ¿Te fijaste cómo me ha crecido el pelo? ¿Te gusta que me peine de trenzas? Dice Patricia que mi peinado es como de antigüita. ¿Verdad, papi, que las trenzas nunca pasan de moda? ¿Te acuerdas del cuento que me contaste de Rapuncel? Yo me quiero dejar crecer el pelo para que cuando me vengas a ver te eche mis trenzas y te subas por ellas, como si fueran dos cuerdas largas, largas. (Esto no se lo quiero decir a Patricia porque se va a burlar de mí.) Me encantó el lugar donde me llevaste a comer el helado. ¿Sabías que esa marca de helados es la mejor del mundo? Esto me lo dijo mi mamá. En agosto es el festival de ballet. ¿Verdad que sí vas a venir? Seguro que también vendrá la metiche de mi abuelita. Si no quieres saludarla, no la saludes. Pero a mi mamá sí la vas a saludar, ¿verdad? ¿Verdad que ustedes dos no se odian? ¿Verdad que no te caí gorda? El otro día dijo cosas de ti muy bonitas. Dijo que tenías muy buen corazón. Yo le dije que lo tenías grandotote. La pobre de mi mami se hace muchas bolas con el dinero. Nunca tiene. Siempre le está pidiendo prestado a mi nana. El otro día nos quedamos sin gasolina en medio del Periférico. Como no tenía dinero, tuvo que dejar el reloj que le regalaste para que le pusieran gasolina al vochito. Por eso fue a Sears y sacó una tarjeta de crédito. Ahora dice que es rica y que me puedo comprar lo que quiera en Sears. Bueno, papito, ya me voy a acostar porque si no, no me voy a levantar temprano. (Ahora me levanto más temprano para que mi mamá me haga las trenzas.) Conste que me vas a hablar por tu celular. Cuídate mucho, papi lindo. No me olvides. Piensa en mí como si yo fuera tu Rapuncel. Te quiero mucho. Eres el papá más lindo del mundo (aunque mi abuelita no piense como yo, al fin que ella no es tu hija). ¿Me hablas mañana? Te quiere con todo su corazón, tu hija Ita".

Muchos años después, esta misma niña tan sensible e inteligente, convertida ya en una mujer, le escribiría a su padre una carta con la misma ternura pero con una enorme dosis de tristeza; precisamente como consecuencia de ese divorcio que tanto llegó a odiar pero que, sin embargo, la hizo madurar de una manera sorprendente.

Efectivamente, a pesar de que en ese tiempo tanto Sofía como sus dos hijos vivían días de confusión y de tristeza, a la recién separada se le ocurrió hacerse de dos tarjetas de crédito: una de El Palacio de Hierro y la otra de Sears. De alguna manera tenían que instalarse en la nueva casita que Sofía rentó no muy lejos de donde solía vivir en las Lomas. Ahora que ella era una señora divorciada, más tenía que guardar el estatus, de lo contrario, se hubiera sentido aún más deprimida. ¿Con qué lo habría guardado si no tenía dinero? ¡Con el crédito! ¿Acaso no se había inventado el crédito para este tipo de situaciones? Empezó a endeudarse con las literas de los niños, con los muebles de la sala, con la lavadora de ropa, con las cortinas de la sala, con las camas, con una nueva vajilla, con la batería para la cocina, con los teléfonos y con un vochito del año, color verde, modelo austero. Gracias a que empezó a trabajar y a unos préstamos que le hicieron sus tres amigas, Sofía nada más tardó cuatro años en pagar todo lo que había comprado.

Fue también en esa época de tantos sacrificios que su amiga Inés le recomendó que tomara flores de Bach: "En lugar de pastillas para los nervios, no hay nada como las gotitas. Te va a cambiar la vida. Tienes que ir con una doctora alemana, es buenísima. Gracias a ella sé que el sistema en el que se basan las flores de Bach está compuesto por 38 elíxires, de los cuales 34 se consiguen a partir de flores silvestres, tres de flores no silvestres y el restante no es una flor, sino agua de un manantial que posee propiedades curativas. El doctor Bach, que no tiene nada que ver con Juan Sebastián Bach, afirmaba que la enfermedad es el producto del desequilibrio entre la mente y el cuerpo. El organismo enferma ante el padecer psicológico y el desorden emocional", le había dicho. Igualmente había recomendado a Sofía que le rezara mucho a su ángel. "Cada día estoy más convencida de que sí existen los ángeles", le escribió en una cartita que personalmente le llevó a su casa: "Dicen que es muy importante rogar por los demás porque cuando se ruega por alguien, un ángel se sienta en el hombro de esa persona. Dicen que desde ahí le dice en secreto muchas palabras de ternura; las mismas que necesitas en estos momentos. Porque fíjate, Sofía, que cuando el ángel siente triste a esa persona la acaricia con su lengua celestial hasta que la hace sonreír. También dicen que los ángeles 'no son seres humanos etéreos, con alas de características animales; que son visitantes celestiales que vuelan sobre piñones espirituales, no materiales'. Otros, Sofía, afirman que los ángeles son pensamientos de Dios con alas de amor y verdad. De allí que Él nos haya destinado a cada uno de nosotros un ángel guardián, que es al mismo tiempo mensajero de los cielos. Los especialistas en ángeles juran y perjuran que estos ángeles no nos controlan ni nos dan lecciones. Puesto que conocen nuestra naturaleza interior respetan al máximo nuestra manera de ser. De hecho están dentro de nosotros y nos protegen cuando creen que los necesitamos. ¿Sabías que los ángeles se aparecen mucho más a las mujeres que a los hombres? En su libro *Stigmata*, de 1989, el periodista británico Ian Wilson dice que la proporción de mujeres llega a la increíble cifra de 89%, en contraste con 14% de hombres. ¿Que cómo puedes verlo? Muy sencillo, Sofía. Basta con cerrar los ojos y tratar de ver qué aparece en tu mente cuando piensas en ángeles. Tal vez verás el retrato de alguno de tus hijos. Quizá recordarás un momento feliz al lado de tu padre, al que tanto querías. A lo mejor te pasa lo que a mí, es decir, experimentas sensación de calor y de levedad. Si después de mucho concentrarte, de pronto aparece una luz ante ti, ése es tu ángel. No olvides que estos seres angélicos poseen todas las propiedades de la luz, velocidad, luminosidad y el poder de curar el alma y eliminar la oscuridad. Rézale, ya verás Sofía cómo te ayudará en estos momentos tan difíciles que estás viviendo. Te quiere y manda toda su amistad. Inés".

Esa noche, después de leer la misiva de Inés, los ángeles del cielo mexicano lloraron por la soledad de Sofía. Para acompañarse se sumió en la novela que entonces estaba leyendo y que le había prestado Inés, *Madame Bovary*. Al cabo de cien páginas, Emma, este personaje tan entrañable, se había convertido en la gran amiga de Sofía. "Pobrecita, ella también era una gran consumista. No me quiero imaginar todo lo que podría haber gastado si en esa época hubiera existido la American Express. Seguro que uno de los tantos factores que indujeron su suicidio fue que de pronto se sintió rebasada por sus deudas. ¿Por qué será que las mujeres no sabremos manejar nuestras finanzas?", se preguntaba Sofía, en tanto subrayaba el libro y sentía por su heroína una gran compasión; sobre todo cuando leyó que: "Para hacer dinero, Emma dio en vender sus guantes viejos, sus sombreros viejos, toda la chatarra; y regateaba con rapacidad, le salía la sangre campesina, codiciosa. Después, en sus viajes a la ciudad, chamarilearía alguna fruslerías que monsieur Lheureux, a falta de otra cosa, le tomaría seguramente. Compró unas plumas de avestruz, porcelana china y bargueños; pedía prestado a Felicidad, a madame Lefrançois, a la hostería de La Croix Rouge, a todo el mundo, donde fuera. Con el dinero que por fin recibió de Barneville canceló dos pagarés y los otros mil quinientos francos se le fueron. Se comprometió de nuevo y así siguió. Verdad es que a veces intentaba hacer cálculos, pero le salían unas cosas tan exorbitantes que no podía creerlas. Volvía a empezar, se embarullaba en seguida, lo dejaba todo y no pensaba más en ello". Con sus ojos todavía hinchaditos por lo que había llorado por su amiga que era tan gastadora y romántica como ella, Sofía siguió leyendo: "Sin embargo, a fuerza de comprar, de no pagar, de tomar dinero prestado, de firmar pagarés, de renovar estos pagarés, que iban inflándose a cada nuevo plazo, había acabado por amasar a Lheureux un capital que éste esperaba impaciente para sus especulaciones".

FERNANDO, EL CASI PERFECTO

*E*n 1998 Fernando recuperó a los clientes que lo dejaron por el "error de diciembre", sus oficinas de Bosques de las Lomas, su casa en Valle de Bravo, la acción del club de golf Chapultepec, el departamento de San Borja, sus "pasiones descosidas", su coche deportivo porsche, los diez kilos que había perdido y su inseguridad. Pero lo que nunca pudo recuperar fue el equilibrio, el que, de alguna manera, le daban Sofía y la unión de lo que fue esa familia.

Algunas personas son la prueba viviente de la omnipotencia divina. Fernando era una de ellas, o, al menos, así lo pensaba él. Dios lo creó casi perfecto. ¿Casi? De buena cuna, bien parecido, simpático, inteligente, de la más alta clase social y, para cerrar con broche de oro, originario y vecino de una ciudad en donde lo que sobran son nacos: eso lo hacía sobresalir, lo hacía tan notorio como una perla en un muladar. En su caso no tenía aplicación aquello de que "en tierra de ciegos el tuerto es rey", porque Fernando no era tuerto ni lo sería en ninguna parte del mundo: sabía, o creía saber, que habría de destacar en cualquier país, pero en Mexiquín no sólo destacaba, brillaba.

Por ese conjunto de razones, la vida le acabó sonriendo. Con los jesuitas, donde estudió desde la primaria y hasta la preparatoria, fue un alumno brillante. Si sus calificaciones no lo demostraron así, la causa fueron las envidias que nunca faltan y los malos maestros que no supieron estar a la altura de Fernando; éstos eran los que más lo criticaron. Aun para sus compañeros de generación, a los cuales veía de vez en cuando en cenas, cocteles, vernissages, bodas y entierros, Fernando era el típico "hígado": el clásico "heavy", el "sabelotodo", el "snob", el "namedroper", el "mamilas" y el "cuate super pretencioso". Lo curioso es que no obstante que a muchos de ellos les caía como patada en el estómago, lo invitaban a sus reuniones. ¿Por qué? Porque, efectivamente, sí estaba informado; porque sí tenía conversación sobre la mayoría de los temas; porque su esposa sí era monísima; porque conocía a "todo México"; y porque tenía "mucho mundo". ¿Cómo veía

Fernando a estos sus supuestos "cuates"? En el fondo los despreciaba: se sentía, obviamente, muy superior a ellos. Aunque con algunos "bostezaba ampliamente", como él decía, a otros les hacía el favor de llevarse con ellos por varias razones: porque eran de su mismo medio social; porque eran muy ricos; porque tenían casa de campo, ya sea en Valle o en Tepoz; porque se llevaban con los políticos de turno; o porque le convenía para algún negocio que tuviera entre manos en ese momento.

Según la apariencia de la casa de los anfitriones de Fernando, era su actitud. Si se trataba de una residencia bien decorada, que exhibiera buenas pinturas y antigüedades de calidad, y que, por añadidura, en ella encontrara una asistencia satisfactoria, entonces era amabilísimo y muy atento con la señora de la casa. Pero si, por el contrario, la casa era de mal gusto, de corte modesto, y los invitados resultaban desconocidos para él, Fernando podía ser muy desagradable, y no hablaba sino para decir puras sandeces. Sí, era un "hígado"; lo era incluso cuando se encontraba a gusto: interrumpía las conversaciones; gustaba endilgar una lista de nombres de sociedad; imponía sus conocimientos; súbitamente en medio de la cena pedía que le trajeran un puro; o bien, decía: "Ya estuvimos demasiado tiempo en el comedor, ¿podemos pasar a tomar el café a la sala?", sin tomar en cuenta a los anfitriones. Según Fernando, era "íntimo" de todo el gabinete en turno, de todo el jet-set mexicano, de toda la clase empresarial; incluso llegaba a ufanarse de que conocía a la crema y nata de la Iglesia. Sí, era un "hígado". Si en la reunión se hablaba de vacaciones, las suyas, naturalmente, habían sido mucho mejores y mucho más interesantes que las de sus amigos. Si se hacían comentarios a propósito de un libro, él ya lo había leído en inglés o en francés, o mencionaba una lista interminable de libros del mismo autor. Si se discutía acerca de política, él tenía que hacer los mejores análisis, conjeturas y diagnósticos, no nada más en lo que corresponde a la vida nacional, sino a la internacional. Cuando mencionaba a los políticos se refería a ellos por su nombre de pila: "El otro día me dijo Pedro [Aspe]...". "Hablando con Luis [Téllez]... me enteré que tendríamos problemas con el petróleo." "Dice Santiago [Creel] que la transición será mucho más tersa que lo que imaginamos." "¿Leyeron el texto de Jorge [Castañeda]? Es buenísimo, se los recomiendo." Si se conversaba de cine, él sabía todo sobre los mejores directores, ya había visto todo el cine clásico francés, italiano y japonés; igual, y con la misma seguridad, comentaba acerca del cine mudo o de las películas musicales. Si se hablaba de viajes, él conocía los mejores hoteles, restaurantes y bares de Nueva York, París, Londres, Madrid y Buenos Aires. En cada una de estas ciudades decía tener familia, amigos y se llevaba de piquete de ombligo con los embajadores. Si se charlaba de cocina, él se sabía los mejores menús y todos los ingredientes de los platillos más sofisticados del mundo. Si se hablaba de vinos, él tenía en su "cave" los más caros. Si se hablaba de computadoras, él tenía la más cara y moderna. Si se hablaba de mujeres, él había salido con todas las niñas bien más codiciadas de México, con artistas de televisión y hasta con princesas europeas. En otras palabras, Fernando sabía de todo; entendía de todo; leía de todo; y conocía de todo.

Lo que más sorprendía de la personalidad de Fernando es que no mostrara un ápice de sensibilidad para percatarse de lo mal que caía a todo el mundo. Según esto, era un hecho que todo el mundo lo quería y admiraba; cuando, en realidad, a sus espaldas comentaban sus amigos: "La verdad es que me caga"; "He's a pain in the ass"; "No lo soporto"; "Siempre quiere imponerse"; "Se está sintiendo la divina garza"; "En el fondo es super inseguro"; "Es lo más soberbio que he conocido en mi vida"; "No sé por qué todavía no lo he matado", etcétera. Tenían razón, era un "hígado".

Tal vez el único mérito de Fernando radicaba en que siempre lo fue; lo había sido de niño y de joven. En ese sentido era muy congruente. En el colegio, por ejemplo, tampoco se rebajó a participar en los deportes colectivos que le exigían jugar con gente que no era de su clase. En un principio participó en el equipo de hockey pero no estuvieron a su nivel y prefirió dejar el equipo. Luego, en la facultad, ejerció su derecho a castigar con el látigo de su desprecio a esa bola de revoltosos y desarrapados. Los maestros, en cambio, comprendieron su valía: fines de semana en Acapulco y comidas en restaurantes caros los pusieron al tanto de su talento; sus calificaciones, por ello, no dejaron que desear. Cierto que no alcanzaron dieces ni nueves, pero la gente de verdad importante siempre despreció la ostentación. Después vinieron sus estudios en Inglaterra: cursos de inglés y de lengua y civilización inglesa en Cambridge y en Oxford le dieron una visión panorámica del mundo; en la London School of Economics, a donde asistió un semestre, se percató de lo mucho que había aprendido a lo largo de su vida: bastaron las primeras lecciones para darse cuenta de que ya sabía todo lo que ahí enseñaban. Atribuía su sapiencia al roce con personas importantes y a su participación en decisiones trascendentales aconsejando a su papá. Acabaría siendo un desperdicio de tiempo permanecer dos años en esa escuela para obtener un papelito que dijera que sí sabía lo que de sobra ya sabía. Cuánto mejor viajar por Europa y graduarse en la escuela de la vida. De todos modos, nadie podría negar que había cursado estudios en Inglaterra y no en cualquier parte: en las prestigiadas universidades de Oxford y Cambridge, y en la de moda, London School of Economics. Así que tomó la mejor decisión que hubiera podido tomar: viajar algunos meses y regresar a Mexiquito a comerse el mundo.

Gracias a su envidiable currículo y a las super buenísimas relaciones familiares ingresó de inmediato a una empresa transnacional como gerente de marca. Sus ideas innovadoras y la forma en que se desenvolvía en el mundo de los negocios le valieron el reconocimiento y la admiración de los directores; pero, como siempre, despertaron envidias entre sus compañeros: los nacos envidiosos nunca podrían reconocer su talla, por ello, sabotearon su trabajo y bloquearon sus ideas. No le extrañó. A ese paso, en menos de un año, los hubiera desplazado irremisiblemente. Supo de algún envidioso que presentó quejas por sus gastos de representación. Era uno de esos pobres diablos que invitaba a los clientes a desayunar a Sanborns. ¿Así quería asegurar una cuenta? Fernando los invitaba a comer y a beber, como Dios manda, al Fouquet's (después lo sustituiría por Au Pied du Cochon, de donde no salía las 24 horas del día de los 365 días). El toque maestro solía presentarse a eso de las seis de la tarde, en el segundo o tercer coñac, en la persona de las guapérrimas edecanes que regenteaba Antonieta. Se aparecían en el restaurante preguntando por él y sus clientes, presentes o futuros. Siempre quedaron impresionados por esos detalles. De ahí irían al departamento de Rincón del Bosque, donde Antonieta les tendría preparada una fiesta privada. Si los clientes se rajaban, pues venga a nos tu reino, después de todo lo hacía por la compañía y la compañía tendría que cargar con los gastos. Tampoco entendían esos envidiositos que se presentara a trabajar a las doce del día. ¿De dónde habían sacado que las decisiones importantes tendrían que tomarse a las nueve? Menos aún les entraba en la cabeza que algunos días de la semana los dedicara al golf. Nunca sabrían que los fines de semana juega cualquier pendejo, pero sólo los ricos y los importantes pueden darse el lujo de jugar al golf cuando les da la gana; y sucede que con frecuencia les daba el martes, el miércoles o el jueves. Por eso estaba al pie del cañón esos días: a la caza de oportunidades, al acecho de los grandes negocios.

Pero en la compañía no lo veían así. Eso era lo malo de estar rodeado de mediocres. Los directores o los consejeros sí lo comprendían pero no lo demostraban. No se atrevían a contrariar abiertamente a los funcionarios menores. ¿Valía la pena entregar su talento, su experiencia, sus relaciones, su prestigio, su personalidad a una empresa que no sabía comprenderlo, que no apreciaba sus esfuerzos? Definitivamente no. A los seis meses Fernando presentó su renuncia. Que se fueran a la chingada, lo merecían. Él no los necesitaba, ni necesitaba el trabajito como cualquier muerto de hambre. Tenía el condominio de Polanco que los papás de Sofía les habían regalado el día de la boda. Lo vendería, ahora que los bienes raíces se cotizaban tan alto; se decía que en aquel año, 1975, estaban sobrevaluados, habría que aprovechar.

Los envidiositos, como siempre, dijeron que tuvo suerte —¿por qué les sería tan difícil aceptar que era un hombre con visión?—: vendió el condominio en el momento preciso. Le aconsejaron cetes, pero él, un visionario, no invertiría su dinero en este país y en pesitos: lo convirtió en dólares, casi cuatrocientos mil, y viajó a Nueva York para batear en las ligas mayores, pues invertiría a través de Goldman Sachs o de Merryl Lynch. Poco después sobrevino la devaluación, en 1976. ¿No se los había dicho? Cómo les quedó el ojo a esos pendejos que se la pasaron criticándolo. Poco después se desplomó el precio de los bienes raíces. En las Lomas se estaban haciendo operaciones de muy buenas casas por cincuenta mil dólares. Para qué seguir viviendo en la casita que les prestaron los papás de Sofía: compró en Sierra Amatepec por sesenta mil y gastó otros cuarenta mil en la remodelación.

Su visión lo había convertido en un hombre casi rico pero habría que ganar más. Para eso, lo primero era adquirir los bienes que correspondieran a su estatus social. Un coche deportivo para él, una camioneta para Sofía, la casa en Valle de Bravo y la acción del club de golf, ya no necesitaba pedirle la suya al suegro. Lo malo es que el dinero se agotaba, pero el lado bueno es que ya había pasado el peligro. ¿Por qué no hipotecar la casa de las Lomas que ahora valía mucho más? Con eso compraría dos o tres departamentos para rentarlos, pagaría lo de la hipoteca y todavía le sobraría una pizcacha. Bueno, tal vez fueran sólo dos departamentos, porque tener casa en Valle y no tener velero, es como usar un traje Hugo Boss y no traer calzones.

Para 1982 poseía dos casas y tres departamentos. ¿No se los dije? No fue casualidad ni suerte, sino su visión, su instinto para los negocios. Ahora sólo aceptaría una chamba que estuviera a su altura. En primer lugar, porque necesitaba mucho dinero para pagar las hipotecas; no es que tuviera que hipotecar sus bienes, sino que resultaba mucho mejor comprar más, pagando sólo el enganche y rentar. Así pagaba la hipoteca con la renta y todavía le sobraba una lana; podría incluso vivir sin trabajar.

Cuando vino la devaluación no se sintió torpe ni crédulo: el engaño de López Portillo fue mayúsculo y la complicidad de éste con los bancos extranjeros fue rotunda, pues también le dieron la seguridad de que la economía mexicana era sólida y que los precios del petróleo volverían a su nivel normal, alrededor de veinticinco dólares por barril. Y lo peor para él fue que los intereses se dispararon y la amortización de sus créditos hipotecarios se volvió insostenible. El gobierno aumentó los intereses arbitraria e indiscriminadamente para evitar la fuga de capitales. Lo que percibía por rentas ya no alcanzaba para pagar las hipotecas. Consultó con Antonio sobre la posibilidad de subir las rentas para resarcir la pérdida cambiaria pero el abogado le recomendó que ni lo intentara porque no era legal, y, además, porque los inquilinos aprovecharían la oportunidad para irse mejor a pleito y depositar las rentas; entonces no cobraría ni siquiera lo convenido.

Fernando despreció el consejo de Antonio; lo consideró un abogado timorato, de empresa transnacional. A él le hacía falta uno mucho más agresivo. Mientras lo buscaba instruyó a su administrador para cobrar las rentas en dólares, y en unos meses enfrentó tres litigios: los inquilinos suspendieron el pago de las rentas y, en consecuencia, él suspendió el pago de las hipotecas. Al poco, tuvo que enfrentar tres juicios más: los de la hipotecaria en su contra por falta de pago. Instruyó a su nuevo abogado para que alegara que si a él no le pagaban los inquilinos no pagaría la hipoteca. Nada más justo. Cuando el jurista le explicó que eso no era posible porque se trataba de obligaciones independientes, lo tachó de corrupto, de comprado por los inquilinos en complicidad con los jueces y le retiró los casos. Quedó sin defensa. Así que no sólo corría el riesgo de perder los departamentos sino que acumulaba una deuda adicional, por el alza de los intereses. La casa de Valle también estaba en peligro.

En esas condiciones se vio obligado a aceptar un trabajo muy por debajo de sus pretensiones y de su valía. Una empresa familiar pretendía expandir su negocio con ventas al extranjero de productos manufacturados y requería de un ejecutivo que dominara el inglés y que tuviera relaciones con la banca internacional. Don Paco, el patriarca de la familia, aceptó algunas de las condiciones de Fernando: no había inconveniente en que se ostentara como Director Comercial Internacional; le proporcionarían un automóvil último modelo; y le abrirían una cuenta especial en su área para gastos y viajes de promoción, sólo que para disponer de los fondos se necesitarían dos firmas. En cuanto al sueldo, sus pretensiones eran demasiado altas: podría ganar lo que deseaba pero en concepto de comisiones, si se generaban suficientes ventas en el extranjero. Fernando aceptó. En poco tiempo transformaría a esa anticuada empresa familiar en otra por completo diferente, líder en su ramo y conocida a nivel mundial. Sin duda esos abarroteros habían corrido con suerte: a no ser por su precaria situación personal, nunca hubiera aceptado formar parte de una empresa familiar. Resultaba muy poca cosa para un hombre de su categoría.

A pesar de esto, Fernando se empeñó en su nuevo trabajo. Viajó por Europa, Estados Unidos y Japón para dar a conocer la marca. Cierto que los envidiositos de siempre, en especial el contador, empezaron a considerar excesivos sus gastos de viaje, pero de otra manera cómo asegurar las ventas. En sus primeros meses cerró ventajosas operaciones y sentó bases firmes para futuros negocios alrededor del mundo. No se puede transformar un negocito doméstico en una empresa multinacional de la noche a la mañana, pero con el apoyo financiero de don Paco, y con las relaciones internacionales, el instinto para los negocios y el conocimiento del mundo de las finanzas de Fernando, éste lograría el cambio. Y como eso ocurrirá muy pronto, sería suficiente para convertirlo en un nuevo accionista del grupo. Era evidente que un puesto de dirección, por alto que fuera, le quedaba chico. Su lugar estaba entre los dueños y así tendría que reconocerse.

El problema, sin embargo, era el mismo de siempre: los envidiosos, que no pueden ver ojos en otra cara. Los hijos de don Paco, sus sobrinos y el odioso contador habían empezado a sembrar cizaña. Sus viajes resultaron un rotundo éxito pero ellos no lo reconocían así. Con su criterio de tenderos insistían en que hasta que no se generaran las ventas el negocio no estaba cerrado y, por lo tanto, las comisiones no estaban devengadas. Qué sabían ellos de compromisos internacionales; no comprendían lo que es la planeación, la mercadotecnia. Es obvio que las grandes cadenas planean sus compras con años de anticipación, de tal modo que un sí no significa necesariamente ahora. El producto ya era conocido y se le contemplaba e incluía en sus futuras compras; la compañía ya era parte de las listas de proveedores, aunque el pedido correspondiera al próximo ejercicio. El trabajo ya estaba hecho y su comisión ganada. Sólo el criterio estrecho de alguien anticuado y miope podría escatimarle su dinero, y ése era precisamente el caso con los mediocres que lo rodeaban.

Otro asunto que molestó a los envidiosos fue el préstamo por doscientos mil dólares que autorizó en su favor. Cuando aceptó el empleo, don Paco accedió a crear esa cuenta especial para la división internacional que él dirigía. Fernando insistió en que no quería injerencias en su área, pero don Paco le pidió que por deferencia con los demás ejecutivos y para evitar suspicacias tendría que plegarse a la política de la empresa. Nadie podría disponer de los fondos por propia autoridad, por eso, la cuenta requeriría de dos firmas: la del propio Fernando y la del contador, o la de don Paco. Sólo se podrían retirar fondos con dos de esas tres firmas.

Cuando se lograron las primeras ventas internacionales, gracias a su esfuerzo y habilidad, los fondos se depositaron en la cuenta del área a su cargo. Ese dinero era producto de su trabajo, de su visión; si se dejaba, pronto sería destinado a otras áreas y eso no era justo. Además de una reserva para sus próximos viajes de promoción, Fernando solicitó y autorizó un préstamo en su favor. El contador, al principio, se negó a firmar el cheque pero Fernando le informó que contaba con la autorización del mismo don Paco, y que lo demostraba con un poder que le había firmado para que tomara las decisiones que juzgara oportunas durante su ausencia de dos meses. Ante las presiones, el contador accedió, pero sólo con una carta en la que Fernando hiciera constar que contaba con la autorización de don Paco; extendió la carta. Si tenía un poder, eso significaba que podía tomar decisiones en nombre de quien lo otorgó, ¿o no? Y ésa era una decisión. Pero si el contadorcito no lo entendía así, le daría su carta. No cabe duda de que a la gente pequeña le asustan las decisiones. Comenzaba a creer que estaba condenado a vivir entre mediocres. ¿Qué pecado había cometido para merecer tal castigo?

Por este otro asunto se llevaría a cabo el consejo de administración, y a Fernando se le citó. Lo más seguro es que le ofrecieran un asiento en el consejo. Acabarían por reconocer lo acertado de su gestión. Sin embargo, las cosas no resultaron exactamente así. Los pequeños, los envidiosos, los mediocres, los intrigosos habían triunfado otra vez. Don Paco, con una sequedad inusual, le ordenó que informara al consejo con qué autorización se había concedido a sí mismo un préstamo por doscientos mil dólares; con qué autorización había dispuesto de otros doscientos mil dólares por lo que él llamó comisiones adelantadas; con qué autorización había gastado casi cien mil dólares en viajes en tan sólo cinco meses; por qué había viajado en compañía de mujeres por completo ajenas a la empresa; por qué sus gastos de representación superaban muchas veces lo autorizado; por qué había comprado para su uso personal y con dinero de la compañía un automóvil cuyo precio era muy superior al de otros ejecutivos.

Fernando explicó a los consejeros y al propio don Paco lo que significaba un poder, y por qué cualquier acto ejecutado con ese poder equivalía a que lo hubiera hecho el mismo que lo otorgó; por qué le correspondían las comisiones aunque las ventas no se hubieran realizado físicamente; por qué requería viajar en buen plan para lograr buenas ventas; por qué necesitaba de asistentes personales en sus viajes. También les explicó que sin gastos de representación adecuados no se podrían lograr buenos contratos. Los consejeros, sin embargo, no entendieron sus argumentos. Acabó, como de costumbre, atrapado entre un atajo de mediocres; predicaba entre sordos. ¿Valía la pena desperdiciar su talento y su esfuerzo en beneficio de unos tenderos? Si continuaban en ese plan tendrían que prescindir de sus servicios y buscarse a otro. Ya verían si resultaba tan fácil encontrar a alguien de su estatura.

Don Paco, sin embargo, continuó su admonición. No se trataba de continuar en ningún plan: Fernando debería escoger en ese momento entre presentar su renuncia, y reconocer sus adeudos comprometiéndose a pagarlos, o ser llevado a juicio por abuso de confianza. Su decisión debería ser inmediata, porque el consejo tenía otros asuntos urgentes que tratar que no requerían de su presencia.

Fernando escuchó atónito. ¿Cómo se atrevían a hacerle eso a él, a él que con su presencia le dio categoría a la empresa? Esa empresita no valía un cacahuate; si aceptó la chamba fue por el problema de las hipotecas y por un espíritu altruista; por hacerles el favor. Y le pagaban con esa moneda. Reconoció su culpa por aceptar encargos de gente menor, de gente que no estaba acostumbrada ni tenía noción de cómo se manejan los negocios de altura, a nivel internacional. Por ahora no le quedaba sino renunciar pero hablaría con Antonio: presentaría una demanda en su contra, por daño moral y por despido. No, por despido no, jamás reconocería en público una humillación como ésa. A la gente de su categoría no se le corre. Puede haber diferencia de opiniones pero de la palabra de un caballero no se duda ni se le piden cuentas. Que un contadorcito de cuarta revise sus cuentas es una humillación, es algo que no estaba dispuesto a tolerar. Demandaría, sí, por daño moral, por haberle exigido cuentas, por haber dudado de su palabra, por haber revisado sus gastos, por haberse entrometido en su vida privada y ventilar en una junta que viajó acompañado. Eso les saldría caro, muy caro. Demandaría uno, no, dos millones de dólares, para que supieran con quién se habían metido. Había llevado el nombre de la empresa a Europa y Asia, entablado pláticas en Wall Street para buscar posibles financiamientos. Jamás esos abarroteros pensaron volar tan alto, y él los llevó a esas alturas; tendrían que pagar por ello. No se conformaría con menos de tres millones de dólares. Es la indemnización que correspondía a una persona de su categoría. No volvería a trabajar con mediocres advenedizos. En parte la culpa fue suya. No, definitivamente, el mundo no estaba a su altura.

Es como estar dentro de un caleidoscopio

Empeoró aún más la situación económica y emocional de Fernando, el hecho de haber descubierto que sufría de una enfermedad llamada ADHD o ADD o Desorden por Hiperactividad y Déficit de Atención; así se lo informó su psicoanalista, el doctor Bergman. Una tarde, después de su sesión, el doctor le entregó un artículo escrito por un colega de nombre Enrique Goldbard, publicado en el periódico *Reforma*: "Léalo. Ahí se explican muy bien los síntomas que usted padece", le dijo. Esa misma noche, en tanto se tomaba un tequila, completamente solo en su departamento de Polanco, leyó:

"Imaginen vivir en un caleidoscopio, donde las imágenes, los sonidos y las ideas cambian constantemente. No se puede mantener la mente enfocada en tareas que deben completarse. Distraído ante la menor provocación, tal vez no se dé cuenta de que alguien le habla. La mente vaga de una actividad o una idea a otra. El aburrimiento llega fácilmente. Para mucha gente, esto significa el ADHD. No pueden permanecer sentados, ni planear, ni completar tareas, ni siquiera estar plenamente conscientes de lo que sucede a su alrededor. Para su familia, condiscípulos o compañeros de trabajo, parecen vivir en un frenético torbellino de actividad."

No, no era posible, estaban describiéndolo e-xac-ta-men-te como era. Desde que se divorció de su mujer, vivía la impresión de estar metido en un caleidoscopio que no dejaba de dar vueltas. Todo le daba flojera. Últimamente andaba demasiado acelerado al grado de no poder concentrarse en nada. No había duda, era víctima del ADHD. ¿Había otros síntomas? Sí que los había, y precisamente los que él padecía: desatención, hiperactividad e impulsividad.

No todo aquél que sea hiperactivo, desatento o impulsivo tiene un desorden de atención. Mucha gente dice cosas que no querían decir, o saltan de una tarea a otra o se vuelven desorganizados u olvidadizos, ¿cómo entonces saber si padecen ADHD?

Conforme al manual de referencia para el diagnóstico de desórdenes mentales (DSM), existen tres patrones de conducta que indican la presencia de ADHD: desatención, hiperactividad e impulsividad.

De acuerdo al DSM, los signos de desatención son:
- distraerse fácilmente con sonidos o imágenes irrelevantes;
- falta de atención a detalles y constantes descuidos;
- rara vez seguir instrucciones de manera cuidadosa y completa;
- perder u olvidar cosas, como juguetes, lápices, libros o herramientas necesarias para alguna tarea.

Algunos signos de hiperactividad e impulsividad son:
- estar siempre inquieto, jugar con las manos o pies;
- correr, trepar, moverse en el asiento, pararse, sobre todo en situaciones donde se espera que permanezcan sentados o quietos;
- espetar una respuesta antes de oir la pregunta completa;
- tener dificultad para permanecer en una fila esperando su turno.

Es importante tomar en cuenta que, para que estos signos sean considerados como parte de un cuadro de ADHD, deberán incidir negativamente en por lo menos dos áreas de la vida cotidiana del individuo, en la escuela, el trabajo, el hogar o el escenario social.

Debido a que se desconocen las causas del ADHD y el mecanismo íntimo del desarrollo del mismo, es difícil en la actualidad hablar de curación, sin embargo, sí puede hablarse de control, es decir, actuar sobre los síntomas y signos.

En contra de lo que pudiera esperarse, no son los medicamentos sedantes los que deben emplearse para el control de la enfermedad, sino los estimulantes, tanto en niños como en adultos. Los más usados son: el Ritalin, las dextroanfetaminas y el Pemolin. El efecto es reducir la hiperactividad, mejorar la coordinación física, ayudar a la concentración e incluso, en algunos casos, controlar impulsos destructivos. Muchos expertos consideran que los estimulantes deben combinarse con terapia de conducta, apoyo emocional y consejos prácticos.

El diagnóstico era clarísimo; tanto que hasta se asustó. A pesar de la impresión, por haber descubierto en él un nuevo mal, sintió un cierto alivio con saber que existía un tratamiento.

La semana siguiente fue con el doctor Bergman. Al llegar al consultorio se mostraba visiblemente pálido y cansado; no acabó de saludar al doctor cuando, sin más, se dejó caer sobre el enorme sillón de piel de imitación: "Perdón, doctor, pero es que estoy muerto. Todavía no me acabo de recuperar de un reventón que fui. Uuuuta, ése sí que fue un super fiestón. Bueno, en realidad, la invitación era dizque para una comida como de veinte personas; en la tarde llegarían los demás, digamos otros veinte. Antes de comer, todos nos tomamos cuatro tequilas, y para la comida, que estaba riquísima: un buffet de comida mexicana, yo me tomé una cerveza bien fría. Después, para acompañar la comida, me eché una cuba de Bacardí Carta Blanca con muchos hielos y coca-cola. Platicamos luego de chismes: de quién es amante de quién; de quién ya se restiró la piel; de quién ya se divorció; de quién está hecho un millonetas; de quién ya compró un penthouse en Rubén Darío; y del 'oso' que había hecho Juan con el 'dealer'. Lo que pasa es que el pendejo se confundió y en vez de comprar diez gramos de 'coix' le dieron diez paquetes de 'mota'; para colmo, se enojó con el 'dealer'. De pronto alguien dijo: '¡Arranquen caballos!'. Basta con que alguien diga esta frase, para que a partir de ese instante todo se valga. Entonces, ¿qué cree, doctor?, que todos empezaron a meterse de dos en dos en los baños de la casa. ¿Para qué? Pues para darse su primer pase. Para esos momentos ya todos estábamos bien pedos. Después salimos al jardín y prendimos un 'churrote'. Sí, ya sé, doctor, que todo eso me hace mucho daño, pero a usted le consta que hacía mucho tiempo que no le entraba. Lo que pasa es que ese día estaba muy deprimido. Me sentía muy solo. Por eso fui a la fiesta. 'Chance y conozco a alguien', pensé. Bueno, pues mientras estábamos en pleno 'viaje', había dos viejas que no dejaban de hablar del horror de sus respectivos matrimonios. Después alguien puso a los Rolling Stones y todos nos pusimos a bailar. Ya para las siete de la noche, llegaron los demás. A partir de ese momento, empezó de verdad el reven: que dame un churro; que si trajeron tacha; que si quién tiene crack. De repente alguien dijo: 'Traigo ocho éxtasis del mejor laboratorio, ¿quién se apunta?'. Y típico, que se apuntaron los más gruesos. La música estaba maravillosa. Había un disc jockey. Puro rock del bueno de los sesenta. Ya sabe, The Mamas and the Papas y otros grupos padrísimos. Todo mundo empezó a coquetear con todo mundo. De repente me di cuenta que poco a poco todos se iban metiendo a los cuartos. ¿Para qué? Para ingerir coca. Y así nos seguimos hasta el amanecer. Para entonces la fiesta ya no se daba en la sala o en el comedor, sino en las recámaras, en los baños y hasta en los clósets. Para las dos de la mañana ya estábamos bailando con música cubana. Y no me lo va a creer, doctor, las dos viejas que estaban el día anterior, es decir, el día que llegamos, hablando del horror de sus matrimonios, seguían con el mismo tema, pero ya no estaban sentadas sino tiradotas en la cama. Claro, eran las más 'fresas' de la fiesta. Digo 'fresas' porque nunca vi que tocaran la droga. Mientras tanto, sus maridos estaban bailando con dos divorciadas buenérrimas. Para las tres de la mañana sólo quedábamos ocho cuates. Algunos sacaron su coca: la pusieron en un cenicero de plata con su cucharita, también de plata. Para las tres y media de la mañana, nadie entendía nada, las mujeres se hacían las muy sexis y los güeyes que estaban allí, empezaron a insultarlas. Dos primos hermanos se pelearon. Uno de ellos cacheteó a la prima. Y a partir de ese momento ya no supe de mí, porque caí rendido, al lado de una chavita, en uno de los cuartos. ¿Qué le parece, doctor? ¿Verdad que si sigo yendo a ese tipo de reventones me va a dar un infarto? Le prometo que no lo vuelvo hacer. Híjole, se me olvidaba decirle, ¿qué cree? ¿Se acuerda del artículo que me dio a leer la semana pasada? Pues me cae que tengo esa chingadera que se llama ADHD. Me lo tiene que quitar. Desde que leí el texto que me dio no he podido dormir pensando en los síntomas. Los tengo todos, doctor. Por eso estoy que no me aguanto y que no me aguantan. Si no fuera por el coche que me acabo de comprar estaría aún más deprimido. Me cae que ahora sí di el viejazo. Lástima que no sea el viejazazo, de 'viejas'. Ésas también las tengo pero nada más para divertirme. Todo me da güeva. Mañana me voy a Valle a descansar, a quitarme la cruda. A ver si jugando tenis se me quita toda la tensión. Híjole, es que tuve una semanita para llorar, y si a eso le agrega la fiestecita, pues ya se imaginará en qué estado me encuentro".

Lo que no sabía el paciente es que el doctor Bergman también padecía ADHD; de ahí que identificara con tanta facilidad los síntomas de su paciente. ¿Cómo era posible que Fernando no se hubiera dado cuenta? ¿A poco no se había percatado de la forma insistente en que el doctor movía el pie durante las sesiones? ¿De veras no llamó su atención la forma compulsiva con la que jugaba constantemente con el lápiz? Antes de que se fuera su paciente, el doctor Bergman le entregó una receta con la siguiente prescripción: "Ritalin, 10 miligramos, tres veces al día; Paxil, 20 miligramos, una por la mañana". La firma del doctor era totalmente ilegible, puros rayones; se diría que no podría hacer dos iguales. La causa, tal vez, era que tomaba el doble de la dosis de Ritalin que él mismo había recetado a su paciente.

No obstante que Fernando no tomaba una dosis tan importante como la de su doctor, empezaba a hacerle efecto. Así se vio en el monólogo que sostuvo cuando se dirigía a Valle en compañía de Antonio: "Míralo nomás. Divino, diiiiviiino, ¡cómo agarra las curvas! Ni se mueve el cabrón a pesar de esta mierda de carretera, como todas las de este país. Que dizque Autopista del Sol o la de Veracruz. Que no mamen, cualquier carreterilla segundona en Estados Unidos les da veinte y las malas, ¿no crees? Y las europeas están todavía mejor, la autoroute, la autostrada o la autoban; ésas son carreteras y no las chingaderitas que tenemos aquí. Agárrate que voy a rebasar a ese puto, mira cómo responde en tercera, hijo de su... ¿viste eso? De ciento veinte a ciento sesenta en tercera en qué ratito, ¡qué carrazo!, me cae. Casi ochenta mil dólares, pero vale la pena. ¿Sabes cuántos se han vendido en México? Apenas veinticinco; me cae que somos un país de nacos. En gringolandia, en un solo condadito de Texas o California los venden en un mes. Uta, mira nada más, qué hacen esas carcachas en esta carretera; se supone que Valle es un lugar de week-end, que la gente lleva buenos coches y que saben manejar, y de repente te sale un pendejo en su matraca, y casi te para, va como a sesenta a lo mucho, pinche güey. Bueno, ahí vamos otra vez, y con seis cilindros, es que los alemanes son unos genios. En ingeniería hasta los gringos se las pellizcan. El corvette también es un carrazo, ni quien lo dude, pero trae motor de ocho y con todo y todo se lo chinga éste. Además, los acabados no los puedes comparar. Este porschecito es un sueño, y ¿tú crees que en la casa me hicieron el feo? Que pa'qué gasto tanta lana; que ni que estuviera tan chavo para andar en un deportivo; que me voy a matar; y quién sabe cuántas cosas. Pero si no lo disfruto yo, ¿quién? ¿Para qué trabaja uno? ¿Sabes quién fue el peor de todos? Pues el zonzo de Sebastián, me cae que todo lo hace por fastidiarme; yo que me empeñé en darle y enseñarle todo lo que se necesita para vivir bien, como gente decente; ves por qué en este país con ser gente decente ya la hiciste, mano, estamos rodeados de puros nacos... Me cae que ser güerito y hablar inglés es un plus y este baboso habla como gringo. No te exagero, como gringo de verdad. Para eso y con muchas resistencias de Sofía, porque ella quería que sus hijos continuaran en el colegio Miraflores, yo quise meter a Sebastián al Americano desde chiquito, y lo mandamos de vacaciones a un summer camp de poca madre que se llama Wild Goose y que está en Maine, con lo mejor de lo mejor. Puro gringuillo picudo, pa'que se relacionara. Luego quise que estudiara la carrera allá pero no hubo poder humano, ¿tú crees? Se quiso meter a la Ibero. Ese güey es bien raro, salió a la mamá. Se me azota muy seguido. Ahorita lo tengo con un psiquiatra, él paga la mitad y yo la otra; es la culpa, mano. En fin, él dice que no se halla. Y eso que se casó super bien. Allá él. ¿Cuánto hubieras dado por una nave de éstas cuando todavía estabas chavo? Lo compré con lo de las "advanced comissions" que me tienen que dar; ya tengo ventas seguritas por tres melones de dolarucos este trimestre, y me tocan unas buenas comisiones. El contador como que se estaba poniendo mamuco; que necesitaba la autorización de don Paco y que no sé qué; pero lo puse en su lugar al orate, yo soy la mano derecha de don Paco, me dio un poderzote y, obvio, que si te dan poder es porque puedes hacer cosas sin tener que pedirles permiso, y si las ventas ya están casi, es más, si ya están seguras, el trabajo ya está hecho y ya te ganaste la comisión, ¿no crees?; para qué esperar entonces, sería nada más hacerse güey. Así que pedí cien mil verdes de comisiones adelantadas y que se me van casi toditos, porque la tenencia y el seguro de este coche cuestan un huevo y la mitad del otro. Pero ¿dime si no vale la pena?, ¿ya oíste el sonidazo? Eso que vamos a ciento sesenta. Te aseguro que en todo Valle no vas a ver uno como éste. Hay pendejetes con sus BMW, de los chicos, o sus merceditos 220, pero un porsche boxter ya son palabras mayores. Nos paramos por La Lagartija y ya verás si no zurran aguado. Lo único que lamento es que cuando se hagan las ventas ya ni maíz de comisiones; bueno, pero en realidad las ventas ya se hicieron, faltan los detallitos. Otra cosa que me caga es lo de la dos firmas. A ver cómo le hago pero, de plano, eso de tener informado a un mequetrefe de los gastos de la empresa como que no viene al caso. Es gente menor que se asusta con cien mil pesos, no digas con cien mil dólares. No les cabe en su cabecita prieta y de pelos tiesos que la gente decente piensa y vive en otro nivel, en otro mundo. Con sus corbatitas de Suburbia y sus trajecitos brillosos que les plancha su vieja, ¿cómo van a entender que un par de Churchs te cuestan cuatrocientos dólares? Imagínate cómo se quedó cuando supo lo que me costó esta madre. Yo no sé por qué don Paco le tendrá tanta confianza pero de mi cuenta corre que o se va del grupo o le quitan la firma en los cheques.

Yo no le tengo que dar cuentas ni a mi exmujer. A propósito, ¿sabes con qué me salió? Según ella me compré el porsche para andarme cogiendo a chavitas ambiciosas. ¿Qué come que adivina? A poco voy a desperdiciar a las arrojadizas. Además qué carajos le importa si ya hasta se va a casar. Uuuuuta, cuando me enteré no daba crédito. Pero ¿quién va a querer cargar con ella?, me dije. En fin, allá el doctorcito. Te decía, güey, que más sabe el diablo por viejo, y no es que estemos tan rucos pero la neta que el carrito ayuda. ¿No te has fijado en una abogadita que trabaja en Banamigo, con Beto? Está buenérrima, creo que se llama Viviana. El otro día me llevó a firmar unos papeles a la oficina de Beto, cuando cerramos lo de la transferencia a Nueva York. Bien lanzadita la cabrona. Como no queriendo me alcanza la pluma para que firmara, pero como estaba al otro lado de la mesa, pues ya te imaginas, se le vio todo el chicharrón. Uuuuy, si te digo que está... Obvio que lo hizo adrede; y el Beto ni tardo ni perezoso que le cuenta lo del porsche, y muy modosita: 'A ver si nos da el remojo, licenciado', y aquí tu charro: 'Cuando tú digas, chula. Si quieres vamos a dar una vuelta y lo manejas'. No me lo vas a creer pero la vieja puestísima. Se despidió muy de besito y bien que se acercó lo más que pudo. Uuuuuy, si parece que todavía estoy oliendo el perfumito. No creo que llegue ni a los treinta. Ya sabes, a gato viejo, ratón tierno. Todavía me dice al salir: 'Conste con lo del coche'. Ahora pregúntame a quién voy a pasear la semana que entra. De mi cuenta corre que antes de un mes la pasamos por las armas, pa'que no se equivoque Sofía, 'la novia', como la llamo desde que sé que se va a casar. No dice que para eso quiero el porsche. Bueno, pues pa'que no diga mentiras. Al fin que ya se va a casar con su doctorcito; o al menos eso dice. Si quiere hacer el ridículo, allá ella, muy su pedo, y si yo quiero hacer el ridículo, allá yo. Pinche vieja, más ridículo hace ella con su próxima bodita. Por su culpa Sebastián anda como pendejo. Ya mejor ni me acuerdo de eso, me da tanto coraje. Bueno, ¿y tú? Ya cuéntame algo, cabrón, que me tienes hablando como loquito", retó Fernando.

Antonio: "los bienes son pa'remediar los males"

ero Antonio no lo escuchaba. Iba pensando en otra cosa: en la suburban que tuvo que vender para pagar sus deudas; en la hipoteca de la casa de Acapulco; en que tenía que vender su acción del club de golf; en su reciente salida del bufete internacional; en que ya se sentía viejo; en que desde que Fernando se divorció de Sofía se había amargado muchísimo. También pensaba en Sofía; en que tenía razón en darse una segunda oportunidad, en casarse; que a pesar de que aún no conocía al "doctorcito", el hijo de Sofía, Sebastián, le había dicho que era buenísima onda. ¿En qué más pensaba Antonio? En muchas cosas. En el dinero que tenía que mandar a Rodrigo para que continuara con sus estudios; en la dificultad de su hijo Toño para encontrar una novia a pesar de sus 26 años. Y le preocupaba que su hijo mayor bebiera tanto, que todas las noches se desvelara en "antros", como llamaba a las discotecas, y que a pesar de su muy buen salario, aún viviera en su casa como el típico junior. Pero lo que más perturbaba a Antonio era la indiferencia de Alejandra, su mujer desde hacía más de veintiocho años.

Igual pensaba que no era de su gusto que Fernando fuera tan, pero tan mal hablado. Y mientras veía el paisaje de bosques a través de la ventanilla del auto, también pensaba que en la vida todo es relativo: que un día tienes un porsche boxter y al ratito ya no lo tienes. ¿Cuál era la necesidad de Fernando de manejar un auto que cuesta tanto dinero? ¿Por qué era tan inseguro? ¿Por qué, a pesar de todo lo que le pasó, no había madurado? ¿Por qué era tan egoísta y egocéntrico? Y, finalmente, ¿por qué intentar aminorar su soledad con viejas "buenérrimas", que lo único que querían era que les diera una "vuelta" en su carro? Antonio se sentía muy cansado para contestarle a su amigo. Optó por guardar silencio, y seguir escuchándolo...

A pesar de que ese fin de semana Antonio procuró descansar al máximo, no le fue posible. El lunes en la madrugada, la pantalla de cristal líquido del reloj de buró desplegó, como de costumbre, su tenue luz azulada tan pronto como oprimió en forma mecánica el botón superior que permitía la lectura en la oscuridad. Se quitó el antifaz con el que acostumbraba dormir (no podía prescindir de él; un día le dijo su psiquiatra que era una forma de no querer ver su realidad). Eran las 3:34 a.m., y el termómetro integrado al reloj indicaba que la temperatura rebasaba los 28 grados centígrados. De nuevo su esposa, Alejandra, había ajustado, a sus espaldas, el termostato del aire acondicionado. "Pinche vieja necia", pensó. Desde su luna de miel, veintitantos años atrás, nunca se habían puesto de acuerdo en la temperatura ideal y se declararon una guerra ininterrumpida de yo le bajo y tú le subes, ya fuera en el coche, en la casa o en algún hotel. El problema era que Alejandra lo hacía en forma subrepticia, fiel a su costumbre de más vale pedir perdón que pedir permiso. Antonio estaba seguro que al primer ronquido su escurridiza mujer se levantaba para ajustar a su gusto la temperatura o, de plano, para apagar el clima artificial. "Pa'qué discuto si ni entiende."

Mientras se dirigía, amodorrado, al regulador —lo pondría en lo más bajo, pa'que se chingue— hizo una vez más la cuenta sobre los vencimientos del mes: la hipoteca de la casa de Acapulco, el préstamo de Bancomer, lo de la universidad de su hijo Rodrigo, el mercedes, el club, las tarjetas de crédito y, para colmo, el viaje de vacaciones a fin de mes; eso sin contar los gastos del despacho. Antes de treinta días tendría que pagar más de treinta mil dólares, y sumando los saldos de sus tres cuentas apenas rebasaba los cuatro mil. Lo peor del caso es que no veía de dónde pudiera salir el resto.

Dos meses atrás decidió vender la suburban que usaron en un tiempo para viajar en familia; porque ahora que sus hijos escogían sus propias vacaciones y las tomaban por su cuenta, no la necesitaban más. Le dolió deshacerse de un bien para cubrir necesidades; siempre que había vendido un coche fue para comprarse otro mejor. Pero, como decía su padre, "los bienes son pa'remediar los males". Sin embargo, el dinero que recibió por la camioneta se esfumó mucho antes que cualquiera de sus deudas y ahora ya no tenía qué vender. Tan sólo de pensar en poner a la venta la acción del club le ponía los pelos, pocos, de punta. ¿Cómo justificar ante los cuates su retiro del golf? Algo así superaba cualquier humillación previa.

Una vez más maldijo su salida del bufete internacional. Entonces pensó que, a pesar del sueldazo, los socios se llevaban la tajada grande y a los abogados les tocaban tan sólo migajas; pondría su propio despacho y el dinero le entraría por tubería. Y no es que desde entonces las cosas le hubieran ido mal, pero no contaba con que la renta, el teléfono, la luz, la nómina y muchas otras cosas se pagan, implacablemente, cada día primero. Y los asuntos... Muchos años atrás, trabajando en un despacho pequeño le encomendaron la cobranza extrajudicial de una cadena de mueblerías. Bastaba, en ese tiempo, dirigir una carta a los deudores morosos, amenazando con demandar, para que aquellos infelices se pusieran en contacto con el bufete y al corriente en sus pagos, incluso con intereses. Era pan comido, pensó. Ahora, sin embargo, el atraso en los pagos no era tan sólo cosa de burócratas de medio pelo o de empleaditos bancarios, grandes capitanes de la industria y el comercio cesaban sus pagos a sabiendas de que leyes y tribunales son incapaces de conminarlos a pagar. El recibir por correo o por telégrafo una amenaza de juicio era un alivio, puesto que ya no se enfrentaban con su acreedor ni tendrían que seguir escondiéndose: ya era cosa de abogados, y ya sus abogados se encargarían de dilatar años el pleito mediante el cobro de una iguala muy inferior a los intereses que genera el adeudo insoluto. Al final, le propondrían, en el mejor de los casos, pagar cincuenta por ciento o declararse en suspensión de pagos. En ocasiones, sus clientes preferían perder la cuenta a pactar con sinvergüenzas adinerados que sacaban provecho de la ineficacia de los tribunales mexicanos, y Antonio habría trabajado por años sin recibir beneficio alguno. Por eso, aunque representaba a clientes importantes y litigaba asuntos de considerable cuantía, resolver los asuntos se complicaba cada vez más.

Fue a la cocina y buscó un viejo pocillo de peltre en donde hervir agua para café. A pesar de su inclinación por los aparatos eléctricos, siempre despreció las cafeteras; mandaba comprar su café a uno de los molinos del centro de la ciudad y se empeñaba en prepararlo a la antigüita: una cucharada copeteada de café por cada taza de agua y retirar el pocillo de la hornilla tan pronto empiece a hervir el agua; luego se deja reposar un par de minutos y se cuela con coladera de alambre, nunca con las detestables gringadas de filtros de papel.

Sabía que ya era tiempo de que se resolvieran algunos de los casos más importantes que manejaba. Años atrás, a consecuencia del terrorífico "error de diciembre" de 1994, demandó, en representación de una empresa alemana, a diversos clientes que se vieron imposibilitados de cumplir con sus compromisos en moneda extranjera. Con esfuerzo, trabajo y toneladas de papel ganó los pleitos, las apelaciones y los amparos; pero una cosa era lo que decían las sentencias y otra muy distinta era tener el dinero en la bolsa. Presentía, sin embargo, que el final se acercaba y que eso le permitiría abatir su nivel de endeudamiento que ya era insoportable. Un escalofrío le hizo dirigirse al termostato del aire acondicionado en un primer impulso por reducir el nivel de enfriamiento; pero desechó la idea y prefirió ir en busca de una gruesa bata: "Que se chingue por terca. Ay, híjole, cómo ronca la vieja", pensó.

En unos meses tendría que pagar el valor residual del mercedes. Había optado por el sistema de arrendamiento puro en virtud de que el desembolso inicial era mínimo, o al menos eso dijeron, y los pagos mensuales le parecieron manejables; pero al cabo de dos años tendría que pagar el mentado valor residual o devolver el coche. Alejandra siempre se opuso a la compra del mercedes. A las viejas los coches les valen madres; y en cambio ella se gastó una fortuna en poner cortinas nuevas y en retapizar la sala, que francamente no lo necesitaba, nada más porque las telas floreadas ya no se usan. Esa pendejada, como decía, le había costado más de veinticinco mil dólares pero a su mujer le pareció que no había de otra. Un mercedes, en cambio, era un mercedes. Todo hombre que se precie, decían, debiera tener al menos una vez en su vida un mercedes y un Rolex de oro. Ya sabía que los Rolex de oro son cosa de nacos nuevos ricos, y que además en México ni siquiera se podían usar, pero eran también un clásico de clásicos. Ya fuera en la muñeca o en la caja de seguridad de un banco, era algo que se debía tener. Además, de querer venderlo, no le darían por el reloj ni la tercera parte de su valor real.

El agua del pocillo hervía a borbotones para cuando regresó a la cocina enfundado en su añosa bata de lana. Apagó la hornilla y vació una cucharada grande de café; buscó la coladera de alambre y sacó un tarro de la alacena. Con el café en la mano se encaminó a su estudio para buscar un cuaderno en el que garrapateaba sin orden las ideas que venían a su cabeza; de entre las muchas plumas que descansaban en un vaso de madera escogió una Parker 51 de por lo menos cincuenta años de edad.

La universidad donde Rodrigo estudiaba la maestría acabó por enviar una sequísima carta reclamando el pago de tres meses de colegiatura: casi quince mil dólares. También tenía que pagar lo acumulado en la tarjeta de Alejandra y su celular, cuyas facturas eran elevadísimas. Asimismo por teléfono le recordó la administración del club sus dos bimestres de atraso. El vencimiento bancario era por veinticinco mil dólares y los pagos mínimos de las tarjetas de crédito por ¿para qué seguir?, no tenía ese dinero.

Por otro lado, en la columna de los haberes podría sumar los honorarios del más avanzado de los casos, que estimaba próximo a resolverse. Demandó por dos millones cuatrocientos mil marcos alemanes, más intereses, gastos y costas judiciales. Suponiendo que pagaran la mitad, le corresponderían por honorarios, tanto de su cliente como del demandado, algo así como ciento cincuenta mil dólares. Tan sólo con ese asunto pagaría todas sus deudas, pero entonces se quedaría de nueva cuenta con las manos vacías. Mejor ponerse al corriente, pagar el mercedes, y dejar un colchoncito hasta que se resuelva otro asunto. ¿Cuál era el problema? Eran apenas las 4:45 a.m., podría dormir un par de horas más.

Pero ¿y si no aceptaban ni cincuenta por ciento...?

No, esa noche no durmió. Alejandra roncaba cada vez más fuerte; padecía lo que se conoce como roncapatía, enfermedad que desde niña padecía: "Roncas así porque se te cayó la campanilla", solían reprocharle sus hermanas muertas de la risa. La temperatura en la habitación había subido y, para colmo, afuera de su casa chillaba sin cesar la alarma de un auto que habían intentado robar en su misma calle.

En Mexiquito sigue todo igual

*P*ero esa noche tampoco dormía Toño. Aunque eran cerca de las cinco de la mañana y se caía de cansancio tras bailar más de tres horas, decidió sentarse frente a su Compaq Notebook y mandarle un correo electrónico a Rodrigo, su hermano menor: "¿Qué onda, güey? En tu último e-mail me preguntas que en qué la giro. Pues bien, ahí te va mi rollo. Como cualquier jueves, después de mis actividades y citas y de salir de mi oficina que está en Bosques en un edificio de poca madre, siento una gran ansia de ver gente, divertirme y echar unos drinks, y quedo de verme con mis amigos en La Valentina a las 6:30 p.m. Ahora decido qué me voy a poner. Como es jueves se usa ir más elegantón, por lo que saco mis pantalones Hugo Boss negros (que nos compramos juntos, remember?), mis boxers Gap, calcetines negros de Banana Republic, mis zapatos negros Gucci con herrajes plateados (los dorados, como los que tienes, ya no se usan), a juego con mi cinturón de la 'g' cuadrada, y un suetercito de cuello en 'v' A/X que sirve para que me vea más flaco y marcado. Nota: urge gimnasio. Después de utilizar al bañarme todos los productos de Kerastase, y de rasurarme, me pongo mi desodorante Bulgari a juego con mi loción (esto hará que dure más el olor). Me peino con mi gel Ultra Hold (ojo: el del tubo rojo) de L'Oréal. Ya vestido, me veo en el espejo, y realizo que quedé padrotísimo. 'A ver qué me agarro; viejas, pónganse buzas.' Antes de salir, me pongo mi 'Ap' Royal Oak (Ademaurs Piguet) y salgo no sin antes agarrar mi celular, mi cartera (Louis Vuitton) y mi clip (Tane). Nota: se usa llevar cartera y clip. La cartera para pagar la cuenta y el clip para rayar; a: valet, chicles, cigarros, rosas, chalanes y 'seños'. Arranco mi 328i, dos puertas (el viejito que todavía puedes conseguir por cien mil dólares); no me han entregado el nuevo. Apunto en mi Palm Pilot 3c a color: "Hablar a la agencia a chingar, para ver cuándo me entregan el nuevo, ya se la jalaron". Bajo Palmas para recoger a mi 'brother'. Una cuadra antes, le marco y le digo al poli que le avise a este güey que salga. Llegando al centro comercial, dejo el coche en segunda fila, y rayo al chalán del valet, para que lo estacione frente a la puerta y no lo estacione abajo con los demás. Al entrar a La Valentina me pego a la derecha, porque obviamente voy al bar, no a cenar. Saludo de abrazo al capi, mismo al que rayo, para que nos dé una buena mesa para diez, pues aunque de entrada somos dos, después llegarán los demás. Pedimos una botella de Absolut azul con cocas de dieta y una de a litro de Bacardí con cocas normales. Como siempre, está lleno de oficinistas casabolseros y altos empresarios rabo verdes. De viejas sólo vemos puras modelitos del tipo zorrón y viejas que quieren coger, lo cual está bien, pues no venimos por novia sino por novia, which is completely different. Empiezan a llegar mis demás brothers y hacemos recuento de: quién quiere con quién; quién sale con quién; quién está buena; quién enamorranado; y que exvieja-bien se volvió golfa. Todo esto es super importante para saber: a quién me voy a fajar; a quién quiero sacar; y con quién quiero andar bien, por ahí de las 11:00 p.m. Pedimos un shot, la caminera, la cuenta y nos vamos. Llegando al Bandasha bajo el vidrio, saludo a Campos y le pido que me aparte unos tacos, ya que últimamente para cuando salgo ya no hay nada. Le chiflo al legendario 'don Gato' (¿Te acuerdas de él? Siempre me pregunta por ti) para que le diga al necio de la 'pluma' del estacionamiento que yo no pago y que me abra. Al bajarme del coche saludo con un gran abrazo a mi 'don Gato' preguntándole quiénes ya llegaron, qué viejas están, para así evitar: 1. El quemarme con la que me raya; y 2. Saber a quién voy a atacar. Al llegar al descanso de la escalera, saludo a todos los guarros, escoltas, choferes, ayudantes, secretarios y a uno que otro jardinero, vestido de traje de Suburbia aparentando ser el más preparado para proteger y defender a su amo. Aunque al final todos sabemos que para lo único que sirven es para que hacerla de nana a sus patrones. Al verme Fernando aproximarme a la cadena, da la señal para que la abran de inmediato, lo saludo de abrazo y claro que no pago el 'cover'. Al entrar choco con Héctor, que de entrada le tengo que exigir mi mesa, pues si no va a hacer lo posible por darnos una más chica. Bajo, saludo a la 'seño' Rosa Martha, y al buen Macario le pido unas 'Hall's' y unos Marlboro rojos. Lo rayo y entro al baño. De regreso camino a la mesa. Saludo a cuates, amigos y fans, brindo con algunos, a otros los ficho y a otros los ignoro. Al llegar encuentro ya, como siempre, las botellas: una de Absolut, una de Bacacho y otra de Jimador, con millones de refrescos, y todos los lugares ocupados; como siempre comienza el proceso de desalojar 'lames'. En la barra de arriba los exirlanducos con las del Del Bosque freseando; en los siguientes niveles encontramos gente desconocida, que nunca he sabido quiénes son, fueron o serán; un nivel antes de la pista, están los hijos de varios expolíticos, que por lo general están pasados... de copas. Al lado de algún hijo de algún empresario que está fugado, pero que sigue gastándole como pashá a las sucias del Irlandés, y hasta abajo, enfrente, al lado, pegados, y encima de la extensa barra, encontramos al más selecto grupo de regulares. En el extremo izquierdo, en algunas periqueras, vemos a nuestros amigos 'Hayes'. Existen muchos grupitos aquí abajo, que se manejan como clanes. Ahí encuentras miembros desde 17 años hasta 36 años. Aquí hay amigos, hermanos, primos y tíos; como los 'dados' (por quedados), que por lo general atacan a todas, y éstas los chamaquean para sacarles chupes, comidas, que las saquen y que las chofereen. Parados, deambulando, con cara de 'conozco a todos, aunque nadie me conozca a mí; están los 'satelucos', que se rehúsan a entender que 'they don't belong'. En el mezzanine, que es como un seudo VIP, están sentados todos los patrones de los jardineros disfrazados, sintiéndose los reyes aún sin reino. Todo el antro parece que salió de las mismas tiendas, ya sabes Dolce & Gabanna, Hermès, Moschino, Gucci, Prada, Fendi, etcétera; y algún deambulante que sigue con su camisa de seda de Versace. Esto se debe seguramente a: 1. Que se la regaló el primo rico; 2. Que la compró en una barata; 3. Que no viajan; y 4. A que en 'mundo ñe' es lo único que venden. Nunca falta el naco que se acaba de comprar el reloj de moda 'en fake', con características o detalles que el original no trae; o de plano el modelo imitación que no existe, pero eso sí, de marca cabrona. En las niñas de esta misma categoría se da el mismo pirataje, pero en sus bolsas y cinturones. Nota: hablar a la PROFECO para que cierren el bazar de Lomas Verdes, para que nos dejen de imitar a nosotros que sí sabemos, que sí viajamos, que sí entendemos, que sí apreciamos y que 'we belong'. Me caga sonar tan criticón. Pero tú sabes que lo importante no es el precio, ni la marca, sino el gusto. Creo que con eso se nace, no se hace. Tener o no tener buen gusto, that's the real question. La noche continúa, se consumen las botellas y sube la música. Es hora de pedir las mezclas, para unos esto significa: jarras de Kimikase, moraditos, verdecitos y shots; y para otros será entrar al cuartito oscuro para meterse un pase o entacharse, entre otros. Entonces viene lo previsible. Lo tan deseado y esperado. Viene el happening que he estado ansiando desde que llegue. Veo a una niña buenísima, con buena chichi ('boobies', para ti) y buena nalga. Me acerco a atacar y me doy cuenta que trae el calzón de abuela, manga larga o burbuja. ¡Oh, decepción! ¡Qué desilusión! ¡Carajo! ¡Qué mala onda! Nota: niñas, no es de golfa usar 'G-string'; para eso se inventó, y además les mejora la pompi; no le hagan caso a su abuelita, ella sí usaba calzón como los que vendían en la Corsetería Francesa, es decir, como los que usaba la abue, y que podían decepcionar hasta el menos exigente. Ahora bien, si cambian el calzón, también deberán cambiar el 'bra'. Éste deberá ser, si posible, marca La Perla o, de perdis, Victoria's Secret. Y si no... mejor no usar. Ya calé a dos o tres viejas pedonas, que ya están fajando con güeyes que según ellas eran unos tetazos. Hay otras dos o tres que me están echando el ojo. Ahorita les sigo platicando, tengo que huir, pues la necia de mi exnovia viene a acosar. Ya estoy de regreso, tuve que ir a dar un rol, para evitar que se instalaran mi exvieja y sus amigas, pues después mis amigos me la mientan porque se chupan todos los pomos, cuando según ellas ni toman pero bien que salen hasta el zoquet todos los jueves. Alrededor de las 2:30 a.m., no sé cómo ni por qué se arma la madriza. Por lo general las peleas siempre son porque algún güey prepotente le quiere bajar la vieja a algún chavito bien, o porque se aburrió de que nadie lo pelara, y en su peda la tuvo que hacer de pedo. Las peleas en el Bandasha, a diferencia de otros lugares, casi nunca pasan de que el prepotente meta a sus guarros, saque el plomo, lo abanique, amenace de muerte y pare de repetir 'no saben con quién se meten', se dan millones de empujones y finalmente el prepotente se da cuenta de que el chavito bien es mucho más cañón que él. Se dizque calma la bronca, se dan un abrazo y, sin un trancazo, se echan un chupe juntos. De ahí en adelante cada vez que se vean ya son brothers. En la bronca, me topé con una amiga que corrieron del Regina. Desde hace rato que le traigo ganas porque está bien rica, pero creo que es bien fresa. Aunque tengo mis sospechas la bailo, la twisteo, le doy sus drinks, y ya que está pedona, la convenzo para ir al Doberman, pues pienso que la noche pinta bien y que voy a sacar algo. Antes de salir, veo entrar a todos los que vienen de otros antros. Se dirigen a la barra lateral de abajo, que si te decides quedar en el Bandasha, ahí es donde mejor se pone. Salgo y le pido a Campos mi tradicional 'qué nos pasa' y a ésa le pido uno de bistec con queso, para que se le baje un poco y aguante, pues todavía nos falta el Doberman. Para estas horas ya me pegó bastante el chupe, y a esta vieja parece que más, ni sabe cómo le hice para llegar al Doberman. Me bajo. Saludo de beso y abrazo a las gordas. Agarro otras 'Hall's' y las rayo. Nota: éstas son famosas por estar, desde hace diez años, en todos los antros de moda. Me acerco a la cadena. Saludo a mi tocayo y paso. (Toño es un güey más bien 'dark' que es el dueño, y anteriormente era el de 'la base' y el de 'la cúpula'.) Aquí sí tengo que pagar mi cover en efectivo ya que no aceptan tarjetas. El antro se caracteriza por ser un antro 'after hours', que cierra cerca de las 10:00 a.m., donde la música es excelente y los dj's tocan lo más nuevo en tranz, tecno y rave. O no sé qué pinche término sea el exacto. La gente que habita este lugar es de lo más raro, ya que vemos desde el fresita que pasó a dejar a su novia a las 2:00 a.m. a su casa, diciéndole que ya se va a ir a dormir, y que viene del Bandasha; o también vemos al güey ahogado que a 'güevo' quiere seguir la fiesta; y al típico que se clava en la música y no para de bailar en toda la noche sin pelar a nadie. Vemos a muchas modeluquis, artistuchos, uno que otro travesti y hasta una pareja de gays que siempre están presentes y uno que trae al otro encadenado con collar y cadena de perro. Aquí hay muchos que fingen no conocerse y tratan de pasar desapercibidos. Esto lo hacen para que nadie raje con sus respectivos o respectivas. Me acerco a la barra, pido dos drinks y, sin quitar el ojo, checo que no les echen nada. Aquí también pago en efectivo. Pago en efectivo porque me acaban de pagar en la oficina y me subieron el sueldo. Dando el rol, me topo con "los químicos". Este grupito es super famoso. En este grupo están desde el más rico hasta el más mafioso. Me cae que lo único que tienen en común es que todos viven como reyes, traen muy buena vieja y que lo suyo no es exactamente el alcohol. En general todos me caen muy bien. Acompaño a mi vieja al baño y de repente me abrazan las famosas gemelas; que, si eres buen guerrero, sabrás, güey, de quién te estoy hablando. Y si no lo eres, allá tu pedo, tú te lo pierdes. Mi vieja se emputa y me pregunta que quiénes son esas dos que son igualitas pero diferentes o diferentes pero muy igualitas. A lo que contesto que no sé y que aquí la gente es así. Bailo cachondo y confirmo mis sospechas de que esta vieja no es tan fresa, ya tiene fundamento. La dirijo a la barra. Le pido un shot para amarrar y le digo que mejor nos vamos a mi casa a chupar, 'pues este lugar me está dando mala espina'. Nota: obviamente es choro, para llevármela a dormir antes de que me amanezca, pues no se usa el vampirazo en jueves. Ya en mi casa, que también es tuya, güey, me pregunta si no hay bronca con mis pas, y le contestó que se fueron a Tepoz con unos amigos (Inés y Daniel). Ya más relajadita, la invito a conocer mi cuarto (no me preguntes el desmadre en que estaba). Apago las luces, prendo el estéreo (el tuyo, güey; yo todavía no me compro uno), y la abrazo. Le doy un beso y me dejo caer en mi cama. Y empieza la exploración de tu chica Bond. Nota: tal... no es ninguna vieja 'bien', y, por lo que me doy cuenta, hace mucho tiempo y varias maniobras que no soy el primero, you know what I mean... Después de todo el show, me interroga: que si ya somos novios, que si le voy a volver hablar, que si ya me decepcioné porque cogimos, que no fuera a pensar que siempre se comporta así con cualquiera, que si era la primera vez, que si lo hizo fue por tres cosas: primero que porque sabe que soy gente decente; segundo, porque desde que me conoció le había gustado; y tercero, porque en el fondo es muy romántica, que si mis pas y los suyos se conocían desde toda la vida, que si siempre le he gustado, que si está de pelos mi edredón, que si siempre traigo chavas a mi recámara, que si su ma conoce a mi ma, que si las fotos que tengo de mi hermano en mi cuarto son de mi hermano, que si tengo una hermana, que si ella cuando se case nada más va a tener dos hijos, que si todas sus amigas son unas hipócritas, que si voy a ir a la boda de Mónica González Cortina a Cuernavaca, que si ya he tomado algún crucero, que si ya vi la película American Beauty, que si todos los cuates gays ya estaban saliendo del clóset, que si su mamá se acababa de hacer un 'lifting', que si Eduardo le entra duro al crack, que si cuando fue al Vaticano, el papa recibió a toda su familia en privado, que si Fernanda abortó fue gracias a que su mamá le había rogado, casi de rodillas, a su ginecólogo de toda la vida, que si su prima le bajó un novio hace muchos años, que si quería estudiar en Harvard pero que no sabía si la iban a recibir, que si iba a votar por Fox no porque estuviera por el voto útil sino porque le gustaban sus botas, que si no tenía música de los Red Hot Chili Peppers, de Oasis, Blur, Kiss, AC-DC o de Led Zeppelin, que si su papi le acababa de comprar un portafolios Prada para ir a la Anáhuac, que si se iba a poner un anticonceptivo que consiste en un diminuto dispositivo de cincuenta milímetros y que se coloca bajo la piel del brazo, que si había notado que tenía dos kilitos de más, que si ella nunca de los nunca bebe alcohol, que se le había olvidado tomar su pastilla anticonceptiva y que qué vamos hacer mañana. Yo simplemente le contesto que mañana me voy a Acapulco y que nos vemos en el Baby'O. Le pido su Sitio Rojas y me despido. Ya me pude deshacer de ella; y antes de dormirme anoto en mi diario el recuento de la noche y la desilusión de que otra vez no he conocido a la madre de mis hijos. Este jueves fue como cualquier jueves en tu Mexiquito, en el que todo sigue igual desde que te fuiste al otro lado. Bye!"

Cuando Rodrigo terminó de leer el e-mail de su hermano, se deprimió. Más que deprimirse se entristeció al corroborar que en su pequeño mundo, del que había huido, nada cambió. Se entristeció porque a pesar de que Toño era ya un adulto de 26 años, continuaba comportándose como un adolescente: como el típico niño-bien-rico de las Lomas. Pero a pesar de lo mucho que le irritaba esa vida tan vacía y frívola, lo más curioso es que de ella algo extrañaba. ¿Qué era lo que añoraba? ¿La vida nocturna? ¡No, qué horror! ¿A sus padres? ¡Tampoco! ¿A sus amigos? ¡Ni loco! Entonces, ¿qué era lo que añoraba? Añoraba el confort que había en su casa. Añoraba los desayunos que hacía Rosita, la cocinera. Añoraba la facilidad con que los ricos vivían en México. Añoraba el chofer, la lavandera, la facilidad con que podía ordenar lo que se le diera la gana en su casa. Añoraba el hecho de ser conocido en su medio. ¿Y qué era lo que rechazaba? El doble lenguaje con el que siempre había crecido en el ambiente familiar. La hipocresía. Las "amiguitas" y la manera de ser de su mamá. La falta de carácter de su padre. Pero sobre todo la obsesión de vivir de las apariencias. Desde siempre a todo el mundo le hicieron creer que eran la "familia feliz", la "familia perfecta", "la familia unida" y la familia "con valores inquebrantables". Pero Rodrigo, mejor que nadie, sabía que no era así. Él bien sabía que detrás de esa apariencia de "home, sweet home" que Alejandra insistía en mantener, era posible percibir un tufo a pudrición. Y en esa casa tan bonita, tan ordenada, tan de buen gusto, tan comme il faut, tan llena de antigüedades y pintura mexicana de los mejores pintores oaxaqueños, Rodrigo advertía, especialmente, el caos en el interior de cada uno de ellos: su papá siempre rebasado por sus deudas, víctima de un pavoroso tedio y cada vez más metido en sí mismo; su mamá enajenada en sus convencionalismos y miedos; y Toño en constante conflicto con su padre, temeroso de romper el cordón umbilical que lo unía a su madre y muerto de terror de enfrentarse con la vida. Esta familia, catalogable por los psicoanalistas como la típica "disfuncional", fue, precisamente, la que llevó a Rodrigo al consumo de drogas.

Tan impresionado reaccionó con el correo electrónico de su hermano, que quiso contestarle en ese mismo momento: "Hola. Gracias por tu e-mail que provocó en mí un flashback bastante regular. ¡Hasta me vi bailando en el Bandasha! Yo aquí en Nueva York, bastante ocupado con la maestría, por eso no había contestado tu otro e-mail, el que mandaste hace unas semanas y donde me platicabas que ya no aguantas a la jefa. Lo que ahora me cuentas me dio mucha risa; veo que te la sigues pasando muy bien pero también entiendo lo desesperado que debes estar. La verdad es que me dio mucha tristeza leer muchas de las cosas que me escribes; aunque me reanimaron para quedarme aquí y echarle más ganas a mi maestría.

"La verdad, la vida en Nueva York es bastante solitaria. La gente aquí se la vive de un lado para otro y básicamente están preocupados en cómo ser el mejor y tener más dinero, aunque también tienen una obsesión por la moda, el deporte y la comida sana. Cuando llegué estaba bastante solo y me dediqué, sobre todo, a estudiar. Pero ahora he conocido a buenos amigos y sí salgo mucho más. Aquí en NY, se sale casi diario a bares y restaurantes; yo creo que esto se debe a que los deptos son tan chicos en la ciudad que todos quieren salir. Yo vivo en Manhattan, en un depto en Madison y la 76; me gusta porque me queda cerca de todo y me puedo ir caminando a todos lados. Aparte estoy cerca de Central Park, donde me gusta ir a caminar o a leer los fines de semana. Lo que más me costó al principio fue acostumbrarme a la soledad. Ya que en México siempre estás con alguien (si no hay nadie en la casa estás con las maids, hasta con el perro), aquí no sólo vine a vivir solo sino que empecé otra vida. Había días en que me desesperaba; y hasta me deprimí cañón, sólo por el hecho de saber que en mi casa no había ni quien me ladrara. Por eso salía tanto; y te juro que no sabes qué desmadre estaba echando: diario me ahogaba y veía a qué niña me agarraba, pero ni siquiera me las quería agarrar en un sentido muy sexual sino apenas mínimo, para tener a alguien con quien dormir y no estar tan solo al despertarme; pero ya me acostumbré y vivo con un cuate que conocí en la maestría. Es buen pedo, es suizo y también está haciendo un MBA; no platica mucho pero es bastante ordenado, y me presenta a muchas viejas. La verdad es que las cosas aquí van muy bien pero sí me desconcierta mucho lo que me cuentas de México. Para empezar, el hecho de que la gente ya se esté drogando tanto y más abiertamente, está cañón. Y más que esto se esté dando con las niñas chicas y dizque fresas. No saben en el infierno en que se están metiendo. Me acuerdo que antes sí te enterabas de niños que se metían coca, pero siempre era alguien lejano o un güey que era demasiado heavy. Y nunca te esperabas que una chavita del Regina o del Del Bosque te fuera a pedir una tacha. Me da gusto saber que, mínimo, tú no te andas metiendo nada. ¿Neta? Qué bueno que nunca seguiste mi ejemplo. Creo que lo que más me da tristeza es tener que aceptar que las mexicanas son mucho más interesadas que las de aquí. La verdad, qué padre que puedas tener ese coche y todas las demás chucherías de marca de las que tanto me platicas, y creo que, si hay muchas cosas super padres y si de veras te gustan, qué bueno que te las compres con lo que ganas. Pero qué feo que el mundo donde te mueves se base en traer lo mejor de todo, y muchas veces aunque sea algo asquerosamente feo. Y todo para impresionar a las niñas, o para aparentar que eres alguien que en el fondo no se te asemeja en lo más mínimo. Tienes que estar de acuerdo conmigo en la cantidad de chavos que hay en México que no tienen un centavo, que sabes que no trabajan y que hacen todo lo posible por traer un cochesazo y gastarse un dineral en los antros, aunque el resto de la semana no tengan ni para ir al cine; o los que sólo salen una vez al mes pero ese día se truenan todo lo que han ahorrado en el mes. Y todo para guardar las apariencias. Creo que no me estoy explicando muy bien pero a lo que voy es que todo es como círculo vicioso, en el que las niñas actúan de cierta forma porque piensan que los niños así las van a pelar más, y en la forma que ellas actúan hacen pensar a los niños que eso es lo que las niñas quieren o buscan, y por eso ellos también van y hacen todas las tarugadas que hacen. Esto me hace pensar que las niñas están mal porque según ellas ya son liberales y no necesitan depender de nosotros, y todas dicen que quieren trabajar y hacer algo por ellas mismas. Pero esto se oye mucho más de lo que se practica, porque yo veo que muchas niñas están yendo a la universidad y todas dicen que van a trabajar y ser independientes. Pero cuando salen de la universidad, son muy pocas las que realmente se meten a trabajar, las demás sólo están buscando a quién se atrapan. Las que efectivamente trabajan terminan por darse cuenta de lo difícil que es, y por eso terminan buscando a alguien que las mantenga. Y nunca te topas con la que dice 'Yo voy a trabajar duro junto con mi esposo. Juntos la vamos a hacer'. ¿Sabes qué, brother? No te desesperes y no te dejes caer en el juego de estas niñas, por que esto es lo que hace que todo mundo empiece a actuar tan raro. Tú dedícate a echarle ganas y a actuar normal, y sólo así te vas a encontrar una niña que te quiera por lo que eres y no por lo que pretendiste o aparentaste ser. Pero para que eso ocurra, el primero que tiene que cambiar un poco eres tú. Eso lo aprendí también en Oceánica. Lástima que en México no se pueda conocer a niñas en el gimnasio o en el parque, como en Estados Unidos.

Pero deberías intentar hacer más deporte y no desesperarte, ya conocerás a la niña de tus sueños. Bueno, güey, ya te dejo porque esto está pareciendo consulta. Cuídate y háblame o escríbeme. Te manda un abrazo, tu brother".

Rodrigo había pasado cinco semanas en Oceánica, el Centro de Tratamiento para Alcoholismo y Adicción a Otras Drogas. "Oceánica ofrece una atmósfera de la más alta calidad con un excelente programa que provee comprensión, respeto y amor en forma individualizada, en un maravilloso lugar donde comienza el proceso de reincorporación a una nueva vida libre de adicciones. Nuestro centro tiene un hermoso diseño arquitectónico sobre dos hectáreas en las privilegiadas playas del Océano Pacífico, al norte del bello puerto de Mazatlán, Sinaloa, México. No olvides que dejar pasar el tiempo lo puede cambiar todo. Esperamos poder ayudarte y recuerda: no estás solo", había leído el papá de Rodrigo en la página de Internet de www.oceanica.com.mx/tratamiento.htm. Más adelante, con los ojos ligeramente húmedos por unas lágrimas contenidas por la pena que le inspiraba el estado en que se encontraba su hijo, leyó: "Nuestro tratamiento incluye una evaluación médica, desintoxicación bajo una supervisión médica especializada así como una completa evaluación psicológica. La rutina diaria del paciente consiste en un programa de educación sobre adicciones, terapia grupal e individual, ejercicio supervisado, asesoría nutricional y apoyo espiritual". Esto último fue lo que realmente motivó a Antonio a llamar por teléfono a la institución para obtener más información: "El tratamiento para pacientes y familiares es efectuado por un grupo de expertos integrado por terapeutas certificados en adicciones, médicos, enfermeras, psicólogos, consejeros espirituales, especialistas en nutrición y educación física. Créame, señor, que este equipo de profesionales se caracteriza por su calidez, sensibilidad y capacidad de respuesta inmediata ante las necesidades de cada una de las personas que acuden a nosotros, en este caso sería su chico. Pierda cuidado, señor, que para nosotros es primordial la confidencialidad de nuestros pacientes. Este programa familiar ha sido diseñado para poner las piezas de nuevo en su lugar. Nuestro tratamiento está basado en el mundialmente reconocido modelo Betty Ford Center", con esta misma precisión y profesionalismo le informó sobre Oceánica una señorita muy amable.

Por la noche, Antonio le comentó a Alejandra que lo mejor para Rodrigo era que fuera a una clínica de desintoxicación. "Ay, mi amor. ¿De veras crees que sea necesario mandarlo a ese lugar? A lo mejor nada más es una mala racha de Rodro. Sinceramente no creo que m'hijito sea el típico drogadicto como los que salen en la tele. Yo jamás lo he visto mal o con un comportamiento medio rarito. ¿Por qué no le preguntas a tu psiquiatra si vale la pena enviarlo allá donde dices? Ay, qué raro, si Rodrigo siempre ha sido muy lindo, muy educado y muy buen hijo. ¿Por qué no me dejas hablar con él? Tal vez yo pueda hacer algo. ¿No será mejor mandarlo a un internado en Irlanda? Parece que hay unos buenísimos. Allí estuvieron los hijos de Nacho y Beatriz. Dices que el método que utilizan en esa institución es de ¿Betty Ford, la que fue mujer del presidente de Estados Unidos? Entonces sí ha de ser bueno, ¿no? ¡Qué barbaridad! Y ahora cuando me pregunten por él, ¿qué les voy a decir a mis amigas? Tú sabes lo chismosas que son. Te lo juro que hasta gusto les va a dar. Ya las conozco. Pues les diré que se fue a Harvard. Ay, mi amor, ¿por qué, mejor, no hablamos con el padre Maciel? Él tiene mucha experiencia en los problemas de los jóvenes. Y si lo mandáramos a Londres, a casa de mis sobrinos. ¿Sabes quién fue siempre una pésima influencia para Rodrigo? Los hijos de Ana Paula. Ésos se metían de todo. Además de nacos, ¡drogadictos! ¡Qué horror! Pero ella, que es una negadora de primera, se deshizo del problema y mandó a Betochico a Alemania. Ay, mi amor, ¿tú crees que de veras sea muy grave lo de Rodrigo?", preguntaba esta madre, aparentemente desconsolada por el sufrimiento de su hijo.

Me pregunto si en su afán de actuar como la perfecta ama de casa, la perfecta mamá con valores morales y la perfecta esposa con un gran sentido del deber, Alejandra no era la verdadera causante del desequilibrio de su famila. ¿Qué tanta responsabilidad tenía? ¿Y Antonio? Por último, es de preguntarse hasta qué grado estos padres captaban la verdadera dimensión del problema.

La primera vez que Rodrigo tuvo contacto con la droga fue a través de "Belle de Nuit", como todo el mundo llamaba a la "dealer" que iniciaba a jóvenes ricos que andaban muy solos y desconcertados. A través de un e-mail ella lo puso al corriente de la forma en que tenía que adquirirla.

Antes que nada, todo mi agradecimiento en todo sentido de la palabra y mil gracias a tu amigo que me proporcionó tu correo eléctrico. Vayamos al grano. He aquí la primera lección. Empecemos por drogas de las más leves a las más fuertes. Asimismo abordaremos algunas anécdotas. Comencemos con la marihuana: para los extranjeros "marijuana"; para la clase media "mota"; para los más sofisticados "chubi"; para la raza "de la verde". Para conseguirla llamar al _____ y al pin número_____. El diálogo se desarrolla más o menos de la siguiente manera: "Juan, háblame urgente al celular número_____ " Ring, ring. Y dos minutos después: "Habla Israel, ya sabes, soy el del coche negro". "Sí, ya te reconocí." "Bueno, quiero dos 'doña blancas' y una 'verde'. Bueno, gracias." "Donde siempre, en media hora." "Menos. En veinte minutos." Llegas y el cuate está en una motocicleta. Le sueltas 450 pesos, 150 por cada cosa. Cada pase cuesta 150. Viene en un papel blanco de 5 cm por 3 cm bien empacados y de un modo muy singular. Difícil de entender para el no profesional. La mota viene en colas con varas, con las ramas. Viene en un pedazo de periódico de 25 cm hecho un rollo. Alcanza para treinta chubis, bien rolados. Oye, la marihuana tiene su chiste, ya que hay que limpiarla perfectamente bien, quitándole los cocos, que son las semillas, y las varitas. Hay que dejar la pura hierba, hijo// Hay que comprar papel de arroz con la China de Polanco para hacer o rolar el cigarro. La mejor es cuando la punta de la hierba es un poco naranja, y entre menos cocos o semillas, es mejor la mariguana. Es más pura. Te dará un mejor high, hijo, y la cruda será más leve. Lo cual quiere decir que te dará menos dolor de cabeza y cansancio. Siempre que se te baja dos horas, hora y media después, quieres otro consejo, hijo, como buen adicto, y ya el segundo pega muy poco el efecto. Durará media hora y entra un cansancio para dormir. No es muy sociable, aunque cuando eres profesional y estás en buenos términos con ella, antes de un fiesta te das tu toque que son de cuatro a seis fumadas sosteniendo el humo en el estómago lo más que aguantes, hijo, y llegas hasta la madre a la fiesta. PELIGRO: HUELE MUCHO, ENTONCES MUCHAS MENTAS, GOTAS EN LOS OJOS, SOLUTINA, PORQUE SE TE PONEN COMO SEMÁFOROS, MUCHA COLONIA Y ADELANTE; ENTRAS SUPER HIGH, HABLANDO COMO PERICO Y DISFRUTANDO COMO LOCO ESA HORA Y MEDIA; el tiempo no pasa, no te preocupas, es la satisfacción más grande de la droga y hay un relajamiento de 70% de tus nervios, aunque hay euforia, y de repente se te va la onda porque dices algo que no debes de decir ya que tu mente va hecha la chingada y no hay quien la pare, y después de estar a carcajadas por cualquier mamada viene la cena y ya estás de bajada, por consiguiente te avientas lo triple de lo que comerías normalmente: doce tacos, seis tortas, y compulsivamente. Entonces, claro, para el "moto" terminó el reventón. A dormir. Estás agotado por la marihuana y por lo que comiste. A menos de que seas pedo. Entonces unas cinco cubitas de Bacardí y luego otro "chubi", y hasta las nueve de la mañana. Y si en el reventón hay "coix", bueno, tres días es poco. La "coix", va de la mano con el alcohol, son novios, ya que te mantiene en casi tus cinco cabales; casi siempre hay un desfiguro y más después de veinticuatro horas. La "coix" o coca o cacoo on flugs se da en la intimidad de dos tres máximo y en absoluta confianza. Nadie raja; al igual que la mota ésta se trata de fumar en jardines por el olor, nunca en lugares encerrados; ya en la desesperación donde sea. La coca y alcohol rico, hay taquicardia, y ojo pelón, nervioso, asustado, esto durante el reventón. Ya llegando a tu casa y en tu cama, empieza una angustia de no poder dormir ni un minuto y en pensar que todo mundo te vio, que eres un drogadicto, y se repite un monólogo interminable, con taquicardias que suben y bajan, hasta que agarras un Dormicum u otra pasta y a la verga: pa'dentro, y duermes tres o cuatro horas. No te hace MUCHO YA QUE LA COCA DE ESTE PAÍS ESTÁ CORTADA CON LAXANTES y con "speed", que te pone los nervios de punta; y la coca a cuerno limpio, "on sea", sólo sirve para ponerte como un perico: número uno, a hablar sin parar; dos, a querer meterte cada diez minutos esto, sola o con alcohol; y tercera, para alucinar problemas personales que los haces inmensos. Es una magnífica dieta, ya que no te da NUNCA HAMBRE, ES MÁS, DESPRECIAS LA COMIDA, puedes llegar a enloquecer de angustia y de paranoia, es el diablo. Hay una cruda con la coca que da mucho sueño. Para reponerte tienes que dormir veinticuatro horas seguidas. En el caso de la cocaína, es más obsesiva en todos sentidos, ya que se requiere ingerir cada quince minutos. Con la mota, al cabo de dos "chubis" sin alcohol, te quieres dormir. Son opuestas. Una quesque tranquiliza, la mota, aunque tienes el sistema nervioso hecho pedazos. Mucha vitamina B12 te aliviana, y la coca es una euforia pretendiendo alegría; y para bajar el pedo acabas por quererte suicidar cuando acabó la fiesta y no hay ni dios padre que te duerma; es jija la coca. Existe una gran diferencia: la que llega a New York, es la pura neta. No te hace tanto daño dada su pureza, y con dos pases en una noche y alcohol, estás como rey. Aquí en México, con la de 150 pesos, hay que darte dos gramos por noche porque es muy rebajada. Los dealer la rebajan. Llega a modo de una roca una pelota más grande que la de tenis, transparente, y la van rasurando y moliendo en los molinos que venden en los Estados Unidos. Se muele con cualquier molino hasta hacerla finita y metértela con la punta de una tarjeta de crédito por las narices. Un buen llegue por cada orificio de la nariz. Hay gente que es alérgica y no deja de moquear, entonces se mete un antihistamínico y se mete un putazo por la boca como quien da un toque pa'dentro. Todo "coco" al final agarra un poco con el dedo y se pone en las encías, ya que se siente rico porque se duermen. Es una satisfacción padre, y se pregunta: "¿Me regalas un poco para las encías?". Siguen las más fuertes. Buenas noches. Cualquier pregunta hazla a Belle de Nuit, que para eso está.

Cuando Rodrigo leyó esto, al principio le inspiró asco; incluso hasta sintió náuseas. Pero después lo embargó una intensa curiosidad. Guardó el e-mail en un archivo nuevo bajo el nombre de: "Un submundo raro". El sábado de esa misma semana, al llegar de un "reventón", abrió su correo y leyó: "Para ti, de Belle de Nuit II". Se puso tenso; apagó su Compaq Notebook. Prendió un cigarro. Vestido como estaba, se recostó en la cama. Puso un disco de Sabina y se puso a escuchar su canción preferida. Junto con el intérprete empezó a cantar muy quedo pero muy clarito:

> *Si lo que quieres es vivir cien años*
> *no pruebes los licores del placer.*
> *Si eres alérgico a los desengaños*
> *olvídate de esa mujer.*
> *Si lo que quieres es vivir cien años*
> *vacúnate contra el azar.*
> *Deja pasar la tentación,*
> *dile a esa chica que no llame más,*
> *y si protesta el corazón,*
> *en la farmacia puedes preguntar:*
> *¿Tienen pastillas para no soñar?*
> *Si tu película es vivir cien años*
> *no lo hagas nunca sin condón...*

Más que pastillas para no soñar, lo que necesitaba Rodrigo eran sueños en qué soñar. Sueños que le dieran un poquito de ilusión. Sueños que lo hicieran olvidar lo solo que estaba en esa casota de las Lomas con esa familia disfuncional. Sueños que le dieran sentido a su vida. Sueños que lo estimularan. Pero, sobre todo, sueños que le mostraran un mundo más amoroso que en el que había nacido. Rodrigo sufría porque sabe que en ninguna farmacia están a la venta pastillas para no soñar los sueños espantosos que tenía.

Se incorporó. Quitó el compacto. Se sentó a la mesa que hacía las veces de escritorio. Y con un gesto un poco brusco, abrió la tapa de su computadora. La encendió. Abrió su correo. Buscó el e-mail de la Belle de Nuit que lo estaba esperando, y en una pantalla azul eléctrico leyó:

¿Qué onda? ¿Qué crees? En mi último comunicado no te expliqué de las complicidades, de las más importantes, que deben existir entre dos o tres o un grupo de drogadictos. Las de las drogas son más fuertes que las del alcohol, ya que están prohibidas. Te narraré pequeños momentos dentro de este ambiente: cuando es social la cosa, ya que cuando es solo, como un verdadero adicto avergonzado, es un poco diferente, hay sutilezas como éstas. Por ejemplo, a las niñas se les acerca una amiga que sabe que alguna trae "coix", y dice: "please, vamos el baño, te tengo que decir algo". La droga es muy celosa; si la persona te quiere dar, que, por lo regular, siempre quieren gente jodida como ellos, te dan; pero si te quieren fregar, se hacen los sordos. El cuate de los drogadictos hombres le pone en la palma de su mano el papel, un paquetito muy bien hecho. Nadie se da cuenta. Los hombres son muy obvios porque se meten el papel a la bolsa del pantalón. Cuando se trata de un pequeño grupo se enfila a las escaleras de servicio, en caso de un edificio, o a las cocheras, en fin, truquillos... Siempre todo el mundo muy alerta a que no se noten las narices blancas. Se ve en algunos casos, cuando el "coco" es muy "coco", porque le salen dos gotas de sangre de la nariz, y si eres amigo hay que ir corriendo a decirle. Ya verás cómo lo agradece cada vez que te ve. En fin, y ahí vienes. Para las drogas fuertes, o sea, los químicos, empezar: cigarro de mota y "coca" se le llama primo. Blueringer es la droga más cara y sofisticada. Ves todo en reversa. Cuesta 500 pesos. Candysleeper es una pastilla de ácido con tacha. Poner "coca" dentro del cigarro normal se le apoda "chino". El Blueringer tiene una duración de tres días hasta la madre. Las pastillas farmacéuticas que más consumen los jóvenes son Ritalin, Aderol, Prozac, Lexotan, Ativan y la Catovitx, que es la que más se parece un poco a la coca y se compra en la farmacia. "Gallito", igual a una gomita dulce con un costo de 120 pesos, con ésta tienes una erección de cuatro horas. En los "raves" se meten como en una bodega quinientos jóvenes a meterse pura tacha, éxtasis, que es la droga más de moda, te dura seis horas y se siente divino. Es la droga del amor y de la amistad. Con ella eres encantador; bailas; te encanta que te toquen; pero no en plan sexual, es pura amistad. En New York le dicen "the train". El tren porque arranca y estás fascinado con una sensación que no te la acabas de felicidad interna. Y luego el tren se para en un pueblo y estás como si no te hubieras tomado nada. A los cinco minutos arranca otra vez. Esta deleitante droga dura hasta cumplir seis horas y entonces empieza un cansancio. Los jóvenes como tú, se meten otra y otra. Una gente madura queda agotada, se duerme y tiene una cruda de mucho cansancio por tres días y "side effects". Por su culpa se tienen unos sueños que son más bien pesadillas que te vuelves loco. Su valor es una buena inversión, desde 100 hasta 400. Se llaman: tacha cristal, tacha mitsubishi, tacha mause, tacha tic-tac; 300 baros, la tacha brasil y la tacha superman. Al Acidop se le apoda "ajo" o "aceite". Para estar seguro de que te están vendiendo un ácido de laboratorio hay que decirle al "dealer" que te enseñe la tira de mil o más que tenga, y tú personalmente cortas tu centímetro de ácido. Se llama "Hotman", dura cuatro horas. "Manzanita" dura de cuatro a seis horas. La "Hotman 2000" dura veinticuatro horas; éstas son caras, cuestan 600 baros, son los de "Hotman Aniversario". La tira dice "Hotman" o "Manzanilla". Y a lo mejor tú arrancas tu centímetro de la de "Manzanilla". Este ácido se toma o abajo de la lengua o entre el dedo pulgar y el que sigue apachurrando bien. También se puede poner en la frente y te pones la gorra para atrás para que penetre. Existen algunos locos que se la meten dentro del ojo. En la escuela, en la desesperación, muelen el Ritalin pasta, comprado en la farmacia, y se lo meten a modo de coca en la clase. Todas estas drogas: tacha ácido, Ritalin coca, Aderol y Catovitx, producen agresión, angustia, miedo y desesperación. Pero, claro, la excitación y las alucinaciones perdonan al miedo. También los hongos de Oaxaca producen alucinación, satisfacción, acabando en miedo angustial. LA MEJOR DE LAS DROGAS SE LLAMA SPECIAL K. El Special K es tranquilizante; es un polvo de vaca cocinado muy parecido a la marihuana. No es down como las otras. Es cara, de 400 baros. Quita la angustia con la tacha, con el ácido te puede venir el M-HOLE, NO SE PUEDE MOVER TU CUERPO DESDE TRES MINUTOS HASTA UNA HORA Y ENTRAS EN UNA ANGUSTIA DE TERROR. ¿Qué crees? Ya hay morfina en México. Es polvo como la coca. Es carísima, 600 pesos un poquitín, y también te puede dar M-HOLE, DONDE NO TE PUEDES MOVER, ES DOWN; EL MÁS DELICIOSO DE TODOS, OPIO EN OAXACA, HAY UN SOLO LUGAR CON CAMAS Y TUS PIPAS; PEYOTE ES SU MÁXIMO, COCA NATURAL Y HIGH TREMENDO, PUEDES CAMINAR CON PEYOTE DOCE HORAS SIN SENTIRLO Y CON SU RESPECTIVA CRUDA, CANSANCIO Y GRAN DOLOR DE CABEZA. Estas DROGAS las consumen los niños mexicanos de colegios como el Americano, el Liceo y otros mixtos, como el Cumbres. También de puros hombres. Éstas son más bien de puro alcohol, hasta quedar inconscientes, y sí se meten coca pero ya cuando están muy pedos y no les hace efecto, porque el alcohol es el diablo al igual que el ácido, son incontrolables los otros, como que ahí se van, hijo. Ahorita los mejores bares están en el centro y se llaman Buga y Rímel, VAN CAMBIANDO DE MODA COMO CADA AÑO. Para cualquier aclaración pregúntame lo que no entendiste o no me supe explicar. Pregúntame lo que quieras de drogas, alcohol y erotismo; sé todo, Belle de Nuit. MIL GRACIAS.

Rodrigo terminó de leer, encendió un cigarro y se dispuso a contestarle a su nueva amiga cibernética: "¿Cuándo nos vemos? ¿En qué lugar? Te advierto que soy nuevo en esto, salvo en lo que se refiere al alcohol y al erotismo. Tú dices dónde, cuándo y de a cómo. La Bestia".

A partir de esa noche, la vida de Rodrigo dio un vuelco de ciento ochenta gramos de droga. A partir de esa noche, Rodrigo ya no fue a la universidad. A partir de esa noche, Rodrigo tuvo otro tipo de sueños. A partir de esa noche, Rodrigo ya no estaba en su casa. A partir de esa noche, la vida a Rodrigo se le empezó a enredar en las agujetas de sus tenis. A partir de esa noche, Rodrigo ya nunca más escuchó a Sabina; en su lugar oía a Velvet Underground tocando "Heroine". A partir de esa noche, a Rodrigo lo empezó a visitar Lucy desde el cielo y con diamantes; empezó a ver cucarachas que no tenían marihuana que fumar.

Harto de sufrir

La única persona que en esa casototota de las Lomas, tan impecable y ordenadota, advirtió los primeros cambios en la personalidad de Rodrigo fue Carmen Rojas, su nana de toda la vida. Después de haber trabajado con la familia por más de dieciocho años, ella era la que lo conocía mejor que nadie. Sabía de sus gustos. Sabía cuándo estaba triste. Sabía cuándo andaba entusiasmado por una chica. Sabía cuándo tenía problemas de dinero. Sabía cuándo se había desvelado. Por eso, sin la menor dificultad, desde hacía varios días se había dado cuenta que Rodrigo se impacientaba a la menor provocación. Igualmente se percató de que su mirada ya no era la misma: la encontraba demasiado vidriosa. Empezó a notar cómo mentía con más frecuencia. Constantemente estaba triste, enojado o deprimido. Cuando platicaba con ella, tendía a compadecerse de sí mismo y al mismo tiempo le echaba la culpa a todo el mundo de todos sus problemas. Asimismo Rodrigo comenzó a pedirle dinero prestado. Se dio cuenta que había veces en que dormía hasta veinticuatro horas y que ya no tenía hambre. Además, ya no se arreglaba, al contrario, siempre estaba más que desaliñado. Por otro lado, empezaron a buscar a Rodrigo por teléfono personas cuyos nombres no le eran familiares: Faustino, Macedonio, Gaspar, Ramson y Sigfrido, eran los que más llamaban. "A mí toda esta gente me da muy mala espina. ¿Cómo que son sus amigos y nunca vienen a la casa?", se preguntó Carmen, mortificada. También le llamó la atención que en su botiquín cada día había más cajitas de medicinas como Ritalin, Lexotan y Aderol. Tampoco nunca comprendió por qué aparecía entre los libros de Rodrigo todo un block de recetas en blanco; en la parte superior impreso el nombre de un doctor que nunca había escuchado en la casa. Era evidente que Carmen Rojas no podía adivinar que esas recetas las había mandado a imprimir el mismo Rodrigo en la plaza de Santo Domingo, para que él mismo se diagnosticara una barbaridad de pastillas que compraba en cualquier farmacia. Pero la gota que derramó el vaso de su desconfianza fue lo que sucedió una mañana mientras arreglaba la desordenadísima habitación del joven Rodrigo. Después de haber levantado su ropa interior y su camisa, que había dejado tiradas en el suelo, Carmen alzó sus jeans para ponerlos al derecho, y cuál no fue su sorpresa al ver caer al suelo una bolsita de plástico que contenía un polvo blanco. Al principio no supo que se trataba de "coca" pero su intuición femenina y el enorme cariño que le tenía a ese joven que prácticamente había visto nacer, de inmediato, le indicaron que ese polvo blanco era el causante de que su "niño" anduviera los últimos meses como ausente en su propia casa. "Con razón la otra noche andaba como sonámbulo", se dijo al meter de nuevo la bolsita en uno de los bolsillos del pantalón.

Esa noche Carmen Rojas no durmió. No decidía si contárselo a su patrona o mejor guardar el secreto para que no fueran a regañar a su "niño". "¿Qué hago Virgencita de Guadalupe? La verdad es que la señora no se da cuenta de nada. Siempre está como trompo chillador. Y luego que el señor nunca está en la casa, y cuando está parece fantasma..." El que tampoco durmió esa noche fue Rodrigo. La "coca" que había ingerido no le quitaba ni la soledad ni el enorme vacío que sentía. No le quitaba esa sensación de encontrarse en el fondo de un túnel sin salida. No le quitaba el desamparo que sentía. Ni tampoco le quitaba las ganas de gritar a los cuatro vientos que ya estaba harto de sufrir.

Un nuevo smoking Giorgio Armani

La que también se mantuvo en vela fue Alejandra. Ella tampoco dormía: el chat con una de sus amigas se lo impedía. Enfundada en una bata color "peach" marca La Perla acabadita de estrenar, estaba frente a su iMac color azul turquesa transparente que acababa de comprarle Antonio en Houston. Atrás de ella se veía una cama queen-size ma-ra-vi-llo-sa, cubierta con un edredón mandado a hacer especialmente para ella en Budapest con plumas de ganso, sobre él eran visibles varias maletas marca Tumy a medio vaciar y mucha ropa colocada en desorden. Empezó a escribirle a Cayetana, una amiga de La Peña de Valle de Bravo, con un solo dedo y con cierta dificultad.

–Hola, acabo de llegar de Houston con mis sobrinas. Me llevé a Paty y a Casilda. No sabes lo que la gozamos. No te puedes imaginar todo lo que compre. A pesar de que llegamos tardísimo, escondí todo mi shopping para que no lo fueran a ver las maids. La verdad es que sí me da pena; sobre todo, con Carmen, que ya ves que es como de la familia. Comimos riquísimo. He de haber engordado, seguro, como tres kilos. Fuimos a muy buenos restaurantes. Mis sobrinas pedían caviar, langosta, camarones gigantes, etcétera. No sabes, están de lo más echadas a perder por sus papás ; pero no me importó porque, la verdad, son monísimas. Por cierto, te traje tus tres pantalones, tus camisas y dos trajes de baño que me pediste.

–Ay, qué linda. Oye, y ¿cuánto te debo? Mil dólares, ¿o qué?

–No hombre nada. No es nada.

–Oye, qué pena, se me hace una exageración.

–Te lo juro que no es nada. Son tres babosadas. Si supieras todo lo que yo me compré...

–Bueno, pues mil gracias.

–Y ¿cuándo te vienes a comer? Para que te enseñe todo lo que me traje. Viene época de bodas y navidad. ¿Qué crees? Me compré ocho vestidos de noche. Muero por que me digas cuál es de los más elegantes y cuál guardo para la boda de Lorenza. Sí te invitaron, ¿verdad?

–¡Claro! Ya hasta tengo mi vestido. Bueno, voy el lunes a comer.

–Pero conste, ¿eh? Porque me muero de ganas de enseñarte también unos individuales que me compré diiiii-vi-nos. Aquí entre nos, también me traje toda la cuchillería de Christofle, pero no le digas a nadie ¿Qué crees? Me la metí adentro de los chones. En mi petaquita Louis Vuitton me traje la mitad. Estoy feliz. Si sabe Antonio, me mata.

Ya sabes cómo es de codo y que todo el día se queja de que no tiene dinero. Te lo juro que me lincha. Pero ven, me muero de ganas de enseñarte todo. ¿Qué crees? A Rodrigo le traje un smoking Giorgio Armani. Está que te desmayas. Todavía no lo ve. Creo que se fue a una fiesta. Cuando lo vea se va a poner feliz.

—Pero ¿cuándo se lo va a poner? ¿También él va a la boda de Lorenza o qué? Dice mi marido que, la verdad, usar smoking, no es lo más chic del mundo. Que es más chic ir de traje oscuro, porque ir de smoking pareces como mesero estadunidense de restaurante de cinco estrellas.

—Ya le dije a Rodrigo que tiene su boleto pero dice que le da flojera. No sé por qué pero últimamente no tiene muchas ganas de ir a fiestas, yo creo que anda muy ocupado con la universidad. Oye, pues a lo mejor tu marido tiene razón. Se lo voy a comentar a Antonio para ver qué opina. Bueno, pero dime, ¿cuándo vas a venir a la casa? Te lo juro que me muero de ganas por enseñarte todo mi shopping. ¿No puedes venir mañana a desayunar? Vente muy tempranito. No seas mala. Es que me importa mucho tu opinión. ¡Te lo juro! Bueno, corazón de melón, te dejo. Mañana te espero. ¿Estás a dieta? ¿O te mando a hacer huevos rancheros? ¿O prefieres unos blinis bien tostaditos con mermelada francesa de frambuesa? Mmmmmmmm. Okey, bye.

Efectivamente, Rodrigo utilizó el smoking pero no para ir a una fiesta: se lo vendió al capitán de Fouquet's, quien lo conocía desde que era muy jovencito, para poderse comprar más "coca".

Te acuerdas, mamá

Si Rodrigo pudiera contarnos cómo fue que empezó todo, seguramente nos diría que comenzó como un juego. Un juego en el que, poco a poco, acabó entregando la vida y la voluntad hasta que terminó en una oscuridad completa. También nos confesaría que la droga era como una anestesia que le ayudaba a adormecer los sentimientos de dolor. Que sólo confrontando el dolor se puede llegar a dominar el consumo de la droga. Que, en esas circunstancias tan dolorosas, no hay nada como llorar y llorar. "Es la mejor terapia", confirmaría Rodrigo. "Sí, sin duda es la mejor terapia. En Oceánica aprendí a llorar por lo que hace muchos años me hacía sufrir pero que nunca me permití expresar en forma de llanto. Aprendí a meditar. Aprendí a reflexionar.

Por las tardes me pasaba horas caminando por la playa, acordándome de muchas cosas; de momentos muy tristes que tenía como tatuados en todo mi cuerpo. Ahí estaba mi tristeza a lo largo de mis brazos; mi amargura enredada en mis tobillos; también, en forma de tatuaje, advertí que todas mis nostalgias se me habían pegado sobre el vientre. En la espalda tenía un alacrán. Alrededor de mi cuello una serpiente representaba todo el asco que había mamado desde niño. En Oceánica aprendí a reconocer este dolor. También aprendí a hacer mi cama. Ahí no estaba mi nana para hacerla. No estaba Carmen Rojas para levantarme mi ropa, ni para cocinarme mis huevos rancheros. Ahí, en mi cuarto de Oceánica, no había nadie más que yo mismo, conmigo mismo, frente a mí mismo. En esas cinco semanas asistí a conferencias, a terapias de grupo. Aprendí a hacer mis ejercicios espirituales. Aprendí a sentirme derrotado ante la droga. Y aprendí a llevar un diario en el que escribía todos mis pensamientos. En él le escribí una carta a mi mamá recordándole mi existencia. Recordándole que era su hijo. También le recordé todas esas tardes que de niño me pasaba frente a la televisión comiendo helado. En esa época me comí todos los sabores de la heladería. Comí litros y litros de chocolate, de vainilla, de fresa, de cookies'n'cream, de choco chips, de chicle, de café con sabor capuchino, de menta, de nuez, de almendra, de amaretto, de blueberry, de caramelo y de cajeta. Su dulce me acompañaba. En la carta, de paso, le recordé todas las tardes que me dejó solo. Le recordé que quería más a mi hermano Toño que a mí. ¿Te acuerdas, mamá, que te caía mejor que yo? ¿Te acuerdas que a él sí lo ayudabas con sus tareas y que a mí me decías que tenía que hacerlas solito? ¿Te acuerdas que nunca permitiste que te diera un beso porque no querías que se te descompusiera tu make-up Shisheido? ¿Te acuerdas que te pasabas horas en el teléfono al mismo tiempo que yo pasaba días enteros frente a la tele? ¿Te acuerdas que siempre criticabas a mis novias? ¿Te acuerdas que nunca me dejabas acostarme en tu cama, a tu lado, y que Toño siempre estaba ahí viendo la tele? ¿Te acuerdas que siempre me dijiste que sí a todo, cuando en realidad quería que me dijeras que no? ¿Te acuerdas que un día se te olvidó mi cumpleaños y me hiciste mi fiesta tres semanas después? ¿Te acuerdas que un día le gritaste muy feo a Carmen Rojas y hasta estabas a punto de correrla por el solo hecho de haberme defendido de todas las patadas que me dio Toño, nada más porque me puse uno de sus suéteres? ¿Te acuerdas mamá? En Oceánica te ayudan a acordarte de todo esto y a llorar por todos estos recuerdos. Te ayudan los terapistas; con ellos entras otra vez en la época de la infancia. Es como un viaje al pasado. Un viaje muy doloroso. En Oceánica se come y se duerme rico. La meditación, la comida y el anonimato son parte de la rutina de desintoxicación. Ahí fue donde desintoxiqué mi cuerpo. Ahí fue donde desintoxiqué mi alma. Cuando uno es adicto a las drogas es porque se está enfermo del alma. En esta enfermedad es ella la que más padece, la que más sufre, la que más tiene heridas, y a la que más le cuesta trabajo cicatrizar. En Oceánica aprendí que uno es impotente. Pero de todo, todo lo que aprendí, lo más importante fue que hay que creer en un Dios. Un Dios que te quiere, que se preocupa por ti. Es a Él al que le debes entregar tu vida y tu voluntad. Aprendí que Él vive en mi corazón y en mi espíritu. Gracias a todo lo que aprendí en Oceánica, ahora pienso, actúo y siento de la misma forma. Es decir: que en el pensar, actuar y sentir hay una congruencia. En Oceánica se han dado muchos milagros de recuperación pero yo me considero el mayor milagro de todos. Cuando llegué pesaba 64 kilos, ahora soy un gordito feliz. Un hombre feliz y útil. El secreto de todo está en la espiritualidad. Todos los días hago mis meditaciones. Todos los días reflexiono. Todos los días me acuerdo de Dios. Todos los días me acepto como soy. Todos los días me quiero. Todos los días perdono a mis papás. Todos los días entiendo los problemas de Toño. Todos los días procuro ser amable. Todos los días lucho por ser honesto. Todos los días quiero emanar puras buenas vibras. Y todos los días le doy las gracias a Oceánica."

¿Tengo yo la culpa de esto?

Alejandra nunca leyó el diario que llevó su hijo en Oceánica, por lo tanto, no pudo acordarse de todo lo que le recordaba Rodrigo. Sin embargo, en el lapso que su hijo estuvo en Oceánica, Alejandra revisó su relación madre-hijo con su psicoanalista, el doctor Friedman: "¿Verdad, doctor, que el periodo de la adolescencia es el más delicado y difícil en la vida de cualquier ser humano? Pues fíjese, doctor, que desde que Rodrigo era muy niño y después adolescente se juntó con unos niños que, sinceramente, no eran de su misma clase social. Son los hijos de Ana Paula, de la amiga que ya le he platicado, y que tenían unas costumbritas sinceramente muy extrañas. Para mí que fueron ellos los que lo contaminaron. Igual que los míos, ellos también, primero, estuvieron chez madame Durand y después en el Cumbres. Oiga, doctor, créame que Rodrigo siempre tuvo todo para haber podido llevar una vida sana: la unión de su familia, un bonito círculo de amistades, el club muy cerquita de su casa, el cariño de sus abuelos, la adoración de su nana y por supuesto la de sus padres. Mire, doctor, de niño siempre estuvo en magníficos colegios; fue a los mejores camps de Estados Unidos. Oiga, doctor, nunca lo mandé a lugares como ése que se llama Camomila y que va pura gente chafa. No. Toño y Rodrigo siempre fueron a los más exclusivos. ¿Acaso no compramos el departamento de San Diego para que aprendieran inglés? ¿Acaso no nos endrogamos para dejarles no nada más un patrimonio sino una buena educación? Ahora, es cierto que mi marido es muy autoritario. ¿Sabe?, él fue educado muy a la antigüita. Sus padres eran muy rigurosos. Muy chapados a la antigua. ¿Sabe de qué me da la impresión mi marido? De que es muy contenido. No sabe manejar los sentimientos. Conmigo es igual de desapegado. Nada más piensa en él. ¡Es un egoísta! ¡Cuántas veces le supliqué que le prestara más atención a Rodrigo! Pero nunca me hizo caso. Aquí entre nos, su preferido siempre ha sido Toñito. Le voy a decir una cosa, doctor, la verdad es que Rodrigo tiene un carácter muy difícil. ¿Sabe de quién lo heredó? De mi suegra. Son igualitos. Igual de introvertidos. Igual de desconfiados. Igual de exigentes e igual de conflictivos. Pero ¿sabe qué, doctor? Bendito sea Dios, Rodrigo ya está sentando cabeza. Le está yendo muy bien donde le dije que se fue. Como que ya le está cayendo el veinte. El otro día que hablamos por teléfono estuvo muy cariñoso conmigo. Seguro que allá donde está ha estado evaluando toda la tristeza que me ha provocado su comportamiento. Créame, doctor... yo he hecho lo más que he podido... Perdóneme, ¿no tiene un kleenex, por favor? Créame que con mis hijos siempre actué de la mejor fe. Nunca hice diferencias entre su hermano y él. Mire, doctor, los vestía iguales. Los peinaba igualito. Hicieron juntos su primera comunión. Ahí tengo montones de álbumes donde salen retratados juntitos. Fueron al mismo colegio y camps, a las mismas fiestas. Ay, doctor, usted dígame, ¿qué patas pude haber metido? ¿En qué me equivoqué? ¿Por qué no habrá colegios donde se puedan tomar cursos para educar a los hijos? ¿Tengo yo la culpa de que vivamos en una sociedad donde ya no hay valores? ¿Tengo yo la culpa de que los jóvenes de hoy no tengan ambiciones? Aquí entre nos, doctor, Rodrigo siempre le tuvo mucha envidia a Toñito. Se sentía muy acomplejado ante el hermano mayor. Pero ¿también tengo yo la culpa de esto? Dígame, ¿la tengo?".

Mientras el doctor Friedman escuchaba a su paciente, se acordó que tenía que pasar a la tintorería a recoger su traje azul marino. Esa noche su hijo mayor se recibía de abogado y haría una recepción en la Hacienda de los Morales. Igual, en esos momentos, tuvo ganas de telefonearle a su señora para avisarle que no se le olvidara pasar a recoger a su madre, que ya tenía más de ochenta años y odiaba salir por las noches. Asimismo, se sentía un poquito tenso porque no sabía si ya se había ido la secretaria y le había dejado los recados sobre el escritorio. Tres días antes, Ana Rosa le había pedido permiso de salir más temprano porque tenía una merienda con una amiga que vivía en Costa Rica y que había venido a México a pasar una corta temporada. Por eso cuando Alejandra le hizo la pregunta al doctor, su espíritu estaba totalmente alejado del dilema de su paciente. "¿La tengo?", volvió a preguntar su paciente, cubriéndose los ojos con un pedazo de kleenex todo rasgado y húmedo.

En esos instantes al doctor Saúl Friedman no se le ocurría qué contestarle a su paciente. Como para ganar tiempo, con toda lentitud se quitó sus anteojos de armadura de carey; con las dos yemas de sus dedos se sobó el huesito de su nariz aguileña y agregó: "Mire, señora, habría que volver sobre el tema. Me temo que todavía hay muchos cabos sueltos. ¿Por qué no lo revisamos en nuestra próxima sesión?". Alejandra continuó con el rostro sumergido en ese pedacito de kleenex. Más que estar llorando, pensaba en qué se iba a poner para la cena de Cecilia Verea de esa noche. "¿Y si me pongo el azul turquesa? Ay, no creo, que ése ya me lo vieron." Estaba a punto de pensar en su top de encaje color champagne, que quedaría perfecto con su falda negra de terciopelo, cuando súbitamente el doctor se puso de pie. Alejandra se sonó la nariz para después seguir su ejemplo. "No se olvide de lo que decía Céline, señora: Todos los demás son culpables, salvo yo." Alejandra se puso nerviosísima cuando escuchó la frase. Para ella "Céline" era una marca de zapatos franceses ma-ra-vi-llo-sos que solía comprar en la avenida Victor Hugo de París. Para no exponer su ignorancia prefirió no preguntarle al doctor si se trataba del mismo Céline. "Ay, qué interesante", agregó nada más. Bien a bien no fue capaz de entender la indirecta del doctor Friedman. Su único interés en esos momentos era llegar lo más pronto posible a su casa. La cena era a las 9:00 p.m. y ya eran cerca de las ocho de la noche. Una vez que se despidieron, el doctor también salió de su consultorio corriendo.

Mientras Alejandra manejaba su jetta, llamó desde su celular:

"Oye, Carmen, porfa sácame el top de encaje que me acabo de comprar y la falda negra que me trajeron ayer de la tintorería, junto con mis medias negras y las sandalias de satín negro, ¿ya sabes cuáles? Bueno, ponme todo sobre la cama, ya voy para allá. Si llega el señor, dile que no me tardo, que ya voy en camino. Gracias. Oye, ¿quién ha llamado? ¿Nada más la señora Ana Paula? Okey. Gracias".

ANA PAULA, LA AMIGA PANTUFLA

*E*ntonces, si Alejandra tenía problemas tan serios en su casa, como los que existían con el menor de sus hijos, ¿por qué nunca se los llegó a comentar a sus amigas? ¿Por qué no había buscado su ayuda? ¿Por qué tenía miedo a su juicio? ¿Temía que la rechazaran? ¿Por qué en la conversación en lugar de hablar de lo que realmente la estaba preocupando, siempre sacaba temas muy del estilo de las revistas femeninas: "¿Eres una ejecutiva muy profesional? ¿No tienes tiempo para dedicarle a tus hijos? ¡Aprende a transmitirles amor en tan sólo una hora!"; "Ten cuidado con las adicciones"? Ésa era la clase de lecturas que Alejandra después repetía como lorito pero que, naturalmente, no tenía la capacidad de poner en práctica. Sofía odiaba esta actitud tan negadora y de mamá perfecta que tenía su amiga. Pero todavía odiaba más que Alejandra se refiriera a su vida personal ¡en un tono tan paternalista! ¿Con qué autoridad le daba ese tipo de consejos, cuando su hijo había pasado por un problema tan grave, del que no se había enterado por ella sino gracias a la madre de un chico que también estaba en Oceánica? ¿Por qué siempre cuando hablaba de divorciadas, lo hacía en un tono tan desdeñoso? "Ella jamás se atrevería a divorciarse. Además de morirse de miedo, le entraría una culpa del carambas. Ella nada más vive a través de los ojos de su marido, de sus hijos, de sus nietos, de su 'estatus', del 'Grupo', de los del club La Peña, de Valle. Como bien dice Inés: Alejandra parece personaje de *El segundo sexo*, de Simone de Beauvoir, de esas mujeres que describe que no cuentan con la más mínima autoestima."

Por lo que se refería a Ana Paula, no obstante que también ella había pasado por un divorcio, se dedicó a criticar a Sofía, precisamente con la "idiota" de Alejandra, como después se lo contó ella misma. "Creo que de las dos, la más culpable es Sofía. Siempre ha sido muy insatisfecha. Entre más le suplicaba Fernando que no gastara, más se botaba el dinero", le dijo con su vocecita. ¡Qué hipócrita! ¡Mosquita muerta! ¿Acaso, recién divorciada, no le había dicho a Sofía exactamente lo contrario?: "Ay, qué bueno que te divorciaste de tu marido. Además de codo, era un amargado y con un carácter del demonio". Pero lo que más le había afectado a Sofía de Ana Paula, fue cuando se enteró de que en uno de sus cumpleaños había invitado a su exmarido a una "blind date" con Susana Fontanals, of all people. ¿Con Susana Fontanals? Pero si era super amiga de Sofía. Con razón lo vivió como una verdadera traición.

Pero ¿cómo se enteró? Pues gracias a Alejandra y a Inés. Ellas también fueron a la cena; pero no se lo dijeron a Sofía sino hasta muchos meses después. ¿Meses después? ¡Ay, es el colmo! Pobre Sofía. El día que lo supo se puso tan, pero tan enojada. ¿Acaso no fue la vez que les gritó y les recordó hasta de lo que se iban a morir? "Híjole, ya ni la amuelan. ¿Por qué cuando vieron a la idiota de Susana, no se salieron de la cena? ¡Qué mala onda! Por lo menos, me hubieran hablado en ese momento por teléfono. ¿Por qué me lo dicen hasta ahorita si esto sucedió antes de semana santa? ¿Por qué se lo callaron tanto tiempo? Yo nunca les hubiera hecho una cosa semejante. También ustedes son de lo más hipócritas. Sí, hipócritas conmigo y también con Ana Paula. ¡Acéptenlo! En el fondo la odiamos. La rechazamos. Nunca la hemos aceptado totalmente. Siempre la criticamos. Nos burlamos de ella. Pero a pesar de todo, le llamamos por teléfono, la frecuentamos, vamos a sus cenas aunque sea para traicionar a alguna de nosotras. ¿Saben por qué? Porque la usamos, la desdeñamos, nos da lástima. Pero a la vez nos da culpa. Además, nos gusta que nos admire; que nos copie. En otras palabras, la necesitamos porque nos ayuda a reafirmarnos... A ser mejor que ella. A no ser como ella. ¡Acéptenlo! Let's face it!", dijo Sofía, con un nudo en la garganta y con la cara roja de vergüenza y de culpabilidad. Qué barbaridad, nunca antes les había hablado de ese modo. Era evidente que estaba muy dolida. Se sentía muy decepcionada. ¿Se habían unido Alejandra e Inés con Ana Paula en contra de ella? No, no era posible. ¿Y la amistad? ¿Y la lealtad? ¿Y todos los años que llevaban siendo amigas? ¿Todo eso no contaba? ¿Qué les había hecho Sofía para que le pagaran con esa traición? Sofía era una de ellas. Si se lo hubieran hecho a Ana Paula, lo hubiera entendido. Pero ¿a ella? ¿Por qué?

Porque como bien dice Francesco Alberoni: "En efecto, la envidia aumenta con la proximidad. Cuando el otro lo llama, lo invita a su casa, a su mesa, cuando lo hace sentar a su lado en las fiestas, lo hace participar de su grandeza, de sus aplausos, el envidioso olvida la diferencia. Se siente como él (ella), feliz, exaltado. Se siente reconocido en su valor". Y como el proverbio popular: "Ojos que no ven corazón que no siente". ¿Qué hubiera sucedido si las cuatro amigas mejor decidieran separarse para evitar todo este tipo de conflictos entre ellas? ¿Era su respectivo sentimiento de envidia una motivación para lograr sus retos personales? ¿Perseguían este sentimiento porque las hacía vibrar? ¿Se había convertido en un alimento para sus respectivas almas? He aquí cuestionamientos que jamás tuvieron por costumbre formularse; porque como apunta Alberoni: "La envidia habla de nuestra frivolidad, de nuestro esnobismo, de las fantasías infantiles que albergamos en nosotros, que cultivamos para darnos aires de personas adultas. Habla de las mentiras que nos decimos para consolarnos y de las que les decimos a los demás para hacer buena figura". El filósofo italiano tenía razón: cuánto se mentían a ellas mismas y cuántas mentiras se contaban entre sí.

De Ana Paula, eran muchas las cosas que molestaban a Sofía; por ejemplo, su comportamiento, su hablar con tantas groserías, su miedo a la soledad y su obsesión por mantenerse joven. Aunque por encima de todo esto, el colmo de la exasperación lo detonaba la consistente desubicación de Ana Paula entre "su mundo" y el mundo a secas. A pesar de que Ana Paula ya se acercaba a los "sixties", aún desconocía cuál era su lugar; no nada más su lugar en el planeta, sino en "ese mundito" al que insistía pertenecer desde que sus hijos comenzaron a asistir a colegios de niños-bien para que se relacionaran. "Ay, tú nada más quieres tratar a la gente-pipirinice. No soporto a tus amigas niñas-bien. Además de frívolas y superficiales, son unas ¡pendejas!", le reprochó una prima de Río Verde, San Luis Potosí. ¿Por qué, a pesar de que el Grupo, efectivamente, no acababa de asimilar su presencia, la obstinación de Ana Paula en frecuentarlo? ¿Por qué la atracción por esa gente, a sabiendas de que no era su gente? ¿Por qué soportar las eternas malas "vibras" de Alejandra, Inés y Sofía? ¿Por qué, a pesar de que la criticaban y la consideraban la típica "social climber", insistía en imponer su presencia en fiestas y reuniones? ¿Por qué cuando era un hecho que no la invitarían a la boda de fulanita o zutanita, era capaz hasta de hablarle a la anfitriona para hacerse invitar con una serie de indirectas? ¿Por qué se exponía a que un día, una de ellas, de plano le dijera: "Mira, Ana Paula, no estás invitada por la sencilla razón de que no estás invitada. Punto"? ¿Por qué cuando le da por organizar sus comidas y muchas de sus amigas la dejan plantada, vuelve a invitarlas como si no la hubieran ofendido con su olvido? ¿Por qué ella nunca las dejaba plantadas? ¿Por qué era la primera en llegar a las fiestas y la última en irse? ¿Por qué se quedaba a velar toda la noche en Gayosso cuando algún familiar de sus amigas había muerto, incluso si se trataba de un pariente lejano? ¿Por qué ellas no hicieron lo mismo cuando murió su madre, incidencia a la que prefirió no darle importancia? ¿Por qué los del Grupo no conocían a su familia y ella sí se consideraba "íntima" no nada más de los parientes de cada una de sus amigas, sino hasta de sus respectivas "maids"? ¿Por qué sabía perfectamente bien el santo y el cumpleaños de cada una de ellas, y a ella jamás le festejaban nada? ¿Por qué invertir tanto dinero en los regalos que les hacía, al grado de endeudarse, si nunca se iban a poner lo que les compró? ¿Por qué cuando hablaba por teléfono con cualquiera de ellas y aunque tuviera prisa no se atrevía a cortar la conversación? ¿Por qué, entonces, ella sí soportaba que, de repente, le dijeran: "¿Sabes qué, Ana Paula? Me estoy pintando las uñas, luego te hablo. ¿No te importa...?"? ¿Por qué toleraba que la invitaran hasta el último momento a cualquiera de sus fiestas y, en cambio, ella tenía que avisarles de sus reuniones hasta con dos semanas de anticipación? ¿Por qué siempre se había prestado a quedarse con los hijos de sus amigas cuando ellas viajaban, y a ella jamás le habían propuesto hospedar a los suyos? ¿Por qué ella siempre les preguntaba las direcciones de las boutiques donde compraban su ropa y ellas nunca le preguntaban dónde hacía su shopping? ¿Por qué ella siempre encontraba elogios para ellas con tanto entusiasmo y nunca le correspondían echándole una sola flor? ¿Por qué cuando le hablaba por teléfono cualquiera del Grupo, y estaba ausente de su casa, ella sí se reportaba de inmediato; y, en cambio, cuando Ana Paula les llamaba y no estaban, y aunque les dejara un recado urgente, le hablaban dos semanas después? ¿Por qué nunca mostró enojo con ellas? ¿Por qué no las contradecía jamás? ¿Por qué se hizo la "amiga pantufla" de todas? ¿Por qué esa intensa avidez de pertenecer y de ser aceptada? Y por último, ¿por qué siempre terminaba prestándole dinero a Sofía para que pagara su tarjeta de crédito y después de tres meses le daba pena recordarle su adeudo?

Qué tanto la actitud de Ana Paula provocaba irritación en Sofía que hasta cuando veía su programa predilecto se acordaba de ella. Esto le sucedió el día que vio el capítulo en el que los Simpson (su programa predilecto) necesitaban un televisor. El fin de semana deciden organizar una expedición a un pueblo cercano (bueno, no tan cercano), donde existe un mercado de pulgas. Mientras Homero y Bart buscan la tele de alguna marca de imitación, Marge y su hija, Lisa, echan un ojo en la sección de ropa. Para su sorpresa, Marge encuentra un conjunto rosa marca Chanel; pero, dado su precio tan bajo, piensa que se trata de una imitación. Lisa voltea la etiqueta y le dice que es porque está "on sale". Como le queda tan bien, finalmente la convence para que se lo compre. Al día siguiente, Marge estrena su conjunto y deja a un lado su eterno vestido verde. Mientras carga gasolina su coche, llega una mujer de apariencia refinada que no sabe cómo utilizar la bomba de gasolina para ponerle a su coche el combustible. Marge le ayuda, y entonces la mujer se da cuenta que habían sido compañeras del colegio. Cuando ve el conjunto Chanel de Marge, de inmediato piensa que se trata de una persona de su misma clase. "Te invito al club de golf", le dice. Marge no lo podía creer. ¿De veras asistiría al club que sólo la gente de alta sociedad frecuenta? Se emocionó tanto que para la reunión se pone su vestido nuevo. Marge se topa con la excompañera que se encontró en la gasolinería y resulta igual de envidiosa que Alejandra; de inmediato le dice: "Ay, pero si llevas el mismo vestido que la última vez que te vi". Cuando termina la comida, las otras señoras-bien invitan a Marge y a su familia a otra reunión en el club. "¿Qué me pongo, qué me pongo?", se pregunta Marge muy nerviosa. "¿Por qué no transformas tu traje Chanel para que parezca nuevo?", le pregunta su hija. Después de mucho pensarlo, Marge logra transformarlo en un conjunto de shorts y de chaleco. A pesar de los esfuerzos que hizo para que se viera totalmente nuevo, el estilo no ha cambiado nada. Qué tan semejante ha de haberse visto que incluso una de las invitadas se lo hizo notar: "Ay, qué bonito tu trajecito Chanel multiusos", le dice, con la misma vocecita que solía usar Alejandra cuando no podía dejar de ser desagradable. Una vez que termina la comida, la vuelven a invitar para la cena anual. Todas le dicen que esperan verla con un vestido nuevo. De nuevo intenta Marge cambiar su vestido pero es inútil. Por esta razón decide gastar todos los ahorros de la familia y comprar uno nuevo, pero esta vez de Christian Dior. Llega el día de la cena y Marge y su familia asisten felices de la vida (aún no sabían que esa noche se les nombraría miembros oficiales del club). En el camino Marge le explica a su familia cómo deben comportarse en sociedad. En esos momentos, Homero se une a sus consejos y les dice a sus hijos que escuchen los consejos de su madre. "Son unos niños muy mal educados", les dice, mientras maneja con su característica desatención.

Pero al escucharlo, Marge se da cuenta de su error. Y, en medio de un profundo silencio, confiesa que no necesita pertenecer a la alta sociedad y mucho menos aparentar ante ese tipo de gente que ni vale la pena. Al final, la familia Simpson se regresa a su casa a ver la tele.

Salvo la reflexión de Marge, todo lo demás le había recordado a su amiga la arribista, a su amiga la desubicada y a su amiga "pantufla": ¡a Ana Paula! Como Marge, también ella quería vestirse bien para ser aceptada. Como Marge, estaba dispuesta a invertir el dinero que fuera con tal de sentirse "in". Ana Paula no nada más se vestía exclusivamente con marcas, sino que los accesorios tenían que lucir el logo de la forma más ostentosa posible; entre más grande y dorada era la "h" de la hebilla de su cinturón Hermès, más satisfecha y elegante se sentía. Es importante hacer notar que no obstante que sus vestidos eran de los diseñadores más conocidos internacionalmente, Ana Paula siempre practicó el arte de elegir el modelo más feo de toda la colección. Es sabido que los diseñadores, en especial los franceses, conocen perfectamente bien esta categoría de clientela, la que está dispuesta a poner miles de dólares a condición de que se note la inversión. Tan es así, que los parisinos suelen decir que la mayor parte de sus colecciones de alta costura está dirigida a "les nouveaux riches", es decir, a los "new rich", los mismos que aunque vivan endeudadísimos, harán lo posible "por que no se note la pobreza".

Sofía estaba en lo cierto, Ana Paula era exasperantemente arribista. ¿Acaso su obsesión por llevarse con sus amigas, que pertenecían a un mundo raro, no la había llevado a excesos insospechados, como aquel que contribuyó a que Beto le pidiera el divorcio? Sin embargo, algo había en ella que, de alguna manera, hacía que la envidiaran. ¿A Ana Paula? ¿Cóooomo podrían envidiar a alguien que no consideraban de su misma clase, blanco de su desdén y ahora de sus burlas? "¡Imposible!", habrían exclamado las tres al unísono. ¿Qué envidiar de alguien como Ana Paula? ¡Nada! Lástima que ninguna de las tres supiera qué significaba, realmente, sentir envidia, incluso de la persona que no se aprecia ni un ápice: "A fin de contener el deseo, rechazamos a la persona que nos lo ha suscitado, la desvalorizamos, decimos que no tiene méritos, que no vale nada. Ésta es la primera raíz de la envidia". Según Francesco Alberoni, otra vez (en *Los envidiosos*), la envidia es un mecanismo de defensa que ponemos de inmediato en funcionamiento cuando nos sentimos disminuidos al compararnos con alguien, con lo que posee, o bien, con lo que ha logrado hacer. "Es un intento torpe de recuperar la confianza, la autoestima, desvalorizando al otro."

Pues bien, por más que las tres lo nieguen, de Ana Paula envidiaban algo que ellas no tenían: humildad. De haber escuchado esto, no hay duda de que Sofía, la primera, habría gritado algo como: "Give me a break!". Sin embargo, ni ella ni sus dos amigas, tenían esa virtud; una de las virtudes más importantes para poder ser feliz. Bien dice André Comte-Sponville en *El pequeño tratado de las grandes virtudes*: "La humildad no es desprecio de uno mismo, o es un desprecio libre de error. No es ignorancia de lo que somos, sino más bien conocimiento o reconocimiento de lo que no somos". Ana Paula poseía muchos defectos pero, ciertamente, no el de la soberbia. Le podían reprochar su arribismo; le podían reprochar su mal gusto, sus imprudencias, sus imposiciones pero lo que ciertamente no le podían echar en cara era su falta de humildad. "La humildad —escribe Baruch de Spinoza— es una tristeza nacida de la consideración que el hombre tiene de su impotencia o de su debilidad." Ana Paula no tenía un ego tan excesivo como el de sus amigas (lo contrario de la humildad es el orgullo, y todo orgullo es ignorancia). Ella sí conocía sus limitaciones; asumía que era cursi; aceptaba que no era de buena familia; y, sin embargo, estaba siempre dispuesta a aprender, a preguntar cuando no supiera; sobre todo, tenía la obsesión de superarse. No, Ana Paula no presumía. No alardeaba de lo que no tenía. De las cuatro era la más sincera (sinceridad y humildad son hermanas) y, sin duda, la más inteligente. Cierto que no es el caso de una inteligencia académica ni que contara con mucha cultura. Ella era dueña de una inteligencia como la que describe el filósofo español Jose Antonio Marina: "[...] capaz de suscitar, controlar y dirigir las propias operaciones mentales, capacidad que transfigura todas esas operaciones. Aparecen así una mirada inteligente, una memoria inteligente, un movimiento inteligente. Pues bien, la inteligencia aplicada a los sistemas de motivación es la voluntad. La voluntad es la motivación inteligente. En otras palabras la función principal de la inteligencia es articular el comportamiento para salir bien parados de las situaciones, dirigir, dirigirse a sí misma con autonomía, aprovechar el conocimiento y la evaluación afectiva".

Eso era precisamente lo que distinguía a Ana Paula, la voluntad. Voluntad para salir adelante. Voluntad para superarse. Voluntad para no autodestruirse. Y voluntad para sobrevivir en un mundo que por momentos le era muy hostil. A pesar de que se daba cuenta de que la criticaban, de que se burlaban de ella y de que la rechazaban, en su fuero interno, poseía la voluntad de ser mucho mejor que sus amigas. Más que libre, Ana Paula se sentía la más autónoma de las cuatro. Incluso, se podría decir que sus tres amigas le inspiraban hasta una cierta compasión. Tenía la seguridad de que ninguna de ellas era tan feliz como decía; las veía frágiles y muy incongruentes.

Algo que le proveyó mucha seguridad emocional a Ana Paula fue la relación que mantuvo siempre con sus padres: los adoraba y la adoraban; los respetaba y la respetaban; los consideraba y la consideraban; los aceptaba y la aceptaban. Los momentos más felices y auténticos de Ana Paula eran cada semana santa con su familia en Río Verde. Ahí, en una vieja casa de los veinte, con arcos que parapetaban un huerto de árboles frutales, que su papá compró gracias a la cadena de zapaterías que poseían, disfrutaba de unos días llenos de paz y armonía familiar. En esas vacaciones se daba el lujo de no pensar en sus amigas; ni en los del Grupo; ni en sus domingos tan solitarios; ni en "Nachito", como había bautizado a su vibrador; ni en sus ansias por encontrar una pareja; ni en su exmarido, que no le pasaba la pensión que le correspondía; ni tampoco en sus hijos, que no dejaban de pedirle dinero y de reprocharle quién sabe cuántas cosas.

En Río Verde, con toda la tranquilidad del mundo, paseaba por las calles de la ciudad; caminaba por el campo, por los senderos que había recorrido de niña; organizaba días de campo en las cercanías de la famosa cascada; veía a sus amigas de la infancia; visitaba a sus tías, a sus abuelos, a sus viejas compañeras del colegio del Verbo Encarnado; pero, sobre todo, convivía con ese par de viejos en que se habían convertido sus padres, que continuaban rodeándola de amor y de ternura, igualito que cuando su hija única se peinaba de caireles.

Vaya una historia, tan distinta a la de Sofía, Inés y Alejandra: ninguna de las tres pudo vivir una infancia tan feliz y con valores tan auténticos como la de Ana Paula. Más que con sus madres, de niñas, ellas convivieron con sus respectivas nanas de uniformes perfectamente bien almidonados; vivieron en casas llenas de fantasmas; y fueron hijas de padres con miedos y mezquindades que ellas heredaron. Aunque ninguna de las tres fuera consciente de los sentimientos que les provocaba Ana Paula, no podían ocultar la irritación profunda que la veneración de ella hacia sus padres causaba a Sofía, Inés y Alejandra. Cada vez que se refería a ellos como "papis", siempre había una de ellas tres que saltaba con un reproche: "Ay, no seas cursi, Ana Paula".

Lo mismo hacían si contaba lo feliz que había estado en Río Verde con "sus afectos". "¿Sabes qué, Ana Paula? En el fondo eres de lo más provinciana. Eres demasiado local. Como personaje de película de Luis Aguilar y Rosita Quintana." De ahí que Ana Paula hubiera preferido ya no comentarles a ninguna de las tres respecto a su infancia, mucho menos a sus "papis", y nada que tuviera que ver con Río Verde. Sin darse cuenta, con el tiempo, Ana Paula se fue haciendo de dos personalidades distintas entre sí: la de la casa de Río Verde y la del condominio que rentaba en Polanco.

Fue con su personalidad de Reina de Polanco que empezó a llevarse más íntimamente con estas "señoras-bien". Para ello otorgó varias concesiones en relación con su personalidad de Río Verde. Una de ellas consistió en ceder a la dinámica que entre las tres practicaban; es decir: a partir del momento en que se reunían dos o tres de ellas, terminaban criticando, sin excepción, a la que no estuviera con ellas. Comprendió Ana Paula, en seguida, que de antaño se estableció entre ellas un ánimo de competencia. "En realidad lo que las une es la envidia que se tienen entre sí", se dijo un día. Sin embargo, como la divertían y le servían de compañía, estuvo dispuesta a dejarse contaminar por este mal. "¡Están locas pero no son malas!", solía justificar su debilidad por relacionarse con mujeres que no la apreciaban en su justo valor.

Y no le faltaba verdad a Ana Paula. Más que malvadas, fueron víctimas de su medio y de su inseguridad. Así como eran chismosas y pretenciosas, también podían ser solidarias. "Hoy por ti, mañana por mí", era uno de sus lemas. Si alguna andaba en busca de una "maid", las otras tenían que ayudar a encontrarla; si alguna fue a dar al hospital, alguna se quedaba en la noche aunque fuera en la sala de visitas; si a alguna le urgía dinero para pagar su tarjeta, cualquiera hacía lo indecible para conseguir lo necesario (por lo general, era Ana Paula la que terminaba prestando, para acabar recuperando su dinero hasta cuatro meses después). Pero por otra, y a pesar de esta aparente generosidad, siempre que podían, y de una forma sutil, terminaban por reprocharse todos estos favores; de ahí que ninguna de las cuatro se hubiese tenido mucha confianza.

Si una le contaba sus confidencias a otra, estaba segura de que esos secretos los acabaría comentando con las otras tres. Y lo peor de todo: que esas mismas confidencias podían utilizarse en su contra. Si entre ellas prevalecía ese espíritu competitivo, entonces, ¿por qué seguían siendo amigas? Quizá por costumbre. Como dice el escritor español Juan Cruz: "La amistad es la infancia inamovible y sin años que nos acompaña toda la vida". Tal vez eran amigas porque se conocían desde el colegio (salvo Ana Paula) y acabaron por aceptarse con sus defectos y cualidades. O a lo mejor porque sabían demasiado unas de la otra. Las cuatro eran igual de consumistas. Las cuatro tenían el mismo pavor de envejecer. Las cuatro vivían por encima de sus posibilidades. Las cuatro habían votado por primera vez en su vida hasta 1988. Aunque lo más probable es que se frecuentaran a causa del fantasma que no había cómo ahuyentar: la soledad. Las cuatro, en el fondo, estaban solas. *Solas*, como se llama el libro de Carmen Alborch en el cual privilegia la amistad entre mujeres, porque: "Las amigas servimos para escuchar, observar, analizar, aconsejar, esclarecer y desmitificar. La amistad con otras mujeres nos procura consuelo, seguridad, ayuda y sabiduría, así como una situación general que nos permite bajar la guardia y relajarnos, jugar, incluso no tener que representar. Por el contrario, la inmensa mayoría de los hombres no ha desarrollado la sensibilidad necesaria para aceptar o comprender la gama o intensidad de las emociones femeninas. Y por si fuera poco, la pasamos muy bien juntas".

Dado el tipo de relación que cultivaban, ¿podían bajar la guardia entre ellas? No. De haberlo hecho, habría sido suicida. El caso es que no pasaba una semana sin que se telefonearan o reunieran aunque sea nada más para desayunar. Tenían que contarse sus cosas, especialmente sus éxitos y los de sus respectivos hijos; tenían que presumirse su más reciente shopping; y tenían que intercambiar los últimos chismes. No, no era posible que dejaran de comunicarse entre sí por más de tres días, aunque a lo largo de esta supuesta comunicación fueran incapaces de escucharse una a la otra: "Cuando caemos en poder de la envidia nos volvemos incapaces de apreciar las propuestas valiosas que nos llegan de los demás. Rechazamos las ideas más brillantes que las nuestras, desvalorizamos las obras de arte más sublimes, despreciamos los descubrimientos más revolucionarios. En un universo de envidiosos puros, nadie aprende nada, nadie se resigna a admitir la superioridad de un pensamiento, de una técnica. Cada uno habla para afirmar su posición, escucha a los demás únicamente para descubrir cómo valorizarse a sí mismo" (Alberoni).

La primera cana

De las cuatro, la que sin duda odiaba más el paso del tiempo era Sofía. Era tan neurótica en este sentido que el día que se descubrió su primera cana le habló por teléfono a Inés y le dijo casi a gritos: "¿Qué crees? Ayer por la mañana la vi por primera vez. Te lo juro, Inés, que me quedé helada. No, no lo podía creer. Para tranquilizarme, supuse que se debía al efecto de la luz indirecta que entraba por la ventana. Me seguí preparando, para salir corriendo a la oficina, cuando de repente la volví a ver. Allí estaba, Inés, blanquísima. Su brillo insolente contrastaba con la oscuridad de la raíz, que se había formado por falta de tinte. '¡No puede ser!', me dije. Lentamente, fui acercándome hacia el espejo y, con mano temblorosa, la tomé entre el dedo pulgar y el índice. La observé con atención. Y sin poderlo evitar exclamé desde el fondo de mi alma: '¡Es una cana!'. En esos momentos, voltee a mi alrededor pero gracias a Dios no había nadie. Estaba sola, la sirvienta había salido al mercado. Rápidamente, cerré la puerta de mi recámara, corrí las cortinas, busqué la lupa, prendí la luz y me volví a poner frente al espejo. La vi grandota, gruesa y rígida como el pelo de un elote. No había duda, se trataba de una cana. Y entonces, Inés, comenzaron a atormentarme miles de preguntas. ¿Cuándo me salió? ¿A qué horas creció tanto? Ayer no la tenía. ¿Qué carambas fue lo que hizo que surgiera de pronto? ¿Será el principio de la menopausia? ¿Habré sufrido intensamente durante la noche sin darme cuenta? ¿Tendré todavía muchísimas más escondidas y regadas en alguna parte de esta vieja cabellera? ¿Seré entonces más vieja de lo que realmente soy? ¿Qué hay detrás de la aparición de una cana? ¿Qué significado tendrá? ¿Cuál es el verdadero lenguaje de las canas? Todo esto me preguntaba mientras me cepillaba el pelo con rabia e indignación. A cepillazos, trataba de ocultarla, de hacerla desaparecer. Sentía ganas de raparme, de convertirme en una señora calva. Y las preguntas seguían martirizándome: ¿Estará mi organismo en pleno deterioro? ¿Será a causa de la contaminación? ¡Ay, Inés, cómo extrañé el *Libro de los porqué*, del Tesoro de la Juventud! Allí venían todas las respuestas a todos los porqué que desde niños nos inquietan. Todavía las recuerdo: ¿Por qué lloramos lágrimas? ¿Por qué tenemos uñas? ¿Por qué cuando estamos alegres, sonreímos? Estoy segura que ahí también está el porqué de las canas. Pero no. A mí ya no me corresponde consultar el Tesoro de la Juventud. A partir de ahora, me esperan otras lecturas: *La tercera edad* y *La vejez*, de

Simone de Beauvoir. Nunca me imaginé que tan joven me iba a sentir vieja. Sentada al pie de mi cama y entre tinieblas, me puse a reflexionar que el tiempo vuela y uno no se percata hasta que un buen día aparece un signo, una mirada, un rictus, una expresión como: "Cuando era joven..."; o el descubrimiento de la primera cana. Pensé que la vida se me esfumaba entre sexenios fracasados, tapones provocados por la circulación, alzas de precios, fraudes electorales, destapes decepcionantes, pérdidas de la melanina, etcétera. No había nada qué hacer, más que seguir esperando que aparecieran millones y millones de canas, hasta volverme una anciana que ya no se entristecerá al verse la cabeza totalmente blanca. ¿Por qué las canas no serán negras en lugar de blancas? Sí, ya sé que me vas a decir que soy una exagerada, frívola, ociosa y que lo mejor es que me ponga a leer el periódico. Sí, ya sé que estoy demasiado volcada en mi persona; que mi narcisismo no tiene límites. Sí, ya sé que soy de lo peor. Pero ¿sabes qué? Me niego a resignarme. Envejecer de esta forma tan abrupta me parece de una injusticia intolerable. ¿Por qué será que los hombres sí se ven más interesantes con canas y las mujeres nada más nos vemos viejonas? Ahora que me vuelva a pintar el pelo, ¿voy a ser dos veces mentirosa: la primera para ser más rubia y la segunda para no verme vieja? ¡Qué horror! En este caso, prefiero pintarme el pelo completamente blanco y así ya no le mentiré a nadie. "Esa soy yo", diré; "love or leave me", agregaré en inglés, para que no suene tan deprimente. Ni modo, Inés, a partir de ahora tendré que asumirme tal y como soy de verdad, una mujer que peina canas". Tras decirle todo esto, Sofía rompió en llanto; no llora, solloza. Hacía mucho tiempo que Inés no la escuchaba en ese estado. Por más que trató de calmarla no hubo manera. "Tranquilízate", le dijo. "¿Quieres que vaya ahorita a tu casa? Créeme que no vale la pena ponerse así. No tiene nada de malo querer ocultar las canas. Todas las mujeres lo hacen. ¿Te imaginas a María Félix con el pelo blanco? Ahora hasta los hombres se pintan. Además, Sofía, piensa que entre más joven envejezcas, te aseguro que te conservarás vieja mucho más tiempo."

Pero la pobre de Inés ya no pudo agregar más: sin poderlo evitar Sofía había colgado la bocina. A veces así era Sofía de imprevisible. Puesto que Inés la conocía como la palma de su mano, no la volvió a llamar. Hubiera sido casi como ofenderla, por seguir escuchando la forma en que estaba empezando a envejecer. Sin embargo, lo que sí hizo Inés, inmediatamente después del colgón, fue telefonearle a Alejandra para decirle: "¿Qué crees? Sofía está envejeciendo a pasos agigantados...".

BETO: DEUDAS, VIAGRA Y SUPERMERCADOS

*E*l que de plano no entiende para nada la relación de estas cuatro mujeres que creían pertenecer a la generación "Me lo Merezco" era Beto, el exmarido de Ana Paula. Todavía casados siempre le reprochó que se llevara con esas "señoras tan frívolas y tan chismosas". Aunque Beto hizo lo posible por relacionarse con los respectivos maridos de esas señoras, a él tampoco lo aceptaban. De ahí que a los primeros rechazos que recibió, decidiera, mejor, olvidarse de esos "cuates tan convencionales y aburridos". Poco a poco se fue alejando de los del Grupo: ya no aceptó sus invitaciones ni para jugar tenis ni para echarse un partidito de golf. Además, después de divorciarse de Ana Paula, de todo había cambiado: de casa, de amistades, de trabajo y hasta de mujer. Por añadidura, también su situación financiera había cambiado. Los posibles y aún probables problemas legales que enfrentaría por la forma en que había pretendido enderezar sus insostenibles enredos económicos, y el continuo estrés, abatimiento y depresión a que lo había conducido todo aquello, lo tenían en un estado de ánimo terrible. Razón por la que ya no le estuviera pasando la pensión completa a su exmujer.

En tan sólo diez años, la vida de Beto había dado un vuelco de ciento ochenta grados. De eufórico casabolsero y ávido trepador, pasó a ser un maduro, y acaso más que eso, ejecutivo agobiado por las deudas y los estratosféricos costos que demanda el nivel de vida que se había impuesto. Situación que le reprochaba con constancia Ana Paula: "Te recuerdo que tu hijo necesita dinero. Ayer me mandó un correo electrónico diciéndome que le habían rechazado la tarjeta y que ya no le quedaba ni un solo centavo. Yo tampoco tengo dinero. A ver cómo le haces, pero tienes que pagar tu tarjeta para que liberen la de Betochico". Con él, Ana Paula se transformaba de una manera inexplicable: le salía lo agresiva, amargada y mal hablada.

El último año con su exmujer había sido insoportable: la avidez de reconocimiento personal, pero sobre todo social, de su Ana Paula llegó a extremos patológicos. De buena gana Beto había aceptado sus coqueteos iniciales con la cirugía estética. "Te lo juro que se trata de un lifting padrísimo. Dicen que después de la operación no se nota nada. Créeme que el doctor Infante es el mejor de México. Con él se operaron Viviana Corcuera, Silvia Padrés, Alejandra e Inés. Sofía no se lo ha hecho pero no por falta de ganas, sino de dinero." Beto consintió, disfrutó y presumió las prótesis en los senos, la liposucción en las caderas y hasta el delineamiento permanente en los ojos y de los labios, pero conforme Ana Paula fue avanzando en sus pretensiones, el agrado se transformó en molestia e incluso en franca irritación. Cuando, por segunda ocasión, se sometió a una operación de nariz, para dejarla todavía más respingadita, así como la de Claudia Schiffer, Beto amenazó con no pagar la cuenta, aunque en el fondo sabía que no podría dejar de hacerlo. El colmo fue la inyección de colágeno en los labios: su aspecto, entonces, se volvió francamente grotesco, repulsivo y hasta estrafalario; y la compra de Óscar, un perrito de raza shar-pei que había conseguido gracias a una nota que leyó en el pizarrón de la sección de anuncios del super de Barrilaco, y a la que acompañaba la fotografía del animal, resultó el colmo.

"Su nombre es Óscar. Aunque parece muy arrugadito, como deben ser los perros de su raza, Óscar es aún cachorro. Sus padres fueron campeones en diversos concursos caninos. Actualmente su abuela es la mascota de Alicia Koplowitz. Ha salido dos veces en la revista ¡Hola! al lado de su ama. Su abuelo es muy amigo de Millie, la perra del matrimonio Bush. No obstante estas distinciones, Óscar ha sabido conservar su sencillez y más bien tiende a relacionarse con mucha facilidad con otros perros (salvo los callejeros), aunque no tengan pedigrí. Adora a los niños y a los adultos amantes de perros. Sin embargo, hay algo que no tolera: que lo acaricien y que le digan: 'Ay, qué perrito tan chistoso'. Pero sin duda lo que más detesta es que intenten poner en orden sus adorables pliegues naturales, mismos que se acomodan con un estilo muy personal. Respecto a su alimentación, Óscar es muy exigente. Nada más come croquetas de importación y bebe leche en polvo Molico Sveltess desnatada. Óscar ha sido educado en inglés por entrenadores especializados y reconocidos a nivel internacional; por lo tanto, no entiende español. Por ejemplo, si se le dice: 'sentado', no comprende. Pero si en cambio escucha: 'sit', de inmediato se sienta. Si se le ordena: 'go!', corre sin parar hasta que se le grita: 'stop!'. Más que sentado le gusta estar echado, ya que al sentarse se le arruga demasiado su maravillosa piel y por momentos parece que le pesa. A Óscar le encanta ver las caricaturas de Cablevisión. También es muy amante de la naturaleza. Le encantan los paseos en bosques o en grandes extensiones de pasto. Óscar ha recibido todas sus vacunas. Tiene pasaporte y un extraordinario olfato. Curiosamente, es un magnífico cazador de ratones y cucarachas. Óscar fue el mayor de una camada de cinco cachorros. Sus hermanos se encuentran en diferentes partes del mundo. Sufrió mucho su separación, pero tal vez a la que más extraña sea Olga, que fue adquirida por la exmiss del estado de Arkansas. Sin duda, Óscar es un cachorrito sentimental y muy fiel. Su precio es de dos mil dólares. Se aceptan tarjetas de crédito. Favor de comunicarse con el señor Dow Jones, al teléfono 5208624 o al fax 5204932."

Cuatro años antes del divorcio, ocurrió un incidente que, de-fi-ni-ti-va-men-te, fue la gota que derramó el vaso: un vaso en cuya agua turbia flotaban demasiadas lagartijas, cucarachas y renacuajos. En otras palabras, un incidente que demostró, con toda claridad, lo deteriorado que ya estaba su matrimonio. Qué lejano le parecía aquel 14 de febrero de 1969, día en que se casaron. Entonces Beto, contador privado, trabajaba en el departamento de fideicomiso del Banco Internacional. Recién casados vivieron en un pequeño departamento de la colonia Narvarte. Justo al año de casados, nació Betochico; un año después Ana Paulita. Con los años, Beto fue ascendiendo en el banco. Mientras Beto se entregaba en cuerpo y alma a su trabajo, Ana Paula se psicoanalizaba, se ocupaba de sus hijos y al mismo tiempo tomaba todo tipo de clases y talleres: francés, alta cocina, literatura, Biblia, cinematografía, historia mexicana y estudio de la Constitución, yoga, bridge, tenis, etcétera. Todo esto Ana Paula se lo podía pagar porque su padre era dueño de una cadena de zapaterías en San Luis Potosí. Andando el tiempo, Beto y Ana Paula se fueron cambiando, siempre para mejorar, de casa, de colonia, de club y de amigos hasta que llegó el día en que compraron un espléndido condominio en Rubén Darío. En esa época Ana Paula cambió a sus hijos a los mejores colegios. "Allí es donde la gente bien envía a sus niños", le decía a Beto, deslumbradísima por los apellidos que escuchaba cada vez que iba a buscarlos. Fue justamente a las puertas del Cours de Madame Durand, donde tuvo la oportunidad de conocer a las que se volverían sus mejores amigas pero también sus peores verdugos.

Una noche al llegar a su casa rendido, Ana Paula recibió a Beto con un imperativo: "Cámbiate de camisa; estamos invitados a casa de

Sofía". Beto trató de resistirse. Estaba francamente agotado; había tenido un día imposible. Pero optó por ceder. Una discusión con su esposa a esas horas y por un motivo semejante, le habría ocasionado todavía más estrés y agotamiento. A regañadientes se encaminó a su recámara para lavarse la cara mientras escuchaba un rosario de argumentaciones en relación con la famosa cena: "También van a ir Alejandra, Inés y un italiano que parece que es noble y es guapísimo. Dice Sofía que vino a México porque quiere instalar un negocio de ropa de importación. Parece ser que tiene un palacio en Venecia, que salió en la revista *Vogue* y que es hermoso. Qué padre, ¿no? La verdad es que tuve mucha suerte que nos invitara. Perdóname por no haberte avisado a tu oficina, lo que sucede es que cuando hoy hablé con Sofía ya era muy tarde y ya te habías ido a tu junta. No te hablé al celular, porque, para variar, se te olvidó... Lo dejaste en el desayunador". Por más que Beto intentó hacer oídos sordos, no podía dejar de escuchar a Ana Paula. ¿Con esa voz, cómo hubiera podido?

–¿Vamos de colados? —preguntó el casabolsero.

Ana Paula se acercó al espejo del baño para ponerse más polvo oscuro a los lados de su nariz chata; pensaba que con estas sombras se le adelgazaba más. En seguida se dirigió al walking-closet. Sacó un puñado de corbatas. Mientras sobreponía una y otra en la camisa que yacía sobre la cama, parloteaba vehemente con su "vocecita" sobre la diferencia entre "colarse" y ser invitados con un poquito de atraso pero por "la absoluta confianza" que les tenían sus amigos. Al fin, terminó su atropellada alocución alargando una corbata Gianni Versace de doscientos cincuenta dólares y estrafalarios dibujos, y con un tajante: "¡Ponte ésta!".

Cansado como estaba, Beto alcanzó a preguntar:

–Y los niños, ¿con quién se quedan?

–Vienen con nosotros —contestó su mujer.

–Pero si cuando llegué a la casa me recibieron en piyama.

–Se van a quedar en el coche —sentenció Ana Paula, al tiempo que salía apresuradamente de la habitación.

A Beto le tomó unos segundos digerir aquello. ¿Acaso su mujer pretendía que los pobres niños permanecieran encerrados en el coche, afuera de la casa, mientras ella disfrutaba haciendo el ridículo ante unas amiguitas que en el fondo no la tragaban? ¿Hasta qué horas? ¿Los dejaría en la calle o le pediría permiso a Sofía para meter el coche en el garaje de su casa? Y él, ¿en qué papel quedaría? Entre otras cosas, como un perfecto mandilón. Había tolerado en muchas ocasiones, las más de las veces por cansancio, acudir de "colado" a toda clase de actos sociales: bautizos, bodas, recepciones, despedidas, pero, sobre todo, a funerales. Claro que para asistir a estos actos no se requería invitación. Pero dejar a los niños en el coche, en un afán de "colarse" a una cena, ya era demasiado. Una cosa era hacer el ridículo y otra arrastrar a sus hijos a cinco horas de frío, somnolencia, incomodidad y hasta inseguridad, tan sólo para satisfacer los caprichos de la "amiga pantufla" de sus amigas. Eso, de verdad, ya era demasiado. ¿Se había puesto a pensar en todos los riesgos que corrían sus hijos? ¿Qué pasaría si uno de ellos, de pronto, volviera el estómago? ¿Quién lo podría auxiliar en esos momentos? ¿Y si en esos momentos cayera una tormenta o temblara? Y si en la cochera de Sofía no cupiera su coche, ¿qué haría? No, esto era demasiado. Ya no lo podía tolerar. Más que no poder, no debía tolerarlo.

Se sentó en el borde de la cama y contempló su imagen en el espejo del tocador. Entonces notó cuánto había crecido la papada, cuánto había encanecido el pelo, cuánto se habían marcado las ojeras. Y se contempló absurdo con la camisa entreabierta sosteniendo en las manos una corbata escandalosa, que gritaba su precio escandaloso. Y se contempló dócil aceptando una vez más aquellas cenas impuestas. Y se contempló cansado; cansado de aceptar imposiciones, cansado de aceptarlas por cansancio; cansado de discutir con su mujer, cansado de su mujer. Se acordó de Isabel, su asistente y amante. Una chica veinte años menor que él con quien se había involucrado más allá de lo previsto. "Te busca por interés", le habían alertado sus amigos. "Su cariño no es genuino, licenciado", le había advertido su secretaria confidente. ¿Y acaso él lo dudaba? ¿Qué es el interés, después de todo? ¿No se interesan los decentes enamorados en la belleza, en la bondad, en la rectitud, en las buenas maneras y en otras pendejadas por el estilo? Siempre es por interés, coño; o ¿no esperan nada a cambio por su amor puro y sincero? Y si su cariño bien podría no ser genuino sus nalgas bien que lo eran. Y sus senos y sus piernas y su boca y su frescura y su alegría y su espontaneidad y su olor y su sonrisa y su fuego, y a él, entonces, le sobraba dinero. Poco, muy poco después de aceptarla como asistente de la dirección se la llevó a la cama, y desde entonces pasaban cada vez más tiempo juntos. Ella, ávida de lujos, de dinero y de la seguridad que podía brindar un hombre maduro; él, ávido de caricias, de carne y de un poco de ternura.

–¿Te piensas quedar así toda la noche?

La vocecita in-so-por-ta-ble de Ana Paula lo volvió a la realidad, a su triste realidad. Además del timbre de su voz, le exasperaba la rapidez con que hablaba. "Tú hablas a renglón cerrado", le decía su marido. Desde el marco de la puerta lo miraba una mujer insolente y retadora; lo que quedaba de aquélla a quien antes amó. Una cacatúa de piel morena, que por más que usara productos para blanquear su tez seguía igual de aceitunada, y pelo pintado de rubio; de atuendo ajustado con falda de piel demasiado corta, escote largo, un cinturón con "logo" de Moschino excesivamente dorado; de grandes nalgas y falsos senos, de piernas gordas y labios hinchados, de maquillajes profusos y de perfumes penetrantes, como su insuperable Opium, cuya fragancia podía llegar a contaminar la comida. Vio a esa mujer en la cena buscando conversación; contando las mismas anécdotas; echándole las mismas flores a sus amigas; recitando los precios de sus últimas compras. Se vio a sí mismo intentando hacer conversación con Fernando, con Daniel y con Antonio. Vio a sus hijos tratando de acurrucarse en el fondo de los fríos asientos del coche, en espera de que aquello terminara cuanto antes. Se sintió cansado, cansado de su anuente complicidad, cansado de su cansancio. Sintió coraje, rabia, rencor y tristeza. Arrojó al suelo la corbata de tonos chillantes. Del vestidor descolgó una chamarra ajada de cuero y decidido se encaminó hacia la puerta donde esa mujer, retadora, esperaba la respuesta, y donde ella oyó nada más tres palabras, nada más una respuesta; la misma que hacía años quería él escupírsela encima y que no se había atrevido hasta ahora:

—Chinga tu madre.

Duplique la dosis

Pero aquello, afortunadamente, había sucedido hace muchos años. Ahora Beto tenía otros planes. Vivía "en otra frecuencia", como solía decir. Se iba a casar por segunda vez y esta perspectiva lo colmaba de una nueva energía. Sin embargo, había tardes en que sentía mucha ansiedad. Era necesario ver al doctor Unikel cuanto antes para que aumentara la dosis de Prozac. Le urgía. Seguramente son los nervios por su próxima boda. Además, últimamente, no estaba durmiendo muy bien. Y es que eso de casarse con una jovencita... En el fondo de sí mismo albergaba temores de no poder con el paquetito. Cierto que como amante había funcionado muy bien, tal vez por los chochos o las vitaminas alemanas. ¿Será porque no se acostaban a diario? ¿Y si ella resultaba insaciable? Isabel gozaba de plena juventud y su avidez tendría que ser proporcional a su edad. En cambio él, no es que fuera un viejo, pero de que estaba en plena madurez, al menos, no había ninguna duda. Ya lo decía el refrán: "Matrimonio a edad madura, cornamenta o sepultura". Sepultura, carajo, ni más ni menos. No es que lo tranquilizara lo de la cornamenta, pero de eso a sepultura había una diferencia. ¿Podría morir en la batalla? Nunca había escuchado un caso así pero los dichos populares eran tan acertados. ¿Acaso no se dice también box spring por decir vox populi cuando hay chismes que tienen que ver con la cama? O también vox populi vox Dei. Y si no por qué lo había soñado, así, como si lo hubiera visto. Por eso despertó en sudor a las cuatro de la mañana y, por supuesto, ya no había podido volver a dormirse. Qué sueño tan espantoso, tendría que contárselo al doctor. Tenía él que explicarle cuál era su significado.

"Era un gran salón lleno de gente, de gente con caras largas y trajes oscuros. En un rincón lloraba Isabel. Vestía de negro, de pies a cabeza. Sus amigas se acercaban a consolarla. La abrazaban. La reconfortaban. Ella se los agradecía. Como si estuviera ahí presente la oyó cuando le respondía a una de las mujeres que se acercaron: "Gracias, gracias, muchas gracias, ay, sí, sí, ya nos habíamos dado cuenta, pero es que, pues verás, ¿cómo decirte?, tuvimos algunos problemas hasta para vestirlo; mira, en un principio yo quería que lo enterraran con su uniforme de gala de los Caballeros de Colón. ¡Tan espectacular! Ya ves, como corresponde a todo un caballero, con su casaca de charreteras y botones dorados, sus botas federicas, el tricornio con plumas de avestruz, que iría encima del ataúd, por supuesto, pero es que, ay, qué horror, es que los pantalones son muy estrechos y, ay, Dios mío, y es que, si tú supieras lo que fueron las últimas semanas... parecía un chamaco de veinticinco años, y es que a Beto siempre le pesó mucho eso de ser veinte años mayor que yo, aunque, claro, yo nunca dije nada, pero de que los veinte años se notan, pues claro que se notan, y, lógicamente, cuando salió la dichosa píldora esa, pues se fue luego luego con el doctor Ayub, su cuatazo, y pa'pronto que le da la receta, que se tomara una pastilla una hora antes de..., bueno, antes de eso, ¿no? Y que le funciona, oyes, pero de maravilla, no sabes, y claro, pues yo también estaba encantada, pa'qué me hago, te digo que veinte años, pues son veinte años; pero luego como que ya me empezó a oler mal eso de que fuera tanto, fíjate que llegaba temprano de la oficina y ¡zaz!, luego en la noche, ya para dormirnos, otra vez ¡zaz!, y a veces hasta en la mañana, temprano, de nuevo ¡zas! Como que ya era mucho ¿no? Por muy potente que hubiera sido la píldora, ¿tres veces al día? Y además empezó a quejarse de que todo lo veía en tonos azulados, y hasta él mismo se comenzó a poner un poco azulito; así que hable con él, y al principio como que no quería aceptarlo pero ya después me confesó que se estaba tomando dos pastillas tres veces al día y a mí se me hizo mucho, ay, qué raro, pensé, pero dijo que no había problema, que a él siempre le gustaba el azul y que en todo caso prefería ponerse azul y no rojo... de vergüenza, y yo, pues a una le hace falta, tú sabes, es que antes, pobre Beto, con eso de los veinte años, pero ay, no, qué horror, Dios mío, yo digo que le deberían advertir a uno de los efectos secundarios, si hasta le platiqué a Pepe Martínez Villegas, pero que dizque no se puede demandar por lo de la sobredosis y la automedicación y la mano del muerto, de seguro que él también ha de estar feliz con la píldora esa, ay, no, qué horror, no tienes idea lo triste que estoy, y es que estas últimas semanas fueron, ay, fueron, Dios mío, qué cosa, es que tiene unos efectos que, mira, ni los médicos se lo explican, pero lo tuvimos que vestir con su atuendo de golfista, que no es que no me guste, eso no, si se ve muy guapo, claro que el de los Caballeros de Colón... pero el de golfista tiene los pantalones mucho más holgados y pensamos que, ay no, no puede ser, como te decía, los doctores no se lo explican, y la de cosas que me sugirieron, pero ¡cómo voy a permitir que lo mutilen! No sé cómo pudo ser, ya lleva veinticuatro horas de muerto y... ay, no, es espantoso, oyes, como castigo de Dios, mira, todos los demás miembros de su cuerpo se pudieron acomodar, a pesar del rigor mortis, los de la funeraria pudieron ponerlo en posición de firmes, tal y como corresponde a un campeón de golf en la entrega de trofeos, así sería su último adiós, adiós en firmes, pero aquello, ay, no, no, no. Es inexplicable, ves, sencillamente inexplicable, es el colmo que no te adviertan de esos peligros o efectos secundarios, como les dicen los matasanos, y claro, ¿cómo íbamos a saber que las cajas de muerto tienen tan poca profundidad? ¿A quién le va a importar la profundidad de un catafalco de ésos? Pinche píldora, de veras, si hubiera sabido, ¿por qué no siguió con sus chochitos o sus vitaminas alemanas? Y es que las últimas semanas... ay, Dios mío, me quiero morir, ¡qué vergüenza! En la funeraria sugirieron lo mismo otra vez pero ¡mutilarlo no, eso nunca! Dicen que jamás habían visto algo así. ¿Cómo venden esas cosas, oyes?, así como así, veinticuatro horas, ¡te das cuenta! Veinticuatro, ni hablar, tuvieron que dejar el cajón entreabierto, es que no cierra, Dios santo, es el colmo, y ¿se nota mucho? Lo del cajón, digo, ay, qué espanto, pero gracias por venir, eh, de veras, mil gracias, ¡qué linda!"

"¿Sabía, doctor, que para que no desaparezca por completo la especie de los pandas, les están dando Viagra a los machos? Parece ser que ha sido todo un éxito, que hay un baby-boom de panditas. Lo que sucede es que a los pandas se les para nada más treinta segundos y con el Viagra parece que tienen una erección que dura hasta veinte minutos. ¿Qué le parece? Le digo, el Viagra, es lo máximo..."

Después de que Beto terminara de contar su sueño y lo de la multiplicación de panditas, el doctor Unikel nada más agregó: "A partir de mañana puede usted duplicar la dosis de Prozac. Nos vemos el próximo jueves".

La primera vez que Beto oyó hablar del Viagra fue en 1998, en un artículo que aparecía en el periódico *Reforma* firmado por una periodista de nombre Clara Garay: "¿Cabizbajo y deprimido? ¿Falta de confianza en sí mismo? ¿Relaciones amorosas al borde del rompimiento? ¿Pareja nerviosa, irritable, agresiva e insultante? ¿Hipersensibilidad y demasiada autocompasión? ¿Manifestaciones excesivamente machistas para ocultar una cierta debilidad? ¿Seductor de mujeres mucho más jóvenes? ¿Cada vez que sueña con Gloria Trevi, amanece con los ojos llorosos? ¿Está cansado de ponerle veladoras a la Virgen de Guadalupe para que le haga el milagrito? ¿Piensa cambiar de psiquiatra porque a la fecha no le ha podido resolver el problema que lo obsesiona? ¿Le molestan las películas de cowboys cuando insisten en llamar al héroe, 'la pistola más rápida del Oeste'? ¿Está usted harto de recurrir a las mismas frases del tipo: 'Mil perdones, pero por más que traté, no pude...'. '¡Chin! ¿Quién sabe qué me pasó? 'Es que últimamente he estado muy estresado?' '¡Qué extraño, te lo juro que es la primera vez que me sucede...!' La respuesta, la solución, el remedio... en otras palabras... el milagro, sí, señores, el verdadero antídoto... es... ¡Viagra!, la píldora contra la impotencia. 'Yessss!', exclaman ahora los estadunidenses jóvenes, adultos, pero, sobre todo, aquellos ancianos de noventa años que se sentían al borde de la muerte. 'Yesssss!', dicen antes de irse a la cama, todos empiyamados, sintiéndose más vigorosos que nunca, no obstante su mujer insista en tener su previsible 'dolor de cabeza'. 'Yessssss!', vociferan los farmacéuticos que día a día están aumentando sus ingresos por la venta desenfrenada de esta 'milagrosa bala'. Pero el que, sin duda, grita a todo pulmón 'yesss, yesss, yesss!', es William C. Steere, presidente y director general de los laboratorios Pfizer Inc., que a principios de abril lanzó esta píldora bautizada con el nombre de ¡Viagra!, la cual seguramente revolucionará el sexo tal y como lo conocemos ahora. 'La primera semana que salió al público se vendieron cinco mil recetas (no se venden sin receta y después de haber hecho exámenes que realmente, en la medida de lo posible, comprueben que se padece de cierta impotencia). A la tercera semana ya se habían vendido trescientas cincuenta mil. En lo que llevamos del año nuestras ganancias han subido sesenta por ciento. Esto ha sido fabuloso para la bolsa. Se trata de un fenómeno cultural', apunta, feliz de la vida, Steere.

"Viagra, Viagra, Viagra... es la palabra mágica más escuchada en estos momentos en los Estados Unidos. Todo el mundo la pronuncia: en la prensa, en la radio y en la televisión; en las juntas de negocios; en las reuniones sociales; a las afueras de las universidades, de los templos, de los bares y, naturalmente, de los moteles. Afortunadamente en los talk shows ya nadie cuenta chistes sobre Clinton y Monica Lewinsky; ahora invitan a sexólogos y psicólogos para analizar las consecuencias que acarreará esta píldora, la cual cuesta nada más diez dólares (siete en el mercado negro), misma que se debe tomar una hora antes de tener relaciones sexuales. Es importante hacer notar que no se trata de ningún afrodisiaco. Por lo general, los doctores no recomiendan más de seis píldoras al mes. Sin embargo, hay pacientes que quieren comprar centenas. En el *New York Times* de hace unos días, el doctor Stanley Bloom narra cómo un paciente retirado, John Dowling, le llamo por teléfono para pedirle quinientas píldoritas azules. 'Le advierto que le costaría cinco mil dólares. Además, no podemos vender tantas a la vez', le advirtió el doctor. Hacía dos años que el señor Dowling sufría de una impotencia atroz: 'Me estaba afectando mentalmente. No me sentía como hombre. Mi mujer y yo nos peleábamos, sin razón, todo el día. Viagra me ha regresado veinte años atrás. Esto no tiene precio. Me encanta el sexo. Con el Viagra ya no habrá más 'y si ahora sí...', ni tampoco habrá ni un pero que valga. ¡Ya estoy como antes! Si pido todas esas píldoras, es para recuperar el tiempo perdido'. Al verlo así de entusiasmado, el doctor Bloom le advirtió que tal vez habría efectos colaterales a largo plazo. 'Mire, doctor, tengo 69 años. ¿Cuánto tiempo más me queda frente a mí?' También el doctor Ramón Pérez se queja de 'la locura' por la píldora milagrosa. 'Desde hace unas semanas me llaman centenas de pacientes desesperados por dizque haber encontrado sangre en su orina. Basta con que entren a mi consultorio para preguntarme a propósito del "Viagra fever". ¡Es increíble!'

"Apuesto a que en menos de un año en todas las revistas femeninas se publicarán artículos preguntándose: '¿Cómo saber si es usted o es Viagra?', dice James R. Peterson, colaborador de la revista *Playboy*. Y agrega: 'Creo que Viagra será tan monumental como fue la píldora anticonceptiva'. Por su parte, Bob Guccione, editor de la revista *Penthouse*, piensa que esta píldora 'liberará la libido de los machos estadunidenses', porque 'el hecho de que un hombre mayor pueda tener sexo lo hará sentirse más saludable y vivirá mucho más tiempo'.

"Con todas estas nuevas posibilidades, con esta inyección tan intensa de vigor, con la eterna juventud que les espera en sus partes nobles, me pregunto: '¿Quién diablos los va a aguantar?'. Igualmente me pregunto si de tanto hacer el amor con tanta intensidad, ¿no habrá muchos que justo en el momento les dé un infarto? ¿Y el sida? ¿Se triplicará la venta de condones? ¿Qué efecto le provocará a los hombres por ejemplo de 75 años hacer el amor, sintiéndose como de 30, con su esposa de 70? En un pueblo tan machista como el mexicano, ¿cómo se recibirá el Viagra?

"Por último queremos compartir con los lectores algunas reflexiones de Camilla Paglia, posfeminista y crítica social: 'La erección es el último respiro de la virilidad adulta moderna. Si los hombres no pueden continuar produciendo erecciones, van a evolucionar fuera de la especie humana. Me gustaría que los hombres examinaran y volvieran a examinar por qué necesitan píldoras. Porque, de hecho, sí las requieren. Tienen que reforzar sus erecciones. Es como el acero que necesitan si se fueran a la guerra'. Por otro lado, la novelista estadunidense de las primeras décadas del siglo, Gertrude Stein, sostiene que: 'los hombres siempre tienen miedo. Miedo de ellos mismos. Miedo de unos a otros. Miedo de las mujeres y miedo de no tener erección. En cambio, las mujeres, nada más tienen miedo por sus hijos'. No obstante todo lo anterior, no puedo dejar de felicitarme por el Viagra y de decir con todo entusiasmo: 'Yesssss!'."

El día en que Beto se enteró de todas las virtudes que contenía esta pastilla azul cielo, fue la primera vez que osó hablarle a Isabel de matrimonio.

Disculpe, ¿esto es perejil o cilantro?

Curiosamente, en esa época, la misma en que se habían divorciado Beto y Fernando, apareció un nuevo tipo de hombre: el superman.

Antes, ver a un señor-bien, bien vestido, con cara de gente decente haciendo "su super" resultaba de verdad insólito. Sin embargo, nunca faltó uno que otro que amablemente accediera a acompañar a su mujer. Mientras ella escogía, tal vez, los jitomates, él, probablemente, revisaba el anaquel de las pilas y de los artículos de tlapalería, o bien, el de los vinos. Pero la mayoría de los hombres de plano se negaba entrar al establecimiento. Ésos, o bien esperaban a su esposa afuera mientras leían su periódico, o aprovechaban ese rato para irse a bolear los zapatos o comprar sus revistas en Sanborns. Verlos solos, empujando el carrito lleno de comida y de latas, era impensable. Su machismo se los impedía.

Fue a partir de los noventa que las cosas comenzaron a cambiar radicalmente. Cada vez más se vieron señores trajeados entrar solos al super. ¿A qué podíamos atribuirlo? Existen varias posibilidades: a que hay más y más divorcios y separaciones; a que sus mujeres están demasiado ocupadas en sus oficinas; a que les da flojera regresar temprano a su casa; a que la esposa ya está harta de hacer las compras; a que hay más viudos; o a que el super es el lugar ideal para ver chicas guapas, mujeres activas, hacendosas y quizá un poquito necesitadas de fantasía.

En general se trataba de hombres mayores de cincuenta años. Es decir, señores con ciertas manías; con gustos de comida muy definidos y dietas super probadas. Los más asiduos suelen ir al salir de su oficina, poquito después a la noche o tras una junta aburrida. Se hubiera dicho que para estos clientes, que bien pueden ser empresarios, intelectuales, abogados, economistas, publicistas y demás, ir de compras es un momento para relacionarse y distraerse. ¿Acaso también es un medio para ponerse en contacto con la realidad del país? ¿Un modo perfecto para saber qué tanto se estaba controlando la inflación? ¿Saber cuántos productos de importación seguían llegando al país? ¿Qué tan justo es el precio de la canasta básica? ¿Qué porcentaje habían subido los vinos extranjeros? ¿Cómo estaba la competencia entre la mercancía nacional y la extranjera?

Observar a estos supermen hacer su super es digno de un estudio sociológico sobre los nuevos comportamientos de las sociedades capitalistas. En tanto que con una mano empujan su carrito, en la otra revisan su lista de lo que van a comprar. Con expresión seria caminan entre los anaqueles mirando con mucha atención. A algunos les gusta pasar mucho tiempo en el departamento de latería: con todo cuidado, sacan sus lentes de la bolsa lateral de su saco y toman entre sus manos una latita de angulas; entonces, como si leyeran un documento bancario o un artículo sobre economía del *New York Times*, se fijan, con sumo cuidado, si las anguilas venían nadando en aceite de oliva o en seco; en seguida miran el precio; lo comparan con el de otras marcas; se cercioran de la fecha de caducidad; aunque su presupuesto no sea muy elevado, terminan por llevarse la más cara. Si optaron por ir personalmente al super, es para darse gusto y, ciertamente, no para ser pichicato, como, tal vez, es su mujer. Después se dirigen a donde se encuentran las galletas; ahí, con la misma seriedad, dudan si llevarse un paquete de Habaneras o una caja de Classic European Biscuits de la marca francesa Lu; como, en general, estos supermen o están a dieta o tienen serios problemas de digestión y de colesterol, se inclinan por las primeras, aunque no sean tan sofisticadas. Lo mismo hacen con las sopas, las salsas, las mermeladas y los cereales.

A los supermen divorciados o separados como Beto y Fernando se les distingue con mucha facilidad. Esta categoría, por lo regular, empuja el carrito muy despacio y con cierta dificultad. Dependiendo del lapso transcurrido desde su divorcio o separación, es su cara de desamparo. Si su nuevo estado civil es reciente, se ven pálidos, tristones y medio ojerosos; es muy evidente que hace mucho tiempo que no pisan la peluquería. Cuando éstos se dirigen al departamento de salchichonería, lleven lo que lleven, siempre piden un cuarto (250 g), ni uno más, ni uno menos. Para que no se les eche a perder, aunque esté en el refrigerador, llevan muy poquito: lo suficiente para prepararse un sandwich o unas quesadillas sincronizadas, ya sea nada más para ellos o para alguno de sus hijos que se quedan el fin de semana que les toca. Esta categoría también acostumbra pasar horas frente al anaquel de productos farmacéuticos; según su estado físico y de ánimo, son las medicinas: los que todavía no acaban de digerir su nueva realidad, llevan varias cajas de tabletas de Ranicen, para las agruras, la gastritis y demás; tampoco olvidan el Peptobismol, sus frasquitos de Advil, su shampoo especial contra la caída de pelo Folicuré, su cortauñas, sus tijeritas para cortarse los pelos de la nariz y de las orejas, sus navajas Schick, su desodorante en aerosol y su tinte de pelo Just for Men para teñirse el bigote, las patillas y en algunos casos el pelo, a los que les queda. Además, se acuerdan de comprar su Carbona, para limpiarse las manchas de sus corbatas, la cera y el desodorante para su coche, dos sixpacks de cervezas, dos bolsas de Sabritas, un paquetito de chocolates KitKat, su latita de chiles jalapeños, su Decaf, un paquetito de queso Philadelphia light, su avena, su salvado y su pan Bimbo integral; ni una sola fruta, ni una verdura y nada que tenga que ser cocinado.

La categoría que provoca mucha compasión es la de los supermen distraídos: siempre se equivocan de pasillo, evidentemente; nunca encuentran lo que están buscando, evidentemente. Por ejemplo, creen que en el departamento de verduras encontrarán su botella de tequila reposado; en el de las pastas, buscan desesperadamente su pasta de dientes; en el de las carnes, furiosos, piden sus cereales; en el de los vinos, creen que están sus pilas para el control de la tele; y así sucesivamente. Éstos, naturalmente, llegan rendidos a su casa, diciendo que los supermercados mexicanos son de tercer mundo.

Pero la categoría que se consolidó, más en esa época, es la de los supermen galanes. Unos meses después de divorciado, Beto empezó a sentir una verdadera fascinación por los supermercados. Pero no todos. A los que se volvió de verdad adicto, al grado de convertirse en uno más de sus habitantes, son los supers de las Lomas y de Polanco. "Ahí se encuentran mujeres más atractivas que las que van a los supers de la colonia del Valle o Satélite." Era tal su afición por estos establecimientos, que llegó a ir hasta dos veces por semana, incluyendo los domingos por la tarde. "Es que cuando regresan de su week-end en Valle o Tepoz, por lo general, llegan bronceaditas, relajaditas y en shorts o en bermudas; además van sin niños. No es que vaya a ligar, lo único que hago es darme un 'taco de ojo'", le contaba a Daniel. Entonces, cuando Beto se encaminaba al departamento de pescados y mariscos, le encantaba formarse en la cola entre señoras de piel toda doradita e hidratada. Y mientras aguarda su turno con paciencia, siempre estaba dispuesto a dar una receta de cocina que su madre, nacida en Veracruz, le había enseñado. "Mire, si lleva usted el filete de mero, que en este super siempre es buenísimo, puede preparar una salsa de chipotle. Así lo hace mi mamá y queda, oiga usted, como para chuparse los dedos. Si me permite y tiene tiempo le doy la receta", solía decir, siempre con su aire de galán. Su necesidad de afecto y aprobación en esos días lo inducía a hacer todo para obtenerlos, aunque fuera nada más por unos minutos. Con toda gentileza ayudaba a las señoras que no alcanzaban los productos de los anaqueles más altos. "Perdóneme, señor, ¿esto es perejil o cilantro?", le preguntaban las más coquetas. Y él, naturalmente, les contaba la historia del perejil y qué enfermedades acostumbraban curar con cilantro los aztecas. Cuando Beto estaba ya en la cola para pagar, siempre cedía su lugar a la señora de atrás.

Algo que también disfrutó Beto, fue ayudar a las clientas a sacar su carrito atorado entre los demás. "Permítame", decía, haciendo grandes esfuerzos. A las que traían minifaldas, les ayudaba a pesar en la báscula sus bolsas de verduras y fruta. A las que portaban "mucha pechonalidad", como él mismo decía muerto de la risa de las mujeres con mucho busto, les proponía: "¿No quiere que le ayude a pesar sus melones?". Era evidente que Beto, a pesar de sus "chistecitos", en realidad, estaba muy solo, devaluado, desorientado, desubicado y desplazado.

Las mujeres que aman demasiado

ue precisamente en un supermercado de Polanco donde Ana Paula conoció a Raúl. Aunque apenas hacía un año de su divorcio quiso darse la oportunidad de tener nuevas "vivencias" para cambiar de ideas; para dejar de pensar "en ese cabrón", como llamaba a Beto; pero, sobre todo, para ahuyentar a uno de sus peores fantasmas: la soledad. Raúl, también divorciado, escribía en un periódico financiero. "Ay, no te puedes imaginar qué atractivo es. Es muy varonil y sabe muchísimo de economía. Todos los políticos leen su columna. Conoce a gente importantísima. Además, me gusta por cogelón", le confesó a Sofía, quien al escuchar esto no pudo más que fruncir ligeramente el ceño. "Si te quieres referir a eso mejor di que es un 'latin lover' o bien un 'chaud lapin'", le sugirió Sofía, la niña-bien-fresa; Sofía, la snob; Sofía, la quisquillosa; Sofía, la apretada; Sofía, la delicada; Sofía la hipócrita; Sofía, la reprimida.

Tenía razón Ana Paula, su nuevo novio, cinco años menor que ella, disfrutaba mucho del amor; tanto que no se conformó con compartirlo nada más con ella, sino también con otra. Después de ocho meses de haber salido juntos a todos lados, Ana Paula descubrió que Raúl tenía otra relación. Se trataba de una reportera mucho más joven que ella y que, en una época, había sido su novia. "Te lo juro que lo vi con una rubia", le dijo un día Alejandra, quien los había visto en el centro comercial Santa Fe. Sin embargo Ana Paula optó por no darle importancia. "Ha de haber sido una compañera de trabajo. Lo que pasa es que seguido tienen que hacer reportajes en equipo", le dijo, más que para tranquilizarla para tranquilizarse a sí misma.

Tres meses después, fue ella la que los vio saliendo de un restaurante. Cuando Raúl la advirtió a lo lejos, se hizo el disimulado y siguió su camino como si nada. Al otro día, y con los ojos completamente hinchados de tanto llorar, Ana Paula habló con él. "A esa hora estaba en el periódico. No era yo, me has de haber confundido", le contestó Raúl. ¡Mentiroso! ¡Claro que era él! Justamente a esa hora salía yo de ver la película *Magnolia*. Iba con una tal Susana. Después se fueron a una cena a casa del director de la sección de economía, en donde la presentó, tanto a sus colegas como a uno que otro subsecretario, como su "novia oficial". Fue, justamente de ahí, de la casa de su jefe, que le llamó a Ana Paula para decirle que esa noche no iba poder verla porque estaba en el periódico escribiendo un artículo, muy importante, acerca del éxito económico de Chile, ya que, en unos días, Frei visitaría México.

Y mientras Raúl seguía mintiendo, saliendo socialmente con Susana, yendo al supermercado de Polanco y escribiendo sus columnas, su relación con Ana Paula se hizo cada vez más infrecuente y siempre de manera clandestina; es decir: nada por las noches y en el departamento de él. Sin darse cuenta, Ana Paula se había convertido en su "amante pantufla". Había dejado de ser la mujer autónoma, la mujer libre y segura de su valía, la mujer con esa voluntad de hierro de la cual tanto se enorgullecía. Como Inés, ella también entró en la categoría de "las mujeres que aman demasiado". Bastó con que Ana Paula se enamorara para que se convirtiera en un ser profundamente inseguro y sin voluntad. Tras seis meses de reproches, de intentos de rompimiento, de ruegos y de pleitos sin fin, un día Ana Paula decidió escribirle una carta a Raúl.

"Mi muy querido Raúl: Te escribo esta carta para explicarte todo lo que traigo en el corazón. En relación con nuestra historia no me gusta en lo que me estoy convirtiendo. No obstante procuro ver nuestros esporádicos encuentros con libertad, en el fondo de mí, me devalúo terriblemente. Por cursi y ridícula que te parezca, en esos momentos tan plenos y felices para mí, me siento 'la otra'. Es decir, la que no tiene derecho de nada contigo; la que espera impacientemente la llamada telefónica; la que no puede decir libremente 'vamos a una película de la Muestra'; la que no te puede llamar a cualquier hora para platicarte algo; la que no puede pasar los fines de semana contigo; a la que se le impide proponerte ir juntos a escuchar a Juan Gabriel; y, por último, la que tiene que aceptar otra relación, más bien otra pareja, 'oficial'.

"No me gusta ser 'la otra', Raúl. Pienso que no me lo merezco. Todo me ha costado demasiado trabajo como para terminar aceptando una condición de tanta disminución. Yo ya no soy tu pareja. Ahora lo es Susana. Yo soy 'la otra': la no-pareja en términos sentimentales y naturalmente frente a los demás. Pues bien, la no-pareja sufre enormes soledades, devaluaciones y sentimientos contradictorios. Por un lado me pareces un hombre cabal, inteligente y tierno. Y por otro, te encuentro débil, mezquino, doble, hipócrita y macho. '¡Con cuánta facilidad se coge a las dos', me digo en calidad de 'no-pareja'. '¡Con qué facilidad va con una y luego con la otra!' '¡Con qué facilidad acaricia a una, y días más tarde, a la otra!' Tengo entendido que para los hombres esto resulta casi, casi, normal. Pero lo más grave de todo es que yo lo acepte. Eso sí es preocupante. Eso sí es grave. Es terriblemente nocivo y autodestructivo que todavía esté enamorada de un hombre que con toda facilidad se coja a dos, bajo el argumento de que está en proceso de buscar afianzar su identidad. Quiero decirte que esta sensación de 'no-pareja', más bien de 'la otra', me vulnera profundamente. Me hace sentir 'poquita', así como que no valgo la pena de ser la pareja en forma. Este sentimiento negativo no hace más que guardarte rencor. Raúl, tengo ganas de vivir plenamente y no por ratitos. Tengo ganas de enamorarme de un hombre que me quiera. De un hombre que nada más desee estar conmigo y que al despedirnos, o al otro día, no le llame a 'la otra' para ver si van a cenar. Quiero un hombre más libre pero sobre todo más seguro. Por lo tanto te pido que ahora sí ya no me busques. (Reconozco que siempre soy yo la que te busca.) Tú ya no me puedes ofrecer nada. Todavía tienes muchas cosas emocionales, como, por ejemplo, tu inestabilidad que tienes que resolver. Me da la impresión que sigues bien atorado con quién sabe cuántas dudas. Esperarte sería totalmente estéril e injusto para mí. Estás constituido de tal manera que me temo que nunca vas a cambiar. ¿Para qué? Si en el fondo estás muy contento de ser como eres. En estos momentos necesito a una pareja que me quiera con más libertad. Te pido entonces que demos por terminados nuestros encuentros y llamadas telefónicas que no me hacen ningún bien, todo lo contrario, me confunden aún más y, lo que es peor, me debilitan. (Espero tener la fuerza de voluntad para no llamarte.) Me odio así de 'rogona', de la típica 'mujercita sumisa' que acepta todo de su hombre, de dependiente, de tolerante. Odio jugar a la liberada, a la dizque 'madura' que acepta cualquier medicina por desagradable que sea, con tal de que se la 'cojan' de vez en cuando, para que no se queje; para que no olvide la verga que tantas veces la penetró; para que siga ahí esperando a ver cuándo regresa su hombre, el cual, mientras tanto, se está cogiendo a una güerita, la cual, también ignora que, de vez en vez, se coge a otra güerita.

"Como verás, Raúl, tu comportamiento con las mujeres deja mucho que desear. Tu corazón está hecho bolas. Por más que lo cubras con millones de argumentos (siempre a tu favor), está confundido. Deja, pues, tranquilo el mío, que bastante padece.

"No. Nunca te imaginarás lo que puedo padecer, más bien de lo que soy capaz de padecer, por no estar a tu lado. Pero tú esto no lo puedes entender, porque tú sabes muy bien tapar tus agujeros. Los tapas con relaciones femeninas, con seducción y con autoafirmaciones.

"Te pido encarecidamente que ya no me busques (ni el día de mi cumpleaños; imagino que te has de haber dicho: 'Pobrecita, la voy a invitar a comer o a cenar. Luego le doy su regalo; después me la cojo para luego no hablarle, sino hasta que me hable ella. Yo mientras muy contento sigo con Susana'). Lo más sano para mí (puesto que para ti son cotidianas las relaciones dobles) es que me dejes de ver y de hablar. Vas a ver cómo con el tiempo me iré fortaleciendo de más en más. Dejaré de pensar en ti y me enamoraré de un hombre sin tantas ambigüedades. (¿Existirán?) Estoy segura que es lo mejor, tanto para ti como para mí. Nada me daría más tristeza que un día Ana Paulita aceptara ser 'la otra'. ¡Es horripilante! Te hace sentir fea y tonta. Ojalá que avances mucho en tu psicoanálisis. Que afiances tu relación sentimental y que un día nos encontremos con gusto, siendo dos, cada quien por su lado, muy felices. Te deseo lo mejor. Ana Paula ('la otra')."

A pesar de la lucidez y contundencia con la que había escrito esa carta, Ana Paula continuó siendo "la otra" durante dieciocho meses más, hasta que conoció a Héctor, un hombre casado que le juraba por todo los santos del cielo que muy pronto dejaría de ser "la otra".

Vamos de pesca

Mientras tanto, comenzó a ejercer un nuevo deporte que se puso mucho de moda, sobre todo para las mujeres divorciadas: el fishing. A las que ya llevaban tiempo de practicarlo se les puso cara de conquistadoras, de seductoras, de "look at me", de "a ver a quién me encuentro", de "a ver ¿quién me invita?". Bastaba con ir a cualquier restaurante de moda ya fuera de Polanco o del sur y observar con atención el comportamiento de estas señoras, para percatarse de sus "intenciones". No obstante que ya pertenecían a lo que se conoce como la "golden age" (entre 48 y 58 años), se vestían, hablaban, pensaban y actuaban como si fueran de treinta. Vaya una descripción.

Nos encontramos en el interior del restaurante La Galvia, ubicado en Campos Elíseos. A pesar de que no se ve lleno, se oye mucho ruido y se siente un buen ambiente. Hay varias mesas ocupadas por señores de negocios y políticos; otras, por parejas. Y en las demás, vemos grupitos de señoras. Nuestros ojos se concentran en una donde conviven cuatro amigas, más o menos de la misma generación. Si sumáramos sus edades el total sería 213 años. Las cuatro son güeras oxigenadas, las cuatro están estiradas, las cuatro se operaron el busto, las cuatro llevan Wonderbra, las cuatro son delgadísimas, las cuatro tienen varios jackets en su dentadura, las cuatro están super bien vestidas, las cuatro están a dieta, las cuatro beben como aperitivo Herradura Reposado, y las cuatro quieren vibrar, seducir y vivir intensamente. Dos de ellas son divorciadas y las otras están casadas hace años, por lo tanto, sumidas en el más absoluto tedio.

Cuando una de ellas se levanta para ir al baño, al pasar por las otras mesas, lo hace como si recorriera una pasarela: mete el estómago, saca el busto, se moja los labios, camina despacito y quiere absolutamente atraer las miradas de los hombres. De vez en cuando saluda, "coquetamente", con la mano a uno que otro conocido que percibe a lo lejos.

Después de haber llamado a su casa por su teléfono celular desde el interior del compartimiento del baño: "¿Tengo recados? ¿Le dijiste que llegaría después de las seis? Perfecto. Gracias", y de haberse lavado esas manos con uñas super manicuradas, de su bolsa Louis Vuitton saca su bolsita de maquillaje. Busca el corrector y con una esponjita se lo coloca abajo de los ojos, en las arrugas de la frente y las de la boca; en seguida se ocultan las ojeras de los ojos y las líneas de expresión. Se pone chapas; se pinta la boca; se pone un poquito más de "máscara" sobre las pestañas; se aplica polvo transparente; se peina; se acomoda las hombreras; sonríe frente a su propia imagen en el espejo y guarda todas sus cosas. Le da un billete de veinte pesos a la señorita. Al salir, vuelve a meter el estómago (el mismo que desbordará cuando se encuentre sentada con la servilleta sobre las piernas), levanta y saca el busto, y, muy despacito, como si anduviera de puntitas, se encamina hacia su mesa. En esos momentos, a las otras tres les entra un poquito de inseguridad: temen que brille su nariz, que se les haya borrado el lipstick, corrido la pintura de los ojos y que ya no estén tan bien peinadas. Sin embargo, siguen comiendo como si nada.

Las cuatro se sienten divinas. De pronto, una de las que están casadas ve entrar al restaurante a un amigo de hace años. "¡Quiuuuubo! ¡Queeeé miiiiilagro!", exclama con una sonrisa de oreja a oreja. Se reconocen. Se besan. Se ríen. Y se los presenta a sus otras tres amigas. Las tres sacan el busto y los labios, estiran la mano y mirándolo fijamente a los ojos dicen con una sonrisita: "Mucho gusto. Oye, ¿qué no te conozco?". En seguida, comentan algo acerca del calor que está haciendo, hablan de tonterías, se ríen. Los viejos amigos intercambian sus respectivos números telefónicos. "Estás igualito." "Y tú estás más guapa." Se despiden. Y de inmediato surge la pregunta de rigor por parte de las tres que no lo conocían. "¿Quién es, eh?" Su amiga les explica, les cuenta. Está excitada. Acalorada. "Creo que está divorciado. Es abogado y tiene su propio despacho. Es muy bohemio. Le encantan las antigüedades. Pero dicen que es de lo más mujeriego." "Como todos los hombres", opina la más viejona y amargada.

En medio de la conversación, El tiempo sigue pasando y ellas continúan hablando de sus cosas. "¿Quién creen que se hizo lo de los hilos de oro?" "¿Quién creen que tiene un amante de planta?" "¿Quién creen que ya se divorció?" "¿Quién creen que se volvió a casar?" "¿Quién creen que se inyectó el busto?" "¿A quién creen que vi viejísima, como de 108 años y gordísima?" "¿Quién creen que es alcohólica?" "¿Quién creen que está tomando Prozac?" "¿Quién creen que está saliendo con mi exmarido?" "¿Quién creen que le está haciendo la corte a Ana Paula?" Las que están casadas, curiosamente, no hablan ni de sus maridos, ni de sus hijos, ni mucho menos de sus nietos. Tampoco se refieren a los problemas que tienen ver con el país o con el mundo. Y mientras siguen adivinando los protagonistas de todos esos dramas humanos, de pronto se presenta el capi, quien con mucha cortesía, les anuncia a las cuatro señoras: "Que el señor de esa mesa les manda esta botella de vino blanco". Las cuatro se miran entre ellas. Meten el estómago. Se ponen derechitas. Sacan el busto y sus ojos se dirigen hacia la mesa del "señor". "Ay, qué pena", dice una de las casadas. "Pena robar. Pena matar. Pero ¿pena aceptar una botella de tan buen vino? ¡Para nada! Eso no te debe dar pena", comenta una de las dos divorciadas. Las cuatro se ríen. Finalmente aceptan. Les sirven sus copas. Las cuatro las alzan y al mismo tiempo le dan las gracias con una sonrisa al caballero que mandó el vino. Él, también de pura casualidad, está acompañado de tres amigos. Desde su mesa les sonríe y comenta algo a los demás. Los cuatro se ríen.

Son las seis de la tarde. Afuera hace un sol espléndido. Poco a poco el restaurante se ha ido vaciando. En la mesa de las cuatro amigas, ahora aparecen cuatro parejas. De repente uno de ellos, con toda discreción, llama desde su celular y, muy quedito, le dice a su secretaria: "Cancéleme por favor la cita de las siete. Dígales que se prolongó demasiado la comida de negocios... Que yo les llamo sin falta mañana". Las cuatro se ven felices, encantadas; todavía más rejuvenecidas. A las cuatro les brillan los ojos y sienten que tienen todo el tiempo del mundo...

Un papelito en la bolsa

En esa misma época en que Ana Paula trataba de pescar lo que encontrara, su relación con Héctor empieza a manifestar los primeros síntomas graves de un inminente rompimiento. Una carta más de esta "amante pantufla" muestra que no podía evitar mirarse a través de los ojos de un hombre.

"Querido Héctor, amigo íntimo: Hace un momento me dejaste en mi casa y no sé por qué pero siento un nudo en la garganta. Tengo la impresión de que estás distante, de que algo te pasa, pero que no me dices nada, seguramente, para no apenarme. Durante la cena, por más que intenté hacerte reir, estabas como ausente. Es más, sentí que más que entretenerte, te irritaba. Cuando te propuse que el próximo fin de semana nos fuéramos a Valle, lo primero que me dijiste fue: 'Odio Valle'. Me quedé helada. ¿Cómo es posible que ahora odies ir a Valle si antes eras tú el que me insistía que fuéramos? Como me lo dijiste de una forma tan cortante, preferí no insistir. Además, cambiaste de tema de inmediato. '¡Están pésimos estos ravioles!', agregaste de muy mal humor. Después, cuando te conté que Lourdes nos invitaba a una cena, lo único se te ocurrió decirme fue: 'No soporto esas cenitas donde nada más hablan de estupideces'. Claro, como yo no te quería contradecir, te dije: 'Ay, sí, es cierto, a mí también me chocan'. Te sentía tan desapegado, tan lejano, que ya no sabía ni qué comentarte, si hablarte de la oficina, si platicarte del libro que estoy leyendo o sí comentarte la película que acabamos de ver. Te lo juro que empecé a sentir una inseguridad horrible, por eso hablaba y hablaba sin parar de puras tonterías. A la hora del postre fui al baño. Ahí me lavé las manos con agua helada para calmarme. Te lo juro que me lavé hasta la altura de los codos. Después me empolvé, me puse blush, más rímel. 'A lo mejor me está viendo fea', pensaba mientras me arreglaba. Al salir dizque con cara de muy relax, te encontré escribiendo en un papelito. '¿Me estás escribiendo un pensamiento porque es 14 de febrero?', se me ocurrió preguntarte como una estúpida. No me contestaste nada y de inmediato guardaste el papelito. Te veías nervioso, como si te acabara de cachar in fraganti. Como algo me dio una pésima espina, como para tranquilizarme, te pregunté (otra vez como una estúpida) si estabas haciendo tus cuentas para pagar tus impuestos. Te reíste, pero sin agregar una sola palabra. Te lo juro que en esos momentos hubiera dado cualquier cosa por sacarte aquel papelito que guardaste en la bolsa izquierda de tu saco de tweed. Entonces, en esos precisos momentos, comencé a imaginar miles de cosas: que le estabas escribiendo una notita a alguien; que estabas rectificando el número de teléfono de alguien; que habías apuntado la dirección de alguien que acababas de conocer; que esas palabras tal vez eran el borrador de una carta de rompimiento que muy pronto me dirigirías; etcétera. Naturalmente me hice la occisa (no sé si se escribe así), y como para cambiar el tema, te pregunté: 'Bueno, y tú, ¿quién crees que vaya a ser el próximo presidente de México?'. Me miraste horrible y lo único que se te ocurrió decirme fue: 'Otro priísta'. Sé que me reí forzadamente, que parecía de esas locas que salen en las telenovelas, pero lo que sucedió es que ya para entonces, me estaba sintiendo de la cachetada. Para colmo, se me ocurrió tomar tu mano, misma que de inmediato retiraste. '¡Híjole, este cuate ahora sí que ya me va a cortar!', pensé aterrada. Te lo juro que sentía los canelones que se me subían y se me bajaban. Y claro, sin la menor psicología, te hice la típica pregunta de noviecita insegura: 'Te pasa algo, ¿verdad?'. A lo cual respondiste como el típico novio presionado, evasivo, a quien efectivamente le pasa algo: 'No, no me pasa nada. Lo que sucede es que me va a dar gripe. Es todo'. En este instante se acercó el mesero para retirarnos los postres y yo, como una idiota, le pregunté: 'Ay, de casualidad, ¿no tiene una cafiaspirina?'. ¡Híjole, me miraste horrible! Te lo juro que pensé que me ibas a pegar. Créeme que si le pedí la cafiaspirina era para aliviarte el dolor de cabeza. Tal vez era una manera de autoconvencerme de que lo único que tenías eran los clásicos síntomas de gripe. 'Eres demasiado excesiva. ¿Qué no puedes ser un poquito más discreta?', me preguntaste. Preferí ya no contestarte. Lo que acabó de amolar todo, fue que el mesero efectivamente trajo las cafiaspirinas. Y, claro, tú le dijiste: 'Muchas gracias, ya no las necesitamos. Mejor tráigame un café express'. Jamás me preguntaste si quería uno.

"Jamás me diste las gracias por preocuparme por ti. Jamás volviste a abrir la boca. '¿Qué, hice algo malo?', me atreví a preguntarte, como una verdadera retrasada mental. Y de plano ya no me contestaste nada. Solamente te dignaste dirigirme la palabra cuando trajeron la cuenta: '¿No me prestas tu tarjeta de crédito? Es que la mía está saturada', me dijiste. Y yo, la típica sin ninguna dignidad, exclamé: 'Ay, por supuesto. Aquí está la mía. Es más, yo te invito. Te lo juro que te lo iba a proponer desde que llegamos. La verdad es que se me hace injusto que acabes pagando siempre tú. Si necesitas dinero líquido, también tengo, ¿eh? Si quieres te presto cinco mil pesos, y luego me los pagas. Me harías un favor, porque como están las cosas, ¿qué tal si me roban la bolsa? Es que hoy no tuve tiempo de pasar al banco. ¿Quieres que te preste dinero?', te pregunté de lo más acelerada. 'No gracias', me dijiste muy serio. Y, mientras trajeron el voucher, agregaste: 'Tengo que hacer una llamada telefónica'. Te vi partir con pasos firmes y muy grandotes, como si tuvieras prisa. Como el teléfono del restaurante Capri está muy a la vista, me fijé cómo marcaste el número de memoria. En seguida quise leer tus labios pero, naturalmente, no pude porque nunca aprendí. Sin embargo, pude leer la expresión de tu cara. De pronto se te suavizó. Incluso hasta te sonreíste. Colgaste y al regresar te veías como aliviado, como si se te hubiera quitado un peso de encima. '¿Qué pasó?', te pregunté. 'No pasó nada. Todo está muy bien', me contestaste. Nos fuimos en seguida, pero antes dejaste la propina. Trescientos pesotes. '¡Qué generoso!', pensé; 'lo que sucede es que algo pasó en esa llamada telefónica para que se hubiera puesto tan de buen humor'. En el coche pusiste el radio en 1380 y te pusiste a cantar junto con Los Panchos. Yo, mientras tanto, estaba que me llevaba el tren. Seguías ausente pero de super buen humor. Cuando llegamos a la casa te invité a pasar, pero nada más me dijiste: 'Muchas gracias, pero mañana me tengo que levantar muy temprano'. Sentí horrible. Nos dimos un beso en la boca rápido. Era como aquellos besos que se dan las parejas cuando tienen ya más de treinta años de casados. Al cerrar la puerta, sentí que se me venía el mundo encima. De inmediato se me ocurrió llamar a tu celular, y como única respuesta obtuve: 'El número Telcel que usted marcó no está disponible o se encuentra fuera del área de servicio, le sugerimos llamar más tarde'. No sabes cómo me sentí frustrada. Por eso decidí escribirte este tipo de cartas, que resultan totalmente contraproducentes, porque me debería hacer la loca y debería actuar con mucha seguridad e inteligencia. Ni modo, no puedo reaccionar de otra forma. Siento que ya te choqué, que ya te caí gorda, que ya no te gusto, pero lo que es peor, que ya te cansé.

"Te iré a dejar esta carta a tu casa. Si no estás, ni modo, te la dejaré en el buzón. Por favor, llámame mañana temprano. Te quiero mucho y nada más de pensar que tú ya no me quieres siento que se me mueve el piso, como si se tratara de un temblor espantoso. Perdóname por ser tan dependiente, por ser una rogona de lo peor. Te lo juro que daría cualquier cosa por actuar como una chica moderna, pero no sé. ¿Por qué no hablamos lo más pronto posible? ¿Podríamos encontrarnos en Bondy mañana al mediodía? ¿Te parece bien? Te lo juro que no me aguantaría hasta la noche.

"Te quiere con todo su corazón y hasta con su profunda in-se-gu-ri-dad."

Viaje al fondo del consumo

*M*ientras Beto compraba, obsesivamente, su Viagra y Ana Paula escribía, obsesivamente, cartas de amor a destinatarios que no le correspondían sus sentimientos, su hijo Betochico enviaba, también obsesivamente, correos electrónicos a Toño, su amigo de la infancia, quien con el tiempo se había convertido en su más cercano confidente. A él le contaba todo: sus azotes, el rechazo que, en el fondo, sentía por su madre; sus conflictos con Anapaulita, su hermana; sus ideales, sus soledades y de su relación con Claire. Betochico se había ido a Berlín a trabajar como tercer secretario en la embajada de México en Alemania. Después de haber estudiado economía en el ITAM, presentó su examen en Relaciones Exteriores y pasó con felicitaciones. A diferencia de Sebastián, de Toño y de Rodrigo, Betochico era un joven lleno de intereses y ambiciones. Aunque de niño y de adolescente había ido con varios psicólogos, cuando cumplió 18 años se despidió de sus papás, de su hermana y del doctor Skinner. A partir de entonces ya no quiso saber nada más del psicoanálisis, ni de terapias de grupos, ni de los libros de autoayuda que le daba a leer su madre. Una semana después de haber regresado de sus vacaciones, le escribió a Toño un e-mail.

"¿Qué onda, güey?: He aquí la crónica de mi ida y regreso Berlín-México-Berlín. 'Por fin llegué, ¡ahora sí la libré!', pensé cuando, finalmente, después de perderme en una larga cola de turistas alemanes y holandeses que se había formado en el pasillo del imponente 747 de Lufthansa, pude reposar en mi angosto asiento de primera, para algunos (no me puedo imaginar para quién) clase económica llamada 'turista'. 'Sí, por favor', le respondí a la amable y enorme aeromoza que se acercó a mí para ofrecerme gentilmente una simpática toallita húmeda y tibia que prometía quitar de mis manos la poquísima mugre acumulada en el limpio y neuróticamente ordenado aeropuerto de Amsterdam, Skipol. Hacía mucho tiempo que no sentía tanta angustia como la que me provocó mi escala en este aeropuerto. La perspectiva que formaban los corredores del aeropuerto se mostraba infinita ante los ojos de los cientos de miles de turistas que en su carteras, bolsas y fajas secretas guardan cientos de miles de tarjetas de débito y de crédito emitidas por un sinnúmero de bancos y empresas de crédito de todo el mundo que se dedican a hacer realidad los breves sueños y las largas angustias de los tarjetahabientes. Tres pasos no pueden darse a lo largo de alguno de los inmensos corredores de este aeropuerto, sin encontrar una de las cientos de miles de tiendas que acechan a los viajeros con sus productos duty free de altísima calidad y, a pesar de la exclusión del IVA, altísimo precio. Inclusive, si uno no es lo suficientemente cuidadoso, o no logró dormir bien durante el vuelo de llegada a Amsterdam y comienza a soñar despierto que es millonario y que lo puede comprar absolutamente todo sin padecer largas noches de insomnio y angustia por las deudas adquiridas, puede uno llegar a su casa y encontrar sobre la mesita del correo un sobre que contiene una cuenta de setenta mil dólares por un mercedes SL 500 modelo 2001, que firmó con su tarjeta de crédito en el aeropuerto. 'Ahora sí, ni una sola compra. De todo esto, no necesito pero nada de nada. Comprar algo sería profundamente irresponsable. La última vez que consulté mi cuenta del Deutsche Bank vía Internet, los numeritos estaban rojos y eran cada vez más', pensaba, mientras con pasos temerosos, que me recordaban a los que daba a los doce años en la Casa de los Sustos de la feria de Chapultepec, recorría las aterrorizantes fachadas de las fabulosas tiendas del aeropuerto. '¿Cómo le hago?', pensé: 'Ya me conozco, y estoy seguro que de Amsterdam, por lo menos, despego a México con una de las nuevas locioncitas para hombre de Jil Sander'. Entonces fue cuando decidí caminar con los ojos apenas lo suficientemente abiertos para permitirme distinguir el camino y lograr excluir de mi campo de visión las atractivas tiendas y sus productos seductores, y también cuando, después de haber chocado conmigo, cayó al piso una viejecita, evidentemente japonesa, junto con todas sus bolsas y maletas Louis Vuitton que volaron por todas partes, y que me pedía disculpas en japonés haciendo frente a mí una reverencia después de la otra, pues a sus rasgados ojos, ella había chocado con un joven invidente. Despegamos. En mi asiento ya me sentía mucho más tranquilo y consideré que había dejado en el aeropuerto de Skipol el riesgo de caer de nuevo en la viciosa dinámica de la compra/deuda, hasta que se escuchó en un alemán cordial una voz suave y femenina que invitaba a los pasajeros a hacerse, por medio de su tarjeta de crédito o en efectivo, de cualquiera de los productos anunciados en el catálogo que se podía encontrar frente a nuestro asiento correspondiente. '¡No!', y yo que pensé que mi 'jet lag' lo pasaría esta vez más tranquilo, sin pensar en las deudas por las compras durante mi viaje. Aún tengo una última esperanza: aplicar lo que dice mi *Manual del comprador compulsivo* 'MCC, edición actualizada para el consumo en Internet' (lo compré con tarjeta de crédito en amazon.com y todavía lo debo) para estos casos: 'Si está tentado a realizar algún consumo caro e innecesario en el duty free del avión y no logra evadir la tentación con el canto pausado y repetido de nuestro mantra comprammmdeudammmangustiammm, comprammm-deudammmangustiammm, entonces use el plan de contingencia para estos casos que se incluye en la página 2345 de este manual'. Rápidamente encontré la página y leí: 'Apoye su cabeza contra el asiento, tense los músculos de todo el cuerpo, tome la mano de su vecino de asiento (aunque no viaje con algún familiar o amigo) y apriétela con todas sus fuerzas aunque provoque algunas heridas; de manera simultánea recuerde algún artículo de periódico que hable acerca de un accidente aéreo fatal (recomendamos ampliamente concentrarse en el que narra la explosión del Concorde con 130 millonarios alemanes dentro —seguramente todos ellos sin deudas—, que viajaban a Nueva York llenos de compras recientes para lucirlas en el crucero que los llevaría a recorrer todo el Caribe) y entonces concéntrese en el enorme riesgo que corre su vida al volar a diez mil metros de altura en un aparato que tiene un peso de cuatro toneladas y que la semana pasada pudo haber estado en el taller porque no le funcionaba una turbina. Este procedimiento le garantiza que en lo último que pensará es en el caro e innecesario producto que pagará con dinero que todavía no gana, evitando así la feroz angustia que le pudiera haber provocado una deuda más'. A pesar de todos mis esfuerzos y falibles recursos, me fue imposible evitar lo que ya se presentaba desde un principio como un hecho ineludible. 'No puedo más', pensé: 'Cuando se acerque el carrito de los productos, ¡ataco con todo!' Dicho y hecho, así fue. Ahora las rojas cifras de mi cuenta de banco habían crecido, y su rojo ahora era tan profundo como el del suéter de cashmere Ralph Lauren con el que el año pasado me había endeudado a lo largo de seis meses con American Express, y cuyos intereses sumaban la cantidad necesaria para poder pagar el enganche de un departamento amueblado. Habiendo superado medianamente el trance compulsivo tras el consumo innecesario y aún intentando superar mi culpa y olvidar, aunque fuera tan sólo por unos minutos, que los numeritos rojos indicarían cómo mi deuda con el banco era cada vez más grande, me propuse intentar conciliar el sueño. Desperté cuando de nuevo esa cordial voz femenina anunció que en breve aterrizaríamos en el aeropuerto Benito Juárez de la ciudad de México. En efecto, había podido dormir profundamente y recordaba con una claridad y exactitud particulares, lo que durante las horas del vuelo había soñado. Estaba en el aeropuerto de Skipol en Amsterdam, frente a una de las tiendas que presentaba en su lujoso y brillante aparador todo lo que siempre había querido. Ahí estaban nueve trajes Brioni de las telas y materiales más finos, discretos y elegantes; 24 camisas Borelli con los colores más bonitos, creativos y discretos; 67 corbatas Charvet con las combinaciones más fantasiosas y los dibujos más sofisticados; cuatro cinturones Hermès con la piel más fina del mundo; 45 pares de zapatos, entre John Lobb, Alden, Ed Meier y Church, de todos colores y para todas las ocasiones; un porsche carrera 940 color gris plateado; una colección de todos los modelos de Rolex, desde sus inicios hasta el más reciente; tres cámaras digitales; y el nuevo modelo de la computadora Vaio de Sony. Pero, curiosamente, yo no sentía angustia o miedo alguno, no experimentaba ese terror de, por el solo hecho de ver las cosas, comenzar a endeudarme, ni tampoco sentía, como ya era costumbre, el escape de mi realidad, para comenzar a idealizar una vida mucho más plena, viviéndola con mis compras. Estaba parado frente al aparador admirando todo lo descrito, cuando de pronto siento una mano que toca mi hombro; volteo y hay un hombre barbado, vestido de blanco, con el pelo largo y canoso, que con la mano derecha me ofrecía una tarjeta de crédito y me la entregaba diciendo: 'Anda y compra todo lo que tus deseos te permitan, hijo, pues todas tus deudas serán hasta el día venidero del Juicio las mías propias. Yo soy el tarjetahabiente que quita la deuda del mundo'. Tomé la tarjeta de crédito, que brillaba como si fuera un diamante de Tiffany, para entrar a la tienda a saciar hasta el más recóndito de mis deseos de consumo, pero justo en ese momento se anunció el aterrizaje y desperté. Hacía dos años que no visitaba la ciudad de México. Estaba al tanto de los cambios porque por lo menos tres veces a la semana solía consultar la edición para Internet del periódico *Reforma*. De camino a mi casa, circulando por el Periférico, me llamaron especialmente la atención los espectaculares que mostraban al nuevo presidente, y a su lado, al líder del partido que lo apoyó con sus votos, los que con su esfuerzo conjunto terminarían con más de setenta años de hegemonía de un partido 'oficial'. La frase en estos enormes y verdes espectaculares decía: '¡Gracias México! ¡No te vamos a fallar!'. Y pensé: 'De esto de la deuda no se salva pero nadie, no importa si se trata de una deuda económica, política o moral. Yo ya le debo al banco un poquito más, después de haberme comprado mi loción, pero de más está decir que mi deudita económica nada tiene que ver con la deudota moral que adquirieron estos dos con el pueblo de México; no me quiero ni imaginar cómo son los 'jet lags' del nuevo presidente, sin poder dormir, dando vueltas en su cama sin poder evadir la constante presencia de sus deudas. Durante mi estancia en la ciudad de México la idea de la deuda fue creciendo en mi conciencia, obsesiva e ininterrumpidamente. Las deudas con mi banco en Alemania seguían presentes, debo confesar, pero no tanto como las nuevas deudas morales que en mi calidad de estudiante mexicano fuera de mi país fui adquiriendo a lo largo de mis días en México. Hace dos años que estudio en Alemania. En dos años la atmósfera en la ciudad de México ha cambiado sorprendentemente. Me llamó especialmente la atención el cambio evidente en el rostro de los ciudadanos. Sus caras muestran una expresión hecha de expectación, incredulidad y esperanza. Esto es con toda seguridad gracias a la nueva deuda que una persona ha adquirido con ellos: el nuevo presidente. Los mexicanos, al haber elegido a un candidato de otro partido político que no fuera el del partido 'oficial' para convertirlo en su próximo presidente, comenzaron a saldar una vieja deuda que se había declarado en estado de moratoria desde que la Revolución mexicana se dio por concluida. El hecho de estar fuera de México y de ser un estudiante en el extranjero en momentos de semejante trascendencia histórica y de tal relevancia para la vida de los mexicanos, me provocaba cierta incomodidad. Mis días en México me hicieron recordar y vivir de nuevo la realidad de un país en donde se vive con diferencias muy marcadas, en algunos casos, fantásticas por extremas. Me era imposible dejar de establecer un paralelo pedante con el país donde estudiaba. En él, como en casi todos los que se llaman países de 'primer mundo', las deudas de la gente con su país y las del país con su gente son cubiertas en plazos cortos. Absurdo sería suponer para un ciudadano de cualquiera de esos países, que la responsabilidad del Estado, o lo que es lo mismo su deuda con la gente, entrara en un estado de moratoria tantos, tantos años, como sucede en el caso de México. La perspectiva que había permitido la distancia y el tiempo lejos de mi país provocaron que viviera estas diferencias de manera muy distinta a como lo hacía antes. Recordé mi vida en el seno de una familia de posición económica, en relación a la realidad de la economía de la mayor parte de las familias de mi país, privilegiada; acostumbrado a las diferencias cotidianas; tan acostumbrado que las había olvidado. No tenía deudas morales, pues mi inconciencia y la de algunos otros logró que éstas pasaran casi desapercibidas. Pero las deudas sociales, perceptibles, diluidas o invisibles por la inconciencia, jamás dejaron de estar presentes. Bastaba encender el televisor a las diez y media de la noche y ver el noticiero, para conocer la dimensión de la deuda que teníamos los mexicanos con nosotros mismos. No podía negar que, estando en el extranjero, era muy atractivo pensar en mi cómoda vida en México, pero después de esta estancia, me ha quedado muy claro que, a pesar de ello y a pesar de todo lo que fuera necesario, establecer prioridades para comenzarnos a pagar nuestras deudas, es un asunto inaplazable y que dejar de hacerlo sería amoral. La deuda está presente por todas partes y manifiesta la exigencia de pago de muchas maneras distintas. Los niños pidiendo dinero en la calle, los peseros llenos de personas que se dirigen a su trabajo para al final de la jornada laboral recibir un sueldo que apenas y les alcanzaba para su supervivencia y la de su familia, la contaminación incontrolable de la ciudad de México, las manifestaciones campesinas a Palacio Nacional, y tantas otras. Recuerdo que en los muros de la ciudad se podía leer la brillante frase de campaña de uno de los candidatos al gobierno del Distrito Federal: 'Primero los pobres, por el bienestar de todos', que es lo mismo que 'si queremos vivir en paz y con bienestar, entonces paguemos la deuda que tenemos con nosotros mismos, porque México somos todos'. No dejó de preocuparme el hecho de que había tenido que salir de mi país tanto tiempo para poder darme cuenta de la urgencia de la deuda de los mexicanos con los mexicanos. Me preguntaba si todos los que vivían en realidades semejantes a la mía, cuando radicaba en mi país, estaban igualmente insensibilizados, como yo lo estuve en el pasado, frente a esta urgencia de pago. Frente a la deuda mexicana, recordé mis deudas con el banco en Inglaterra, mis sueños en los aviones y las deudas que pensaba que podrían llegar a ser importantes en mi vida; pero hoy estoy seguro que la deuda más importante la tengo con mi país como muchos otros mexicanos; y curiosamente, y a diferencia de con las demás, estar consciente de que tengo esta deuda con México y saber que pronto la tendré que pagar, me permite dormir profundamente.

"Bueno, pues después de este rollo tan patriótico que te acabo de echar desde lo más profundo de mi corazón tricolor, te quiero decir que Claire me sigue trayendo por el callejón de la amargura; más que de la amargura es el de la felicidad. Cada día que pasa estoy más convencido que es mi media naranja. Por lo pronto, está muy ocupada porque está presentando sus exámenes de derecho. Y tú, ¿qué onda? ¿Qué dicen los antros? De plano no sé cómo aguantas tu tren de vida. En tu lugar ya me hubiera dado un infarto. Ayer, precisamente, le mandé un e-mail a tu hermano Rodrigo pero no me ha contestado. Lo sentí mucho mejor. ¡Qué bueno! De veras que en Oceánica hacen milagros. Me contó lo del barco que había naufragado cerca de Mazatlán y que todo lo que se había salvado se lo habían mandado a Oceánica. Pero nunca se imaginaron que entre todos los 'containers' se encontraba uno gigantesco que guardaba quién sabe cuántos kilos de mariguana. ¿Te imaginas la cara de estos cuates cuando lo vieron? Se les han de haber parado los pelos de punta. Eso sí que es contar dinero frente a los pobres. Oye, a tus papás los vi igualitos. Te lo juro que no han envejecido nada. La que creo que necesita novio es mi mamá. ¡Le urge! Pero al que también le urge una de fijo es a ti. Oye, güey, ya te tienes que casar. Tienes una super chamba; ganas muy buena lana; ya vas a cumplir 27 años y todavía vives en tu casa, como el típico junior. Das ist unmöglich!, como dicen los teutones. Te deberías venir a Alemania, aquí hay unas chavas buenérrimas. Oye, al que vi muy sacado de onda fue a Sebas. ¿Es cierto que se está divorciando? Híjole, si apenas tiene niños muy chiquitos. Bueno, pues such is life... Te esperamos. Un abrazo. Beto."

La tentación de la inocencia

$\mathscr{E}$l día que Fernando se enteró que Sofía iba a casarse, sintió que el mundo se le venía encima. Pero antes de que Sofía se lo anunciara personalmente, a las que tuvo que contárselo primero, a como diera lugar, fue a sus amigas. No obstante que sabía que las perturbaría un poquito, tenía que hacerlo con bombos y platillos. La reacción que más temía era la de Alejandra y Ana Paula. Para Sofía haber vivido casi tres larguísimas décadas con el mismo hombre, como era el caso de la primera, suponía montañas y montañas de tedio y monotonía. No es que no creyera en el concepto de matrimonio y el de familia, pero creía que en una relación que había durado tanto tiempo, necesariamente, se ocultaban muchos rencores y silencios llenos de amargura. Respecto de Ana Paula sabía que lo que más deseaba en la vida era encontrarse con una pareja estable, lo que no había logrado en los últimos diez años. Con Inés sabía que no tendría problemas; sin embargo, a veces ésta podía caer en contradicciones terribles que la llevaban a hacer juicios, por momentos, muy intolerantes.

Cuando Sofía terminó de darles la buena noticia, las tres se quedaron sin habla. Aunque sí les había dado gusto, las tres habían sido víctimas de "la inevitable punzada", como llama Alberoni al primer síntoma de la envidia. "Hasta la persona más envidiosa, hasta la atormentada, corroída por la envidia no experimenta ese sentimiento continuamente. No envidia cada día, cada hora, cada minuto. No envidia en cada confrontación y ni siquiera cada vez que se encuentra pensando en su odiado rival." Estas "punzadas" o bien desaparecen o se vuelven a presentar meses o hasta años después. A veces no regresan jamás.

Sin duda la que más padeció la terrible mordida de la envidia fue Alejandra. "No comments", fue lo primero que le dijo a Sofía con una mirada retadora. "Gulp!", hicieron las otras tres. "Oh, my God!", pensó Sofía. Pero afortunadamente Inés, que era la más conciliadora de todas, tuvo la buena idea de exclamar un: "¡Felicidades!" muy festivo. En seguida, se puso de pie y le dio un beso a la futura novia. Las otras dos no tuvieron otra alternativa más que seguir su ejemplo. Pero, para entonces, a Sofía ya se le había grabado en el disco duro de su corazón aquello de "no comments". Aunque no era rencorosa y conocía muy bien la personalidad de Alejandra, para ciertas cosas, tenía una magnífica memoria... Sin embargo, dejó pasar el comentario. Les contó cómo se había dado la pedida en el aeropuerto de Nueva York. Y después de haber narrado con toda su vehemencia, les comentó, con un brillo en sus ojos: "Créanme, chicas, que tener un novio tan adorable como Felipe y que encima esté dispuesto a comprometerse de esa forma, para mí es mejor que cualquier tratamiento de Prozac, que cualquier 'lifting' o que cualquier psicoanálisis. ¡Estoy feliz! Se los juro que no lo puedo creer. Cuento con ustedes para los showers y todos los preparativos de la boda, ¿eh?". Al escuchar esto, Ana Paula dijo entre bromas y veras: "No serán showers de 'blancos', pero sí de 'beige'. No serán de aparatos para cocina, pero sí de aparatos para el dolor de espalda, para la circulación o para tomarse la presión". Todas se rieron mucho.

Al otro día, Sofía recibió un arreglo de flores precioso comprado con Becky Alazraki, especialista en los arreglos florales más sofisticados y más bonitos de México. Era una canasta pletórica de tulipanes rojos importados a la que acompañaba una tarjeta que decía: "¡Qué bueno que ya te vas a casar! At last! Me da mucho gusto por tus hijos. Te felicito de todo corazón. Love, Alejandra".

Sofía en el país de las deudas

Una vez que Sofía leyó en el libro que le había regalado su hija, los cuatro rasgos específicos de la revolución individualista (el culto al cuerpo, el culto hedonista, el culto psicológico y el culto a la autonomía individual), llegó a la conclusión de que ella era una perfecta "revolucionaria individualista", producto de una cultura totalmente "hedonista". Con su plumón amarillo, que siempre tenía sobre su mesita de noche, subrayó: "Finalmente, la aspiración a la felicidad, al gozo privado, engendra la existencia de depender menos de los demás, de decidir la conducta de su propia vida, de vivir para sí mismo". Algo que le gustó mucho, e incluso hasta estuvo a punto de reconciliarse con ella misma, fue lo que leyeron, en seguida, sus ojos: "En verdad observamos que mientras más se recicla nuestra cultura cotidiana mediante el consumo, más resurge la exigencia ética: ayuda humanitaria, bioética, ecológica, ética de los negocios y de los medios de comunicación, lucha contra la corrupción". Entonces, entre más consumista, ¿más individualista, pero con posibilidades de conservar un cierto sentido del deber y de la solidaridad? Por lo menos con esos dos aspectos sí contaba Sofía. Pero ¿dónde quedaba la responsabilidad? ¿Se podía ser todo a la vez: individualista, consumista y responsable? Líneas abajo, el mismo autor le respondía: "Lo importante es considerar que el neoindividualismo no es, como se dice con demasiada frecuencia, el equivalente al egoísmo, a la irresponsabilidad y al decaimiento de los valores. Se nos dice que todo va en decadencia, pero al mismo tiempo nunca hubo tanta preocupación por los derechos del hombre, por las acciones humanitarias, por la lucha contra la corrupción y los compromisos ecológicos. Las sociedades de consumo producen individualismo irresponsable, pero también individualismo responsable; no hay que ser demasiado maniqueos: existen esas dos formas de individualismo en las sociedades de consumo. Es por eso que la tarea del presente y del porvenir es hacer ganar al individualismo responsable".

"Voilá!", exclamó Sofía. A partir de ahora, ésa sería una de sus metas: conservar su individualismo, que tanto trabajo le había costado conquistar, pero con res-pon-sa-bi-li-dad. Sin ella, su independencia corría el riesgo de desvirtuarse. Con ella, podía ser más libre y más feliz. Sofía cerró el libro. Apagó la luz de la lámpara de su buró. Cerró los ojos y pensó: "Gracias m'hijita. Gracias al libro que me compraste, esta noche duermo con algunas esperanzas. Buenas noches. Mañana sin falta le hablo a Inés y le platico que ya descubrí a Lipovetsky. Le va a dar mucho gusto".

Aunque Sofía se había dormido con cierta paz en su interior, esa madrugada tuvo un sueño más que extraño: se veía ella misma en el cuerpo de Alicia, la de Lewis Carroll; ella también llevaba un delantal azul, unos calcetines blancos y su pelo rubio, que le llegaba hasta los hombros, sujeto con un listón azul claro. De pronto se vio en medio de un parque cubierto de un pasto color verde esmeralda, así como los que aparecen en las películas de Walt Disney. Se echó a correr. Parecía como que estaba escapando. Corrío desesperadamente. Atrás de ella la perseguían decenas de barajas, que en realidad eran tarjetas de crédito que reclamaban ser liquidadas. "¡Ya paga! Si no lo haces te llevaremos al Buró de Crédito y allí la reina te cortará la cabeza. Eres la peor de las deudoras. ¡Ya paga!", le gritan, a la vez que alzaban sus lanzas para arrojarlas contra la pobre de Sofía que no dejaba de correr con todas sus fuerzas. Y mientras Alicia-Sofía intenta escapar de sus enemigas, da una mordidita a su galleta que la disminuye de tamaño, pero en lugar de hacerla chiquita, la agiganta; a tal grado que no había manera de ocultarse en ninguna parte. Al final, llega hasta una cueva; se mete y ahí se pone a llorar y a llorar. "Soy una individualista-consumista-responsable como cualquier mujer posmoderna", repetía una y otra vez. Eran tantas sus lágrimas que empezaron a formar un río que hasta olas tenía. Y en su sueño Sofía lloraba y lloraba, y de pronto, escucha un timbre a lo lejos. "¡Ring, ring, ring!", chillaba sin piedad. Dormida como estaba, por un momento pensó que se trataba de la alarma de una patrulla de policía que venía por ella para llevarla ante la reina. Pero nada más era el teléfono. "¿Bueno?", contestó, "la peor de las deudoras", con voz somnolienta. "Hablamos de El Palacio de Hierro. Tiene usted con nosotros un adeudo y queremos saber cuándo pasará a pagar. Si no puede venir personalmente, nosotros vamos a cobrarle." No, no lo podía creer. ¿Estaba todavía soñando? No. Abrió los ojos lo más que pudo y se miró así misma con el auricular en la mano. Estaba despierta y recostada en su cama, en su casa de las Lomas. "Pero, señorita, ¿se da cuenta que son las ocho de la mañana? ¿Por qué llaman a estas horas? Está bien. Procuraré pasar lo más pronto posible. Adiós", dijo antes de dar un buen colgón. En seguida, se cubrió la cabeza con el edredón que había comprado en la barata de blancos de El Palacio, motivada por la campaña que decía "pague dentro de seis meses sin intereses". Volvió a cerrar los ojos y así se quedó un buen rato.

Letras demasiado pequeñas

¿En qué pensaba? ¿En las cosas tan bonitas que le había dicho Felipe cuando se despidieron en la puerta? ¿En lo que significaría ser una abuela y, al mismo tiempo, una recién casada? ¿En los problemas que tenía su hijo Sebastián con su esposa, esa niña-bien tan berrinchuda? ¿En el proceso político tan complejo que estaba viviendo su país? ¿En sus pendientes de la oficina? ¿En la organización de su próxima boda? ¿En la interpretación de los símbolos de su sueño? No. En ese momento, nuestra "bella durmiente" se decía: "No me quiero imaginar lo que se ha de haber acumulado en mi deuda con El Palacio. Bueno, pues como hace tres meses que no utilizo la tarjeta, los intereses que se hayan juntado son como si me hubiera gastado ese dinero en algo. Pongamos que tenga que pagar, nada más de intereses, alrededor de trescientos dólares. Esto, para mí, ya es un ahorro. De haber tenido la oportunidad de utilizar mi tarjeta, ya me hubiera gastado el doble. Claro que lo más triste de todo es que ese dinero, en lugar de consumirlo, se lo estoy regalando al almacén. ¡Qué horror!".

En efecto, Sofía había firmado un crédito, hacía aproximadamente dos años, con este almacén. Los requisitos eran muy sencillos:

Edad mínima de 18 años. (Hélas! ¡Los había cumplido hacía treinta y cinco!)

Ingresos mínimos de 5,000 pesos mensuales, comprobables. (Su salario, libre de impuestos, ascendía a diez veces más.)

Antigüedad, en domicilio y empleo, mínima de un año. (Llevaba viviendo en su casa de las Lomas más de quince años; y trabajaba, como publirrelacionista para una firma extranjera, desde hacía más de ocho.)

Firmar la autorización para ser consultado en Buró de Crédito. (Entonces todavía no sabía lo que representaba el Buró de Crédito, así que no le pareció importante.)

Firma del obligado solidario en caso de que no se cuente con ingresos propios, sea mayor de 65 años o extranjero. (En estos requerimientos, aunque no fuera necesario, siempre ponía el nombre de su exmarido. ¿Por qué? Porque era una persona muy solvente; le tenía mucha confianza; y porque era el padre de sus dos hijos. Esto último le daba autoridad; al grado de ponerlo siempre como su fiador. ¿Lo sabía esto "el obligado solidario"? No. No tenía la más remota idea. Pero conociendo a su exmujer, tal vez se lo imaginaba.)

Presentar identificación original oficial con fotografía y firma, pasaporte o credencial de elector del IFE. (Contaba con todos sus documentos en orden.)

Presentar comprobante de domicilio original (predial, agua, teléfono). (Los dos últimos recibos sí los tenía; sin embargo, en lo que se refiere a su predial, no estaba totalmente al corriente. No porque no hubiera sido puntual en sus pagos, sino porque nunca entendía lo que debía pagar por mes.)

Lo que ya no hizo en su momento fue llenar los datos del contrato. Por más que se puso sus anteojos (Cartier) no pudo leer lo que decía al reverso; las cláusulas estaban escritas con una letra tan, pero tan pequeñita (5 puntos; aunque optometristas consultados afirman que una vista normal puede leer caracteres de 4 puntos, aclaran que a partir de los 40 años, los músculos que permiten al ojo enfocar objetos empiezan a fallar por el desgaste natural y es difícil leer textos con caracteres de menos de 7 puntos) que simple y sencillamente firmó sin saber cuáles eran sus obligaciones. Lo mismo le había sucedido con el contrato de Sanborns, de Sears y de Saks (no obstante, en el caso de esta tienda departamental, las cláusulas del contrato tenían un tipo de letra mucho más grande, ya que en Estados Unidos existe una legislación que ordena que los caracteres de los contratos tengan 8 o 10 puntos para que sean legibles).

Si Sofía hubiera pedido a la señorita de crédito del almacén una lupa, se habría enterado de lo que decía, por ejemplo, la séptima cláusula; o la novena, en donde se estipula "¿Qué le sucede al 'cliente' cuando al almacén le rebotan un cheque?". Lástima, de lo contrario, sabría que por cada documento regresado, "el cliente" tiene que pagar una comisión de 20% de los gastos de cobranza que corresponde, de acuerdo con el artículo 193 de la Ley General de Títulos y Operaciones de Crédito. Como tampoco leyó el de Saks, no se enteró de lo que decía, el respectivo contrato, en relación con esto: "Cheque rebotado: Si algún cheque enviado por usted nos lo devuelve el banco, le cobraremos 25 dólares para cubrir nuestros gastos administrativos, y usted estará de acuerdo en que le carguemos a su cuenta dicha cifra". ¡Qué bárbara Sofía!, porque tampoco se informó de lo que dice, este contrato, en relación con su deuda: "Si usted no paga el mínimo mensual cuando le corresponde, si usted se declara en quiebra o si usted fallece, será una deuda, y estará sujeta a los derechos que tendrá bajo la ley para recibir una notificación y así pagar dicha deuda".

Era evidente que Sofía no cultivó la más remota noción de todo aquello que tenía ver con economía. Sin embargo, ella llegó a pensar que sí era una enterada. Creía que porque de vez en cuando le echaba un ojo a la sección de finanzas del periódico *Reforma*, su capacidad para entender la realidad económica del país, era suficiente. Por ejemplo, cuando compraba con su tarjeta a plazos de seis meses sin intereses, suponía que era un "¡negociazo redondo!". Así se lo dijo una vez a su amiga Inés: "Claro que sí. ¿Por qué? Porque en ese lapso no tengo que pagar ni un ápice de inflación que invariablemente se genera mes a mes; es decir: que si comprara esa misma mercancía medio año después, es obvio que la pagaría más cara, tomando en cuenta la volatilidad de nuestra moneda en relación con el dólar (cuando se expresaba de este modo, se sentía muy docta; tenía por seguro que impresionaría a su amiga). Déjame darte otro ejemplo: ¿Cuántas veces crees que me he puesto ya este blazer que compré en Frattina con la oferta de seis meses sin intereses? ¡Más de quince! Si calculas el precio que me costó cada puesta, veras que el saco, al final, sale baratísimo. Porque entre más lo usas, más barata te sale la puesta cada vez. ¿Me entiendes? Si mal no recuerdo, éste me salió como en ochocientos dólares, o sea que cada puesta me ha salido en poco más de cincuenta dólares. ¡No es nada! ¿Verdad que está de lo más bonito? No sabes cómo me lo han elogiado. Es Versace, cien por ciento lino. Mira qué bonitos botones de concha tiene, con un logo super discreto. Bueno, pues llegará un momento, después de habérmelo puesto un montón de veces, que la puesta me saldrá com-ple-ta-men-te ¡gratis! Tú mejor que nadie sabes el tiempo que duran las cosas buenas y de estilo muy clásico. Como decía mi mamá: 'Hay que comprar como rico para que te dure como pobre'. Y éste, júralo, que me va a durar hasta que sea viejita. Y para entonces, con mi pobre pensión, no tendré posibilidad de comprarme un saco Versace. Créeme, Inés, como están las cosas, hay que pensar a largo plazo. Pero volviendo a lo de los seis meses, te decía que en ese lapso pueden pasar muchas cosas. Ganar la lotería o el melate. Recibir una herencia. O salir premiada en un concurso de la tele. Entiéndeme, si contara con un capital y con algunos ahorros en el extranjero, es evidente que no dependería tanto del dinero de plástico. Pero tampoco tendría tanto entusiasmo para comprarme las cosas. Si fuera tan rica como tú, sería la típica 'blasée', o sea que daría por sentado, más bien por 'comprado', todo, todo. Comprar con la facilidad con que compran los millonarios-ricos, te lo juro que me deprimiría. Además, me generaría, todavía, más culpa".

Cuando Inés la escuchaba hablar de ese modo, estaba consciente de que Sofía, en el fondo, quería justificar su exacerbado consumismo. Sin embargo, como la sabía de muy buena fe, le daba cierta compasión. Es cierto que también ella era gastadora y mucho; pero nunca se atrasaba con sus pagos. Al contrario, en este aspecto, era muy cumplida. Por eso no entendía a su amiga. ¿Cómo era posible que estuviera siempre tan endeudada y no le alcanzara con el salario que percibía? Eso no era falta de dinero, sino de organización.

Una mujer madura muy inmadura

A las que no conmovía de ningún modo, era a Lupita y mucho menos a Eva. Ambas consideraban a su patrona totalmente excéntrica; no la entendían en absoluto. ¿Cómo era posible que se quejara todo el día por la falta de dinero y, sin embargo, llegara a la casa, prácticamente diario, con las manos llenas de bolsas, ya sea de Hermès, Tane, Fogal o Ferragamo? ¡Cuántas veces no había llegado con veinticinco libros viejos, los cuales, según ella, había conseguido "ba-ra-tí-si-mos" en una tiendita de la Zona Rosa! ¡Cuántas veces la habían visto salir muy temprano con un vestido y unos zapatos de tacón, para después verla llegar a comer con un traje pantalón que encontró de barata en la boutique de Álvaro Reyes, y con unos mocasines "¡di-vi-nos!, que compré con cincuenta por ciento de descuento"! Y ¡cuántas veces no les hablaba desde su celular para decirles: "Estoy a dos cuadras de la casa. Ábranme, por favor, la puerta del garaje, porque llevo un cuadro gigantesco y necesito que las dos me ayuden a bajarlo del coche. ¿Okey? Chau". "De seguro ya se compró otro de sus santitos. Yo no sé para qué gasta tanto si luego ni lo puede pagar y está sufriendo porque le están cobre y cobre", le comentó Eva a Lupita después de colgar el teléfono. Tuvo razón. Esa tarde, Sofía encontró en una tienda de antigüedades de Presidente Masaryk una Virgen de Guadalupe, anónima, estilo popular, de principios del siglo XIX, "¡pre-cio-sa!" Había sido, ciertamente, una ganga. Después de haber firmado cuatro cheques posfechados, para ser cobrados a principios de cada mes, la compradora salió del establecimiento con un enorme sentimiento de satisfacción, creyendo que había hecho una magnífica inversión.

Cuando la hija de Sofía fue a comer a casa de su madre y descubrió la pintura colgada en el comedor, no pudo más que exclamar: "Ay, no, mamá, ¿otraaaaaaaa Virgen de Guadalupe? ¿Ay, pero para qué la compraste, si ya tienes como ocho? Luego estás sufriendo porque no tienes dinero". Nada le irritaba más a Sofía que escuchar este tipo de reflexiones, sobre todo, cuando pensaba que había adquirido una obra de arte. Pero como en el fondo intuía que su hija tenía razón, entonces sin más le decía: "¿Qué crees? La compré para ti. Sí, aunque me hagas esos ojos. La compré pensando en el cuarto de mi nieta. Mira, si te fijas bien, ésta es totalmente distinta a las demás, vemos en ella las cuatro apariciones de Juan Diego. Por eso es tan valiosa. Además, está en un estado casi perfecto. De éstas ya no las encuentras en ninguna parte. Ya verás cómo muy pronto tu hija te dirá: 'Ay, mami, cómo me gusta esa Virgencita'. Y entonces tú le repetirás lo que yo solía decirte cuando eras pequeñita: 'Cuando te cases te la puedes llevar a tu casa'. Y con el tiempo, ella, a su vez, le dirá lo mismo a mi bisnieta y así sucesivamente. Hasta que llegue el día que la necesiten las autoridades de Bellas Artes para una exposición sobre arte popular para el Museo Metropolitano en Nueva York, porque la vieron retratada en uno de los catálogos de Banamex como una de las pinturas más excepcionales del arte religioso mexicano". ¡Ah, cómo le irritan este tipo de argumentos a Ita! A pesar de conocer a su madre como la palma de su mano, en ocasiones no sabía si hablaba en serio o la estaba manipulando con un sentido del humor tan "chistosito" como el que tenía... y que tanto la exaspera.

Por fortuna, Ita no había heredado la gran debilidad de su madre: gastar/deber/gastar/deber/gastar/deber... Le aquejaban otros defectos, pero ése en particular procuraba evitarlo a toda costa. Con seguridad era un mecanismo de defensa, ya que toda su vida había observado a su madre rebasada por sus gastos y deudas. Por tanto, desde que era muy joven juró nunca pasar por esas tribulaciones. "¡Híjole, con tal de que no me salgas tan gastadorcita como mi suegra!", solía decirle su marido en los tiempos de recién casados. "No te preocupes. Yo sí me daré permiso de ser feliz", le contestaba su mujer con mucha sabiduría.

Algo que tampoco había heredado su hija era la impuntualidad. Ella sí era puntual y no hacía esperar a las personas. "¿Por qué, por qué siempre llegará tarde? ¿Por qué hará todo, siempre, a la carrera y al último minuto?", se preguntaba cuando la veía correr de un lado a otro; o cuando escuchaba pedirle a la sirvienta que llamara al Balmoral para avisar a fulanita de tal que ya había salido, cuando en realidad aún estaba en la regadera. Un día, muchos años después, Ita leyó un texto que apareció en una revista francesa titulado: "Aquellos que siempre llegan tarde", que le quedaba a su madre como anillo al dedo. Incluso se lo recortó y se lo dio. Como temía que lo fuera dejar por ahí, mejor decidió leérselo: "Ya llevas media hora leyendo el menú, has mirado con detalle los arabescos azul rey de la corbata del tipo que está sentado en la mesa contigua. Ya contaste los tragos que te faltan para acabarte el jugo de toronja. Han pasado treinta minutos. Media hora que te has pasado observando el corte de pelo de los clientes; el vestido de la señora que viene llegando; los zapatos del mesero. Tienes la impresión que hace una eternidad que esperas a quien invitaste a comer. La impaciencia comienza, brevemente, a carcomerte. La angustia, desgraciadamente, te invade. '¿Y si no llega? ¿Y si tuvo un accidente? ¿No me habré equivocado de día? ¿Y si todo el restaurante piensa que me dejaron plantada?' De repente llega la invitada tan largamente esperada. Llega con una sonrisa de lado a lado. Llega plagada de excusas: que si el tráfico; que si recibió una llamada justo antes de salir; que si hubo un suicida en el metro; que si esto; que si lo otro... Mientras tanto, tú respondes con una sonrisa. Claro, no es tan grave, eso le ocurre a todo el mundo, inclusive tú también llegaste un poco tarde. El retrasado crónico ¡desarma!". Cuando Sofía escuchó lo anterior no pudo más que admitir: "Si vieras cuánto sufro con mi impuntualidad. Lo que le faltó decir al que escribió ese análisis, es que el que llega tarde, padece mucho más que el que está esperando". Ita no estuvo de acuerdo con ella: "No necesariamente. Creo que el que llega tarde ejerce un poder sobre el otro. El hiperpuntual no molesta a nadie. El retrasado desespera a cualquiera. Mira lo que dice aquí: 'La gratificación narcisista del que llega tarde es doble. Llegando tarde, impone una espera y así mide su poder. Y, cuando al fin llega, evita que se le reprima por llegar tarde, al contrario, pide que le sonrían. De nuevo, logró dominar. En otras la palabras, logró ser deseado'". No encontró más recurso para contestar a Ita que decirle que en la posmodernidad, de alguna manera, la impuntualidad está de moda. ¿Acaso la famosísima marca de relojes Concord no pone en su publicidad de un reloj de oro de 24 kilates: "Be late" porque: "Time is luxury"?

No hay de duda de que todas estas manifestaciones no hacían más que confirmar un hecho indiscutible: Sofía era una mujer ya madura pero sumamente in-ma-du-ra. La personalidad de la peor de las deudoras se resumía en lo que Pascal Bruckner llama "la tentación de la inocencia". "El problema contigo es que eres una niña-mujer, lo cual me parece una dualidad inconveniente para una relación estable y fructífera", le había dicho un pretendiente que tuvo recién divorciada, y al cual mandó a volar por ser él todo lo contrario, es decir, un viejo-anciano. Pero el expretendiente en cuestión tenía toda la razón: obsesionada como estaba por ser "herself", para Sofía nada más contaba su propia ley. Todo el mundo tenía deberes para con ella, salvo ella. Era de las que pensaba que su subjetividad era perfecta, por el solo hecho de ser suya. Sofía habría podido ser un ejemplo perfecto para Bruckner: "Nada resulta más difícil que ser libre, dueño y creador del propio destino. Nada más abrumador que la responsabilidad que nos encadena a las consecuencias de nuestros actos. ¿Cómo disfrutar de la independencia y esquivar nuestros deberes? Mediante dos escapatorias, el infantilismo y la victimización, esas dos enfermedades del individuo contemporáneo". Sofía era profundamente infantil pero además se sentía víctima si sus expectativas no se cumplían. ¿Qué sabía de todo esto Felipe? ¿Cuán infantil era él mismo? ¿Quién de los dos era el más adulto? ¿Quién de los dos estaba dispuesto a rebelarse contra el niño que había sido y que se resistía a crecer?

Sebastián, de tal palo tal astilla

Sebastián también es muy inmaduro. Igual de infantil, de narciso, de inseguro y de quejumbroso que su madre. Para colmo, heredó su impuntualidad y, sobre todo, su consumismo. Para acabarla: él tampoco paga con puntualidad las deudas de sus dos tarjetas, Bancomer e Inverlat, circunstancia que le provoca muchísimo estrés. No obstante estar convencidísimo de que no hay que dejarse rebasar por el crédito, vivía por encima de sus posibilidades. No obstante que veía a muchos de sus amigos, mayores que él, padecer todavía por problemas de crédito derivados del "error de diciembre", no le era posible dejar de tener deudas. No obstante que los había escuchado decir cosas como: "Híjole, yo sí que estoy bien amolado. Fíjate, de aquí a los 62 años voy a seguir pagando lo que contraté en una microempresa. Treinta años de deuda sin tarjetas de crédito, porque, bueno, pues los bancos te retiran las tarjetas. Sin posibilidades de ser sujetos de crédito para otro tipo de inversiones", cayó en las terribles inercias de pagar el adeudo de una tarjeta con la ayuda de otra. Lástima que de todos los defectos de Sofía, su hijo hubiera heredado, precisamente, el más costoso y el más arriesgado, el del consumismo compulsivo.

Pero tratándose de Sebastián esto resultaba aún más contradictorio, puesto que su generación se había vuelto, en lo que se refería al consumismo, mucho más cauta que la de sus amigos que tenían más de 35 años. Si los primeros resultaron ser mucho más razonables que los segundos, seguro se debía a que aún muy jóvenes vivieron la nacionalización de los bancos. Tiempo después, fueron también testigos de su privatización; luego vieron padecer a sus padres la crisis del 94-95; y siguieron muy de cerca el problema del FOBAPROA y la creación del IPAB. De ahí que, entonces, muchos de ellos ya no compraran coche, porque de antemano saben que no pueden mantenerlo en buen estado. Estos jóvenes, cuyas edades oscilan entre los 25 y los 28 años, quieren tener más ordenado su crédito y no sufrir tanto como sus padres. "Somos la generación de la eficiencia", se llaman, algunos, a sí mismos.

Ellos tienen otra mentalidad. Antes de comprar un coche, por ejemplo, se preguntan cuánto da por kilómetro y por litro. Más que buenos ciudadanos, se convirtieron en buenos consumidores, lo cual, para algunos de ellos, ya era una ganancia notable. En comparación con sus padres, ellos sí conocen muy bien las reglas del mercado. En sus cabezas tienen, muy bien grabada, la relación costo-beneficio; ¿cuánto cuesta y qué me está dando? Ya no consumir por consumir, sino consumir lo mejor, y como consecuencia ser mucho más selectivo. Por ejemplo, cuando viajan a Londres y se van de shopping procuran comprar una camisa marca Thomas Link, porque saben que su calidad es inmejorable. No compran media docena Christian Dior como vieron consumir a su papá, sino que se llevan nada más un par: una de sport y otra más formal. Ahora bien, si ese mismo día pasan frente a un Gap, entran y buscan una bonita chamarra, pero eso sí, a sabiendas que es "made in London" y no "made in Mexico". Por más que se consideran mejores consumistas que sus padres, en este sentido, conservan el mismo snobismo. Puesto que saben lo que quieren, se procuran lo mejor del mundo. Si desean comprar un annorack, éste tiene que ser de Abercomby and Fitch, porque saben que en su país no se puede conseguir esta marca. Es cierto que lo pueden conseguir por medio de Internet, pero prefieren esperarse, ahorrar y adquirirlo personalmente.

Pero, por otro lado, esta nueva generación de consumistas ya no le da tanta importancia a las marcas. "Usar Armani, es típico de new-rich", dicen muchos de ellos enfundados en su jogging suit Banana Republic color caqui. Igualmente usan la marca Patagonia, pero en versión alemana. Eso sí, lo que ya no usan es poliéster: "Poliéster es petróleo y el petróleo en algún momento será contaminación", dicen los que se sienten más ecologistas y salen los fines de semana al campo y a escalar.

Otra de las razones por la que estos jóvenes ya no quieren ser tan ostentosos, es porque temen los secuestros y los asaltos. Por ningún motivo quieren mostrar riqueza para no ponerse en la "lista de riesgo". A raíz de la inseguridad que se dio en México a partir de 1997, comprendieron que, efectivamente, vivían en un país con mucha pobreza y carencias elementales. Los robos de casas, coches y relojes les advirtieron que los tiempos habían cambiado; que México ya no era el mismo lugar del que solían hablar sus abuelos o sus papás. Ya no podían sacar su Rolex Rey Midas de quince mil dólares que les regalaron sus padres cuando se recibieron en la universidad. Ya no podían soñar en comprar un volvo o un BMW. Cuando salían por las noches, ya no se atrevían a pedir champagne.

Ahora había que ser mucho más razonable y lo más "low profile" posible. No lo eran necesariamente. Más que cambiar de estilo de vida, cambiaron de gusto. Muchos de ellos empezaron a obsesionarse con el high tech; comenzaron a comprar "gadgets". Prácticamente todos (salvo Sebastián que continuaba con la Hermès) usaron como agenda su Palm 5. Asimismo quisieron invertir "una buena lana" en una super laptop, que les permitía comunicarse a todo el mundo. Todos los cuates de Sebastián y él mismo, eran unos apasionados de la "navegación" por Internet; se podían pasar horas en la página de Wall Paper y en la de *Financial Times* e intercambiar artículos de interés general. De haber sido consumistas de objetos inútiles y triviales, se convirtieron en los nuevos consumidores de la tecnología de la información: de CD's, de DVD's y de televisores de alta definición. Para ellos, estos productos no representan pérdida de dinero; al contrario, representan una espléndida inversión. Están dispuestos a gastar cerca de dos mil dólares en la contratación de Direct TV, aunque sea "pirateada" directamente desde Estados Unidos y de vez en cuando corran el riesgo de que los programas "no bajen". Es una forma de estar en contacto con el mundo. De ver las mismas películas que se acaban de estrenar en México. De conocer documentales sobre historia, materia en la que tienen lagunas pavorosas. Asimismo, cada semana, invierten mucho dinero en revistas de importación; no les importa gastar más de veinte dólares en un ejemplar, por ejemplo, de la *Harvard Business Review*, porque están conscientes de que con ella pueden aprender y acumular mucha información, que, además, les permitirá impresionar a los cuates.

Cosechar antes de sembrar

Sin embargo, Sebastián y sus amigos pertenecían a la generación que se acostumbró a ver sus más mínimas fantasías cumplidas sin tardanza. Ellos no estaban educados como sus padres: para ahorrar, calcular y renunciar. Ellos habían sido educados para tomar y reclamar. "Todo tiene que ser accesible inmediatamente: como en ese relato de Lewis Carroll en el que un personaje grita antes de clavarse un alfiler y cicatriza cuando ni siquiera ha sangrado, cosechamos antes de haber sembrado lo que sea. El crédito oculta el sufrimiento de tener que pagar para obtener; y la tarjeta de crédito, aniquilando la materialidad del dinero, aporta la ilusión de la gratuidad". Pascal Bruckner, autor junto con Alain Finkelkraut de *El nuevo desorden amoroso*, va todavía más lejos en su análisis de lo que se refiere al querer vivir más allá de las posibilidades: "La hipoteca del futuro es poca cosa comparada con la embriagadora felicidad de tener inmediatamente lo que se codicia. El pago efectivo —y un día llega, incluso dolorosamente bajo forma de reclamaciones, de recargos, de requerimientos judiciales, de embargos— queda remitido a ese día lejano sin forma ni rostro que se llama mañana y que la pasión del instante aniquila sin compasión. Establecemos con nuestros bancos minipactos fáusticos en los que se nos pide, como Mefistófeles: '¡Firma y todo será tuyo!'".

Aparte de las necesidades de una pequeña familia como la suya: la renta de un buen departamento de cinco piezas en Polanco; colegiaturas de jardín de niños; vacaciones, comida, vestido, viajes, mantenimiento de dos coches; cenas mundanas en casa; y el consumo de los imprescindibles gadgets de la nueva tecnología, ¿qué otros gastos tenía Sebastián?: ¡los restaurantes! Estas obligaciones sociales para él eran sagradas. Poder invitar a sus cuates, socios o clientes a restaurantes del tipo Club de Industriales, Casa Bell, La Galvia, Champs Elysées, Chez Wok y otros de Polanco, era "un must", como él decía. Es cierto que también los otros siempre se ofrecían a pagar la cuenta pero, en general, Sebastián se oponía. En este sentido era igual de generoso que Sofía, su madre. En relación a sus nuevos invitados, nada le daba más gusto que lucirse ante ellos y así poder causarles la mejor de las impresiones. Lo mismo sucedía con sus amigos y con sus primos: nada le daba más gusto que poderlos ayudar cuando se encontraban mal en sus finanzas. Igualmente, les regalaba libros y discos comprados en www.submarino.com. Hay que decir que, en el fondo, su generosidad también estaba rociada por una buena dosis de narcisismo. De alguna manera, quería que sus cuates dijeran que era un super "winner", porque, en realidad, Sebastián se sentía un "loser".

A pesar de su corta edad, Sebastián padecía un desencanto muy profundo, que se relacionaba con las expectativas de su propia vida. De ahí que, a veces, sin que sus cuates pudieran advertirlo a toda cabalidad, cayera en unas crisis existenciales terribles. A pesar de haberse casado apenas cinco años atrás, y con todo "un partidazo", como solía ufanarse su madre, se sentía defraudado por el matrimonio. A pesar de ser un ejecutivo de cuenta en la empresa de publicidad Pando, que en mucho había contribuido al triunfo de Vicente Fox, Sebastián no estaba, ni mucho menos, satisfecho con algunos de sus logros, como, por ejemplo, haber conseguido la cuenta de uno de los bancos españoles que acababa de instalarse en México. Lo único que le producía ilusión eran Eduardo y Francisco, sus gemelos, a quienes adoraba. Más que "adorarlos", los dos niños de tres años le inspiraban mucha ternura. Sebastián era de esos padres que no resistían haber traído a unos pobres inocentes a este mundo lleno de injusticias, guerras, enfermedades, contaminación, violencia, especialmente, a un mundo sin esperanzas. A un mundo que muy pronto desaparecería a causa del agujero de ozono y del efecto invernadero. A un mundo en el que se agotarán las fuentes de agua potable, en el que los bosques tropicales desaparecerán, en el que habrá cada vez más especies en peligro de extinción, en el que los mares se convertirán en basureros y en el que las epidemias crecerán sin medida. ¿A qué se debía tanto pesimismo y confusión?

Como su hermana, Sebastián también fue producto de una palabrita que, con el tiempo, había terminado por desorientarlos y confundirlos. Una palabra que en todos los idiomas es brevísima y que también se puede expresar con la cabeza. Sin darse cuenta, esa palabra, tan chiquita e inocente, había sido el peor enemigo de los dos. A pesar de que era una palabra que a todos gustaba pronunciar y escuchar, a ellos les había hecho, particularmente, daño. Cuántas veces sus padres verbalizaron un "¡Sí!" durante su infancia y adolescencia, sin imaginarse lo que estaban sembrando en los respectivos corazones de sus hijos. "Sí te doy más dinero. Sí pueden viajar a Nueva York. Sí puedes dejar de ir a la universidad. Sí les doy permiso de ir al centro comercial", les decían, a la vez que los empujaban a ser "ratas de mall", en donde creían que podrían adquirir todo por el solo hecho de pedirlo a sus padres. Como muchos de la generación de los padres de Ita y Sebastián, también ellos incurrieron en "discutir hasta la saciedad todos los asuntos familiares por miedo a decir: '¡No!'". También ellos fueron padres que habían escuchado demasiado bien y que habían comprendido "todo maravillosamente en lugar de imponer la ley. Dando como resultado a demasiados niños desorientados", como escribe el sociólogo inglés Richard Sennett en *La corrosión del carácter*, libro de cabecera del doctor Wilkins. De los dos hijos de Sofía, Sebastián fue al que más afectaron todos esos "sí" que ahora le impedían adaptarse a un mundo cuyo eco no cesaba de repetirle "¡no, no, no!". Esta eterna permisividad por parte de sus padres, fue lo que, de alguna manera, había corroído su carácter; particularmente, en lo que tenía que ver con sus relaciones personales. Constantemente Sebastián se quejaba: "No la entiendo; por más que le hago, no la entiendo", refiriéndose a la personalidad de Mariana, su esposa, y, la verdad, el problema radicaba en él mismo. El que no se entendía, en absoluto, era el propio Sebastián. ¿Por qué, si en apariencia, tenía todo en la vida, sentía que no tenía nada?

Soy un super loser

Como todos los miércoles, Sebastián está en el consultorio del doctor Wilkins. En el interior de una casa en las Lomas de Chapultepec, estilo californiano de los cincuenta, vemos una pequeña sala decorada con muy buen gusto, en cuyos muros se ven copias de pinturas de Icaza con ilustraciones de charros lazando toros. No obstante que ya son más de las siete de la tarde, Sebastián sigue esperando a que salga el otro paciente. Mientras tanto hojea, sentado en un sillón muy confortable forrado en piel de Dupuis, un viejo ejemplar de la revista *Quo*. En la página 16 ve la fotografía de la pantalla de una computadora Compaq igualita a la suya. En la pantalla se advierte la página de un sitio en donde, a todo color, se lee: "Join the Auction Community. Prepare your own Legal Letters". El título llama su atención. Se pone sus anteojos Cartier de aros de carey y sus ojos color miel, como los de James Dean, se concentran en el siguiente anuncio: "Divorcios por Internet: En el Reino Unido ya es posible disolver un matrimonio sin moverse de casa. Y todo gracias a un bufete de abogados que ofrece sus servicios a través de la red. Tan sólo es necesario llenar unos formularios que aparecen en su página web y abonar unas libras. Ya se han celebrado casi dos mil divorcios on line".

Una vez que leyó lo anterior, sacó su agenda Hermès que le había regalado su mamá, en seguida buscó su pluma Mont Blanc, regalo de navidad de su papá, y apuntó con tinta color sepia y en una letra muy pequeñita: www.desktoplawyer.net. Luego se fijó si la secretaria estaba distraída y, cuando la vio hablando por teléfono con su novio (un psicópata que la hacía sufrir), con la mayor discreción posible, arrancó el pedazo de hoja donde había leído el anuncio. Rápidamente lo guardó en la bolsa izquierda de su blazer Adolfo Domínguez, regalo de su madre. Estaba a punto de leer un reportaje de la página siguiente que hablaba sobre un "bebé electrónico", recientemente salido al mercado: "con el fin de prevenir los embarazos no deseados de adolescentes, en un centro londinense se está utilizando un muñeco con forma de bebé para que las jóvenes comprendan la responsabilidad que implica ser madre. Una computadora situada en su espalda muestra al profesor el tiempo que se ha tardado en atender su llanto", cuando, de repente, vio salir a una señora con los ojos llorosos.

"Pásale, mano", dijo el doctor Wilkins, un señor de tipo de gente decente, como de sesenta años, vestido con un viejo tweed y con unos zapatos de gamuza y suelas de hule, como los que acostumbran usar todos los psiquiatras. En la mano tiene una pipa sin encender. "¿Qué onda?", le preguntó Sebastián, al mismo tiempo que ponía en su lugar la revista. Siempre que está a punto de pasar al interior del consultorio, hace la misma pregunta, a la vez que siente unas ligeras agruras en la boca del estómago. Hay que decir que si no hubiera sido porque Mariana le suplicó que fuera con el psicoterapeuta, en esos momentos, en lugar de intentar encontrar cuáles eran sus problemas emocionales, Sebastián estaría feliz de la vida jugando paddle tenis con Juan Carlos, su amigo de toda la vida, del Miraflores.

"¿Qué onda, doctor?", volvió a preguntar nerviosamente. Como en cada sesión, retiró el cojín que se encontraba contra el muro y se sentó más confortablemente; empezó: "Híjole, estoy desveladísimo. Es que anoche fuimos a un bar y nos acostamos como a las tres de la mañana. ¿Quién cree que pagó? Así es: ¡yo! ¡Qué mala onda!, ¿verdad? Yo creí que me iban a regresar la tarjeta, pero pasó. Too bad, pero pasó. Bueno, pues como de costumbre, ya me chingué. ¿Por qué se ríe? ¿Porque me chingué? Bueno, pues such is life. Hasta eso, la cuenta no me salió tan cara. Lo que sucede es que... Híjole, cómo decirle. Bueno, no importa... Lo que le quería decir es que... es que sigo en las mismas. O sea, me sigo sintiendo igual de jodido. Igual de "loser". Creo que todos los días tengo que demostrar que valgo un poco. Es chistoso, pero por un lado siento un alivio por no tener que luchar, y por otro siento un vacío del carajo, precisamente, por no tener que luchar. ¿Sabe qué pensé el otro día? Que estoy lleno de equivocaciones. Me equivoqué de carrera universitaria; me equivoqué de esposa... Oiga, doctor, ¿sabía que uno ya se puede divorciar por Internet? ¡Qué buena onda, no! Bueno, pero le estaba hablando del chingo de equivocaciones que he tenido en mi vida. Me equivoqué de empresa; me equivoqué de ambiciones; me equivoqué de cuates que ya me tienen hasta el gorro con su insensibilidad y su afán de brillar; y me equivoqué de papás. ¿Qué le parece? Estoy jodido, ¿verdad? En lo único que no me he equivocado es como padre de mis gemelitos. Ésos sí son ¡mi máximo! Pero lo demás, ¿sabe qué?, ¡me vale! Además, para acabarla de chingar, no tengo carácter. Todo el mundo abusa de mí: mi mamá, mi hermana, Mariana, mi jefe y hasta mis cuates. El único que más o menos me respeta es mi papá. Pobre, ése sí está más jodido que yo. La otra noche lo vi en Au Pied du Cochon con una chavita como veinte años menor que él. Lo vi fatal: abotagado, ojeroso, pálido y, para acabarla de amolar, con una panza de pulquero impresionante. Me dio lástima. Me cae que sí está peor que yo. Él tampoco tiene carácter. Oiga, doctor, ¿no puedo volver a tomar Prozac? Es que me estoy azotando otra vez. 'No me hallo', como decía la canción de este grupo de cantantes de Guadalajara. No me hallo en mi casa; no me hallo en la oficina; no me hallo con mis amigos; no me hallo con mi mamá. Bueno, ahorita como que está de buenísima onda porque se va a casar. Pero todavía le guardo mucho resentimiento. Felipe sí me cae bien. Es buena onda. Pobre, yo no sé cómo aguanta a mi madre. Híjole, ése sí que tiene una paciencia de santo. Tal vez estoy así porque a mi alrededor veo que nada funciona. A todo el mundo lo veo igual de jodido que yo. Lástima que Nostradamus se equivocó y no se llevó a cabo el Apocalipsis, tal como lo pronosticó, para el año 2000. Miento, no todo el mundo está así de jodido. No, no exagero, es más, le voy a enseñar algo que tiene que ver con mi pesimismo, para que vea que no soy el único. Lo vi en el periódico y hasta lo recorté, porque sinceramente dice la neta, doctor, la puritita neta", le dijo Sebastián al doctor Wilkins, que no dejaba de observarlo en un silencio absoluto. En seguida su paciente sacó del interior de su cartera Louis Vuitton de piel de cocodrilo, que le regaló Sofía para un cumpleaños, un papel muy bien dobladito. Curiosamente, en el lugar donde se guardan los billetes, se encontraban varios papelitos doblados. Sebastián tenía costumbre de recortar todo aquello que le interesara por alguna razón, para después meter los papelitos en un cofre que tenía en su estudio. Era como si atesorara pensamientos que quizá algún día se le hubieran podido ocurrir a él. De alguna manera era como si coleccionara consejos que, dependiendo de las circunstancias, podían llegar a ayudarlo y darle más luz en sus incertidumbres. En ese baúl también tenía algunas cartas de su mamá, que le había enviado al camp White Goose en Orlando, donde había pasado la mayor parte de sus vacaciones infantiles. Siempre que se sentía muy triste, las releía.

El doctor Wilkins se incorporó, tomó el recorte de papel, se puso sus anteojos de aros de pasta negra, que usaba desde los ochenta, y leyó: "Ya se sabe que el dinero no produce la felicidad, pero también se sabe que produce algo tan parecido que la diferencia es asunto de especialistas. Sin embargo, la peste de la tristeza está haciendo estragos en los países más ricos. Las estadísticas de la Organización Mundial de la Salud informan que la depresión nerviosa es ahora diez veces más frecuente que hace cincuenta años en Estados Unidos y en Europa occidental. Las estadísticas revelan los vertiginosos cambios ocurridos, en el último medio siglo, en los prósperos países que todos quieren imitar. Ansiedad de comprar y ser comprado, angustia de perder y ser desechado: en los centros del privilegio, la gente dura más, gana más y tiene más, pero se deprime más, enloquece más, se emborracha más, se droga más, se suicida más y mata más". Cuando el doctor Wilkins terminó de leer lo que había escrito Eduardo Galeano, tragó un poco de saliva, volvió a doblar el pequeño recorte de periódico y se lo regresó a Sebastián. Lo miró y le sonrió, como diciéndole, "tiene razón el autor de *Las venas abiertas de América Latina*". El joven se reacomodó en el sillón lleno de cojines y continuó con su monólogo: "¿Qué le parece? Cuando les enseñé el recorte a mis cuates, se burlaron de mí. 'No seas ojete', me dijeron. Para mí que están bloqueados. Bueno, es cierto que muchos de ellos sí la han hecho. Por ejemplo, Roberto está en una ONG que lo trae ocupadísimo; Santiago es asesor de un político del grupo de Fox; Julián escribe en una revista para intelectuales y que everybody lee; Memo es un banquero picudísimo; José sigue con su página de Internet y está ganando muy buena lana; y Chucho, además de ser un abogado de super éxito, escribe sobre economía en el periódico más importante del país. Hasta en Internet salen sus pinches artículos. El único cero a la izquierda soy yo. No la hago, doctor. Tengo la impresión de que a nadie le importo; que nadie me necesita; que si me muero, a nadie le importará. Bueno, tal vez, a mis gemelitos. Pero cuando crezcan, a lo mejor, ya no les voy a importar. No sé a quién le importo. ¿A Mariana? I wonder. ¿A mis padres? Están demasiado ocupados en sus broncas. ¿A mi jefe? Yo creo que le vale. Lo que él necesita es tener a alguien que le funcione. Y me pregunto, ¿cuánto le puedo funcionar yo, sintiéndome tan devaluado? ¿Qué no ve que yo estaba programado para ser dizque un triunfador? Y, en realidad, soy un super loser".

La corrosión del carácter

Cuando el doctor Wilkins escuchó esta palabra, se acordó que, precisamente la noche anterior, había terminado de leer un capítulo del libro de Richard Sennett, su autor predilecto. El capítulo titulado "Fracaso", le había interesado tanto que incluso subrayó bastantes párrafos para después transcribirlos en su computadora y archivarlos. Se topó con argumentos muy sólidos que podían, en un futuro, servirle para una de las tantas conferencias a las que acostumbraban invitarlo. "El fracaso es el gran tabú moderno. La literatura popular está llena de recetas para triunfar, pero por lo general callan en lo que atañe a la cuestión de manejar el fracaso. Aceptar el fracaso, darle una forma y un lugar en la historia personal es algo que puede obsesionarnos internamente pero que rara vez se comenta con los demás. Preferimos refugiarnos en la seguridad de los clichés", subrayó, a la vez que evocaba a esos pacientes que se quejan de este estado anímico tan generalizado en nuestras sociedades. "Los campeones de los pobres lo hacen cuando intentan sustituir el lamento: 'He fracasado', por la fórmula supuestamente terapéutica: 'No, no has fracasado; eres una víctima'. En ese caso, como siempre que tenemos miedo de hablar directamente, la obsesión interna y la vergüenza se vuelven mayores. Si se deja sin tratar, se resume en cruel sentencia interna: 'No soy lo bastante bueno'."

El diagnóstico corresponde perfectamente bien al caso de Sebastián. Por lo general, el hijo de Sofía no tenía la costumbre de comentar a nadie sus recurrentes estados anímicos. De ahí que se obsesionara más y más. Era una lástima que no se atreviera a abrir su corazón, por lo menos, con alguno de sus cuates, sobre todo con aquellos que conocía desde niño. De haberlo hecho, se percataría de que hay entre ellos uno que otro que padece, exactamente, la misma sensación de haberle fallado no nada más a la familia, sino a su jefe, a su esposa; y lo que es peor, a sí mismo. Como Sebastián, ellos también eran resultado de una educación que sustentaron en esa palabrita tan nefasta: "¡sí!"; víctimas de una sociedad demasiado flexible, llena de convencionalismos y prejuicios de todo tipo. Como bien dice el novelista Salman Rushdie, ese "yo moderno", en realidad, es un "edificio tembloroso que construimos con dogmas, injurias infantiles, artículos de periódico, comentarios casuales, viejas películas, pequeñas victorias, gente que odiamos, gente que amamos". El edificio de esta generación está ya demasiado cuarteado; tiene demasiada humedad; y en su interior habitan fantasmas de un pasado lleno de contradicciones. Ellos también, como Sebastián, tienen su historia, su película, su rollo, sus broncas, sus traumas, sus "cocos", sus debilidades, sus complejos, sus envidias, pero, sobre todo, sus temores y miedos que tienen que ver precisamente con un concepto creado por la posmodernidad y que Richard Sennett llama "Nada a largo plazo". Y el doctor Wilkins también subrayó: "Tomemos, por ejemplo, la cuestión del compromiso y la lealtad. 'Nada a largo plazo', es el principio que corroe la confianza, la lealtad y el compromiso mutuos. Por supuesto, la confianza puede ser algo meramente formal, como cuando las personas acuerdan hacer un trato comercial o confían en que el otro respete las reglas del juego; pero, por lo general, las experiencias más profundas en materia de confianza son más informales, como cuando la gente aprende en quién puede confiar al recibir una tarea difícil o imposible. Estos vínculos sociales tardan en desarrollarse, y lentamente echan raíces en las grietas de las intuiciones".

Lo que no sabía Sebastián es que su amigo Chucho, que tanto admiraba, también tiene serias dificultades para estructurar su vida personal. Tampoco él sabe vivir; nada más medio existe. Tampoco a él le enseñaron a tomar su vida entre las manos. Lo más notable de todo es que atrás de esa imagen de triunfalismo con la que solía ufanarse frente a sus amigos, se encuentra el rostro de un joven que padece insomnios y que, a pesar de sus 29 años, aún no logra dormir con la luz apagada.

El doctor Wilkins también leyó con atención el prólogo del libro de Sennett, donde aparece su definición de la palabra "carácter". Éste se centra en el aspecto duradero de lo que emprendemos en la vida, es decir, en el "largo plazo" de nuestra experiencia emocional. Por tanto: "El carácter se expresa por la lealtad y el compromiso mutuo, bien a través de la búsqueda de objetivos a largo plazo, bien por la práctica de postergar la gratificación en función de un objetivo futuro". Es verdad, a Sebastián le corroyeron el carácter desde que era muy chiquito; hoy, con casi 30 años no puede comprometerse con nada; ni con su mujer, ni con su trabajo, ni con sus relaciones adultas. De ahí, también, que ahora sienta tanta confusión respecto de sus sentimientos; y que en lugar de intentar sacarle el mayor partido a sus crisis existenciales, se asuste y se deprima. Según Sennett, "estos sentimientos sostenibles serán los que sirvan a nuestro carácter"; ya que "el carácter se relaciona con los rasgos personales que valoramos en nosotros mismos y por los que queremos ser valorados". ¿En qué medida los padres de Sebastián lo valoraban y lo habían valorado a lo largo de su vida? ¿Podían hacerlo, si ellos mismos no tenían ni idea de su propia valía?

Esa noche, al llegar a su casa, Sebastián vio en su computadora Macintosh G4 que había comprado a crédito en poco más de mil setecientos dólares, que tenía un mensaje. Seleccionó el botón que lo llevaba a su buzón y leyó:

Rapid Debt Consolidation Program! Consolidate all your bills into one Easy Monthly Payment

<>

* Why not KEEP MORE CASH every month? * NO OBLIGATION... FREE CONSULTATION... STRICT PRIVACY. Special Program to Quickly Consolidate Debt without obtaining a loan! Find out how we can: Slash you credit card interest rates down to zero! Cut your minimum monthly payments by 50% or more! Stop creditors from harassing you now! Instantly Consolidate your bills into one payment! Show you how YOU can be debt free! We've already helped thousands consolidate their debt with this simple program. Maybe we could help you too... Other Great FACTS about this program: No Need to own any property. This is not a loan program. Almost everyone with debt over $ 2000 Qualifies. (Does not cover home & auto loans.) Our program covers EVERY credit situation.

Click Here!

After reviewing your individual situation... an experienced professional will schedule a FREE phone consultation.

Las otras deudas de Sofía

Aunque Sofía estuviera al corriente de que sus dos hijos asistían a terapia, en esa cuestión procuraba ser muy respetuosa. No obstante, y puesto que su narcisismo era aún mayor que su discreción, le intrigaba mucho la forma en que podría aparecer ante los ojos de su propio doctor y de los de ellos. "Ay, qué pena, ¿qué concepto tendrá de mí? A lo mejor piensa que soy una monstrua horrible y una madre desnaturalizada. Claro que ellos tienen sus muy respetables y respectivas versiones con respecto a su infancia pero me temo que, de alguna manera, las han desvirtuado por completo. Nada más se han de acordar de las cosas malas. ¡Típico! Ay, cómo me gustaría ir a entrevistarme con cada uno de sus doctores y darles mi versión. Digo, para que pudieran formarse su propio criterio. Tengo la impresión de que Sebastián es el que peor me ha de juzgar. En cambio, Ita, como mujer, ha de ser mucho más comprensiva con su madre. ¿De veras los habré traumado mucho? ¿Mucho, poquito o nada? Bueno, ¿y acaso mis padres no me traumaron a mí? Y ellos a su vez, ¿no fueron traumados por mis abuelos? Y éstos, ¿por mis bisabuelos? Es una historia de nunca acabar, porque después mis hijos traumarán a mis nietos, para luego traumar a mis bisnietos and so on... Entonces, ¿de quién es la culpa? ¿De nuestros primeros padres? Of course, my horse! Con razón los corrieron del paraíso. Ay, pobre humanidad. ¡Está traumada! ¡Está perdida! ¿Cómo serán los psiquiatras del siglo XXII? A lo mejor, para entonces, ya habrán desaparecido y todo el mundo será feliz. Lástima, porque, finalmente, resulta tan agradable hablar de uno mismo...", se decía una de esas tantas tardes que estaba de ociosa, mientras a lo lejos veía jugar a su nieta.

Sin embargo, a los problemas que habían tenido los hijos de Sofía, había que sumar los que provocó el divorcio de los padres. La primera en manifestar consecuencias negativas de esta separación fue Ita.

Las reacciones fueron diversas y se multiplicaron con el tiempo; y fue hasta ocho años después de la separación que Ita reaccionó en forma de protesta: cumplidos los 18 años escribió a su padre una carta, después de haber superado lo que para ella fue su mayor problema.

"Querido papá: Ha pasado un largo año de encuentros y desencuentros, tratando de encontrar la causa, el porqué de tantos años de letardía y autodestrucción. No ha sido nada fácil, ¿sabes? Pero lo que sí te puedo asegurar es que ha sido una buena experiencia, sobre todo, cuando por fin puedes llegar a ver con claridad el mundo, tu vida y tu entorno. Tuve suerte de toparme con la persona indicada. Mónica Cohen me ayudó a despertarme de un largo sueño; pero, sobre todo, me presentó a una persona muy importante, la cual tenía olvidada en un cajón empolvado. Tengo ganas, necesito, escribirte y describirte todo ese año de terapia, en el cual descubrí, recuperé mi persona.

"Qué chistoso, que de una enfermedad tan trivial y superficial, pero sobre todo, tan inocente, una pueda llegar a perderse en un túnel sin salida. Qué contenta me sentí cuando, después de tanto tiempo, por fin me sorprendió el primer rayo de claridad. Pero cuánto tiempo tuvo que pasar antes, cuántas vomitadas tuvieron que chingar mi cuerpo, para poder darme chance de afrontarme con mi realidad. Perdón que me exprese así, pero qué quieres, le tengo tanta rabia.

"No me puedo quejar, nunca me faltó nada, al contrario, tuve demasiados excesos. Excesos de cosas, de ropa, de vacaciones, de comida, de amor, de abandono, de tristeza. ¿Sabes que esta enfermedad no conoce las clases sociales?

"Tampoco lo puedo negar, fui una niña feliz, o más bien, yo con mi imaginación, voluntad e inocencia me cree el mundo ideal. Qué padre, me decía, tengo dos casas, doble regalos, doble vacaciones, dos muchachas, dos coches, dos hermanos. En fin, según yo, doble de todo. Pero en el fondo, mi mejor amiga secreta se llamaba Tristeza. ¿Te acuerdas del libro *Bonjour tristesse*, de Françoise Sagan; más bien te has de acordar de la película francesa, era de tu época. Bueno, pues yo desde chica le di la bienvenida a la tristeza. Ésa sí siempre me acompañaba, estaba a mi lado, me escuchaba, me arrullaba, y me iba alejando poco a poco de la realidad.

"En pocas palabras, tragué camote durante más de ocho años. Me indigesté del pinche camote, y qué quieres, algún día todo esto tenía que salir por algún lugar.

"Yo siempre quise ser la niña perfecta, la que no llora, la que nada le asusta, la que siempre está disponible, la más guapa, la más inteligente, la que no tiene problemas, la que mejor se viste. Un poco sentía que yo era una actriz más de una serie norteamericana de la "Happy Family". Y al finalizar cada actuación me tenía que afrontar diez veces al día con el excusado. Mamá Sofía tenía razón, la familia azucena no existe; siempre hay un descosido dentro de una familia; yo creo que más, ¿no?

"No te estoy culpando, aunque tienes que aceptar que no eres el papá ideal; pero para mí, hoy, después de haberte perdonado muchos deslices, para mí eres el papá ideal. Y con eso basta, porque hoy sé que la perfección no existe y menos en una persona. O al menos lo que yo llamaba perfección; me costó muy caro.

"Era mi droga, mi razón de ser, mi desahogo. En pocas palabras, mi primer amor fue nada más y nada menos que Don Excusado. Qué romántico, ¿verdad? Pero ése sí era mi amor secreto, mi ritual; no importara lo que comiera, tenía que consultarlo con el excusado.

"¿Te acuerdas cuando con una sonrisa me decías 'ahora sí que estás delgada; te ves bien; qué bueno; acuérdate que tu exterior es el reflejo de tu interior'? Por cierto, eran tus únicas palabras de afecto que me dirigías a la hora de la comida. Acabando, ¿sabes con quién me quejaba?, claro, con mi buen amigo el excusado.

"Estaba mal, mi interior se estaba pudriendo poco a poco; de hecho, hoy tengo que pensar en recuperar mis músculos; no tengo, los vomité junto con todo mi dolor. Qué bueno que decidieron no mandarme a tu famosa clínica en Estados Unidos; esta vez no pudiste lavarte las manos, como siempre lo haces; al contrario, gracias por afrontar el problema con nosotras.

"¿Te acuerdas esa tarde lluviosa, cuando nos íbamos ir a Cuernavaca, y sin querer abriste la puerta del baño de invitados? ¿Te acuerdas que me viste volcada hacia el excusado y preguntaste que si me sentía mal, que si estaba borracha o drogada como el chavo de la película de *Trainspotting*? Y yo, en el momento, te contesté: '¿Qué no ves, pendejo, que soy bulímica?'. No me creíste, te burlaste de mí, me dijiste que veía demasiados talk shows; hasta que mamá llegó y se puso a gritar como histérica. Por primera vez, desde hacía mucho tiempo, me abrazaste instintivamente, te preocupaste por mí.

"También fue la primera vez en que me llamé bulímica. Así es la que come demasiado y vomita para volver a comer. La que vomita para sentirse high, segura, complacida, aceptada. La que saca toda la tristeza por la boca y la jala por el excusado, sin decir una palabra, esperando que algún día toda esa mierda que tiene por dentro se vaya por el caño. Pero como no se va, vuelve a comer, para sentirse culpable y tener otra razón para vomitar. Siempre hay un pretexto. La que no sabe llorar. La que no tiene ni idea quién es realmente. Lo único que buscan las ardillitas (así nos llaman por tener la cara tan hinchada que parecemos ardillas) es ser niñas Cosmopolitan, perfectas, la imagen exterior perfecta. Parecer que tenemos todo bajo control, pero en realidad todo es ilusión. Al estar tan pendientes por todos esos estúpidos detalles, nos despertamos un día sin saber quiénes somos.

"¿Sabes que tenías una hija cocainómana (no, no te preocupes, en mi vida me he metido nada de eso)?; lo que pasa es que el estómago al no recibir alimentos, hace que el cerebro produzca una sustancia parecida a la cocaína, y es por eso que una puede aguantar tanto y sentirse tan bien al no tener nada o casi nada en el estómago. Yo creo que cuando Mónica me dijo esto, fue realmente cuando me asusté; me cayó el veinte y entendí lo que significa ser bulímica. En pocas palabras, es estar enferma, es sentir una cierta saciedad, insatisfacción por una misma, por el mundo; como diría mi ma, es tener una self-esteem por los suelos.

"Realmente no me sentía bien, todo el tiempo dormía; por eso te digo que estoy saliendo de un sueño demasiado largo. Me costó trabajo afrontar mi realidad. Conocí lo que es estar deprimida, toqué fondo. Entre Mónica, yo y el Prozac salí adelante (por cierto, ¿no crees que ma está tomando Prozac?, como que la veo demasiado contenta y tranquila, hasta ya no ha comprado tanto, me dio a guardar su tarjeta). Revisé cada etapa de mi corta vida. Todos los traumas, las inseguridades, los engaños, mentiras, secretos, miedos que iba adoptando en el camino.

"También entendí por qué opté por esa forma tan dolorosa, sucia y autodestructiva de demostrar mis sentimientos; creo que realmente nadie nunca me escuchó. Grité silenciosamente durante seis años, nunca pude sacar toda esa tristeza; al contrario, cada vómito que me provocaba era como tragarme aún más mierda que la que guacareaba.

"Como te dije antes, no estoy culpando a nadie, aunque a veces los seres humanos nos equivocamos, ¿verdad? También pienso que mucho de esta enfermedad tan común es en cierta forma el reflejo de esta sociedad. Todos esos mensajes subliminales que son bombardeados constantemente en múltiples formas; todos esos patrones que se han ido creando en este mundo tan superficial; que el hombre ha adoptado sin cuestionarse. El camino fácil no es el correcto. En esta vida el ser humano debe darse la oportunidad de sufrir, cuestionarse y optar por otros patrones. ¿No lo crees así, papá?

"Bueno, pues eso es lo que estoy tratando de hacer; después de todo un año de terapia, pude conocer quién realmente soy y qué es lo que quiero de mi vida, sin tener que complacer a nadie más que a mí. Qué importante resulta ser una persona individual, que cree y busca realizar sus sueños, metas, pero que, sobre todo, cree en una misma. En este momento de mi vida estoy comenzando una nueva etapa, un nuevo capítulo, con el arma más importante de todas: seguridad.

"Gracias, papá, por haberme dado la oportunidad de tener una terapia y poder conocer la causa de muchas dudas que no me dejaban libre. Ya ves que los psicólogos sí ayudan y no es una perdedera de tiempo y de dinero; deberías de darte una oportunidad e ir con uno, nunca es demasiado tarde. Nos vemos el lunes. Te quiere, tu hija."

Lo que Ita no sabía es que su padre consultaba con regularidad a un psiquiatra; precisamente para entenderse mejor a sí mismo y comprender la relación con sus hijos. Asistía a ese consultorio para que lo ayudaran a deshacer esos nudos del alma que traía desde niño; para preguntarse por qué insistía en crearse un mundo que no lo hacía feliz; para averiguar, harto de sufrir, cuál era la causa de su sufrimiento. Y no había duda, para Fernando, Ita era la niña de sus ojos: simplemente, la adoraba. Pero ¿cómo expresárselo, si a él mismo su madre nunca le hizo entender cuánto lo quería?

Sofía también tenía sus problemas con los sentimientos. Aunque adoraba igualmente a su hija, Sofía siempre estaba demasiado ocupada. Sin embargo, cuando estaba con ella, temía incluso asfixiarla con la intensidad de su amor; temía consumirla, oprimirla. Por ello, en lugar de manifestarle más atención y ternura a su hija, acabó por meterse en sus propios laberintos. Lo cierto es que cuando los dos hijos eran muy pequeños, sus padres parecía como que estaban en otro mundo; un mundo lleno de interrogantes y dudas. De ahí que esos niños siempre tuvieron la impresión de que ellos no contaban para sus padres. ¿Acaso Woody Allen no había perdido la paternidad legal de su único hijo biológico por el solo hecho de no saber, cuando se lo preguntaron, la fecha de nacimiento y escuela del niño, y quiénes eran sus amigos? ¿Quién dijo que no había papel más difícil en esta vida que saber ser padre? Especialmente para aquellos que vivieron una época de transición entre una educación rígida y represiva, y otra laxa y permisiva.

Sin duda, los padres de Sebastián y de Ita estaban en deuda con ellos. Les debían, desde muchos años atrás, más amor. Les debían, hacía ya décadas, mayor atención. Pero, sobre todo, les debían haberles dado muchas más armas para enfrentar la vida. Como dice Lipovetsky en el prólogo de este libro: "Por necesidad, esta situación se engancha a una existencia problemática, a una existencia de interminables preguntas sobre uno mismo. La era del vacío es la era donde todo se presenta como un problema, absolutamente todo: la salud, la comunicación, las vacaciones, los niños, el trabajo, el cuerpo, la juventud, la vejez. Todo lo que en otros tiempos tenía una respuesta más o menos estable —fijada por la tradición o por la religión— ha desaparecido. Vivimos en sociedades donde constantemente se nos pide que cambiemos, que perfeccionemos lo que ya existe. Por fuerza, esta situación está acompañada de malestar".

Acaso Sofía no se pasaba el tiempo recriminándose respecto de todo con lo que creía estar en deuda: "Debo estar más cerca de Ita y de Sebastián; escucharlos más y sin interrumpirlos; interesarme en sus cosas. Debo pagar mis deudas. Debo perder por lo menos cuatro kilos. Debo ser menos soberbia. Debo ser mejor ama de casa. Debo pensar más en los otros. Debo estar más en contacto con la naturaleza. Debo escribir un correo electrónico a mi hermana Antonia para contestarle. Debo llegar a la hora. Debo reunirme más seguido con Ita. Debo llamar a Sebastián y preguntarle si no debe mucho dinero. Debo pedirle a Mariana que me traiga más seguido a mis nietos. Debo ser mejor amiga. Debo pagar mi predial. Debo ayudar a los vecinos. Debo ser una abuela menos frívola. Debo llegar a tener mi orgasmo sin tanta presión. Debo ser más sexy. Debo leer más. Debo ir a ver a mi tía Mercedes que cada día está más viejita. Debo ser más puntual...", era parte de la letanía personal que Sofía acostumbraba enumerar cada vez que estaba en la regadera. Sin duda, el verbo deber era el que más solía conjugar, contrariamente al que su madre le había enseñado, que era "aguantar": "Yo aguanté, tú aguantaste, nosotros aguantamos...". "Yo aguantaré, tú aguantarás, nosotros aguantaremos..." En ese mismo sentido del deber, ahora su hija conjugaba los tres tiempos del verbo deber, pero en relación con muchos otros aspectos impuestos a las mujeres en las sociedades de hoy, los cuales, por fortuna, doña Sofía no llegó a conocer.

Una novia talla 44...

Entre todos los deberes de su letanía personal, Sofía disfrutaba uno enormemente: la relación epistolar electrónica que mantenía con su hermana Antonia, quien vivía en Oxford, desde hace varios años, al lado de su hija y de sus tres nietos. "Mi hermana mayor fue en mi vida de niña y adolescente como mi mamá buena", le confesó un día a Felipe. "Si no hubiera sido por ella, en estos momentos estaría en la clínica San Rafael tratando de descifrar quién soy realmente. Siempre ha sido mi confidente. Le tengo fe y juntas compartimos muchas cosas." Lo maravilloso de esta relación tan solidaria, fraternal y respetuosa, es que Sofía estaba bien correspondida. Aunque las separan diez años y diez mil kilómetros de distancia, se escribían correos electrónicos, por lo menos una vez por semana, como si estuvieran a unas cuadras de distancia y fueran de la misma edad: "Querida Sofía: Permíteme hacer referencia a una nota necesariamente frívola. Te paso al costo lo que acabo de leer en materia de última moda. 'El barniz dorado del new-look rich'; dice el artículo que para los nuevo ricos el exceso viene con chapa de oro. Todo se ha convertido en oro para el otoño 2000. En todos los tonos, desde el oro viejo hasta el oro platino, el oro se ha convertido en la moda equivalente a tener llaves de oro en el baño. Gucci presenta abrigos de cuero dorado y Armani ha hecho lo mismo con los jeans. 'En esta season no hay diseñador que no esté trabajando con algo en cuero dorado o explorando los años ochenta para encontrar alguna reliquia que capture el optimismo hedonista de esa época y que ahora parece ser, una vez más, lo apropiado', dice *Vogue*. 'Bienvenido sea el consumismo conspicuo'; 'Más es más', dice el diseñador Anthony Symonds. Ahora se trata de verse 'expensive'; o sea, que se vea lo que se ha gastado (más no gastado en deudas como tú). Para aquellas mujeres que teman verse demasiado vestidas, según *Vogue*, no deben de preocuparse pues el nuevo look es 'glunge', una combinación de glamour y de grunge. Sólo bastaría, por ejemplo, ponerse una cadena dorada con los jeans y una blusa llena de volantes y muchos brazaletes. Ralph Lauren ofrece una falda de cuero dorada en 1,995 libras y un top de bikini en tejido dorado en 1,495 libras. Yves Saint Laurent ofrece un traje sastre de corte clásico en 1,850 libras. Ravel ofrece una bolsa de malla dorada en 18 libras y unas sandalias en 45 libras. Además se recomienda la pasta de dientes que más blanquea: Maclean's Whitening Toothpaste. La única pasta acreditada por la British Dental Association. La fórmula patentada Triclene debilita las manchas en los dientes. Tienes que esperar veintiocho días antes de que veas resultados, pero 'hacen que la espera valga la pena'. Precio, 3.15 libras. Bueno, para compensar estas superficialidades, te dejo con este mot del escritor francés André Gide: 'Les choses les plus belles sont celles que souffle la follie et qu'écrit la raison'. Bueno, ya me dio sueño. Un besote para ti y Sofía chica, para Sebastián, tus nietos y, naturalmente, saludos para Felipe. Antonia".

Después de leer la pequeña nota de su hermana, como de costumbre, sintió en su corazón ese calorcito tan especial y que tanto bien le hacía. Le divirtió la descripción de las tendencias de moda para la próxima temporada: "Queridísima Antonia: Acabo de recibir tu correo electrónico cuyo título me encantó: 'A dorada hermana'. Créeme que me sorprende la noticia del nuevo 'gold look'. Si hay algo que odio es, justamente, lo 'dorado'. Además de parecerme de muy mal gusto y ramplón, lo encuentro, como dices tú, de un estilo excesivamente 'new rich'. ¿Verdad que es muy el estilo de las señoras ricas y jubiladas de Miami? Sin embargo, estoy consciente de que todavía hay muchas mujeres a las que les encanta. Por ejemplo, a Ana Paula le encanta todo lo que es dorado; todo lo que brilla; todo lo que representa un estatus. No hace mucho leí en una revista: 'La moda facilita la seguridad de pertenencia al Grupo y sirve para matar la inseguridad individual, además ahorra pensar. Seguir la moda implica no pensar'. Un día invité a Ana Paula a Tepoz y llegó toda vestida de dorado. Llevaba sandalias doradas, bolsa dorada, diadema dorada, cadenas doradas, y hasta las uñas tenía pintadas de dorado. Me dio una lástima... A propósito de lo cursi, la escritora española Margarita Rivière, dice: 'Cursi es todo aquello que trata de aparentar lo que no es: aparentar ser rico y no serlo, aparentar ser elegante y no serlo, tratar de aparecer inteligente y resultar no serlo; hasta podríamos decir que es cursi quien aparenta ser bueno y no lo es. Lo cursi ha ido siempre ligado a la expresión del gusto: algo pretendidamente bello resulta ser feo. Pero el gusto, sea bueno o malo, es, ante todo, una posibilidad de manifestarse de cada individuo y de cada grupo social. La moda sabe bien de qué se trata. El vestido ha sido siempre considerado como una de las fórmulas más infalibles de expresión del gusto individual; la moda, que ha contribuido no poco en la formación de ese gusto que define las épocas históricas, es ahora mismo uno de los medios consolidados en la formación del gusto mediante la creación de ortodoxias estéticas'. En otras palabras, lo dorado para mí es 'quiero y no puedo'. Es la credibilidad de lo falso. Como dicen los gringos: ¡'fake'! Pero vayamos a cosas más importantes. Debes saber que éste es el último correo electrónico que te escribo de soltera. ¿Qué crees? Estoy a dieta. Tengo que adelgazar 4 kilos y 250 gramos en 33 días y 18 horas. Lapso que falta para mi boda. El otro día me vi tan fea en el espejo, que corrí hacia una clínica que está en avenida de las Palmas y cuyo nombre lo dice todo: Body Therapy. No, no te rías, Antonia. Así como mi alma necesita de una 'therapy' sumamente intensa, mi cuerpo, de un poquito de más de dos lustros, también lo requiere a gritos. Pues bien, con toda humildad me presenté ante la encargada de los masajes y le dije: 'Ya no tengo cintura. Me urge rescatarla. ¿Qué hago?'. Una vez que me revisó de pies a cabeza, los ojos de compasión de la señorita se fijaron en los míos y me dijo: 'No se preocupe, señora. Nuestro tratamiento, comprobado por las mejores clínicas francesas, es sumamente eficaz. Así como el suyo, hemos tenido casos muy difíciles pero siempre con muy buenos resultados. Póngase esta batita y después venga conmigo. La espero en el otro cubículo para que la pese'. Te consta, queridísima Antonia, que nunca he sido obediente. Pero en esta ocasión no tenía de otra. Obedecí. Obedecí por vanidosa. Obedecí por narcisa. Obedecí pensando en mis hijos. Obedecí porque desde hace unos meses me he convertido en una novia, que, aunque un poquito otoñal, goza de un entusiasmo sumamente primaveral. Obedecí porque mi cuerpo ya parecía como aquellos modelos del maravilloso pintor colombiano Fernando Botero. Y al final obedecí por amor a Felipe, mi futuro marido. Con un pudor casi, casi monjil, me fui desprendiendo de todas mis prendas personales. Una vez que las fui colocando, con mucha delicadeza, sobre una sillita, de pronto... Oh, my God! Justo detrás de mí apareció una mujer igualita a la abajo firmante pero gorda. '¿Quién puede ser?', me pregunté de lo más intrigada. ¿Sabes quién era? ¡Yooooooo, Antonia! Tu 'servilleta', tu 'cuaderno', tu hermana, tu amiga, tu confidente, tu little sister. Ta soeur. Tu gordinflona, Antonia. A partir de ese momento, me odié, me desprecié, me desdeñé, me mortifiqué, me detesté y, literalmente, me caí gordísima por estar ídem. Sin embargo, y haciendo acopio de toda la humildad que, como sabes, hermana, siempre me ha caracterizado, me puse la 'batita' sin saber todavía lo que me esperaba. Ya sin joyas, medio despeinada, prácticamente sin maquillaje y descalza, como una verdadera franciscana salí con la cabeza gacha rogándole a Dios Nuestro Señor que no me encontrara a nadie conocido. Afortunadamente mis plegarias no fueron inútiles. En un absoluto anonimato entré al cubículo donde me esperaban la empleada y una enorme báscula, como las que hay seguramente en el rastro. Antes de subirme al aparato y enfrentarme a mi dura realidad, respiré hondo y profundo, como si con ese gesto se hubieran podido absorber todos los kilos que traía de más. Cerré los ojos y esperé el veredicto. Para ese momento, y sin saberlo, la pobre señorita que no dejaba de mover, de un lado al otro, el péndulo que marcaría los kilos, se había convertido, no nada más en mi juez y testigo, sino en mi peor enemiga. 'A ver, a ver...', decía, al mismo tiempo que su mano empujaba una enorme barra de hierro con el objeto de encontrar el peso exacto. Ay, Antonia, el tiempo se me hacía eterno. 'Trágame tierra', le imploraba a la Providencia. 'Esto me pasa por tragona', pensaba una y otra vez, sintiendo una enorme lápida de kilos de carne sobre la espalda. 'Muy bien', agregó, finalmente, mi verdugo. Gracias a Dios, tuvo la enorme delicadeza y profesionalismo de no decirme cuánto pesaba. Se limitó a esbozar una ligera sonrisa y a mirarme con ternura. Ay, Antonia nunca me había sentido tan insegura y rechazada como en esos momentos. ¿Qué me había querido decir con ese gesto tan compasivo? ¿Que estaba obesa? ¿Que no tenía remedio? ¿Que me urgía una liposucción? ¿Que le recordaba a Chachita pero no cuando era chiquita? ¿Que debía inscribirme en Comelones Anónimos? ¿Que me debería ir al infierno para quemar todas esas calorías? ¿Que no existía poder humano que pudiera disminuir esa gigantesca masa corporal que me rodeaba? No lo sé. El caso es que me bajé de la báscula sintiéndome humillada. 'Ahora le vamos a tomar sus medidas. Póngase, por favor, esta tanga', me dijo, a la vez que me entregaba un paquetito azul del mismo material que están confeccionadas las batas de hospital y que son desechables. Cuando vi el tamaño de la tanga, me quise morir; sin embargo, Antonia, de nuevo obedecí. Con la frente por completo perlada por el sudor que causa la vergüenza, me dirigí hacia la pequeña cabina. Me quité la bata afelpada, desdoblé la tanga y el pequeño 'top' y, como pude, me los puse. ¡Ay, Antonia!, ¿cómo te podría describir al ser humano que de repente se me apareció metido en aquella despiadada luna que no dejaba de observar mi desnudez? Se trataba de uno de esos luchadores japoneses de Sumo que pugnan por sacar de un círculo al contrincante. Pero aún hay más, mi querida Antonia. Todavía faltaba lo peor. '¿Lista?', me preguntó, del otro lado de la puerta, mi verdugo impaciente. 'Sí, sí. Ahí voy', le respondí, simulando la vocecita de una persona muy flaca. Y hablando de flaquezas, qué flaca puede ser la voluntad. Qué flaco favor me había hecho al no haber cuidado mi alimentación. Y qué flaca había sido durante tantos años para terminar hecha una gordita. Digo 'gordita' para no seguir flagelándome; después de haberlo hecho tan intensamente después de esa visita a la clínica. Bueno, pues para no hacerte el cuento gordo, perdón, largo, me volví a poner mi batita y salí. 'Aquí estamos', volvió a decir aquella voz que tanto me martirizaba. Ay, Antonia, y aquí viene lo peor. Entro al pequeño cubículo y qué es lo primero que veo: ¡una cámara! ¡Sí, Antonia! Una cámara Polaroid que sostenía mi verdugo, en ese momento, convertida en fotógrafa. Mi primer impulso fue huir, escapar, correr, desaparecer; pero bastó con que evocara los ojos verdes de Felipe, para que me contuviera y colocara frente a mi verdugo, como si me hubiera encontrado frente al paredón lista para ser fusilada. 'Muy bien. Ahora, señora, quítese su batita. Le voy a tomar unas fotos y sus medidas. ¿Okey?', me preguntó mi fotógrafa. 'What?', miraron mis ojos incrédulos. '¿Fotografiarme cubierta nada más con una tanguita del tamaño de un kleenex? ¿Quién, quién de todas las personas que no me quieren habían solicitado ese crimen? ¡No, no lo podía creer!' Fue tal mi sorpresa que en seguida pensé que me encontraba en un programa de *Cámara Escondida*. Pero lo terrible es que la que tenía frente a mí, no estaba oculta. Ahí frente a mí, con todo y su lente. Ahí lista para captar todas mis carnosidades; para fotografiarme de frente, de espaldas, de lado, con los brazos abiertos, de perfil, tal como me pedía mi fotógrafa personal. Ahí estaba para atestiguar mis excesos y mis debilidades; con su lente implacable, como diciéndome: 'Malaventurados serán los obesos. El pecado crea una facilidad para el pecado, engendra el vicio por la repetición de los actos'. Y tú comías y comías y comías; repitiendo uno de los Siete Pecados Capitales: ¡la gula! 'Y el que blasfeme contra el Señor, no tendrá perdón nunca, antes bien será reo de pecado eterno.' '¿Se quita, por favor, su batita?' Obedecí. Obedecí porque ya había pagado la totalidad del tratamiento que consistía en veinte masajes y que pagué con lo último que me quedaba en el banco. Obedecí como prueba de mi humildad. Obedecí como gesto de madurez. Obedecí porque lo que importaba en esos momentos era mi alma, que pertenecía no a la 'gordita' sino a aquella niña flaquita a la que incluso habían bautizado con el nombre de la novia de Popeye, Oliva. Y obedecí porque, para esos momentos, ya no tenía voluntad. Lo único que tenía eran todos esos kilos que me hacían sentir culpable hasta la médula de los huesos. 'Clic, clic, clic', hacía la cámara, al mismo tiempo que escupía, por una ranurita, primero una foto, luego otra, y otra, hasta reunir seis instantáneas a todo color, de seis posiciones distintas. Pero eso acabó por no ser lo peor, Antonia. Lo que sucedió después fue aún más grotesco. Nada más de acordarme, te lo juro que se me llenan los ojos de lágrimas. 'Ahora vamos a tomar sus medidas. ¿Ya estás lista, Paty?', le preguntó mi fotógrafa personal a su compañera, que tenía una libreta en las manos. Semivestida o semidesnuda, como estaba con aquella tiny-windy minitanguita, observé cómo empezó a tomarme, con una cinta métrica como las de antes, cada una de mis medidas. '¿Cintura? ¡Ciento diez!', le dijo a su colega. '¿Cuáaaaanto?', preguntaba ésta a gritos. '¡Cieeeeeento dieeeeeez!', repetía en el mismo tono. '¿Abdomen? Noventa y cinco.' 'No te escucho. ¿Cuáaaaanto?' '¡Noooooveeeeeennnnntaaaaa y ciiiiiiiinccoooooooo!', volvía a decir, en tanto tu pobre hermana imaginaba a las otras clientas, que seguramente se encontraban en los cubículos contiguos, muertas de la risa al escuchar aquellas medidas tan exageradamente generosas. Ay, Antonia, qué humillación. ¡Qué abatimiento! ¡Qué vergüenza! ¡Qué denigrante! Cómo odié todos esos tacos al pastor que me había comido; cómo odié todas esas galletas Lu, todos los hot-dogs, las pizzas, las hamburguesas, los pasteles, las botanas, las palomitas, los huevos rancheros, los chocolates, los panes tostados, los tallarines, los ravioles, las sopas, los millones y millones de arroces y de papas fritas. Pero lo que más odié, Antonia, fueron todos esos kilos de más que me habían orillado a vivir ese infierno. Salí de la clínica, pobre, deprimida y, para colmo, igual de gorda que cuando entré. Pero ¿sabes qué, Antonia? ¡Valió la pena! Al final, después de haber sufrido tanto, el tratamiento de esta maravillosa clínica, aunado a mis profundas ganas de adelgazar, han hecho que, poco a poco, vaya recuperando mi cintura y las medidas que tenía hace treinta años, es decir, la primera vez que me casé. Todavía no te puedo decir que me parezco a Claudia Schiffer. No. Sin embargo, sí te puedo garantizar que voy para allá que vuelo. Sí, Antonia quiero volar. Quiero ser light, ligerita, livianita, delgadita, finita, menudita y flaquita. Quiero que cuando Felipe me tome entre sus brazos, sienta que está abrazando a la Brigitte Bardot de los sesenta. Quiero que piense que soy Natalie Wood y Audrey Hepburn, y Catherine Deneuve cuando salió en la película *Los paraguas de Cherburgo*. Quiero que esté orgulloso de su futura esposa. Y, naturalmente, quiero que el día de mi boda me cargue hasta la cama. Te quiere, con todos sus kilos y los que ya se fueron, tu hermana, Sofía".

Esa noche, "la peor de las deudoras", tuvo un sueño terrible. Soñó que estaba en París, en la boutique de Emmanuel Kahn del Barrio Latino. Sin blusa y nada más con su "bra", sentada en el banquito del probador. Se veía tristísima. Entre las manos sostenía una falda talla 44. De repente, se vio incorporarse y pararse frente al espejo: "¡No es cierto! ¡No lo puedo creer! Siempre me dije que el día en que llegara a esta talla estaría completamente perdida. Ya llegó ese día. No me queda más que desaparecer; más que echarme al Sena; más que tirarme debajo de las ruedas del metro; más que coserme los labios; más que ponerme en huelga de hambre. ¡Qué horror! No soy más que una señora gorda talla 44. ¡Qué bajo he caído! Ahora ya no engordo como alguien que siempre ha sido delgada, sino como una obesa. Y no es que coma más que antes, lo que sucede es que la comida me engorda diferente. Estoy segura que a partir de esta terrible certidumbre mi vida tomará totalmente otro giro. De ciento ochenta se irá a ¡trescientos sesenta grados! Desde ahora, todo lo que me suceda serán cosas que seguramente les pasan a las señoras de talla 44. Mis problemas serán de una típica gorda. Mis soledades serán redondas. Viviré mis gustos como suelen hacerlo las cachetonas. Cada vez que me eche una carcajada, preguntarán: '¿Quién es esa gordinflona que se está riendo?'. Cuando alguien me busque en el café Balmoral, le preguntarán al mesero: '¿No ha llegado una señora gordita?'. Caminaré como gorda. Daré los pésames a los deudos como lo hacen las que son talla 44; es decir, esponjando ligeramente la papada. Me bajaré del coche con las misma dificultades que acostumbran las obesas. Desde ahora, en las reuniones, me ofrecerán la silla más grande y resistente. Me ayudarán a subir y a bajar las escaleras. En navidad me regalarán puras cosas talla 44 y hasta 46. Cuando llegue a las fiestas no faltarán las risitas y las miradas de burla como diciendo: '¿Viste lo monstruosa que se ha puesto últimamente?'. En las próximas posadas, sin empacho, me servirán en mi plato, al mismo tiempo que me harán un guiño de complicidad: dos raciones de pavo con mucho relleno, cantidades enormes de ensalada y varias docenas de buñuelos. Cuando sienta un poco de frío, mis amigas ya no me ofrecerán prestarme un suéter; en seguida, me traerán un chal que no tiene talla. En otras palabras, cuando regrese a México, todo el mundo empezará a tratarme como una señora talla 44", se decía, en tanto lloraba y lloraba y lloraba, hasta llenar el probador de un mar de lágrimas.

...y sin dote

Nunca como ahora Sofía necesitaba dinero. Puesto que era una novia huérfana de padres, se había puesto de acuerdo con Felipe para contribuir con los gastos de la boda. "Ya sé, voy a organizar un 'garage-sale'", pensó. Esa misma tarde se metió a Internet hasta que encontró un texto de Cynthia E. Brodrick, titulado: *Deshágase de lo que no sirve y obtenga dinero*. En esos momentos se acordó de su heroína Emma Bovary, quien para conseguir dinero y liquidar sus pagarés contraídos con un horrible usurero tuvo que vender sus guantes y sus sombreros.

Pero a la Bovary Gustave Flaubert la imaginó en 1856-57, más rebasada por sus deudas financieras que por sus enredos sentimentales. Si también ella hubiera podido organizar un "garage-sale" con todos sus guantes y sombreros, más brocados y prendedores, seguramente no se hubiera suicidado. Pero ¿qué decía Brodrick que había que hacer para organizar un "garage-sale" en el año 2000? Sofía leyó:

> Uno viene a la vida desnudo. Han pasado un par de décadas y usted ha sido un buen consumidor y ha ido llenando desordenadamente de cosas su vida. Si quiere hacer limpieza, deshacerse de esas cosas es mejor que arreglarlas; considere algunos métodos para desprenderse de lo viejo y tal vez hacerse de algún dinero. Puede botarlo todo pero, a menos que ese todo realmente "apeste", no lo haga. Piense en el medio ambiente y en la basura. Una mejor opción es regalarlo, especialmente, si las condiciones de sus pertenencias son desastrosas. Darlas como obra de caridad no sólo hará que su armario quede limpio, sino que además mejorará su situación. No olvide tampoco mejorar su situación fiscal pidiendo un recibo para deducirlo en la declaración del próximo año.
>
> La mejor de todas las opciones es vender. En otras palabras, deshágase de lo que no quiera y quédese con algo que sí quiere: dinero. Tremendo negocio. Veamos más de cerca esta opción y la manera más rápida de recibir ese dinero. Ponga un letrero.
>
> Si usted tiene más de una cosa para vender, podría valerse del club o asociación de vecinos que exista en su edificio de apartamentos. Trate de coordinar la venta con otros amigos que también tengan cosas sobrantes para hacer algo en grande. Y tenga cuidado, no se vaya a sentir tentado a comprarle muchas de esas cosas a sus propios amigos. Dos detalles impor-

tantes: haga venir a mucha gente a la venta y confeccione los anuncios de manera que estimulen visualmente al público. Y, sobre todo, olvídese de su orgullo mientras los compradores seleccionan qué se llevan de sus pertenencias, incluso si son muy queridas.

Una semana después de haber leído esto, Sofía se puso de acuerdo con Inés para organizar un "garage-sale". Para que no se viera tan "corrrrrrrrrriente", como acostumbraba decir Sofía haciendo énfasis en las erres, mandó hacer un anuncio de SE VENDE muy profesional; y para que combinara con la puerta de su casa, lo mandó hacer con el fondo beige y con las letras café oscuro. También rentó unos racks, unos espejos de tamaño natural y unas sillas de madera. Llamó a las tres tintorerías donde suele enviar su ropa y pidió que le vendieran varias docenas de ganchos. Asimismo mandó hacer bocadillos y compró unos pastelillos en La Marquesa. Al chofer lo mandó al Centro Histórico a buscar bolsas grandes de estraza para las clientas. Por último, puso un pequeño anuncio en el *News* y en el periódico *Reforma*: "Garage-sale de ropa de marca finísima y de muy buen gusto, más bien estilo europeo y muy New England. Urge vender por motivo de viaje al extranjero. Sábado y domingo de 12 a las 18 horas. Previa cita al número... R.S.V.P. con las señoritas Lupita y Eva". Ya entrada en gastos, aprovechó la ocasión para comprarles uniformes nuevos a sus dos muchachas. "Ay, es que tampoco quiero que me vean tan amolada", le comentó a Inés, quien no dejaba de suplicarle que no gastara tanto en un "garage-sale" cuyo único objeto era hacerla salir de sus deudas.

Finalmente llegó la fecha. Ese sábado se fue al salón desde muy tempranito para hacerse sus "luces", cortarse y peinarse con Ken. No obstante que la cuenta le había salido carísima, se veía bastante rejuvenecida: de ningún modo parecía una mujer con problemas financieros y hasta existenciales. Ese día se puso un "outfit" muy "ad hoc" para una venta de garaje: una camisola de gamuza beige, sobre unos pantalones café oscuro de lino. En tanto le hacían su "balellage", llamaba constantemente por teléfono a su casa desde su celular: "¿Ya fueron a comprar el pan? Vayan cortando el jamón en triangulitos; no se les olviden los pepinos, el queso Philadelphia y la mousse de aguacate. ¿Ya fueron a buscar lo de La Marquesa? Perfecto. ¿Ya limpiaron el juego de té de plata y la cafetera? ¿Ya están listas las charolas? Perfecto. ¿Ya hicieron el aseo en la sala? ¿Ya colocaron los racks con toda la ropa en la biblioteca? ¿Plancharon toda la ropa que les dejé anoche en el antecomedor? Perfecto. ¿Ya pusieron las etiquetas en los sacos, faldas y mascadas? ¿Ya está toda la lista de la ropa? ¿Sacaron los sombreros del clóset? Okey. ¿Ya cambiaron la toalla del baño de visitas? Perfecto. No tardo. Pásenme al celular todas las llamadas. Gracias", dijo con una voz muy ejecutiva.

Como desafortunadamente salió un poquito tarde del salón, al llegar a su casa se encontró ya con varias señoras revisando la ropa, mucha de la cual todavía no tenía ni precio. Entre los clientes estaba un señor con sombrero y con traje de tres piezas como los que se usaban en el sexenio de López Mateos. "Leí su anuncio. Vengo de la Lagunilla", le dijo con una voz de aguardiente. Sofía tragó saliva. Bien a bien no supo qué hacer. Sinceramente no esperaba esa categoría de clientela. Sin embargo, intentó actuar de una manera muy profesional. "¿Qué tipo de ropa le interesa?", le preguntó. "Cualquiera. ¡La viejita y la antigüita! También me interesan los vestidos largos. ¿Tiene abrigos de piel?" Estaba a punto de contestarle, cuando, a lo lejos, vio llegar a Ana Paula. "Goooodnessssss!", dijo para sus adentros cuando la vio entrar con una playera super ajustada en la que se apreciaba una enorme cabeza de tigre, y con un cinturón dorado; su diadema, bolsa y zapatos, también estaban forrados con piel de oro. Se encaminó hacia ella, la saludó de beso y le dijo: "Gracias por venir, pero creo que aquí no hay nada para ti. Es pura ropa usada". Después de que Ana Paula la abrazó con toda su efusividad, le dijo: "Ay, no te preocupes. Si no vengo a comprar para mí, es para mis primas de Río Verde". La respuesta le cayó a Sofía como bomba en el estómago. Pero ante la perspectiva de posibles ventas, suavizó un poco su reacción. Para las dos de la tarde, la casa de Sofía estaba llena de gente. Inés iba y venía con faldas y blusas en las manos para llevárselas a las clientas. Muchas de ellas se desvestían enfrente de todo el mundo. Sofía hacía y volvía a hacer las cuentas porque no le salían. Lupita no se daba abasto para servir tantos cafés. La otra muchacha, abría la puerta, contestaba los teléfonos y doblaba la mercancía que había sido desdoblada. "¿Este precio es en dólares o en moneda nacional?", preguntaban unas señoras. "¿Acepta American Express?", inquiría otra. "Si me llevo estas cuatro faldas, ¿me hace un buen precio?", preguntaba alguna. "Oiga, ¿y no vende su cruz colonial que tiene a la entrada?", quería saber una señora mayor. Muchas de las amigas de Sofía se llevaron ropa no sin antes decirle: "¿No te importa si luego te pago?". Casi todas pedían descuento. "¿No tiene un traje para montar?", inquirió una jovencita. Sofía estaba feliz. Se sentía realizada. Prácticamente a todas les rebajaba la mercancía veinte o treinta por ciento sobre el precio marcado. "Llévatelo. No seas tonta. Te lo juro que es de una calidad espléndida. Lo que pasa es que ya no me queda. Cada vez que me lo ponía, todo el mundo me lo elogiaba. ¿Sabes quién tiene un traje igualito, pero en rosa? Stephanie de Mónaco", le aconsejaba a una indecisa. En un momento dado llegó a ver a tantas clientas interesadas en comprar, que subió a su recámara y descolgó como veinte ganchos con más ropa para vender. A pesar de todo lo que se llevó, el clóset se veía igual de repleto. En esa montaña de ropa iba su vieja gabardina Burberrys que usó en París y que le traía tan malos recuerdos; también iban sus trajes sastre St. John, muchos de los cuales aún debía de su tarjeta Saks; iba su blazer azul marino Armani; iba su falda de pliegues talla 38; iba su tweed comprado en Londres que prácticamente nunca usó; iba un vestido de coctel que le quedaba demasiado apretado; iban tres "tops", totalmente "demodé", y otras muchas cosas que ya ni se acordaba que tenía. Con los brazos llenos se dirigió, asimismo, a las recámaras que habían sido de sus hijos, abrió sus clósets y sacó todo lo que vio más o menos ponible. Entre lo que descolgó iban abrigos de camello, jump suits, jeans, batas escocesas, camisas de franela y muchas chamarras y pantalones para esquiar. "It's now or never", se dijo en tanto bajaba rápidorápidorápido las escaleras.

El domingo llegó mucha menos gente. "Es que todas se van de week-end", le comentó a Inés, quien también se había decidido a llevar la ropa que ya no usa para venderla. Por la tarde pasó Felipe a ver "cómo se estaba desplazando el producto", como había aprendido a decir Sofía en la época en que trabajó como publirrelacionista de una marca extranjera. "¿No quieres traer los trajes que ya no usas?", le preguntó a Felipe con cara de niña traviesa. Él sonrió; le dio un beso. "Tú termina, mi amor linda, y yo te espero", le dijo, mirándola con mucha ternura. En seguida se fue a terminar de leer el libro de Julio Scherer sobre Pinochet.

Esa noche Sofía no pudo dormir. En primer lugar, se arrepintió de haber vendido algunos vestidos: "¿Cuándo me voy a volver a comprar un vestido de haute couture Nina Ricci? ¿Dónde voy a encontrar otra falda kilt con ese escocés tan original? ¿Cómo pude haber vendido el saquito de astracán de mi mamá? ¿Por qué me deshice, a un precio regalado, de mi traje sastre Yves Saint Laurent? Hoy, por hoy, ¿cuánto cuesta una gabardina Burberrys? ¿Cómo pude haber malbaratado esa falda negra de pura seda? Todas esas cosas me las pude haber comprado yo misma en mi propio 'garage-sale'; me habría hecho un super precio; y hasta a crédito, porque me hubiera dado tres meses para pagar. Debí haberme robado mi propia ropa, ¿para qué carajos la vendí?", se preguntaba mortificadísima. Y lo que más la hacía sufrir era que, después de haber pagado la renta de los racks, de las sillas y de los espejos, además del anuncio de la puerta y del periódico, de los bocadillos de La Marquesa y de las propinas que les dio a sus muchachas y al chofer, más todo lo que gastó en el salón de Ken, no le salían las cuentas. Entre más sumaba lo que algunas clientas le habían quedado a deber, más lo que había vendido, el total era mucho menos que lo que había gastado. "¿Cómo es posible, si vendí casi todo?", se seguía preguntando.

Algo vibra en tu maleta

Y mientras seguía restando y sumando, en esos momentos, su hermana Antonia le contestaba su correo electrónico donde le narró sus peripecias en Body Therapy:

"¡Ja, ja, ja... ja, ja, ja, ja! Así estuvimos todos cuando les leí tu texto durante la cena. ¡Genial!, exclamaba uno; ¡Qué buena es!, decía el otro. Risas y lágrimas, pero lágrimas de las que te salen cuando te ahogas de risa. Perdón por no haberte acusado recibo antes de tus vivencias en la clínica para adelgazar pero hasta ahora tengo tiempo de hacerlo más calmadamente. En estos momentos mi hija se encuentra aquí conmigo y te quiere decir que una mujer, a la cual no podemos nombrar, escuchó, a la mitad de la noche, un extraño ruido como de un taladro. Inmediatamente llamó al número de emergencia 999, por temor de que unos ladrones estuvieran tratando de entrar para robar en el edificio contiguo. La policía llegó inmediatamente pero no pudieron encontrar nada sospechoso. Sin embargo, el ruido persistía. Eventualmente, rastrearon el ruido al cajón del buró de la susodicha señora y resultó que su vibrador se había prendido enviando ruidosas reverberaciones por toda la casa. Moraleja: el matrimonio es siempre la mejor solución... Hablando de otra cosa, la crisis de gasolina por la que estamos pasando ha causado manifestaciones inesperadas en este tranquilo y flemático pueblo inglés. Todo el sentimiento de comunidad, toda la civilidad se fueron por la ventana. En cuanto hubo rumores de que habría escasez de alimentos, se lanzaron todas las amas de casa a comprar de manera desmesurada y completamente irracional: demasiada leche, demasiado pan. Llenaban sus carritos y veían con sospecha y animosidad al carrito de al lado pensando... se lleva cuatro litros, me tengo que llevar seis... el mero sentimiento de que ya no iban a poder comprar (aunque de hecho nunca hubo un real peligro, ni estábamos en guerra, ni mucho menos) las ponía en un estado de estrés y de angustia insospechado. Como habrás escuchado o leído, esta semana Inglaterra estuvo al borde de una parálisis económica; ya que noventa por ciento de las gasolineras se quedaron sin gasolina después de que granjeros, choferes de taxi y camioneros bloquearon las refinerías en protesta por la subida de precio de la gasolina. OFF THE RECORD: Me impresioné tanto con tu descripción de tus carnosidades y de tu 'obesidad' que aunque no me voy a casar y mi marido me quiere y me acepta con mis lonjitas y mis kilitos extra, me propuse hacer más dieta de la que estoy haciendo, y más ejercicio. Es lo que más flojera me da, hacer ejercicio. Como decía mi mama: '¡Vieja, pobre y GORDA!'. ¡No! Lo único que puede uno controlar es la gordura. Te deseo mucha suerte y que tu perseverancia, sacrificio y esfuerzo se vean pronto coronados con una talla 6. Besos. Antonia."

Cuando Sofía leyó la historia del vibrador, recordó lo que le había sucedido una vez en París, cuando vivió la peor época de su vida. Puesto que en esa ocasión se quedaría más de tres meses, llevaba, además de mucha ropa, libros y maquillaje, un vibrador que le había comprado Inés en una sex shop de Nueva Orléans. "Te lo juro que te va a hacer mucho bien. Tú que tienes tan mala circulación, esto te va a ayudar. Créeme que es muy saludable. Ya consulté varios libros. No, Sofía, no es pecado. Piensa que es normal, sobre todo, ahora que no tienes pareja. No, Sofía, no te vas a electrocutar, ¡es de pilas! No seas ridícula. No, Sofía, con este vibrador no te puede dar sida porque nadie lo ha usado antes que tú. ¡Es imposible! Estoy segura de que te va a servir mucho ya que estarás tanto tiempo fuera. No, Sofía, no te van a salir pelos en las manos. ¡Ésas son tonterías! ¿Quién te ha metido todas esas ideas absurdas en la cabeza? ¡No seas infantil! Ya estás grandecita, ¿no crees? No, Sofía, no vas a terminar enamorada del vibrador. ¿Cómo crees? No, no se lo voy a contar a nadie. Te lo juro. Sí, te lo juro por la Virgen de Guadalupe." Después de que su amiga le juró por todos los santos del cielo que guardaría el secreto, finalmente Sofía aceptó un dorado aparato, que parecía el cetro de un faraón de la época de Tutankamon.

Tras registrarse en el mostrador de Air France, le dice el señor que la atendió: "Ya puede poner su equipaje sobre la báscula, por favor". Todavía no acababa de colocar, con muchos esfuerzos, su petacota Samsonite sobre la plancha, cuando de repente se escuchó un ruido que hacía "grrrrgrrrrgrrrrgrrrrrrbrrrgrrrrrrgrrrrr". Sofía y el empleado de Air France pusieron cara de what? Sin embargo, la pasajera sabía perfectamente bien de dónde venía ese sonido tan extraño. "Seguramente ha de ser su secadora, señora", le comentó el señor. "¡Eso! Es mi secadora. Es que le acabo de poner pilas nuevas. Ya sabe, de esas grandotas." "Pues me apena mucho, pero tendrá que sacarla de la maleta." "Ay, no, señor, qué pene, digo qué pena. Se lo juro que ahorita se va a apagar. Así son esas secadoras especiales para viaje, al menor movimiento de pronto se encienden." "Es que no podemos dejar pasar aparatos eléctricos en pleno funcionamiento, señora." Sofía estaba cada vez más nerviosa. No pudo evitar pensar en la imprudencia de Inés por haberle insistido tanto en que se llevara el vibrador. "Ay, pero qué metiche. Y ahora, ¿qué hago? Espíritu Santo, fuente de luz, ilumíname", imploró, como siempre que se encontraba ante un problema. Y el milagro se hizo. Se le ocurrió una idea. Uno, dos y hasta tres golpecitos le dio Sofía a su petaca con la mano, intentando apagar el aparato que no dejaba de hacer: "grrrrgrrrrrrgrrrrrrgrrrrrrgrrrrr". Al fin, se calló el aparato. "Ya ve, señor, ya se apagó. ¿Ahora sí ya puedo registrar mi equipaje?", preguntó Sofía con la cara ardiendo y roja roja.

Durante el vuelo se sintió culpable y tensa. Mientras viajaba entre las nubes juraba que su vibrador seguía vibrando en el área de equipaje y que su vibraciones podrían provocar un accidente. Juraba que las aeromozas habían abierto su petacota y que al encontrar el aparato se habían muerto de risa por esa pasajera tan degenerada. Juraba que su maleta se perdería y que, tal vez, habría de terminar en manos de otro pasajero, quien de inmediato se daría cuenta de su vibrador y lo llevaría a la dirección de Air France con una carta de denuncia por permitir pasajeros viciosos. Juraba que el avión en el que viajaba terminaría por caerse, y que lo único que los rescatistas encontrarían vivo era su vibrador. Y juraba que nunca más viajaría, en toda su vida, con un vibrador que se ponía a vibrar a la menor provocación. "¿Y si durante el viaje se le acaban las pilas y ya no lo puedo usar? ¿Y si se descompone? ¿Y si se calienta demasiado al grado de quemar toda mi ropa? ¿Y si el avión empieza a vibrar? ¿Y si las pilas mexicanas no funcionan en París? ¿Y si en lugar de vibrador termino por conocer a un parisino que funciona mucho mejor que cualquier aparato? ¿Y si, en efecto, Inés tiene razón y termino usándolo para que no me sienta tan sola?"

Crisis en el supermercado

Respecto al tiempo, Sofía también estaba, constantemente, en deuda. Tan es así que en sus resoluciones para el año nuevo de 1996, escribió en su diario: "El año entrante intentaré ser mucho más puntual que el año pasado". "Intentar", en ella era una palabra demasiado débil, si consideramos que a lo largo de 1995 había tenido más de seiscientos retrasos de un cuarto a media hora, lo que representó un poco más de doce días, trescientas horas, dieciocho mil minutos y un millón veinte segundos retrasados.

Para ella el tiempo era mágico; es decir, que a partir del momento en que no quería que transcurriera, ya sea porque iba muy retrasada a una cita, y esto la "culpabilizaba" demasiado, o porque se sentía muy feliz con lo que estaba haciendo, empezaba a escuchar una vocecita que decía: "Los minutos no pasan. Las manecillas de tu reloj interno ya no corren, no te preocupes". Sin embargo, de alguna manera, se daba cuenta de que su falta de puntualidad no nada más le acarreaba muchos problemas en su trabajo, sino entre sus amigos, muchos de los cuales habían resuelto terminar con la amistad, como sucedió con Lourdes, su amiga de infancia. "Es que padezco lo que se conoce como 'la enfermedad de Marilyn Monroe'. Ella tampoco llegaba a tiempo a ningún lugar. Pero ¿acaso ha importado eso para que en todo el mundo la sigan recordando con tanta nostalgia", preguntaba Sofía a sus víctimas. He allí una evidencia además de cinismo, de un narcisismo sin límites. ¿Compararse con uno de los símbolos sexuales más importantes del cine? ¿Quién no habría esperado a la Monroe así hubieran sido veinte horas?

La época en que Sofía padeció más la terrible enfermedad que tenía que ver con su impuntualidad, fue, hace algunos años, cuando el cambio de horario. "Es que si le quitan sesenta minutos a mi reloj personal, es como si le quitaran tres horas", pensó cuando se enteró de que había que adaptarse al nuevo horario de verano. A partir de ese momento dio cuerda a uno de sus farragosos monólogos que encontró destinatario en uno de sus hijos, que de pura casualidad se encontraba en su casa: "¿Te das cuenta de todo lo que va ocasionar este cambio tan absurdo? No, no me quiero imaginar la cantidad de novias que se van a quedar plantadas por llegar al templo una hora más tarde; todas las personas que perderán el avión; los ginecólogos que no llegarán para el nacimiento de los bebés; los anestesistas que dejarán dormir a sus pacientes más de la cuenta; los pleitos entre parejas porque uno llegará sesenta minutos más temprano que el otro; las viejitas devotas que perderán la hora de la elevación de la Sagrada Eucaristía. ¿Te das cuenta de lo que le pasará a toda esa gente que no tiene reloj o que tiene como costumbre ver la hora en uno de sol? ¿A qué hora saldrán los campesinos a sembrar? ¿A qué horas pasará el camión de la basura? ¿Cómo le hará la gente que tiene costumbre de guiarse por un reloj de arena? ¿Cuántos millones de granitos de arena tendrán que quitarle para se ajuste al nuevo horario? ¿A qué horas saldrán los pescadores de Pátzcuaro a pescar? ¿Cómo sabrán los pescaditos que ya les llegó su hora? ¿Qué les habrá pasado a las trabajadoras sexuales que estaban en plena chamba justo en el momento que se cambió la hora de las dos de la mañana a las tres de la madrugada? ¿Les habrán pagado nada más una hora cuando en realidad ya habían trabajado más de dos? ¿Qué habrá pasado con todos esos sueños que serían soñados justo a la hora del cambio? ¿Desaparecieron para nunca jamás volver? Y los niños que nacieron a esa hora, ¿vinieron al mundo sesenta minutos más viejos? ¿Qué les pasó esa madrugada a los murciélagos? ¿Tuvieron que regresar una hora más temprano a sus torres, todos decepcionados, o muchos de ellos murieron bajo los rayos del sol? ¿A qué horas cantó el primer gallo? ¿Se tomó alguien la molestia de avisarle a los demás gallos de toda la república que hubo un cambio de horario? ¿Cuántas horas tuvieron que pagar los dueños de todos los coches que se llevó la grúa al corralón? Esa madrugada, ¿se habrán horneado menos bolillos y teleras que de costumbre? ¿Te das cuenta, hijo, cuánto se ha de haber angustiado el responsable de tocar las campanas en la Catedral? ¿Y las palomas? ¿Y los animales del zoológico...?" Cuando Sofía se ponía en esos estados tan intensos, sus hijos la dejaban hablar sin interrumpirla. Haberlo hecho no hubiera servido de nada. Lo más curioso de todo es que se inventaba las preguntas y ella misma se las contestaba: "¿Que voy aprovechar más el día? No quiero aprovecharlo más. A mi edad, ya me molesta la luz del sol. Además, a las seis de la tarde, por lo general, estoy rendida de cansancio. ¿Te imaginas en qué estado me voy a encontrar a las ocho de la noche con este nuevo horario? ¡Muerta! ¿Que soy una egoísta porque no pienso en todo lo que ahorrará con este cambio la Secretaría de Energía? Tal vez tengas razón. Pero es que a mi edad, yo ya tengo que pensar en la mía. Crée-me que también mi energía está gastadísima. A ver, ¿quién se preocu-pa por la mía? ¡Nadie! Por eso, hijo, tengo que ahorrarla al máximo, para que cuando sea una verdadera anciana, todavía pueda conversar contigo y tu hermana como lo estoy haciendo en estos momentos... Créeme, estos cambios no hacen más que confundirme aún más. Si de por sí ya soy impuntual, ¿te imaginas a partir de ahora...?".

Es cierto que Sofía era una persona impuntual pero no era cíni-ca, ni con mala fe, ni mezquina, ni mucho menos mentirosa. Cuando decía cosas como: "Me perdí", era cierto; "Es que no le podía colgar a una amiga por teléfono", era cierto; "Al último momento tuve que lle-var a mi hija a su casa", era cierto; "Pensé que aprovecharías esta es-pera para leer, tranquilamente, el periódico", era cierto; "Imaginé que te habías encontrado en el café El Balmoral del hotel Presidente Cha-pultepec (donde siempre se citaba) a alguien conocido y que estarías feliz platicando con él", era cierto; "No tenía dinero para la gasolina y me tardé buscando quién me podía prestar", era cierto; "En lugar de tomar el Periférico hasta el sur, no sé por qué me fui por el Viaducto hasta el aeropuerto", era cierto. Su generosidad radicaba en aceptar su error ante los otros. Además, siempre traía un libro como regalo e in-variablemente pagaba ella la cuenta del desayuno; sin duda era una manera de hacerse disculpar. Asimismo, para compensar su falta, pro-curaba estar todavía más chistosa, intensa y hasta entregada: contaba sus contingencias, proporcionaba magníficos "tips" y les hablaba, des-de su celular, a sus "buenas relaciones", a quienes pedía una cita para su amiga o amigo con el que estaba desayunando. A pesar de toda su impuntualidad, había algo que reconocerle a Sofía: nunca de los nun-cas cancelaba una cita a última hora o dejaba de asistir al lugar del en-cuentro. Podría llegar dos horas más tarde, en medio de un tráfico atroz o de una tormenta bíblica, pero eso sí, llegaba.

Pero Sofía cambiaba también según las circunstancias y las per-sonas. De la misma manera que podía ser sumamente impuntual con unos, podía ser todo lo contrario con otros. Esta eventualidad se pre-sentaba con claridad cuando estaba en el extranjero. Si, por ejemplo, hacía una cita chez Jean-Louis David en París para corte y tinte de pe-lo, llegaba diez minutos antes; se instalaba con su bata blanca; tomaba cualquier revista de modas, y decía con toda amabilidad: "Ne vous in-quietez pas; je vous attend". Si se citaba con algunos compatriotas en el café Deux Magots de Saint Germain, llegaba hasta con un cuarto de

hora de anticipación. Claro que, en esos casos, era ella la que terminaba esperando, mientras pensaba pestes de sus connacionales: "Ay, con
estos mexicanos siempre es lo mismo; in-va-ria-ble-men-te, llegan tarde. No tienen educación. ¿Cuándo aprenderán?".

Con Felipe siempre intentó llegar a tiempo. A él sí no lo hacía
esperar; porque como rezaba uno de sus tantos lemas: "En la vida hay
que tener prioridades"; y entre ellas estaba llegar justo a la hora a sus
citas de amor y pagar puntualmente a sus empleados domésticos. Era
tan excesiva en este aspecto con relación con su personal que con que
advirtiera que alguno de ellos estaba haciendo correctamente su trabajo, ya en secreto le decía: "La próxima quincena te voy a subir veinte
por ciento". Claro, después se arrepentía como de sus pecados, pero,
eso sí, se mantenía en lo prometido. Si el chofer o la recamarera llevaba
trabajando en su casa más de tres años, su sueldo podía ascender hasta
más de diez salarios mínimos. Esto, además de convenirles a ellos, a
ella le suponía también una gran ventaja. ¿Por qué? Porque siempre le
acababan prestando dinero, especialmente su chofer, encargado de hacer las compras. Lo mismo sucedía con las "muchachas", como las llamaba, quienes acababan pagando de su bolsa al de la leche, al del gas,
al de la tintorería, al de la fruta y al zapatero. Cuando la traía un taxi,
todavía no acaba de abrir la puerta cuando ya está preguntando a gritos: "¿Quién me presta cincuenta pesos?". Lo peor venía al final de cada quincena: "Señora, me hizo mal el cheque; no me agregó todo lo
que le he prestado en estos últimos días", era la eterna recomendación.
En estos casos, ese cheque podía ascender hasta cincuenta por ciento
más del salario por todo lo que le habría prestado a su patrona.

Hay que decir que Sofía tiene una relación muy sui generis con
sus empleados domésticos. Así como podía ser muy solidaria, igualmente, llegaba a actuar como la típica patrona quisquillosa, de ésas
que todo el día buscan pretextos para regañar a las "muchachas". A esta actitud, por momentos áspera e incluso hostil, en general, la acompañaba un enorme sentimiento de culpa. "Tome, Lupita, le regalo esta
falda", decía con voz aterciopelada, cinco minutos después del inespe-
rado regaño. Otro de los hábitos que tenía para compensar esos exa-
bruptos, era platicarles de los acontecimientos políticos del momento.
Por ejemplo, en época de elecciones, les endilgó un monólogo que parecía no tener fin. "Tenemos que dejar de ser un pueblo sumiso; que se
cruza de brazos. ¿Sabían que las mujeres en México representamos
más de cincuenta y dos por ciento del electorado? Por eso es tan im-

portante su voto, para conquistar la democracia, bla, bla, bla, bla, bla..." A veces hasta se ponía filosófica: "Los peores apegos son los que fabricamos nosotros mismos". Si su comportamiento había sido particularmente desagradable, entonces solía ponerse muy autocrítica: "A veces han de pensar que estoy reloca, ¿verdad? Es que todo se me olvida, ha de ser la edad... Esta enfermedad se llama Alzheimer...". Cuando iba de viaje, les traía playeras de los equipos de futbol locales, relojes, walk-mans y demás gadgets que siempre adquiría, a último momento, en los duty free de los aeropuertos. Por eso cuando arribaba al Benito Juárez, lo hacía con las manos llenas de bolsas; en este sentido, Sofía tampoco tenía medida. De ahí que tanto las muchachas como su chofer toleraran a una patrona que, aunque vivía sumida en un constante estrés, en el fondo no era mala persona.

Por lo que se refiere a estos "regalitos", era tan obsesiva y "culpígena" al mismo tiempo, que si no tuvo tiempo de comprarles algo durante el viaje, al otro día de su llegada, en El Palacio de Hierro elegía ya sea un suéter o una chamarra de importación. Según el lugar a donde había viajado, tenía que ser el producto. Por ejemplo, la vez que fue con Felipe a España y que no les trajo nada, les compró a cada uno de ellos algo de Adolfo Domínguez, nada más porque en la etiqueta decía que era de fabricación española. No había duda de que Sofía a veces incurría en reacciones por demás absurdas: es evidente que lo que compraba de importación era mucho más caro que si lo hubiera adquirido en Madrid. ¿Eran formas de comprar su culpa?, ¿de tranquilizar su conciencia?, ¿de manipular a su servicio doméstico? Sin duda.

No, definitivamente, Sofía no es una mala persona. Lo que pasa, es que cuenta con el arte de inyectar (a chorros) su estrés personal a los demás, en particular a sus "muchachas". Por ejemplo, cuando le pedía cuentas de los gastos a la cocinera, siempre terminaba gritando: "¿Cómo es posible que ya no te quede nada de todo el dinero que te di hace apenas dos días?". No obstante que Eva la conocía de memoria, todavía no se acostumbraba a que la señora le hablara "golpeado", es decir, de una manera no cálida. "Lo que pasa es que a diario se hace el super. Si alguien... lo hiciera una vez por semana, se ahorraría bastante...", le dijo en una ocasión. Cuando Sofía escuchó lo de "alguien" sintió que iba dirigido derechito a ella. Sofía odiaba hacer las compras de la casa. Ir al supermercado la deprimía profundamente; siempre que lo hacía entraba en una crisis en verdad extraña. A partir del momento en que cruzaba las puertas del establecimiento, empezaba a dudar y a sudar. "¿Tomo o no tomo el carrito? Si lo tomo, voy a comprar mucho; mejor no lo tomo. Pero si no lo tomo, no voy a comprar lo necesario. ¿Qué hago? Mejor me voy y no compro nada. No, lo que haré es comprar, exclusivamente, las ofertas y aquellos productos que sean de marca libre. ¿Compro sopas Campbell's o no? ¿La grande o la chica?". El mismo comportamiento tenía cuando llegaba a la salchichonería: "¿Qué tienen de oferta? ¿Qué jamón es el que tiene más barato? En lugar de queso manchego, póngame del Oaxaca. No, mejor no me ponga queso y déme medio kilo de salchichas. ¿Están en oferta? ¡Ah, entonces nada más me llevo la docena de huevos!". Pero el verdadero tormento era cuando le tocaba el turno en la caja. Siempre que la cajera le anunciaba su total, reaccionaba de la misma forma y con la misma intensidad, sobre todo en la época en que su tarjeta de crédito estaba bloqueada y tenía que pagar con líquido: "¿Cuánto? ¿Está segura? Pero si casi no llevo nada. ¿No se habrá equivocado? Qué pena, señorita, pero creo que no me alcanza. Voy a dejar algunas cositas. ¿Qué quito? ¿Los kleenex? No, mejor el shampoo. ¿Y qué más? ¿Y si dejo el Ajax y lavan la tina con el jabón Zote? ¿Y si dejo un litro de leche y mejor me llevo en polvo para hacer muchos litros? Mejor dejo las latas y con las verduras que compré hago sopas tipo Campbell's. ¿Aquí no fían, verdad? ¿Por qué, eh? Dejo los platanitos dominicos y la carne del perro. Yo creo que con eso, ¿no, señorita? Bueno, está bien, quite los kleenex. Ahora sí... dígame cuánto es". ¡Cuántas veces tuvo que dejar la cajeta que tanto le gustaba a sus hijos! ¡Cuántas veces tuvo que renunciar a las latas de abulón que tanto le gustaba poner en sus aperitivos! Y ¡cuántas veces no pagó con cheques a sabiendas de que al otro día le llamarían del super Barrilaco para decirle que se los habían regresado!

¿Ir al super? "¡No, ya no!", se decía. Pensaba que esa etapa estaba superada.

Compra sólo lo que necesitas

Después de un severo sondeo entre sus amigas se convenció de que era mejor vivir al día. "Se gasta mucho menos", le había dicho, hace muchos años, su amiga Inés. Fue cuando se acababa de divorciar y tenía un presupuesto muy limitado. Entonces sus hijos eran unos niños, acostumbrados a vivir de una manera holgada pero que tuvieron que resignarse a llevar un estilo de vida mucho más modesto. Fueron los tiempos en que veían a su madre sufrir verdaderos calvarios por la falta de dinero. Si los encontraba viendo la tele: "¡Apáguenla y pónganse a leer! Ay, no, pero para eso también necesitan la luz, que cada día está más cara. Mejor váyanse a bañar. ¿Y el gas? Ay, no, se va a acabar. Báñense los dos en la misma tina. Hoy no se lavan el pelo. Séquense con la misma toalla, aunque les pique. Esta noche van a merendar molletes con frijoles y con mantequilla y azúcar". Fueron los años en que Sofía se propuso vivir con absoluta austeridad. Fueron los años en que manejaba un volkswagen color verde y pasaba las vacaciones con sus hijos en un hotelito de Tecolutla, Veracruz. Fueron los años en que solía comprar sus regalos de boda en el Monte de Piedad. Fueron los años en que en lugar de lavarse el pelo con shampoo, lo hacía con jabón de coco. Fueron los años en que se desmaquillaba con productos Avon comprados a crédito. Fueron los años en que sus hijos heredaban la ropa de sus primos hermanos. Fueron los años que ella misma se pintaba el pelo con Miss Clairol. Fueron los años en que en lugar de comprar las revistas *¡Hola!* y *Paris Match*, las leía de pie en Sanborns. Fueron los años en que hizo tres "garage-sales" y que vendió buena parte de su guardarropa comprado en París. Fueron los años cuando iba al restaurante con sus hijos y ellos no tenían permiso de pedir ni camarones, ni postre, ni mucho menos refrescos, "porque además de que los de aquí son carísimos, pican los dientes". Fueron los años en que empezó a trabajar como representante de una firma extranjera, y, por contradictorio que parezca, también fueron los años en que se hizo del mayor número de tarjetas de crédito; la misma época en que llegaron a regresarle hasta diez cheques al mes. Y para colmo de males, fueron los años de la peor crisis económica en México, con una inflación que parecía no tener fin: "Niños, a partir de ahora vamos a ser sumamente austeros", les propuso un día en que estaban atorados en el Periférico, en medio de un tráfico atroz: "Austeridad, austeridad, austeridad, eso es lo que necesita el país. ¿Por qué será que los mexicanos no sabemos ser austeros? ¿Por qué será que nos cuesta tanto trabajo ser ahorrativos y mesurados en nuestros gastos? ¿A qué se deberá que seamos tan excesivos en todo lo que consumimos?".

Para cuando Sofía empezó a formularse todas estas preguntas, sus dos hijos ya dormitaban. Sin embargo, ella siguió con sus reflexiones: "¿Por qué cuando vamos a comer tacos pedimos tres de bistec, dos de costilla, un 'volcán' y dos aguas frescas, a pesar de que sabemos que es demasiado y que tendremos dificultades para digerirlo? ¿Por qué cuando vamos a rentar una película rentamos tres, por si las otras dos

L
A

F
A
M
I
L
I
A

257

F
E
L
I
Z

N
O

S
E
R
Á

resultan aburridas? ¿Por qué en nuestras casas dejamos encendidos tanto tiempo los focos en habitaciones donde no hay nadie, y lo mismo hacemos con la computadora y con otros aparatos eléctricos? ¿Por qué cuando hablamos por teléfono nos tardamos tanto tiempo, cuando en realidad podríamos arreglar nuestro asunto en tres minutos? ¿Por qué será que hay jóvenes que al llamar desde sus celulares emplean un tiempo eterno nada más para saludar y decir cosas como: "¡Hola! ¡Quiuuuuuubo! ¿Qué onda? ¿Cómo estás? ¿Cómo andas? ¿Qué has hecho? ¿Qué cuentas? ¿Qué hay de nuevo? ¿Ya supistes? ¿A que no te has enterado...?", pudiéndose quedar nada más con el primer saludo e ir al grano? ¿Por qué será que muchos de nosotros nos quedamos horas y horas bajo la regadera sin importarnos que se gasten agua y gas? ¿Por qué será que a las mexicanas nos encanta tener sobre nuestros tocadores decenas de botellas de perfumes y aguas de colonia que ni usamos? ¿Por qué cuando se abre cualquier botiquín de cualquier baño, de cualquier casa y de cualquier colonia habitacional, nos topamos con muchos shampoos, enjuagues y tratamientos para el pelo, pudiendo tener un solo shampoo para toda la familia? ¿Por qué será que a las señoras nos gusta tener muchas pantimedias negras, claras, azul marino, de lana, brillantes, de fantasía, opacas, etcétera? ¿Por qué será que cuando vamos a comprar una revista al Sanborns más cercano a nuestra casa u oficina, siempre terminamos por comprar cuatro revistas extranjeras, dos libros que sabemos que no vamos a leer, una pluma que no nos hacía falta, un par de aretes, dos compact y unos chocolates? ¿Por qué las mujeres para desmaquillarnos necesitamos una crema para los ojos, otra para la cara, una más para el cuello, un astringente, un tónico, un refrescante, un hidratante y unas gotitas rejuvenecedoras? ¿Por qué cuando vamos a comprar un traje de baño, salimos de la tienda con dos, una tanga, una toalla, una playera y sandalias, siendo que tenemos dos pares en casa? ¿Por qué será que muchas amas de casa piensan que si dan de cenar lo mismo que en la comida dejan de ser buenas amas de casa? ¿Por qué será que las muchachas de las residencias de las Lomas utilizan cantidades industriales ya sea de jabón para lavar la ropa o para lavar los trastes? ¿Por qué será que pasan buena parte de la mañana regando el jardín y cuando se van a almorzar dejan tirada la manguera mientras el agua sigue chorreando y chorreando hasta que se forma un charco? ¿Por qué será que los ricos necesitan tener más de seis tarjetas de crédito? ¿Por qué cuando vamos a tomar un baño de tina dejamos que se llene al tope con agua hirviendo para luego dejarla enfriar, vaciarla un poco y llenarla de nuevo, y así otra vez, hasta que nos decidimos a meternos a bañar? ¿Por qué cuando pedimos una pizza Domino's, la pedimos de tamaño grande y con todo, y pedimos también tres órdenes de chilitos que acabamos guardando en un cajón de la cocina? ¿Por qué será que en muchas casas de ricos el jabón de manos nada más dura cuatro días? ¿Por qué será que las señoras se sienten más seguras cuando más llenas tienen su despensa, sus clósets de blancos y sus botiquines con puros productos de importación?"

A pesar de los años transcurridos desde que Sofía dirigió este monólogo a sus hijos, ahora bien dormidos, seguía teniendo razón. Desde finales de los sesenta, esto ya era un problema de los mexicanos.

Devaluación, desvalorización

Lo mejor de los dos mundos

"*Déme dos*", decían en 1969 algunos mexicanos ricos cuando se enteraron de que los condominios Taco Towers de Coronado costaban sesenta mil dólares. "¿Nada más? ¡Están regalados!", exclamaban los futuros propietarios. Sí, con tan sólo veinte por ciento de enganche, estos nuevos propietarios podían adquirir departamentos espléndidos con vista al mar. Entonces el billete verde costaba 12.50 pesos. Muchos de estos mexicanos comenzaron a especular con sus flamantes adquisiciones. Los doce mil dólares que habían desembolsado, en dos meses se convertían en veinticuatro, ya que animaban a sus amigos a comprarles su enganche. Fue así que las primeras dos torres de Taco Towers fueron habitadas por mexicanos que sentían que era darse mucho "taco", como decía Cantinflas, vivir ahí.

Años después, en la ciudad de México, nada era más usual entre estos ricos mexicanos que, al terminar sus cenas mundanas, súbitamente la anfitriona le pidiera a sus "maids" que retiraran todo lo que quedaba en la mesa, para que se pudieran extender sobre ella los planos de la casa que se estaban construyendo en uno de los nuevos fraccionamientos residenciales de San Diego. Alejandra y Antonio fueron los primeros del Grupo que se compraron un condominio. "Deberían comprarse algo allá. Se los juro que los terrenos están baratísimos. Allá el crédito funciona maravillosamente bien. Con un poco de enganche ya está", les comentó Alejandra a Sofía y a Fernando, a quienes había invitado a cenar para presumirles su más reciente adquisición: "Miren, aquí va a quedar el 'breakfast', el 'room-family' y las recámaras. ¿No está diviiiiiino?", preguntaba con toda su intensidad. Al week-end siguiente, Sofía y Fernando volaron hasta el Aeropuerto Internacional de San Diego. Después de hacer el obligado shopping en múltiples malls, pagaron su pequeño enganche y se regresaron con los planos de su nueva casa bajo el brazo, felices de la vida, pensando en el "negociazo" que acababan de firmar.

Fue a partir de esta migración de mexicanos que los californianos supieron cuándo llegaba el verano. No era gracias a las palomas de Capistrano, sino a otra categoría de aves también vestidas de blanco. Hablamos de las famosas, famosísimas e in-dis-pen-sa-bles "nanas" mexicanas; "nurses" en inglés; "gouvernantes" en francés. Estas "nanas" iban impecablemente bien uniformadas, y desde muy temprano paseaban a sus "amitos" en unas carreolas al borde de la playa (con el tiempo, muchas de ellas se instalaron en California, en hogares estadunidenses, donde llegaban en coche enfundadas en sus bermudas color "peach", tenis y anteojos negros. Las de entrada por salida, completamente bilingües, llegaban a cobrar más de cincuenta dólares por jornada).

Las vacaciones de estos mexicanos resultaban dignas de ¡*Hola!*: vivían en su país con todos los privilegios de las Lomas de Chapultepec y vacacionaban con el absoluto confort de los ricos californianos. "Lo mejor de los dos mundos", se decían entre ellos, cuando por las noches se encontraban en el departamento de alguno de ellos en las Taco Towers. Sin embargo, cuando salía a colación hablar de política de su "Me-xi-qui-to", como llamaban algunos a su país, la conversación se ensombrecía. "Este Echeverría nos dejó por la calle de la amargura y ahora resulta que López Portillo está peor. ¿Cuándo llegará la democracia a nuestro país? ¿Cuándo llegaremos a tener gobiernos honestos? ¿Cuándo, Dios mío, cuándo?", se preguntaban mientras bebían su Nestea bien helado. "Yo todavía no le perdono la devaluación a ese Echeverría, comunista de tercer mundo. Cada vez que me acuerdo de su gobierno, quiero venirme a vivir para acá", opinaron, entonces, los más resentidos. Y más se acuerdan de todas sus decepciones, más desean sumirse en los esplendores del "american way of life". Y cada vez que podían, se escapaban para el otro lado. En sus maletas Louis Vuitton traían sus esperanzas, ahorros, ilusiones, chilitos, tarjetas de crédito, fotos de familia, pero, sobre todo, sus listas de shopping para el regreso a México.

Alejandra, en aquellos días felices: "No olvidar comprar los 'bufferins', las sábanas para la casa de Tepoz, las toallas para la casa del DF, jabones, 'tampax', secadora de mano, una casetera, cámara de cine, limpiamanchas, grasa de zapatos, vitaminas, champús, bolsas de Milky Way y M&M's, pasta de dientes, veneno contra las hormigas, topsiders para los niños, mis cremas Orlane, una aspiradora especial para coches, el juego completo de tupperwares, unos palos de golf, una raqueta de tenis, pomos de crema de cacahuate, mis ampolletas para el pelo y mis 'bras' de La Perla, mis tubos calientes, mis cepillos redondos, etcétera".

Sí, con absoluta compulsión e ilusión, compraban y traían a México, todo lo que podían. Era necesario que regresaran, aparte de bronceados, agringados de la cabeza a los pies; de lo contrario, se sentían demasiado "tercermundistas", en un país donde todavía existían, believe it or not, más de ochenta millones de mexicanos que aún no hablaban inglés. Oh, my God!

Y el tiempo pasaba... Hasta que una buena mañana, mientras Antonio estaba en la supercocina de su "depa" de Taco Towers, cocinando su "bacon" para sus "scrambled eggs", escuchó sonar su teléfono. "¿Ya te enteraste?", preguntó una voz en tono histérico. "¡Hubo devaluación y hay control de cambios!" "¿Quéeeeeeeeee?", gritó, al mismo tiempo que dejó caer la sartén teflón con todo y huevos y tocino. Y mientras que el informante, buenísimo amigo del alma, seguía dando cuenta de las últimas decisiones financieras de López Portillo, Antonio soltó el auricular y fue en busca de Alejandra, tranquila en su recámara leyendo el último *Vogue*. "Ahora sí, ya nos amolaron. ¡Hubo devaluación! Comunícate al Bank of America y pregunta cómo está nuestro saldo. ¿Por cuántos dólares firmaste ayer? ¿Qué vamos a hacer con todas las deudas que todavía tenemos por la decoración del departamento? ¡Todavía debemos la lancha! Aún no nos llegan las notas del viaje de París. ¿Te das cuenta, qué voy a hacer con todas las cartas de crédito que firmé en el negocio? Pobres de mis hermanos, de seguro, ellos también van a quebrar. Ellos, como yo, estamos completamente dolarizados. ¿No que López Portillo iba a defender el peso como un perro?", aullaba este nuevo deudor en dólares, en tanto iba y venía de una habitación a otra. Todavía con el delantal puesto y absolutamente en ayunas, continuó gritando: "Soy un pendejo, creí en él. Soy un pendejo, voté por él".

A partir de ese momento tan trágico, en todos los condominios de Taco Towers comenzaron los telefonemas a México llenos de lamentos. Como Antonio, decenas de vecinos mexicanos llamaron a sus oficinas, a sus familiares, a sus socios, a sus corredores de Bolsa, a sus ejecutivos de cuenta bancaria, a sus papis, a sus cuñados, a todos sus conocidos y hasta a sus desconocidos, para preguntarles cómo habían recibido la noticia. "¡Estamos jodidos!", repetían, a la vez que se arrancaban los pelos de la cabeza.

En las boutiques, restaurantes, salones de belleza, hoteles, supermercados y malls de Estados Unidos se rechazaron las tarjetas de crédito mexicanas, no obstante que eran Visa y American Express. Cuando preguntaban: "Are you Mexican?", sudaban la gota gorda los mexicanos. No sabían qué contestar. Muchos, en esos momentos, optaron por hacerse pasar por colombianos. Preferían que los confundieran con esmeralderos o narcos que con "Mexicans". En algunos restaurantes de moda, debajo del anuncio en donde se leía que no aceptaban "perros", había otro que decía: "We don't accept Mexicans". Igualito le dijeron un día a Alejandra. Le dio tanta vergüenza que no pudo más que llorar en silencio, mientras buscaba algunos dólares en su cartera. Llegando a su "depá" en las Taco Towers, tomó un baño de tina con muchas burbujitas Badedas; sumió la cabeza y pensó: "Todavía no le he dicho a Antonio que compré un baño de vapor italiano y que lo van a traer mañana. ¿Qué hago? ¿Lo cancelo? ¿O me hago la idiota y dejo que lo instalen?", se preguntó con los ojos bien cerrados y con la cabeza cubierta de espuma. Corría el mes de agosto de 1982.

Días después, durante su informe como presidente, López Portillo, con toda su vehemencia, anunció algo que fue como una bomba para los mexicanos ricos. Algo que hasta la fecha no han podido olvidar. Algo que, no obstante que han pasado tantos años, todavía no le perdonan. Algo que cuando se acuerdan sienten que se les retuerce el estómago. Algo que incluso muchos han decidido enterrar en el fondo de su corazón: ¡la nacionalización de la banca! La noticia cayó como un trueno; fue como si el Popo hubiera hecho erupción; como si la tierra hubiera temblado. Dicen que algunos se desmayaron; otros, lloraron; no faltó quien se privara. Para colmo, el presidente de la República acuñó una frase que encontraron absolutamente demencial: "¡Ya nos saquearon! ¡No nos volverán a saquear! ¡Pronto daremos a conocer la lista de los sacadólares!".

No, no lo podían creer los pobrecitos sacadólares. "Pero ¿qué le hemos hecho? Si al principio creímos en él. ¡Nos engañó! ¿A dónde quiere llevar al país? ¡Al comunismo!", se quejaban amargamente estos ricos dolarizados, que, aunque no creían en su país, no habían cancelado sus cuentas bancarias, habían reinvertido en sus fábricas, habían creado fuentes de trabajo, habían pagado esporádicamente sus impuestos y habían llevado muy alto el nombre de México en el extranjero.

Al día siguiente del anuncio de estas medidas draconianas, y "an-ti-cons-ti-tu-cio-na-les", como solía decir Antonio cada vez que hablaba del asunto, muchos viajaron a San Diego para revisar sus cuentas bancarias. "Déme todos mis dólares. No quiero tener un centavo más con ustedes", les dijo Alejandra a las cajeras de su banco. Y así como se los entregaban en puritito billete, así se los llevaba a la cajuela de su coche comprado en Estados Unidos. "No quiero que el nombre de mi marido aparezca en la lista de los sacadólares", les decía a Sofía y a Inés (en esa época no era tan amiga de Ana Paula, quien entonces vivía en la colonia Irrigación). "¿Se dan cuenta del desprestigio que podría ser? Yo ya le dije que mandáramos nuestro dinero a Suiza o a Australia, pero jamás a México", les explicaba Alejandra por teléfono; a sabiendas de que estas conversaciones prolongadísimas no harían más que acumular aún más su ya abultada cuenta en ¡dólares! Pero Alejandra ya no pensaba en esa minucias, lo que quería era correr a San Isidro, el Wall Street de esos días, y comprar más y más dólares para abrir más y más cuentas bancarias en Europa.

Muchas de sus vecinas hacían lo mismo. Algunas hasta cargaban el dinero en la cajuela de su auto, ignorantes todavía de dónde lo invertirían. Y los días pasaban... Hasta que una tarde Antonio le dio una noticia terrible a su mujer: "Tenemos que vender el departamento de San Diego. Tenemos que vender nuestra lancha. Tenemos que vender nuestra acción del club de tenis. Tenemos que vender nuestra antena parabólica. Tenemos que vender el mercedes. Tenemos que vender hasta los esquís acuáticos. Estoy quebrado, Alejandra. No sé qué hacer. Debo mucho dinero y en ¡dólares! Estoy en la calle. Tienes que entender". Cuando Alejandra escuchó esto, casi se desmaya. "Ay, Dios mío! Y ahora, ¿qué vamos a hacer? ¿Dónde vamos a pasar nuestras vacaciones de semana santa y verano? ¿Dónde van a practicar inglés nuestros hijos? ¿Dónde vamos a comprar nuestros 'goodies'? ¿Dónde voy a encontrar zapatos talla 8?", se preguntaba Alejandra con un inmenso nudo en la garganta. Se veía desencajada. Pálida. Caminaba de un lado a otro. Se mordía las uñas. Miraba a través del gran ventanal de su sala. Miraba hacia el mar. Tenía una vista ¡espléndida! También de este privilegio se tenía que despedir. Tenía que decirle adiós a esa maravillosa vista que abarcaba hasta el muelle donde aparecían los barcos más lujosos de un club exclusivísimo. Y ahora, ¿qué le diría a su maestro de tenis? ¿Qué le diría a su peinadora, de la cual ya se había hecho tan amiguita? ¿Qué le diría a Mrs. Idelson, su amiga que siempre la invitaba a jugar bridge? Esa misma tarde, Antonio llamó a una agencia de bienes raíces y dijo con voz entrecortada: "I must sell my apartment as soon as possible. Yes, I'm Mexican...".

Y el dólar valía doce cincuenta

Por la noche, Antonio no pudo dormir. Enfundado en su bata de seda, que le había comprado Alejandra en uno de sus viajes a Italia, se fue a la sala. Se hubiera dicho que las consecuencias de la devaluación le habían espantado "el demonio del mediodía", como se solía llamar al tedio. En esos años, Antonio temía aburrirse, de ahí que viviera continuamente amenazado por el aburrimiento. Respecto a este estado de ánimo había leído algo escrito por Jankelévitch que le hizo reflexionar mucho: "Mientras que la angustia es tensión, tensión estéril pero lancinante, el tedio es distensión y relajación de todos los resortes. El tedio en sí mismo no es angustioso, por eso el tormento del aburrimiento se contrapone a la tortura de la angustia. Porque no sólo nos aburrimos faltos de preocupaciones, faltos de aventuras y peligros, faltos de problemas sino que también nos aburrimos faltos de angustia: un futuro sin riesgos ni azares, una carrera segura, una vida cotidiana exenta de tensión figuran entre las condiciones más habituales del aburrimiento". Pero a partir de esta crisis económica su futuro ya no estaría sin riesgos; al contrario, lleno de azares, algunos de ellos, extremadamente dolorosos. Se sirvió un whisky. Se sentó en el sillón que daba a un gran ventanal y se puso a recordar, no sin nostalgias, sus comienzos profesionales. La devaluación lo había puesto en un estado de ánimo especial. De ahí que en lo primero que pensó fue cómo las crisis habían tenido una influencia definitiva en su carrera de abogado. Por así decirlo, habían marcado su destino. Apenas egresado de la facultad sobrevino la primera devaluación de que tenía memoria. Era el sexenio de Echeverría y el dólar voló de 12.50 a 19.90. Para él el dólar era algo inamovible, inmutable. Así como la coca-cola costaba treinta y cinco centavos, el cine cuatro pesos y el teléfono público un veinte, el dólar costaba doce cincuenta. Cuando de muy niño fue con sus primos a San Antonio, su padre le dio cien pesos. Un billetote verde limón y sepia, según el lado, con el retrato del cura Hidalgo. Billetes como ése no se veían a menudo.

–Que te lo cambien en el hotel —le dijo. Son ocho dólares. Fíjate bien, cada dólar vale doce cincuenta, y en cambio, ocho centavos americanos son un peso. Con esto te puedes comprar muchas cosas pero no lo gastes a lo tonto. Si van al cine o algo así, les disparas los dulces a tus primos.

Desde entonces el dólar había adquirido ese valor fijo para Antonio. Doce cincuenta. En sus frecuentes viajes a la frontera o más allá, siempre había sido lo mismo. Así pasó la infancia, la adolescencia y su primera juventud. El dólar valía doce cincuenta.

Pero a la vez que inmutable, el dólar era un artículo intrascendente; en cierto modo, hasta estorboso. "Qué chistoso, pero para mí tener cien pesos en dos billetes de a cincuenta o en cinco de a veinte o en diez de a diez era lo mismo, pero tenerlos en ocho dólares, me resultaba problemático. Entonces había que cambiarlos en el banco, no se podían gastar así nada más. Eran más útiles los pesos, eran mejores", pensó con una sonrisa en los labios. Tomó un sorbito de su bebida y continuó con sus recuerdos.

En la escala de afecto de Antonio el billete más pequeño y el más grande tenían un significado especial. El de a peso, gris por adelante, con el calendario azteca, y rosa por detrás, con el Ángel de la Independencia, fue el primer billete que tuvo en sus manos, su primera posesión financiera, su domingo de tantos años que podía convertirse en cinco jícamas con chile, en veinte chicles Canguro, en diez coquitos con azúcar, en un comic de *Superman*, de *Archi* o de *Memín Pinguín*. Era mucho, compraba mucho, se divertía mucho. Después, cuando Charles de Gaulle visitó México allá por 1964, algunos billetes de a peso adquirieron mayor valor. La firma del consejero que se apreciaba en la parte de abajo, del lado izquierdo, representaba una caricatura del general presidente francés. El kepí, la nariz prominente, la corbata de moño. Se decía que pronto los coleccionistas pagarían por ellos cien veces su valor; la gente comenzó a atesorarlos. Se fue De Gaulle y se fue la ambición, pero también se fue la ilusión. Los cinco o seis pesos guardados en espera de ese "boom" monetario tuvieron que ser trocados por una ida al cine con palomitas y pesero.

Al recordar todo esto, Antonio suspiró profundamente. Se incorporó y encaminó al lugar donde estaba una charola plateada gigante, comprada en Dupuis, sobre la cual yacían varias botellas y vasos. Se sirvió un poco más de whisky. Dos hielos. En seguida volvió a sentarse frente al ventanal desde donde se apreciaba la espléndida bahía de San Diego, en la que flotaban con toda tranquilidad varias lanchas y yates de millonarios, quienes en esos momentos dormían con su conciencia tranquila. Sin embargo, el pobre de Antonio continuaba con sus recuerdos. "Y vino el fatídico 68. Ah, qué año tan horrible", se dijo Antonio. Era cierto que fue el más triste que haya tenido México. Entonces el pueblo ofendido escribió en no pocos billetes de un peso, con máquinas de tipos gastados: GUSTAVO DÍAZ ORDAZ, SÍ COMO DICES, LA PATRIA ES PRIMERO, PORQUE RIEGAS SU SANGRE, ASESINO. El peso herido pregonaba de mano en mano la ofensa sufrida, el agravio, la injuria. Eso Antonio no lo perdonaría jamás. Y como para exorcizar estos malos recuerdos, de pronto se le vino a la memoria uno más grato: "La moneda de a peso, aunque nunca tan consentida como el billete, tenía también su encanto. Era grande, redonda, plateada, con un Morelos enfrente y el escudo nacional detrás. Era valiosa, brillaba, sonaba, pesaba. Era el peso, mi peso. Representaba algo en qué confiar. Era alguien en quien confiar", divagó Antonio, quien ya para ese momento estaba sumido no nada más en la nostalgia, sino en una extraña melancolía que tenía que ver con su pasado y con el de su país, cuyos gobiernos lo habían traicionado una y otra vez.

Pero más que esta moneda tan atractiva, para Antonio, el rey de reyes era el billete de a mil. Cuauhtémoc, el último emperador azteca, aparecía en su cara anterior con gesto altivo, con gesto de rey; sus ceros parecían no tener fin, eran muchos y muy poderosos. Era el poderoso caballero de Quevedo; era la imagen del mando, del señorío, del dominio; abría puertas, allanaba dificultades, abría corazones, derribaba obstáculos, abría piernas, acallaba conciencias. Bastaba dejarlo ver, aún de lejos, para que el chiquillo se transformara en señorito y el señorito en señorón. Era mucho y se le veía poco. Nunca se veía uno gastado. Su equivalencia eran ochenta dólares, pero su valor era mucho más, mucho más que cien. "¿Qué podía hacer un Franklin regordete con cara de bonachón, contra el rey de los aztecas?", se preguntó Antonio con una sonrisa maliciosa. "¡Era un billetote, un billetazo, un billetón!", dijo muy quedito para no despertar a Alejandra, quien en realidad no dormía.

Mientras su marido se sumía en sus nostalgias financieras, ella se sumergía en sus dudas, pero, sobre todo, en su coraje por tener que deshacerse de su departamento tan lindo, tan di-vi-no, tan cosy, tan acogedor, tan sofisticado, tan de buen gusto, tan personal. "Odio a López Portillo. Odio a los políticos corruptos. Odio a Mexiquito. Odio a los nacos. Odio todo lo que tenga que ver con el tercer mundo. Odio el subdesarrollo. Odio el Periférico. Odio las fritangas. Odio..." Y mientras Alejandra destilaba tanto odio, cubierta con sus sábanas maravillosas color "peach", Antonio seguía con la mirada fija en el mar: "Ese billetote era el símbolo del poderío azteca, era la moneda de México representada en su máxima expresión, una moneda fuerte, dura, invencible. Algo de lo que había que estar orgullosos, algo que había ganado el respeto de propios y ajenos".

El sueño terminó

Así concebía Antonio al peso y así concebía al dólar. Pero vino Echeverría, el populismo, el endeudamiento excesivo, el derroche en el gasto público, las grandes obras inservibles, el tercer mundo, la devaluación, la devaluación, la devaluación. La afrenta a la moneda mexicana, al país, a la población, a todos los mexicanos. La vergüenza internacional, el descrédito. Al principio fue la incredulidad, después el desconcierto, luego la resignación. Antonio no recordaba una devaluación, nunca la había vivido. Cierto que ya estaba en este mundo cuando la anterior, en 1954, pero era apenas un niño. No entendía de pesos ni de dólares. En el 76, en cambio, era un joven abogado recién egresado y recién empleado por uno de los más prestigiados bufetes internacionales, en donde se manejaban los asuntos de las grandes empresas transnacionales y de los grandes bancos extranjeros.

Las consultas de los clientes no se hicieron esperar. Existían muchas empresas extranjeras que habían realizado ventas a crédito en dólares. ¿Ahora qué pasaría? ¿Podrían cobrar en dólares? ¿O en pesos a la nueva paridad? ¿Y los bancos? ¿Los créditos en dólares a tantas empresas? Para los empresarios mexicanos endeudados en dólares aquello era la debacle. Si pagaban en dólares irían irremisiblemente a la quiebra y si no pagaban perderían el crédito o las garantías empeñadas. Para los comerciantes que vendían mercancía de importación el problema no era menor. Es verdad que mucha de la mercancía que tenían en inventario estaba ya pagada, pero si la cobraban al mismo precio no tendrían lo suficiente para reponerla. Una ola de retiquetación se dejó sentir en el comercio organizado, pero la solución no fue tan sencilla porque las ventas se desplomaron. Los obreros demandaban un aumento de emergencia al salario y los patrones se negaban a otorgarlo. Los que aún podían, convertían en dólares hasta el último centavo que tenían; pero la consecuencia resultaba aún más terrible porque con ello se debilitaba aún más al peso. La economía mexicana estaba en una crisis pavorosa. La primera de las muchas que viviría Antonio a partir de entonces.

Los abogados de su despacho empezaron a estudiar soluciones a los problemas de sus clientes. La Ley Monetaria, promulgada desde el tiempo del presidente Cárdenas era muy clara. En su artículo octavo establecía, con toda precisión, que las obligaciones en moneda extranjera contraídas dentro o fuera de la república mexicana para ser cumplidas en ésta se solventarían entregando el equivalente en moneda nacional al tipo de cambio que rija en el momento de hacer el pago. No había la menor duda, la ley estaba más clara que el agua. La obligación debía cumplirse de acuerdo con la nueva paridad. Si el deudor no cumplía la obligación a su vencimiento, podría ser demandado con base en la Ley Monetaria, y las garantías, si las había, serían ejecutadas.

El bufete de Antonio se llenó de nuevos casos. Grandes bancos extranjeros y grandes empresas demandaban el pago de sus adeudos millonarios o pequeños, documentados en dólares.

Uno de los problemas de los que más se ocupó Antonio fue el de las líneas aéreas extranjeras. Muchos mexicanos habían viajado al exterior comprando no tan sólo sus boletos a crédito, sino las excursiones organizadas por las aerolíneas. Así que "Oriente Legendario" o "Europa Maravillosa" se pagaban en doce o en veinticuatro cómodas mensualidades, pero en ¡dólares! El bufete de Antonio representaba a un buen número de compañías de aviación y todas ellas tenían el mismo problema. ¿Qué harían si los deudores se comenzaban a atrasar en sus pagos? Hay que decir que la ley les daba el derecho a demandar, pero les preocupaba la imagen de insensibilidad que pudieran trasmitir a sus clientes mexicanos.

Así estaban las cosas cuando el bufete de Antonio tuvo que hacer frente a lo que sería la primera de muchas olas de reclamaciones. Dos matrimonios viajaron a Oriente por Confortair y acordaron pagar la excursión en veinticuatro mensualidades, obviamente, en dólares. Cuando ocurrió el primer vencimiento posterior a la devaluación, pretendieron depositar la misma cantidad, en pesos, que el mes anterior, pero el banco se negó a recibirla. Acudieron a las oficinas de la compañía y les informaron que el pago debería hacerse en dólares o en pesos, pero a la nueva paridad. Esto no les pareció justo y acudieron a la Procuraduría Federal del Consumidor, de reciente creación.

Fue en esa dependencia donde conoció a Justo Leyva, uno de los funcionarios que más sabía respecto de los derechos de los consumidores y quien con el tiempo se convertiría en una verdadera institución. "Tu nombre y apellido fueron, sin lugar a dudas, una verdadera predestinación para la PROFECO, porque eres justo y además, ante todo, está la ley que va por encima de cualquier interés de los comerciantes", le dijo en una ocasión su jefe. No obstante que don Justo era mucho mayor que Antonio, con el tiempo se hicieron muy amigos; compartían, además, la misma obsesión: la cacería. Cada vez que sus respectivos compromisos se los permitían, procuraban escaparse para cazar, y sobre todo, para compartir reflexiones acerca de la vida y la política, experiencia que tanto interesaba a ambos.

Arqueología de los sentimientos

PROFECO: un principio de realidad

La Ley Federal de Protección al Consumidor se había promulgado unos meses atrás con el propósito de proteger los intereses de la población consumidora y frenar los abusos de los proveedores, de bienes o servicios, hacia su clientela en ocasiones desprotegida. Entonces resultaba muy frecuente que los comerciantes que vendían mercancía defectuosa, se negaran a hacer efectiva la garantía, si es que había alguna, a sabiendas de que para el consumidor resultaba incosteable acudir a los tribunales para demandar al establecimiento por el precio de una licuadora. Por la baja cuantía, los tribunales del fuero común no admitirían la demanda y tendría que recurrirse a un Juzgado de Paz. Además, casi ningún abogado aceptaría un caso tan pequeño. De este modo, el consumidor no tenía más remedio que tragarse su coraje y terminar con el hígado hecho trutrú. En la Procuraduría Federal del Consumidor no se requería de abogado. El interesado se presentaba directamente y ahí hacía manifiesta su queja. La PROFECO citaba entonces al proveedor a una audiencia de conciliación y le pedía un informe por escrito. Si no acudía a la audiencia o si no se presentaba el informe, era multado con una cantidad muchas veces mayor a la de la propia queja, de tal modo que, al menos, se aseguraba la comparecencia de ambas partes ante una autoridad que los escuchaba y los exhortaba a resolver en forma amigable sus diferencias. Si esto no ocurría, los exhortaba también a que voluntariamente designaran a la Procuraduría árbitro en la controversia, y si tampoco esto resultaba, debería expedirse una constancia dejando a salvo los derechos de las partes para que los ejercieran según su conveniencia. Al menos así debería ocurrir.

Cuando Alejandra se enteró, en esa época, de que por fin ya existía una instancia que protegía a los consumidores y que además su marido se había hecho tan amigo de Justo Leyva, después de salir de la tintorería donde se había sentido burlada, se dirigió a las oficinas de la

PROFECO y, por escrito (con letra puntiagudita de colegio de monjas), presentó su queja: "A quien corresponda: Por medio de la presente quiero informarles que hace exactamente una semana llevé a la tintorería Clean-Fast, de las calles de Monte Athos esquina con Sierra Nevada, un traje de dos piezas de marca Chanel (made in France). Hoy por la mañana que fui a recogerlo con la respectiva nota, me di cuenta que le habían cambiado los botones. Es decir, que los ocho botones dorados con el logo tradicional de la casa francesa Coco Chanel, tanto del saco como de la falda, habían sido sustituidos por unos botones horribles hechos de plástico. Cuando le solicité al encargado que me regresara mis botones, de una forma muy desagradable me contestó que seguramente se habían 'chispado' en la lavada y que no sabían dónde estaban. Después de aclararle que esos botones costaban mucho dinero, ya que eran hechos y pulidos a mano, me contestó de una forma por demás grosera: 'Ay, esos pinches botoncitos no pueden ser tan caros'. Como se imaginará, me puse furiosa. Y pedí hablar con el gerente. Tuve que esperar diez minutos hasta que llegara el señor Zózimo García, a quien le expuse mi queja. Esto fue lo que me contestó: 'Nosotros nos hacemos responsables de la ropa, pero no de los botones. Porque al lavarla ya sea en seco o con agua, siempre los tenemos que quitar, porque de lo contrario corren el riesgo de que se chispen'. No obstante que le hice notar que mi traje Chanel sin los botones perdía todo su estilo y sello personal de una de las diseñadoras más importantes del mundo, me dijo que los que me habían puesto combinaban muy 'suave' con el 'trajecito', ya que eran, los botones, exactamente del mismo color. Yo le dije que esos botones no tenían nada que ver con los míos. Que ellos no llevaban el logo de la casa francesa Coco Chanel, que, como seguramente sabe, consiste en dos 'c' una enfrentada con la otra. El caso es que el señor Zózimo García me repitió que ellos no podían garantizarme la devolución de mis botones, ya que a lo mejor se habían 'ido a la basura'. Con toda la pena del mundo, tuve que decirle al señor García que ese traje me había costado cinco mil dólares, ya que lo había comprado en la boutique Chanel del Faubourg Saint Honoré en París, y que sin los botones ya no tenía el mismo valor. Igualmente le recordé que mis botones no podían ser remplazados por ningunos otros, ya que los míos habían sido diseñados y fabricados especialmente para el modelo de traje sastre. Asimismo, me permití insistir con el señor García que me urgían mis botones, ya que el sábado tenía una boda muy importante en la Hacienda de los Morales, a la cual tenía pensado llevar mi traje Chanel. El señor García me contestó que eso de la boda a él lo tenía sin cuidado y que diera por perdidos mis ocho botones. '¿Por qué no los compra en Liverpool, allí hay unos muy hermosos?', me propuso. Es obvio que le recordé al señor García que ese tipo de botones, de una de las casas de moda más prestigiosas del mundo, no se vendían por separado, sino que venían con el modelo. 'Ay, pus... entonces cómprelos en París', agregó el señor García, lo cual hizo que todos sus empleados se murieran de la risa. Incluso uno de ellos (uno con bigotes, muy parecido a Pedro Infante) se puso vociferar cosas como: 'Oh, la, la, la. Oh, la, la, Coco, cococoricó...', y quién sabe qué otras cosas absurdas. Todos continuaron riéndose, esta vez, a carcajadas. Era evidente que estaba tratando con gente que no tenía la más mínima educación y que, para colmo, no tenía la más remota idea quién había sido Coco Chanel. El motivo de mi carta es pedirle a la PROFECO que intervenga y que haga que la tintorería Clean-Fast me regrese los botones originales de mi traje Coco Chanel. Sin más por el momento, quedo de ustedes. Atentamente, la señora Alejandra Rincón."

Éste fue uno de los primeros casos difíciles que tuvo la flamante Procuraduría Federal del Consumidor, y en él intervino de manera muy especial Justo Leyva. No obstante las resistencias por parte de la empresa demandada, el señor Zózimo García tuvo que presentarse en audiencia de conciliación, en la cual se comprometió a entregarle sus botones a la señora Rincón. Al final, y gracias a todas las presiones por parte de la PROFECO, la señora Rincón pudo recuperar seis de sus ocho botones originales Chanel. Por fortuna, la media docena pertenecía al saco. Los dos más pequeños, de la falda, al no poderlos recuperar, fueron liquidados a la señora Rincón por una cantidad de dos mil pesos. Curiosamente, una semana después de este caso tan particular, la PROFECO recibió otra carta de otra señora quejándose de la misma empresa (la tintorería Clean-Fast), y también por el extravío de seis botones de un saco confeccionado por una marca francesa muy fina. Después de revisar este caso, la dependencia que se ocupó del caso de la señora Rincón, llegó a la conclusión de que los botones perdidos habían sido seguramente los que le pusieron al traje de la señora Rincón. Por esta razón, optaron por no presentar la segunda queja ante esa empresa, por temor a que surgiera otra víctima a quien le quitaran otros botones de la misma marca, para reponer los que demandaba la segunda quejosa.

Salvo este caso, de suyo complicado, las cosas en un principio fueron más o menos sencillas para la PROFECO, pues era más que frecuente que los proveedores no comparecieran a las audiencias de conciliación, o si comparecían no presentaban el informe que les había sido requerido, o no llevaban un poder que los acreditara como representantes legales de la empresa. En esos casos se imponía la temida multa, aunque no se enviaba de inmediato el oficio respectivo a la Secretaría de Hacienda, para que lo hiciera efectivo. Entonces el proveedor prefería un arreglo con su cliente, a cambio de que el asunto se declarara concluido antes de que llegara el oficio a la Secretaría de Hacienda y pagar, en consecuencia, una multa muy superior a lo reclamado. De este modo, la PROFECO logró resolver un gran número de casos y darlos a la publicidad.

Sin embargo, esto también le valió un alud de inconformes que, alentados por la fama creciente y por la publicidad que la hacía aparecer como un verdadero Tribunal de los Milagros, presentaban todo tipo de quejas absurdas y aun grotescas.

"Mire nada más cómo me dejaron el pelo, licenciado", gemía Sofía en esa época, quien por influencia de Alejandra había querido, también ella, presentar su queja ante la PROFECO contra el peinador del salón Joss Claude de la Zona Rosa, que no logró cortarle el pelo igualito a la princesa Diana. "Yo compré un refrigerador carísimo de importación, pero ahora resulta que no hace cubitos de hielo, como dice su publicidad. ¡Nada más por eso lo compré!", se quejó amargamente Ana Paula en esos días, también asesorada por su amiga Alejandra, quien le había contado que gracias a la PROFECO y a don Justo había recuperado sus botones Coco Chanel. "Ay, licenciado, se lo juro que cuando lo llevé al veterinario estaba super bien y, justo al salir de su consultorio, le dio como un ataque nervioso y, ¿qué cree?, llegando a mi casa, se murió. Ay, licenciado, se lo juro que era una perrita finísima, que compré en Houston. Me costó carísima. Era de pedigrí. Sus padres habían sido campeones de concursos en Inglaterra. No se vale, licenciado. ¿Verdad que sí me va a poder ayudar?", lloraba Inés, en esos tiempos, por su adorado perrito.

El caso es que esta instancia gubernamental ayudó a las cuatro a resolver su problema. De ahí que entre ellas, recurrir a la PROFECO, se puso de moda. Cosa que compraban y que no les funcionaba, de inmediato se dirigían a las oficinas de la PROFECO y presentaban sendas cartas de queja.

Una misiva pionera

Fue en esa época que Inés empezó a interesarse por la escritura. La costumbre de dirigir sus quejas a la PROFECO, la llevó a empezar a enviar otro tipo de cartas pero a un periódico que acababa de salir a la circulación pocos años antes y que era de oposición. *unomásuno*, un diario en formato tabloide, antigobiernista, contaba con las mejores plumas tanto de periodistas como de intelectuales. La primera carta que Inés se atrevió enviar a la sección de correspondencia fue de mediados de 1982. En esta misiva, escrita a mano con su pluma Cartier y con tinta color sepia (había leído que Sissi, emperatriz de Austria, siempre usó este color de tinta), manifestó su "¡profunda indignación como respetable ciudadana de las Lomas!", por las obras de la super mansión que entonces se estaba construyendo la hermana del presidente, Margarita López Portillo, y cuyo terreno era un predio federal, supuestamente vendido a un precio "regalado" por el entonces regente de la ciudad de México, el profesor Carlos Hank González: "A quien corresponda: Desde hace algunas semanas los vecinos de Cumbres de Acultzingo, Lomas Virreyes, hemos estado padeciendo todo tipo de molestias y de arbitrariedades que está causando la construcción de la residencia de la hermana del presidente de la República, Margarita López Portillo, sobre un terreno federal que pertenece a la Tercera Sección del Bosque de Chapultepec. La calle de Cumbres de Acultzingo, de suyo estrecha, está, literalmente, invadida por decenas de camiones con materiales de construcción y con 'plumas', los cuales aparecen estacionados frente a nuestros garajes y puertas de entrada. Además del caos vial que esto ocasiona, el ruido resulta insoportable, ya que suelen empezar las obras, todos los días, desde las 6:00 a.m. hasta las 10 de la noche. Incluyendo sábados y domingos. Les urge terminar la casa antes del primero de diciembre. Por eso desde el fin de semana pasado, no han dejado de traer vigas, cables, sacos de cemento, ladrillos y demás materiales para construcción. Además de todas las molestias que esto representa, hace dos días nos cortaron la luz y el agua por más de doce horas. Cuando fuimos a preguntar qué había sucedido, uno de los albañiles nos dijo: 'Es que la señora Margarita nos dijo que la cortáramos porque una de sus tuberías explotó y se estaba encharcando toda la obra. Como su terreno es pura barranca pues le estamos echando harta tierra para que se empareje. Y la luz la cortamos porque un compañero chispó uno de los cables de electricidad'. Pero esto no es lo peor, ayer nos enteramos, no sin indignación, que una de las 'plumas' que se estaban utilizando, se había caído hasta el fondo de la barranca y quedado prácticamente enterrada y que por lo mismo había que traer, para cubrirla totalmente, el doble de tierra, ya que desenterrarla representaba mucho más trabajo y demasiado dinero. Es evidente que los vecinos de Cumbres de Acultzingo ya no podemos seguir tolerando tanta prepotencia por parte de la familia López Portillo. ¿Quién pagó el terreno y quién paga todo ese material de construcción? ¿Nuestros impuestos? ¿El Departamento del Distrito Federal? ¿El presidente de la República? ¿El profesor Hank González? No sabemos, ni lo sabremos jamás. Pero de lo que sí estamos conscientes es de nuestro hartazgo. ¡Estamos hartos! ¡Estamos hartos de la corrupción, de la impunidad, del nepotismo, del influyentismo, de los fraudes electorales, de los discursos mentirosos de los políticos, de devaluaciones, y por último, del PRI! Nos vamos a organizar. Nos vamos a unir. Ya no nos vamos a dejar. ¡Estamos hartos! Siento que ya llegó la inconformidad a la colonia. Algunas veces nos llegamos a reunir entre nosotros y éste es el tipo de quejas que se exponen: '¿Sabían que el primer piso del edificio que está frente a la casa de doña Margarita fue rentado para los guaruras?'. '¿Sabían que ya tiraron más árboles y ahora respiramos puro Cemento Tolteca?' 'A mí no me dejaron dormir toda la noche.' '¿Sabían que ayer cortaron el teléfono por las obras?' Me dije: '¡Caray, los ricos también lloran!'. Por último, permítame decirle que en nuestra misma calle viven algunos embajadores. ¡Qué horror! No quiero imaginarme sus comentarios. Desgraciadamente no me es posible, por razones que usted conoce, firmar esta carta, pero sí quisiera ser portavoz de mis vecinos que ya están hartos (incluyéndome a mí) por la forma y el fondo de esta situación que seguramente seguirá hasta que la casa, qué digo, el palacio de la señora, esté terminado. Atentamente, una portavoz de los colonos de Lomas Altas".

Después de que Inés les leyó su carta en un tono de absoluta denuncia, sus amigas le aplaudieron: "¡Qué valiente!". "Cuenta con nosotras para lo que quieras." "¿Qué se están creyendo estos priístas de quinta?", decían indignadísimas. Esa misma tarde las tres acompañaron a Inés hasta la colonia Nochebuena, donde se encuentra el periódico *unomásuno*. Nunca como en esos momentos se sintieron tan unidas y tan identificadas frente a una situación que las ofendía por igual: "Híjole, es que no se vale. Too much is too much. ¿Qué de veras no se darán cuenta que los mexicanos ya estamos hasta la coronilla de los abusos del PRI? Oye, Inés, ¿y no te da miedo haber escrito esa carta? ¿Tú crees que te la vayan a publicar? Híjole, qué barbara, eres de lo más valiente. ¿Y si doña Margarita se acaba vengando? ¿Y si te echa sobre tu casa toda la tierra que necesita para cubrir su barranca? ¿Y si te acaba metiendo a la cárcel? ¿Y si te manda el ejército? ¿Y si le cierran la empresa a tu marido? ¿Y si te sacan del país? ¿Y si doña Margarita te hace una brujería?". Y así siguieron preguntándole a Inés, que manejaba su renault 18 color guinda, una tras otra hasta que llegaron a las calles de Correggio, justo frente a la puerta del diario.

La que se bajó para entregar la carta fue Sofía. "Es para el director general", le dijo con mucha determinación a la recepcionista, al entregársela en propia mano. Al regresar al coche, tenía cara de niña traviesa. "Muchachas, ¡somos lo máximo!", dijo Inés, antes de arrancar. En el camino de regreso hablaron de las próximas vacaciones que pasarían en Acapulco en casa de Viviana. La única que no estaba invitada, naturalmente, era Ana Paula, y sin embargo no dijo absolutamente nada. "Me vale, porque yo en esos días me voy a ver a mis papis", pensó con un ligero dolor en la boca del estómago. Desafortunadamente la carta de Inés nunca fue publicada, por la sencilla razón de que no llevaba firma, ni dirección, ni teléfono. Sin embargo, las cuatro juraron que había sido un problema de la falta de libertad de expresión.

Ésa fue, quizá, la primera carta de protesta que escribiera una ama de casa de las Lomas (aunque no podemos olvidar las que enviaba Laura Legorreta a la Presidencia, presentando sus quejas). El gesto de Inés fue, tal vez, una de las primeras expresiones de un pequeñísimo sector de la sociedad mexicana que después se convertiría en parte importante de la sociedad civil. Sin saberlo, Inés fue precursora de un grupo de señoras que formarían AMDEC, en su mayoría ciudadanas de zonas residenciales que empezaron a participar activamente en los problemas de su país.

¿Para qué regresar a México?

En esa misma época Antonio se había vuelto adicto al *unomásuno*. Aparte de que ahí se anunciaban sus clientes, era el periódico donde se decían realmente las cosas. "Ya me imagino la noticia a ocho columnas del periódico anunciando la devaluación. Seguramente enfurecerá aún más que la de Echeverría, por la sencilla razón de que llegamos a creer en el Jolopo", pensó Antonio con su tercer whisky encima. Siempre que tomaba más de la cuenta, se ponía especialmente nostálgico. Sobre todo en esta ocasión, que se sentía tan confuso y decepcionado de su país. Volvió a recordar los inicios de la PROFECO; los días en que empezó a representar a la línea aérea ante esta instancia gubernamental, y frente a los excursionistas que convinieron en cubrir en dólares el precio diferido del viaje.

A pesar de sus tres alcoholes, Antonio se acordaba perfectamente bien de ese caso, que se había dado con las primeras devaluaciones y del que había elaborado un cuidadoso informe sobre lo ocurrido: justificó que las compañías de aviación internacionales operaran en dólares por necesidad, pues en ese medio era una moneda prácticamente internacional y que resultaba imposible, para una línea con operaciones en los cinco continentes, acogerse a las monedas de todos y cada uno de los países en que funcionaba. Luego había revisado el poder con que representaría a su cliente y los documentos de apoyo que necesitaba o que podría necesitar.

Antonio tenía todavía muy presente el día que señalaron para la audiencia de conciliación; día en que se presentó con media hora de anticipación, acreditó su personalidad, presentó su informe y formuló sus alegatos; al final, aclaró que desde ese momento se rehusaba a designar árbitro a la PROFECO y exigió se le expidiera la constancia de que por no ser posible una conciliación entre las partes, se dejaban a salvo sus derechos respectivos; todo ello de acuerdo con la propia Ley de Protección al Consumidor. La contaparte se opuso, el abogado conciliador se opuso también, pero Antonio amenazó con interponer un amparo en contra de la resolución que se dictara si la PROFECO no cumplía con la ley. De ese modo terminó con el caso desde la primera audiencia. Un éxito rotundo.

Tal vez por esa primera y contundente victoria vinieron muchos casos más. Tantos, que en ocasiones la PROFECO se vio en la necesidad de celebrar audiencias colectivas. Entonces las cosas ya no fueron tan sencillas. Se exigió a las compañías de aviación que presentaran documentos relativos a sus fuentes de financiamiento, a su salud financiera y a sus estados contables, con el objeto o con el pretexto de saber el impacto que tendría cada uno de los créditos en litigio sobre su situación financiera. El apoyo legal era dudoso, pero el término para presentar los documentos era inferior a aquel en que se podía tramitar un amparo. Por otro lado, se ofreció a los deudores que consignaran sus pagos, en pesos, ante la propia PROFECO. Para recogerlos, amén de un sinnúmero de requisitos formales, era menester otorgar un recibo de pago, lo cual complicaba mucho las cosas.

El problema crecía y la solución no se antojaba cercana. Las líneas aéreas resentían la falta, casi total, de sus pagos y el número de consumidores inconformes era cada vez mayor. Al fin, el entonces procurador Federal del Consumidor, Salvador Pliego Montes, convocó a una junta con todos los representantes de las líneas aéreas extranjeras que operaban en el país. Antonio acudió acompañado de los directores generales de dos de las más importantes empresas que representaba. Instalada la reunión, el joven procurador pidió la palabra y pronunció un brillante discurso haciendo ver la necesidad de que tanto gobernantes como gobernados respetaran la ley; que el pasado mostraba que nuestro país había sido víctima de inestabilidad financiera y cambiaria a lo largo de toda su historia, y que por eso existía una ley específica, que era la Ley Monetaria, que preveía con todo detalle la forma de proceder en esa desafortunada eventualidad; que lo que sus clientes pedían era tan sólo la aplicación de la ley, precisamente por respeto al país y a sus leyes.

Todos los presentes, Antonio incluido, aplaudieron al procurador. Salieron de la junta con un semblante diferente. Acordaron consultar con su casa matriz y ofrecieron resolver en una semana. Y en una semana el problema estaba resuelto. Si la devaluación suponía siete pesos más por dólar, pagaría 3.50 el proveedor y 3.50 el consumidor.

El arreglo le valió a Antonio el respeto de los socios del bufete. A partir de esa fecha creció su sueldo y el nivel de asuntos que le fueron encomendados. Se lo había ganado.

No obstante que ya eran cerca de las tres de la mañana, los vecinos del departamento de al lado, también mexicanos, estaban discutiendo, igualmente, acerca de la devaluación. Sin embargo, este matrimonio, más rico que el de Antonio y Alejandra, tenía otras expectativas: "Lo mejor es que nos quedemos a vivir en California. ¿Para qué regresar a México? No es el momento. Créeme, mi amor, que ese país no le conviene a nuestros hijos. Allá existen presidentes que hacen lo que quieren con nuestra Constitución. Allá, el agua está contaminada. El esmog les provoca anginas. El tráfico es insoportable. El Periférico nos abruma. La inseguridad en las calles, nos agobia. Además, la educación para los jóvenes es pésima. Todos se vuelven los típicos juniors irresponsables. La alimentación es pobre. Los servicios son lamentables. El ciudadano no se siente seguro. En cualquier momento, pueden nacionalizar los laboratorios, los colegios privados y quién sabe cuántas cosas más. Y encima de todo, la corrupción de los políticos es un pésimo ejemplo para nuestros hijos. Así es que no nos queda otra más que quedarnos a vivir aquí, aunque aquí seamos ciudadanos de segunda...".

Y volvieron las "golondrinas"

Curiosamente, a partir de 1993, durante el sexenio de Carlos Salinas de Gortari, la situación económica de México cambió. Los mexicanos ricos, que ya habían pagado sus deudas en dólares, y las uniformadas "nanas" de sus respectivos nietos, regresaron a San Diego. Era la época de la contracción del mercado estadunidense, y, sin duda, los clientes consentidos de los grandes almacenes volvieron a ser los "Mexicans". Más que en El Palacio de Hierro o en Liverpool de Polanco o en las boutiques que empezaron a abrir a lo largo y ancho de la avenida Presidente Masaryk, las vendedoras de las tiendas estadunidenses de nuevo le hablaban muy suavecito a sus clientas mexicanas, que, como golondrinas, habían regresado. "Oh, you Mexicans girls are so attractive", les decían mostrando la mejor de sus sonrisas. Y ellas siguieron compre y compre, tan crédulas y tan cándidas. Y como hipnotizadas se dirigían a los mostradores de Ann Taylor, Donna Karan, Ralph Lauren, Calvin Klein, Armani, Gianni Versace, Banana Republic, etcétera. Pero ¿cómo no se iban a sentir apapachadas y tentadas, si en los grandes almacenes de Estados Unidos contaban con las estrategias más sofisticadas para vender? ¿Acaso no mandaban sus respectivos camioncitos a buscar personalmente a sus clientas? Justo a la hora que habían quedado con ellas, llegaba el chofer uniformado y les abría la puerta del "bus" para después llevarlas a Saks o a Neiman Marcus. ¿No era una forma maravillosa de decirles: "Vayan preparando su American Express Gold Card. Imagínense transformadas en modelos de revista; en nuestra tienda tenemos todo para hacerlas sentir felices. Aquí no se tienen que preocupar por nada; las haremos sentir diferentes. Basta con una de sus firmitas, para que adquieran todo lo que deseen"?

Desafortunadamente Alejandra y Antonio nunca más pudieron hacerse de otro departamento en San Diego. Aunque después del trauma económico que sufrieron en 1982, pudieron mejorar un poco sus finanzas, volvieron a caer en una situación muy lamentable con la crisis de 1994; por aquel entonces, Antonio perdió todos los clientes que tenía en su despacho de abogados Basham, Ringe and Correa. Después de muchos sacrificios, con el tiempo fue recuperando algunos de ellos.

Sin embargo, la que nunca recuperó, completamente, ni su "estatus" ni la confianza en su país, fue Alejandra. No obstante, seguía con las viejas manías de su época de oro. Por ejemplo, si tenía su despensa llena, se sentía realizada; sobre todo si estaba repleta de productos de importación; allí estaban muy ordenaditas las cajas de harina de pastel Angel Cake, las torres de jabón Ivory, decenas de tarros de mostaza francesa, mermeladas "low calories", paquetes de galletas francesas marca Lu, millones de espaguetis y tallarines de varios colores, traídos directamente de Italia, latitas de sardinas portuguesas, mejillones españoles, mantequilla enlatada holandesa, etcétera. Todo esto solía comprarlo no en el super, sino en El Palacio de Hierro del centro comercial Santa Fe. Sacar estos productos de bolsas de este almacén, le hacía más ilusión que hacerlo de las típicas bolsas de plástico. Alejandra era de las que pensaba que todo lo que venía del extranjero tenía que ser de mucho mejor calidad que lo que se fabricaba en México. Para dar sustento a su tesis de lo maravilloso que era el "american way of life", empleaba argumentos tan infantiles que no se sabía si hablaba en broma o en serio; a sus hijos les llegó a decir cosas tan extrañas como: "Allá los Corn Flakes sí hacen crecer, por esa razón, los niños estadunidenses son como de anuncio. Allá las vitaminas sí funcionan y no provocan agruras como las de aquí. Allá el Alka Seltzer hace mucho más burbujitas que el de aquí. Allá la Diet Coke, de verdad, no engorda. Allá los shampoos sí hacen espuma. Allá los Bufferins sí quitan el dolor de cabeza. Allá los hot cakes sí son infladitos y siempre salen super redonditos. Allá la Coca-Cola no pica los dientes. Allá el Catsup no provoca acidez. Allá las hamburguesas sí saben a las hamburguesas que solía comer James Dean. Allá las milk-shakes sí son ligeritas y no engordan tanto como las de aquí. Allá las tintorerías sí cuidan la ropa y no la echan a perder como las mexicanas, ni pierden los botones de la ropa de marca. Allá el queso derretido se derrite mucho mejor. En las playas de San Diego se quema una doradito, así como los anuncios de Coppertone, y no rojo como cuando te bronceas en Huatulco. Allá nadie cuenta mentiras, porque nadie tiene necesidad de engañarse. Allá hasta los malos son buenos. Allá la luz nunca se va y los teléfonos nunca se descomponen. Son tan buenas las pastas de dientes estadunidenses que allá nadie tiene mal aliento".

En relación a este espíritu tan malinchista y obsesionado con lo extranjero, Sofía compartía, exactamente, las mismas obsesiones que Alejandra. También ella era de las que pensaba que todo lo "made in USA", "made in France" o "made in Italy", necesariamente tenía que ser mucho mejor que "made in Mexico". Hay que decir, sin embargo, que, en este sentido, Alejandra le ganaba a su amiga Sofía, ya que aquella se ufanaba de haber leído dos novelas de Carlos Fuentes en inglés y de nada más ver las noticias de México y en México por los canales de cable.

Los diarios

No, Sofía no era tan excesiva. No obstante que una de las cosas que más le reprochan sus hijos es su fijación hacia todo lo gringo, sobre todo, antes de la insurrección zapatista del primero de enero de 1994. Porque, a partir de ese momento y durante un tiempo, nada más quería vestirse con huipiles hechos por las manos de indígenas de Chiapas; fueron los meses en que se enamoró sinceramente del Subcomandante Marcos.

Ah, cómo se burlaban de ella sus hijos cuando les platicaba cuáles eran las cosas que le daban ilusión cuando era niña: "Fíjense que, entonces, estaba muy influenciada por programas de televisión de Estados Unidos que se importaban por esos años. Me encantaban, por ejemplo, *Yo quiero a Lucy*, el show de Carol Burnett, *Papá lo sabe todo*, las películas musicales de Esther Williams, Gene Kelly, Mickey Rooney, Judy Garlard, Debbie Reynolds, Ricardo Montalbán. Entonces yo quería que mi mamá fuera como las 'mommies' de por allá. Que me hiciera mi 'apple pie'; que siempre estuviera en la cocina con su delantal de cuadritos rojos y blancos, envolviendo con papel celofán sandwiches de jamón y queso amarillo; que un día, al llegar del colegio, me recibiera muy peinada de anchoas y vestida con una falda ampona, con un Angel Cake blanco como la nieve y esponjadito como el pelo de Rita Hayworth en la película *Gilda*. Quería que mi papá, es decir, 'my daddy', lavara los fines de semana una camioneta forrada de madera como ésas que anunciaban en la revista *Life*, con una manguera que funcionara perfectamente y cuyo chorro de agua hubiera sido capaz de apagar el fuego más intenso. Quería verlo en la cocina, ayudando a mi mamá a lavar los platos y a abrir latas de sopa Campbell's como hacía Ricky (Desi Arnaz), el marido de Lucille Ball. Quería que el techo de mi casa fuera de dos aguas, que hubiera una barda blanca y que en el jardín usáramos un buzón en forma de cajita. Quería que el lechero, es decir el 'milkman', llegara puntualmente a las ocho de la mañana con su uniforme beige y su gorra, y que dejara las botellas de leche (super pasteurizada) sobre el tapetito de la puerta de entrada, y que al verme tomar mi 'bus' color amarillo para ir al colegio, me dijera: 'Hello, baby!'. Quería que mi mascota, un perro como Lassie, le trajera en su hocico el periódico a mi papá. Quería que mi 'daddy' jugara beisbol con mi hermano y que toda la familia fuéramos de 'picnic' cerca de un parque lleno de ardillas, abetos y secuoyas. Que al anochecer de ese día de campo, mi papi instalara nuestras tiendas de campaña y 'sleeping bags', y que después de cenar hamburguesas con 'catsup', asáramos malvaviscos. Quería que celebráramos la navidad como los estadunidenses, que mi mami colocara nuestras botas de franela en la chimenea y que toda la familia (mi papi subido en una escalera para poner en la punta del árbol una estrella plateada) decorara el 'christmas tree' con bastones de caramelo y millones de foquitos de todos colores (ésos de burbujitas que suben y bajan), mientras a lo lejos se oía la voz de Bing Crosby cantar "White Christmas", en tanto mi mami cortaría el 'turkey' todo doradito. Nada me hubiera gustado más que ver a mi papá, disfrazado de 'Santa Claus', simulando que acababa de entrar por la chimenea y haciendo ¡jo, jo, jo! Pero fíjense, niños, que, desafortunadamente para esa niña tan fantasiosa de diez años, su madre, como saben, proviene de una familia sumamente tradicional de Guadalajara; es decir: no podía prescindir de las 'criadas', como se decía antes (que entre más 'chancludas', mejor), le encantaban los dulces cubiertos, el pozole, los tacos de la Casa del Pavo y el membrillate. Cuando cocinaba hacía sopa de letras, un guisado de res que ella llamaba 'cuete entomatado', con arroz blanco; pero no crean, niños, que el arroz era marca Uncle's Ben, ¡para nada!, era San José, que también era muy bueno, pero que a veces resultaba muy grumoso; como postre, mi mamá nunca hacía gelatina Jello, ni de cereza, ni de uva como me hubiera fascinado, sus postres eran tejocotes en almíbar, calabaza en tacha, guayabas cocidas, camote y plátano macho en dulce. Cuando venían mis amigas del colegio a comer a mi casa, no saben la pena que me daba; porque en sus casas había yo comido flan o budín de chocolate. Me acuerdo que muchas de estas mamás, después de la comida, nos llevaban a comprar un Dairy Queen o una milk-shake. En cambio, su abuela no compraba 'ice-cream' allá por las Lomas, sino 'nieve de agua' allá por Santa María la Ribera, y siempre de sabores como tamarindo, guanábana o chicozapote. Me hubiera gustado que en la cocina tuviéramos un refrigerador lleno de botellitas de Coca-Cola y en el congelador unas paletas heladas de frambuesa. Bueno, pues mi 'daddy', o sea, su 'grandfather', tampoco era de lo más motherno que digamos. Al contrario. Como saben, era un abogado más bien de corte conservador y profundamente nacionalista (odiaba que lo llamara 'papi'). Por las noches, oía Radio Universidad, mientras leía libros de autores como José Vasconcelos, Amado Nervo, Martín Luis Guzmán, Ramón López Velarde, Alfonso Reyes, Salvador Novo, etcétera. Además se devoraba su periódico *Excélsior*. A la hora de las comidas familiares se hablaba de temas como la guerra cristera o la autonomía de la universidad. Las conversaciones siempre tenían que ser profundas y muy inteligentes. Nunca hablaban de deportes, del show de Ed Sullivan, o de que se acababa de divorciar Lana Turner. Prácticamente nunca salíamos de vacaciones de la ciudad de México. Para poder presumirle a mis amigas del colegio que durante la semana santa sí me había ido de 'holiday', me subía a la azotea de mi casa y allí, en medio de los tinacos, me acostaba sobre una toalla añorando las playas como las que había en San Diego. No me ponía Coppertone sino aceite de coco con yodo. Por consiguiente, nunca vi a mis papis en traje de baño, ni en shorts, ni en bermudas, ni en jeans, ni con ropa de tela de cuadritos rosa y blanco, y mucho menos con tenis o mocasines. Nunca los vi bronceándose, ni tomando fotos a la familia. Jamás fuimos de día de campo. Ni al autocinema. A mi mamá jamás se le hubiera ocurrido vender sandwiches o medias noches en las kermesses del colegio para recaudar fondos para los pobres, como hacían las mamás de mis amigas. Nunca organizó un 'shower'. Nunca compraba nada en el Woolworth que acababan de inaugurar en Reforma. Nunca festejó un solo 'halloween'. Nunca compró dulces para los hijos de los vecinos que venían en la 'noche de brujas'. Nunca me llevaron a Disneylandia. Nunca me llevaron al teatro a ver a Cachirulo en persona. Nunca me llevaron a conocer las pirámides. Para mí eran unos papás como del siglo XIX. Y para colmo de los colmos, ambos odiaban todo lo que tenía que ver con lo 'gringo'. Odiaban a Jerry Lewis: 'Es un soberano estúpido', decía mi papá. Odiaban cómo cantaban Ricky Nelson y Pat Boone. Odiaban los 'hot-dogs'. Yo no llevaba al colegio un 'sandwich' envuelto con papel encerado en una lonchera escocesa como ésas que tenían termo y que traían mis amigas las ricas. Para el recreo, a escondidas en el baño, me comía una torta, de bolillo o de telera, de huevo revuelto; o bien, de cajeta. Me acuerdo que mi mochila era dura, dura, de piel amarilla, y en uno de los lados tenía grabado un águila devorando una serpiente; mi mamá me la había comprado en una de esas tiendas de souvenirs como de los años veinte, que estaba en las calles de Cinco de Mayo, porque estaban en barata y compró seis para todos mis hermanos. ¡Eran horribles! Ignoro por qué, niños, pero todo esto me quitaba mucha seguridad y hacía que me sintiera demasiado distinta a las demás. ¿Ahora entienden por qué me dejo deslumbrar de esa forma cuando viajo con ustedes a Estados Unidos? ¿Ahora entienden por qué todo lo de allá me da tanta ilusión? Porque, cuando yo tenía su edad, no vivía como Shirley Temple, sino como Chachita. Porque cuando fui adolescente quería ser como Sandra Dee, pero en realidad me sentía como Angélica María. En suma, porque en mi casa no había ningún signo del 'american way of life', que tanto nos hacía soñar a los 'teenagers' mexicanos de entonces. He allí uno de mis tantos traumas".

En esa época, toda la familia, incluyendo a Sofía, se había propuesto llevar un diario; su madre insistía en que era un medio ideal para conocerse íntimamente. "En él, niños, podrán expresar todo lo que tienen en el corazón. Es una forma de desahogo increíble. ¿Sabían que muchas mujeres y hombres ilustres llevaban su diario? Allí está el de Simone de Beauvoir, el de Virginia Woolf, el de Anaïs Nin, el de Julien Green, el de François Mauriac, el de André Gide, el de Jules Renard, *El diario íntimo* de Amiel. Allí están las memorias de De Gaulle, de Mandela, de Churchill. También están los famosos 'carnets' de Leonardo da Vinci, que sólo se publicaron al final del siglo XVIII, los 'pensamientos' de Pascal, el diario de Franz Kafka, el de Stendhal; también un diario de trabajo de Bertolt Brecht. Allí están los diarios de los dos hermanos Goncourt, que compartían hasta la amante; pero sobre todo está el diario de Anna Frank, que se volvió uno de los libros más leídos en todo el mundo, traducido a más de treinta idiomas. Se trata del diario muy sencillo de una adolescente judía, perseguida por los nazis, que se convirtió en un símbolo universal de la resistencia a la opresión y al racismo. Y bueno, ¡cómo olvidar el diario de viaje de Montaigne!, que escribió durante un año y medio y se volvió famosísimo. Después, cuando ya sean mayores y vuelvan a leer sus diarios, verán en qué han cambiado. Es una disciplina preciosa", les dijo la navidad de 1990, día en que les regaló a cada uno un diario empastado en piel y con su nombre grabado.

¿Por qué Sofía mencionó todos esos nombres si era obvio que sus hijos no tenían la menor idea de quiénes eran y ella misma ni siquiera los había leído? ¿Porque en el fondo, era un erudita y nunca había querido confesarlo por modestia? No. Antes de sugerirles esta espléndida idea, su madre se había enterado de la importancia de llevar un diario gracias a un libro que le prestó Inés y que trataba el tema.

Un día, muchos años después, cuando sus hijos ya se habían casado, Sofía ponía un poco de orden en los clósets de las recámaras que habían pertenecido a Ita y a Sebastián. De pronto, sus manos se toparon con algo en el fondo del clóset, en medio de bolsas de plástico repletas de ropa. Eran dos bultos: más bien un par de pequeños libros forrados en imitación de piel; uno rojo y el otro azul marino. Sofía los tomó y de inmediato los reconoció. Se enterneció al tiempo que se le hacía un nudo en la garganta. Eran los diarios que sus hijos habían escrito de común acuerdo. Sin poder evitarlo, primero abrió el azul marino y leyó: "Me llamo Sebastián y tengo dieciocho años recién cumplidos. Estoy a punto de terminar tercero de preparatoria. Quiero estudiar administración de empresas en la Ibero. Ya hice mi examen de admisión. Para el de historia tuve que leer un chorro. Es que en esa materia soy nulo. El otro día mi mamá se enojó muchísimo conmigo porque yo creía que Santa Anna había sido de verdad una santa mexicana. Se puso furiosa y me dijo que era un ignorante y que de seguro iba a reprobar. Lo dudo. Pero, en fin, ya veremos. Si repruebo me voy al ITAM. Mi mamá me regaña todo el día. Nada más me ve en la casa y me pregunta: '¿Ya hiciste tu tarea? ¿Por qué no lees algo? ¿A qué horas llegaste ayer?', etcétera, etcétera. De plano, yo ya la alucino. Es que ella no entiende. Siento que me tiene una desconfianza del demonio. No hace mucho, de pronto, me habló de las drogas. Empezó a contarme de un reportaje que había visto en la tele. Después, como que me lanzaba indirectas. Lo peor de todo es que me explicó los riesgos del consumo de drogas como si tuviera nueve años. Me decía cosas del tipo de: 'A la salida del colegio, ten mucho cuidado, m'hijito, con lo que compras. Si ves que un señor te llama y te ofrece marihuana, tú corres con tu maestro y lo acusas'. Pobre de mamá, ¡si supiera que son los mismos estudiantes los que a veces venden la mota en el colegio! Yo no sé si se deba a la edad o qué, pero la verdad es que a mi jefa se le va constantemente el avión. Neta que me da un poco de lástima".

Sofía respiró hondo y profundo. Cerró el diario de Sebastián. Volvió a ponerlo hasta el fondo del clóset. Con un ligero rictus en los labios y un agitado palpitar del corazón, dudó en abrir el de su hija. "Al mal paso darle prisa", se dijo con solemnidad. Con gesto un poco brusco, abrió el volumen: "Me llamo Sofía y tengo dieciséis años. Estoy en primero de prepa. Mis papás están divorciados. Aunque a veces no los soporto, en el fondo, me llevo bien con ellos. Mi papá siempre está muy ocupado en sus negocios y mi mamá siempre está aceleradísima y distraidísima a la vez. Últimamente está muy nerviosa, porque todas sus amigas se han hecho un lifting y ella aún sigue dudando. Dice que le da pavor la anestesia y también se muere de miedo de que su expresión vaya a cambiar mucho con la operación. Sin embargo, la pobre se muere de ganas de hacérsela. Creo que el chistecito cuesta siete mil dólares. Según ella el doctor Infante es lo máximo. Dice que hizo toda la encuesta entre sus amigas y que una de ellas le había dicho que le hizo el lifting el mismo que había operado a Michael Jackson. Dice mi mamá que la pobre quedó para llorar.

"Yo estoy de acuerdo con que se lo haga, porque neta que la estoy viendo muy papadona y con muchas arrugas en los ojos. El otro día le dije: 'Si te lo haces, ¿por qué no me pagas el tatuaje de los ojos? Nada más te cuesta medio melón'. Se me quedó viendo horrible. Dice que no tengo edad para esas cosas. Es obvio que no me lo voy a hacer hasta que sea una viejita como ella, ¿verdad? También me gustaría hacerme la operación de las 'boobies'. Es que soy de lo más plana del mundo. No tengo nada, nada de busto, pero eso sí, tengo muchas pompis. Cuando como mucho es lo que más me engorda. Pero esto, de plano, no se lo pido ahora, porque le da un infarto. Tengo muchas amigas; ¡las adoro! No sé qué haría sin ellas. Porque mi mamá no me hace mucho caso. Siempre anda dispersa. La pobre no sabe decir no, entonces se le juntan comidas, desayunos y muchos cocteles. Lo malo es que luego se le olvidan. Además siempre llega tarde a todas partes. A veces hace cada oso, que me da pena ajena, pero como que no se da muy bien cuenta.

"A mí sí me gusta estudiar. Cuando termine, quiero hacer la carrera de economía. No me quiero casar joven. Pero eso sí, quiero tener muchos novios. Adoro ir a las discotecas. La otra noche, mi hermano y yo llegamos tardísimo. Eran las 3:20 a.m. Mi mamá estaba viendo el programa de Ricardo Rocha *En Vivo*, aquel que estuvo dedicado a Pedro Infante. La verdad es que nunca nos imaginamos toparnos con ella en la tele. Luego luego, al llegar, nos regañó por la hora. Nos dijo que olíamos a cigarro. Yo había tomado una cuba. ¡Una! ¡Solamente una!

Bueno, pues me ha hecho un escándalo horrible. Comenzó a gritar como loquita: '¿Por qué bebes? Mira cómo tienes los ojos pintados. Tienes una mirada rarísima. No te creo que solamente haya sido una cuba. ¿Por qué llegan a estas horas? Por más que me digan que tuvieron que ir a dejar a todos sus amigos a su casa, no te creo. Pero se lo voy a decir a tu papá. Yo a tu edad no tomaba ni sangrita. ¿Se dan cuenta? Y tú, Ita, no pongas esa cara de hipócrita, hazme el favor. Que no te creo. Por más que me jures que solamente fue una cuba y que todas tus amigas tomaron también una cuba, no te creo. Seguro fueron con los hijos de Ana Paula, ésos sí que toman. Ya no les voy a dar permiso de salir a ninguno de los dos. Y por favor desmaquíllate en este momento. ¡Te ves horrible!', me gritaba. Nunca me dio tiempo de explicarle nada. Pero lo que más odié de todo, es que comprendí que mi mamá no me tiene la menor confianza y eso sí es horrible. Porque siempre he procurado decirle la verdad, tal como me enseñó. Y tal como siempre nos ha dicho que le enseñó mi abuelita. Pero si le cuento mentiras, pues resultará siendo lo mismo. ¡Cómo me gustaría acercarme a ella; contarle mis cosas, mis tristezas! Pero siento como que no se deja. ¡Cómo me gustaría que se acercara a mí; que me contara sus tristezas! Pero siento que yo tampoco me dejo mucho. Me he vuelto muy reservada. Cuando la siento sola, sobre todo los fines de semana, tengo ganas de decirle cosas bonitas. Pero no sé por qué no puedo. Como si entre las dos hubiera una barrera invisible. También con mi papá siento un poco lo mismo. Y con Sebastián no tengo mucha comunicación. Siempre se está burlando de mí. Por eso quiero tanto a mis amigas. ¿Qué haría sin ellas? Ellas también tienen problemas con sus mamás. Ellas también las alucinan".

Cuando Sofía terminó de leer lo que había escrito su hija, tragó saliva, hizo un esfuerzo para ponerse derechita y cerró el diario. En seguida lo puso en su lugar. Esa noche no pudo dormir: se sintió culpable. "¿Por qué nunca me dijeron lo que realmente sentían? ¿Por qué nunca percibí cuando estaban tan tristes y desorientados? ¿He sido, entonces, la peor de las madres? ¿Habrían estado más felices si se vivieran con su padre? ¿Seré acaso una madre desnaturalizada? ¿De veras habré puesto sin darme cuenta una barrera entre mi hija y yo? Bueno, es cierto que esa época fue particularmente mala. Es cierto que estaba muy sola y siempre nerviosa por la falta de dinero. Y también es cierto que estaba demasiado ocupada tratando de entender cuál de todas las Sofías era yo. En fin. Pero de eso a haber sido una bruja con ellos, no lo creo. Que me acuerde, yo jamás los critiqué en mi diario. ¿Qué ya se les habrá olvidado la forma tan grosera en que me hablaban? ¿Ya se les habrán olvidado los permisos que les daba, a pesar de que su padre se oponía? ¿Ya se les habrá olvidado todo lo linda que procuraba ser siempre con ellos?", se preguntaba, al mismo tiempo que se volteaba en la cama de uno y otro lado. "No nada más yo me divorcié de su papá. It's two for a tango. Se necesitan dos para casarse y dos para divorciarse. Los dos fuimos responsables. Tengo la impresión de que nada más me culpan a mí", se decía, en tanto rodaban, por su rostro pálido y triste, dos lágrimas gordas y saladas. Más de una semana dejó de hablarles por teléfono a sus hijos. No podía. Además de sentirse culpable, se sentía incomprendida. Lo peor de todo es que ellos jamás se percataron del estado anímico de su madre.

No obstante que habían pasado diez años desde que sus hijos escribieron esas páginas en su diario, la dinámica entre los tres no había cambiado mucho. Los tres conversaban como si fueran sordomudos: ni se escuchaban ni se comunicaban desde adentro. Y aunque gracias a la aparición de Felipe en la familia, la dinámica entre ellos, afortunadamente, cambió para volverse más armoniosa y genuina, las heridas de Ita y de Sebastián jamás sanaron del todo. Las de Sofía, que también llevaba en el alma desde hacía mucho tiempo, ahora contaban con un médico personal para curarlas todas las noches.

¿Y el diario de Sofía? Ése, desafortunadamente, nunca apareció. Durante mucho tiempo Sofía juró que se lo había robado una muchacha que tuvo. Pero, en realidad, fue Olga, su perra chow-chow, la que se lo desbarató por completo. Esto nunca se lo dijeron sus hijos. De haberlo hecho los hubiera responsabilizado por haber obligado a la perra a comerse los pensamientos y los recuerdos de una madre, ciertamente, incomprendida.

El cristal con que se mira

*H*asta los insomnios provocados por las muchas preocupaciones, por la angustia, por las deudas, por los vencimientos, por los telefonemas de los bancos, por los recordatorios del club, por el dentista, por el psicólogo; pero los insomnios de Antonio y de Alejandra tenían su lado bueno. Y ese lado bueno, en el caso de Antonio, es que el rato entre las cuatro y las siete de la mañana se había convertido para él en un espacio de reflexión; o bien se distraía imaginando la temperatura de la habitación o se ponía a pensar en todo lo que debía: en el banco; hacer con su vida; haber hecho en relación con sus hijos; hacer, que no hubiera hecho, si la vida le daba fuerzas.

Quizá y salvo contadas excepciones, Antonio no dormía más allá de las cuatro o cuatro y media de la madrugada; en ocasiones hasta un poco antes. En un principio trató de distraerse con la televisión, pero los programas a esas horas eran pésimos, o no tenía ánimo para ver películas cuando la angustia no lo dejaba dormir. Entonces, prefería refugiarse en su estudio. Escuchar buena música era tanto como aceptar que no volvería a dormir, de modo que tampoco encendía el estéreo; una taza pequeña de café, para no espantar el sueño, lo acompañaba en sus cavilaciones.

Cuánto lo había perjudicado la impunidad reinante. En su caso, lo grave no era que miles de delincuentes anduvieran sueltos por las calles; lo terrible era la extendida cultura del no pago. Esa actitud tan enraizada provocó que no fuera posible resolver los casos que gestionaba; que aunque conseguía sentencias favorables resultara casi imposible ejecutarlas. Era un hecho que en México, si alguien no quiere pagar, simplemente no paga, y Antonio no tenía explicación razonable para sus clientes. Aunque estaban al tanto del desastre bancario, el FOBAPROA y el IPAB, esos clientes, si encomendaban un caso a un abogado y éste no daba resultados, tendrían que conseguir otro. Y consiguieron otro. La situación fue para él cada vez más difícil.

Su primer enfrentamiento con la impunidad lo escandalizó.

Nunca dudó de la existencia de pillos, tramposos, chantajistas, extorsionadores, bribones, sinvergüenzas o cualquiera tipo de delincuentes, organizados o no. Pero encontrar a la delincuencia organizada en una secretaría de Estado fue algo con lo que no contó. El asunto surgió cuando un amigo suyo le informó que en la constructora de su familia habían recibido un emplazamiento a huelga de un sindicato desconocido para ellos, y al que no pertenecía ninguno de sus trabajadores. Pensó que se trataba de un error y recurrió a su amigo de la infancia en virtud de que era el abogado más cercano y de absoluta confianza. Antonio le explicó que él no manejaba asuntos laborales, pero que lo podía presentar con el socio del despacho encargado del área. Su amigo, sin embargo, insistió en que mejor lo atendiera alguien más. La razón era muy simple: un bufete internacional en donde se cobraba por hora y en dólares rebasaba sus posibilidades.

Dadas esas condiciones, Antonio se acordó de un viejo amigo de su padre que desde siempre había estado en la Secretaría del Trabajo. Nadie mejor que esa persona para recomendarle un buen abogado laboral, sin muchas pretensiones, que se hiciera cargo del caso. Pidió una cita y lo fue a ver. Una vez que le expuso el caso el funcionario le contestó sin pensarlo dos veces:

—Te voy a recomendar al mejor abogado de México: el licenciado Antonio Rincón.

—Pero yo no soy laborista —intentó defenderse.

—Pues desde ahora lo eres. Además, yo voy a estar detrás de ti; y fíjate bien en esto, te estoy haciendo un favor a ti, no a tu cliente. Vas a cobrar bien. Aquí en la antesala está la solución a tu problema.

El funcionario pulsó el intercomunicador y pidió a la secretaria que hiciera pasar a un tal licenciado Ramírez. Al poco entró un individuo obeso y ensortijado, vestido de guayabera y calzado con botines de charro color hueso. Tras las presentaciones de rigor, le alcanzó el papel que, minutos antes, le entregara Antonio y le preguntó si sabía de quién "era" ese sindicato. Bastó un segundo para que el aludido sentenciara: "Es de los que emplazan por directorio. Me parece que es de —alguien cuyo nombre no recordaba. Ahorita mismo lo arreglamos".

Sin esperar respuesta descolgó el auricular de uno de los muchos teléfonos dispuestos en la credenza y pulsó algún número. Al poco estaba al habla con la causa del problema. Entre bromas y palabrotas le recordó que "hacía mucho que no se rompían la madre", y que por lo pronto estaba fregando a un cuate suyo. Le dio los datos del emplazamiento, y preguntó sin rodeos, por último, que cuándo pasaba por el desistimiento. Siguieron más bromas y al fin una calurosa despedida. Sin consultar al funcionario se dirigió a Antonio:

—Ya está arreglado. Que pase después de las cinco por el desistimiento. Llévele un cheque de... — dos segundos de duda— diez mil pesos. Sí, con diez mil está bien.

Todo esto lo decía mientras buscaba, en una agenda de pasta de plástico, una tarjeta. Escribió unas señas en el papel y se lo dio a Antonio.

—Cobras bien —dijo el funcionario. Te hice el favor a ti.

Antonio comentó el suceso con los socios laboralistas del bufete. Aunque ya sabía de las mafias sindicales, sus compañeros le explicaron que obtener el registro de un sindicato era bastante difícil, pero que una vez conseguido, para muchos gángsters, era como sacarse la lotería. Se registra un sindicato de cualquier rama de la producción, y entonces a todas las empresas que tuvieran alguna relación con esa rama, argumentando que por decisión mayoritaria de los trabajadores de la empresa les correspondía a ellos la titularidad del contrato colectivo, las emplazaban a huelga para obtenerla. El procedimiento laboral para aclarar la situación ante las Juntas de Conciliación y Arbitraje es riesgoso y está lleno de mañas y triquiñuelas que esos gángsters conocen a la perfección. Es preferible, en cualquier caso, llegar a un arreglo como el que Antonio había presenciado; o, mejor aún, contar con la protección de alguno de los poderosos sindicatos que, mediante el pago de una jugosa iguala, no permiten la intromisión en su territorio de gente ajena.

Cuando Antonio fue a dejar el cheque quedó impresionado por lo bien puesto del despacho. Se enteró que ahí se manejaban cuarenta sindicatos y se practicaban entre mil y mil quinientos emplazamientos al año. A diez mil pesos cada uno, pensó, y con el dólar a veintidós, descontando gastos, un abogado de esos se lleva medio millón de dólares al año. No cabía duda que los mocasines Gucci dejaban menos que los botines de charro, concluyó.

Pero lo escandaloso del asunto es que esto ocurría a ciencia y paciencia de la Secretaría del Trabajo. Y era así porque, formalmente, estas personas operan de acuerdo con la ley. Nadie puede acusar a un sindicato de pretender la titularidad del contrato colectivo de una determinada empresa, pero disputarla era más caro y riesgoso para la empresa que pagar para que se hicieran a un lado. Ése era el verdadero chantaje, y las autoridades lo sabían, lo toleraban e incluso, posiblemente, hasta participaban de los beneficios. ¿Era eso un Estado de derecho?

Ése fue su primer encuentro con la impunidad, pero no el último. Ya como abogado independiente, representó a un ranchero de Michoacán que sufrió la invasión de su propiedad, amparada por un certificado de inafectabilidad, por cuenta de un grupo de campesinos desconocidos en la región. El ranchero fue despojado hasta de la ropa que guardaba en su casa; y fue amenazado de muerte, por los invasores, para el caso de que se acercara al rancho. Recurrió a las autoridades locales, y éstas levantaron un acta y le pidieron dinero. No pasó nada. Fue a ver al gobernador pero nunca lo recibió. Contrató a un abogado y ganó un amparo que decía que la invasión había sido ilegal; pero nadie se atrevió a sacar a los invasores. Diez años después conoció a Antonio. Y éste, por recomendación de su buen amigo el subsecretario de Gobernación, solicitó a la Secretaría de la Reforma Agraria el pago de una indemnización, y por intermediación de su amigo el subsecretario logró que la SRA accediera al pago mediante una transacción y partiendo del avalúo que realizaría la Comisión de Avalúos de Bienes Nacionales. El ranchero ya no tenía dinero para lograr un avalúo justo, de tal modo que éste resultó bajísimo. Al fin, la secretaría le propuso el pago de cincuenta por ciento del valor de avalúo. ¿Había de otra?

Antonio se rehusaba a aceptar que, en un Estado de derecho, una persona sufriera la invasión de sus tierras, amparadas por todos los títulos legales habidos y por haber, y que, tras diez años de lucha, consiguiera la quinta parte y todavía tuviera que dar las gracias.

Recordó la genial novela de Mario Puzo, que describe la situación de una joven pareja que ahorró con sacrificios lo necesario para comprar los muebles de su futura casa. Los jóvenes entregaron el dinero a un rico comerciante que, al poco tiempo, se declaró en quiebra, librándose, amparado en la ley, de entregar los muebles o devolver el dinero. Los jóvenes recurrieron a la policía y ahí se les dijo que la ley era la ley; tendrían que gastar en abogados para presentar su caso en la corte de quiebras y, al cabo de algunos años, ver repartir lo recuperado entre todos los acreedores, acaso, veinte centavos por cada dólar que le entregaron. Acudieron los jóvenes al Padrino y éste constató que el comerciante vivía en una mansión y poseía autos deportivos y caballos de carreras; no entendía cómo la ley toleraba que él viviera con esos lujos mientras la joven pareja carecía de los modestos muebles de su hogar, ya pagados, y con el fruto de su esfuerzo; pero en cambio le quedó muy claro por qué ese individuo había recurrido al mismo procedimiento en varias ocasiones: formar una empresa que vende a crédito, cobrar el enganche a tantos como se pueda y luego declararse en quiebra. Como es de esperarse el Padrino persuadió al comerciante de devolver a los jóvenes hasta el último centavo.

La ley es la ley. Debe promulgarse teniéndose en cuenta situaciones generales; y se acepta que, en algunas ocasiones, al aplicarla a casos particulares, puede resultar injusta. Peró esto debe ser la excepción y no la regla.

Lo que ahora siente Antonio es que el Estado de derecho quedó atrás. Vivió el caso del sindicato que emplazaba a huelga con la sección amarilla en la mano y vendía el desistimiento. Entonces, eso era la regla. Vivió el caso del ranchero despojado que mendigó durante diez años la quinta parte de aquello que le robaron. Y eso también era la regla. Vivió el caso de una tintorería que cobraba ochenta pesos por lavar un traje y pagaba treinta y cinco mensuales de renta congelada. Y eso también era la regla. Si le preguntan por la justicia sabe que está más cerca del Padrino que de los tribunales.

Hoy vive y padece la cultura del no pago, la causa primera y última del tristemente célebre FOBAPROA. Es cierto que en un principio la gente no pudo pagar sus deudas, que los abonos de sus casas o coches se triplicaron y que el "error de diciembre" lo cometieron Salinas y Zedillo, o sus secretarios, pero no el infeliz que pagaba con grandes sacrificios su hipoteca, aunque, como siempre, fue él quien tuvo que pagar los platos rotos. Pero ese infeliz pronto descubrió que un abogado habilidoso o un Barzón temerario podían sacarlo del problema. Pronto descubrió la enorme ineptitud de la banca privatizada; la precariedad de los contratos leoninos que le obligaron a firmar; la deficiencia del aparato contable de bancos y financieras; la ineficacia del aparato judicial para resolver los casos que le fueron planteados y, en última instancia, para hacer cumplir sus controvertidas determinaciones. Lo que comenzó como una asociación de deudores ahorcados se extendió hasta convertirse en el común denominador de los deudores holgados. Si la justicia no puede obligarme a pagar, ¿entonces para qué pago? La cultura del no pago se instaló definitivamente. Los deudores pobres incumplieron con sus pagos y los empresarios ricos incumplieron con sus pagos. El sistema bancario nacional está en quiebra y el rescate correrá a cargo, como siempre, del contribuyente. Antonio no recordaba en sus treinta años de ejercicio profesional tanta dificultad para lograr que un tribunal hiciera cumplir sus determinaciones.

D
E
B
O,

L
U
E
G
O

S
U
F
R
O

¿Les pasa algo?

*E*l mismo día en que Felipe recibió su primer cheque rebotado en treinta y cuatro años de historia bancaria tuvo la primera discusión con su novia. Fue una noche de agosto; estaban viendo la televisión. Felipe, excepcionalmente de mal humor, traía en las manos el "control". Con absoluta indiferencia empezó a cambiar de canal. Mientras tanto, Sofía hojeaba el último número de la revista *¡Hola!* De repente apareció en la pantalla una escena con Jorge Negrete y Gloria Marín. Estaba Felipe a punto de cambiar de canal, cuando Sofía exclamó: "¡No le cambies!". Era la primera vez que escuchaba a su novia gritar en un tono tan autoritario. "¿Por qué no?", preguntó Felipe, a la vez que le cambiaba. "Porque esa película es buenísima. Déjala por favor", insistió. Pero Felipe volvió a cambiar. Sofía se puso de pie, tomó el control del control y le cambió a la película mexicana. Felipe se puso de pie y se metió al baño. Ahí estuvo por más de diez minutos, que a Sofía le parecieron eternos. No se aguantó y fue a tocarle la puerta. "¿Te pasa algo? ¿Estás enfermo?", preguntó la prometida, muy atormentada. Pero del otro lado de la puerta, no había respuesta. "Perdóname por haber gritado. Lo que sucede es que soy fanática de la época de oro del cine mexicano. No te enojes. No es para tanto", le decía su novia, visiblemente mortificada. Pero del otro lado de la puerta, seguía el silencio. Sofía regresó al hall donde estaba la televisión, la apagó y se sentó en el sillón. No había nada que hacer más que esperar. Diez minutos más tarde, al fin, apareció Felipe. "Odio el viejo cine mexicano", dijo, al mismo tiempo que tomaba asiento al lado de su novia. "No me gusta. Nunca lo he soportado. Nunca he podido ver completa *Nosotros los pobres*, ni *Ustedes los ricos*, ni *El ropavejero*, ni *Campeón sin corona*, ni *Pepe el Toro*." Cuando Sofía escuchó esto se sintió tan decepcionada, que se limitó a cerrar los ojos y a echar la cabeza para atrás. "A mí, en cambio, el cine mexicano me fascina. Me encanta. He visto más de quince veces *Nosotros los pobres*. De joven me enamoré de Pedro Infante. Soñaba con la voz de Jorge Negrete. Me obsesioné con Emilio Tuero. Chachita me ha hecho llorar miles de veces. He visto todas las películas de cada uno de los hermanos Soler. Me sé de memoria los diálogos de las películas de Tin Tan. Aprendí a besar gracias a las películas de Elsa Aguirre. Siempre quise bailar mambo como Ninón Sevilla. Conozco todas las películas de María Félix, las vi una y otra vez para aprender cómo levantaba la ceja y hacerlo igual que ella. También quería tener la gracia de Mapita Cortés. He vibrado con las películas de Dolores del Río. Los ojos de Pedro Armendáriz me volvían loca. *Necesito dinero*, con Pedro Infante y Sarita Montiel, me enseñó cuán importante es ahorrar. *Angelitos negros* me hizo llorar más de tres días; gracias a este filme, de niña le rogué a Dios que mi ángel de la guarda fuera negrito. Mi villano mexicano predilecto fue siempre Carlos López Moctezuma; cómo deseaba que me raptara por la noche y me llevara muy lejos con él. Yo quería ser buena como Marga López y mala como Emilia Guiú. Quería tener la clase de Andrea Palma y la belleza de Miroslava. No, Felipe, no me hagas esto. Esta diferencia podría poner en riesgo nuestra relación. Me temo que esto podría crear un abismo entre los dos. ¿Por qué no me lo dijiste antes? ¿Por qué tuviste que esperar tanto tiempo?", preguntó Sofía, al mismo tiempo que irrumpió en sollozos. Felipe no daba crédito. La reacción de su prometida le parecía totalmente desproporcionada. Nunca la había visto en ese estado. No sabía qué hacer. La vio tan afectada que incluso pensó que detrás de esa respuesta pudo haber algún problema más grave que le ocultara por alguna razón que desconocía. "Mi amor linda, créeme que no es para tanto. Cuando te digo que las películas mexicanas no me gustan tal vez exagero. En realidad hay algunas películas que sí me gustan y mucho. Por ejemplo, *Los olvidados*, de Luis Buñuel; también *María Candelaria*, *La perla*, *El compadre Mendoza*, *Los Caifanes*, *Viento negro*, *Viridiana*, *Calabacitas tiernas*, *Ensayo de un crimen*, *Mecánica nacional*. ¿Quieres que veamos la película de Jorge Negrete? Discúlpame, pero esta noche estoy un poquito malhumorado. A lo mejor me va a dar gripe." Sofía no podía ser insensible a estas palabras tan tiernas de su novio. Lo abrazó. Lo besó. Lo apapachó. Y hasta lo perdonó; a pesar de que le dijo que no soportaba a Pedro Infante, ni a Cantinflas, en la mayoría de sus películas. En seguida, tomados de la mano, se pusieron a ver *Historia de un gran amor*.

Media hora después, Lupita subió la charola con la cena. No

acababa de colocar el platón sobre la mesa de centro, cuando de pronto Felipe dio un brinco. "¿Un huevo estrellado sobre arroz?", le preguntó a Sofía con cara de asco. "Sí, ¿qué tiene?" "Es que no combina. El arroz nada más se come solo. ¡Jamás con huevo estrellado!" Ahora era Sofía la que no daba crédito. "Pero si es de-li-cio-so." "¿Quéeee? ¡Es un crimen! No hay nada más rico en la cocina mexicana que el arroz. En ninguna parte del mundo se come uno igual. Es un platillo nacional. Desde niño siempre he comido arroz; arroz verde, arroz blanco, arroz rojo, arroz con chile morrón, arroz con guacamole. Pero, nunca, nunca, nunca arroz con huevo. No se llevan." Sofía no salía de su asombro. "Cero y van dos", pensó. Dos cosas en las cuales no podían ponerse de acuerdo. "Too much is too much", se dijo para sus adentros. ¿Cómo podía casarse con un hombre que no apreciaba la época de oro del cine mexicano y que, por añadidura, no le gustaba el arroz con huevo estrellado? Había que pensar su propuesta de matrimonio otra vez. Había que reevaluar sus intenciones. Había que ventilar estos dos aspectos que mostraban cuán diferentes eran, en el fondo, sus respectivos mundos. Había que reconsiderar sus proyectos. Y, por último, había que consultar con el doctor Muller a propósito de estos dos lados tan oscuros, según Sofía, de la personalidad de su novio. En el momento en que Sofía vio cómo Felipe apartaba el huevo estrellado de su arroz, sintió que la imagen de su novio se derrumbó completamente. Esa noche fue la primera que se despidieron con un beso frío. Nunca más volverían a tocar el tema de las películas mexicanas, ni del platillo predilecto de Sofía.

Igual de insatisfecha que su madre

De las tres, la primera en invitar a la futura pareja de casados fue Alejandra. Decidió no convocar ni a Inés ni a Ana Paula porque quería ser ella la primera del Grupo en conocerlo. Quería hacer gala, frente al novio, de la profunda amistad que sentía por su amiga de infancia. Quería ser la primera en contarles a los demás qué le había parecido Felipe. Quería ver ella misma si en efecto ese médico era todo lo que aseguraba Sofía. "Vamos a ver si es cierto que es tan guapo e inteligente. ¡Sofía es tan exagerada!", le dijo a su marido el día que le anunció que organizaría una cena en "tout petit comité", a la que, aparte de los novios, nada más invitaría a Justo Leyva, porque además de haberle tomado mucho afecto, consideró que una persona totalmente ajena al Grupo, podía quitarle rigidez y solemnidad a un primer encuentro con el novio de Sofía. Su marido estuvo de acuerdo. Antonio quería mucho a Sofía y también tenía curiosidad de conocer a ese hombre tan valiente que se quería casar con una mujer que, como le había dicho a su esposa, "ya no se cocía al primer hervor".

Alejandra era una patrona in-so-por-ta-ble. "Ay, es que ya no aguanto a estas 'maids'. ¡Son unas cochinas! ¡Unas buenas para nada! Se ponen unos moños. Pero ¿quiénes creen que son?", era la queja constante. Lo que no comentaba con sus amigas eran los bajos salarios que percibían sus "maids". Como no quería pagarles mucho, prefería contratar a jovencitas que recién habían llegado de su pueblo. "Entre más chancludas sean, más las puedes hacer a tu modo. Las que no soporto son las que se sienten secretarias. A éstas no les puedes decir que limpien la 'covacha' porque luego, luego ponen cara de 'fuchi'. Aunque no sepan tomar los recados, las prefiero medio brutas, a ésas que ya se sienten ejecutivas y que salen los domingos con su 'jump suit' de poliéster y con tenis rosa sintiéndose la gran cosa", decía siempre que abordaba el tema con sus amigas o con su suegra a quien no podía ver ni en pintura.

Alejandra es de esas señoras que compran filete en la carnicería Estrella de Polanco para la familia, y para las "maids" carne molida del supermercado. Lo mismo hacía con la fruta. "A ustedes les compré los plátanos tabasco. Los nísperos y las cerezas son para nosotros." ¡Cuántas veces sus "muchachas" le habían informado que ya no salía agua de la regadera de su baño, y de las goteras de su cuarto! Sin embargo, a Alejandra siempre se le olvidaba mandar a reparar estos desperfectos.

Un día, Marina, su cocinera, no apareció en la mañana. "Amaneció enferma, señora. Dice que tiene calentura por las anginas. Es que como ayer llovió muy fuerte, se nos inundó el cuarto", le explicó Carmen Rojas. "¿Y por qué no sacaron el agua? Dile que se tome dos cafiaspirinas (los bufferins eran para ellos) porque hoy en la noche viene la señora Sofía con su novio. Adviértele que ya mandé a hacer la cena con Víctor Nava pero que de todas maneras la necesito." Tres horas después, Marina, con una temperatura de 39.2 grados y con una debilidad pavorosa, empezó a preparar lo que se serviría como aperitivo. A punto de picar la cebolla para el salmón, de pronto apareció su patrona en la cocina: "¿Por qué no tienes puesto tu uniforme?". "Es que se mojó, señora. Toda nuestra ropa está bien mojada. ¿No le dijo Carmen que se nos inundó el cuarto?" "Sí, sí, ya sé. Pero eso no es razón para que no traigas puesto tu uniforme. Sabes cómo odio que estén vestidas tan chamagosamente. ¿De veras crees que vas a servir la mesa con tu suéter de Chinconcuac? A ver cómo le haces pero te me pones tu uniforme", le ordenó Alejandra, antes de anunciar que iría a Dupuis para comprar unas velas. Marina no dijo nada; continuó cortando la cebolla que empezó a hacerla llorar. Tantó lloró que hasta se acordó de su mamá, muerta hacía apenas dos semanas. Más tarde subió a su cuarto, que no medía más de dos metros de largo por tres de ancho. Sacó el "burro" con su cubierta toda quemada. Puso la plancha y se sentó en la cama a esperar que estuviera tan caliente como su cara. Se puso a planchar su uniforme gris, de cuello y puños blancos, que Alejandra acostumbraba comprar en la boutique Cabassi.

¿De dónde había aprendido Alejandra la forma de tratar a la servidumbre? De su madre. Una mujer profundamente insatisfecha, profundamente reprimida, profundamente rígida y profundamente convencional. A doña Licha se le conocía porque en toda su vida no tuvo una sirvienta que le durara más de una semana. Les gritaba; las vigilaba; las regañaba; las controlaba; vaso que rompían, vaso que les descontaba de su quincena miserable. Siempre terminó corriéndolas a gritos. "Antes de irte, enséñame tus cosas", les decía, haciéndoles abrir las cajas de cartón con su ropa. "Ese carrete de hilo café oscuro es mío. ¿De casualidad ese lápiz de ojos no es de las niñas? Esa botellita de perfume vacía que tiré en la basura, es mía. ¿Por qué recuperaste las medias que mandé tirar? Y ese peine todo chimuelo, ¿no es mío? ¿De dónde sacaste ese pañuelo bordado?", les decía, al tiempo que sacaba y tiraba al suelo toda su ropa. Como casi siempre las despedía en medio de un ataque de histeria, se negaba a pagarles su última quincena. Chole fue la única recamarera que duró tres meses, por la sencilla razón de que era sordomuda y pertenecía a la iglesia presbiteriana. Sin embargo, a ella también acabó por despedirla, con el pretexto de que comía demasiado. En otras palabras, el servicio doméstico de doña Licha era el depositario de toda la frustración que guardaba en su corazón.

El padre de Alejandra, muerto muy joven, había sido un dentista muy próspero. Fue el dentista de toda la burguesía mexicana. Fue el primero en importar de Estados Unidos los entonces desconocidos "frenos". Pero a partir de los primeros sesenta, su fama empezó a decaer. Gracias a sus buenas relaciones, se convirtió en el dentista del expresidente de México Gustavo Díaz Ordaz, conocido por tener una de las dentaduras más repulsivas de las que jamás se hayan tenido memoria en la historia odontológica mexicana. "El Muelas", como le llamaban sus amigos, fue miembro fundador del Partido Acción Nacional junto con Manuel Gómez Morin. Unos años antes de morir, bajo las ruedas de un autobús, el Muelas fue condecorado como Caballero del Santo Sepulcro.

Alejandra era la mayor y la menos favorecida de una familia de seis hermanos. "Pobre niña, además de poco agraciada, no es nada buena para los colegios", decía su mamá, quien no tenía pelos en la lengua. Alejandra acabó por volverse una niña introvertida y demasiado tímida. Lo que seguro le quitó mucha seguridad fue su excesiva miopía, y el hecho de que tuviera que usar lentes desde los cuatro años. Maricarmen era la segunda de las hijas. Al contrario de su hermana mayor, Maricarmen era una niña preciosa, inteligente y, por si fuera poco, simpatiquísima. Cuando las dos salían juntas, la que llamaba más la atención por su belleza y su carácter era Maricarmen, situación que nunca pudo superar Alejandra; y lo que todavía llegó a perturbarla más fue el hecho de que Maricarmen no nada más se casó primero que ella, sino que lo hizo con uno de sus exnovios, del que había estado perdidamente enamorada. Sin duda esta decepción amorosa, más el estilo de educación que recibió, contribuyeron a que Alejandra fuera como es; es decir: envidiosa, negativa e igual de insatisfecha que su madre.

Nunca dejes de sorprenderme

Siempre que Sofía estaba invitada a casa de cualquiera de sus amigas del Grupo, tenía que estrenar. A pesar de su tarjeta bloqueada, fue a la boutique Frattina. "América, tengo una cena. Me urge un 'outfit' super bonito pero eso sí, nada caro. Quiero algo muy clásico pero juvenil a la vez. Algo sencillo pero que se vea muy, muy sofisticado. Algo que me adelgace. Algo entre 'cool' y formal. Si está de barata, ¡mejor!", le dijo a la que se había, con el tiempo, convertido en su gran amiga y confidente. "Ay, Sofía, tú siempre corriendo. Mira, nos acaban de llegar unos modelos 'chulos de bonitos' de Versace; no están caros y son muy tu tipo." Una vez que Sofía se probó tres pantalones, dos faldas plisadas, cuatro trajes sastre de lino y seis vestidos de seda, finalmente, terminó comprándose un "body" color fucsia marca La Perla y una gargantilla de cristal y piedras azabache de la línea Sworosky.

"¿Te puedo hacer un cheque posfechado?", suplicó la clienta, con su carita angelical, al momento de pagar. "Ay, Sofía, pero es que luego me los regresan. Acuérdate que ya me ha sucedido varias veces. ¿Por qué no usas tu tarjeta?", le preguntó la estrella de las vendedoras de la tienda. "Porque, para variar, está bloqueada. Ándale, no seas malita. Te lo juro que esta vez no te lo van a regresar. Al fin que nada más son quinientos dólares. ¿De acuerdo?" Era muy difícil resistir a las súplicas de una compradora tan eficaz y asidua como Sofía. Por añadidura, sabía a la perfección cómo utilizar sus herramientas para salirse siempre con la suya. Después de despedirse con mucha calidez, América guardó el cheque en un sobre especial que decía con plumón amarillo: "Para cobrar el día 15". Allí guardaba varios documentos de otras señoras que también habían pagado de la misma forma que Sofía. Entre ellos estaba uno de Ana Paula, por un saco de cuero azul claro con flecos y con estoperoles, que había estado en barata por más de dos meses.

Felipe llegó a casa de su novia puntualmente. Las manecillas de su reloj Patek Philippe, regalo de Sofía, marcaban exactamente las nueve de la noche. A pesar de que ya estaban comprometidos, no tenía costumbre de pasar directamente a la recámara de Sofía, donde, por lo general, ella terminaba de arreglarse todavía. Después de pedirle a Lupita que le avisara a la señora que ya había llegado, se instaló en la sala y se puso a leer el periódico *El País*. Con sus anteojos de aros de carey, leyó la columna de Rosa Montero: "Hoy nadie habla del sentido del deber, y, lo que es peor, nadie educa a los niños en el sentido del deber. No está de moda. Nuestra imagen de la realidad, el modelo que trasmitimos y en el que nos miramos, es una algarabía bobalicona y blanda, un sucedáneo de felicidad en sesión continua. Se acabó la idea del mundo como valle de lágrimas, lo cual no está mal; pero ahora nos creemos que es como un anuncio publicitario, todo lleno de familias saltarinas y sonrisas perfectas, lo cual es catastrófico. No sabemos aceptar los sinsabores, la inevitable escocedura del vivir. Se nos ha atrofiado el músculo de la entereza; habitamos en la pereza moral y en la futilidad. El fanatismo quizá nazca de ahí, de la falta de enjundia de las cosas". Leía esto, cuando aparece la muchacha muy bien uniformada: "Que ahorita viene la señora", le dijo, a la vez que colocaba en la mesa de la sala un vaso de agua sobre un platito de plata. Felipe sabía que ese "ahorita" bien podía significar diez minutos más, así es que, con toda tranquilidad, continuó con su lectura: "El sentido del deber, por el contrario, es una gimnasia ética. No se vive sólo para sobrevivir; se vive para intentar otorgarle a la vida un significado. En este mundo crítico del 2000, sin ideologías ni religiones que nos amparen, sólo queda un marco de referencia digno y válido: la responsabilidad ante los demás y ante uno mismo. El héroe es el individuo que cumple con sus obligaciones; supedita su vida a valores que son más grandes y perdurables que él; y con ello roza la eternidad. O se la inventa. Es probable que en el mundo no haya más negrura y sinrazón, pero el sentido del deber ordena el caos". Aunque estaba de acuerdo con la escritora, encontró el contenido del texto un poco pesimista. Más que el deber, Felipe era de los que pensaba que el amor era lo único que podía poner orden en el caos. ¡Cuántos golpes de Estado no se habían dado, sobre todo en América Latina, por apostarle, precisamente, al orden! "¡Orden, orden!", ¿no era acaso lo que había proclamado Franco? ¿Y qué decir de los gobiernos, supuestamente ordenados que habían tenido países como Argentina y Chile? Estaba a punto de leer de qué manera los vascos independentistas habían expresado su adhesión al diálogo para avanzar en la pacificación de Euzkadi, cuando apareció Sofía, más "maja" que nunca.

"Helloooooo", dijo con una voz muy sensual, en tanto bajaba las escaleras como si se hubiera tratado de una top-model. ¡Estaba guapísima! Su pelo dorado se le veía brillante y muy bien peinado. Estaba perfectamente bien maquillada. Su "body", recién comprado y todavía no pagado, le quedaba precioso con su traje sastre negro St. John. Además, traía puesto el mismo perfume que había conquistado a Felipe. El mismo que olía a feromonas de mariposa. El mismo que tenía ese aroma cuya mezcla entre exótica y sofisticada lo había seducido por diferente y porque era muy ella. En ese momento, el novio se puso de pie y en su corazón sintió todo el caos del amor.

Mientras Sofía y Felipe se saludaban con un beso muy tierno, en ese preciso y precioso instante, en el correo de la computadora de Sofía entraba un e-mail de su hermana Antonia: "Ya no hay que culpar a Michael Douglas ni a ningún hombre de su edad por enamorarse otra vez a los cincuenta años. Lo que pasa es que están 'biológicamente programados' para que les suceda esto, según dice el profesor Willy Pasini del Instituto de Psicología en Roma. Después de entrevistar a hombres cincuentones, llegó a la conclusión de que existen cinco fases del amor, característica propia del hombre. Después del amor de adolescente, viene el verdadero amor de sus años veinte y el amor libertino de los treinta y cuarenta años, y una serie de altibajos entre los cuarenta y los cincuenta. Los hombres se vuelven a enamorar otra vez a los cincuenta años. Esto lleva a la consolidación o al rompimiento de la relación en curso. El profesor Pasini, en una entrevista para el *Daily Mail*, dice que 'no se trata del típico week-end ilícito lleno de pasión, o de uno de esos romances de verano, que esto sucede [...] por lo menos un tercio de los hombres experimenta no un deseo lujurioso pasajero sino un resurgimiento auténtico de su vida emocional'. Ustedes, por lo visto están, en la quinta fase del amor... Por si quieres estar al corriente de la moda puedes ver tu Internet: www.gucci.com, o bien, www.vogue.com".

"Shit... ¡Mira nada más qué tráfico!", exclamó Felipe, al momento de entrar en el Periférico. En efecto, frente a ellos aparecían tres filas interminables de coches y más coches; y, para colmo, había llovido toda la tarde, lo que hacía entorpecer aún más el tránsito vehicular. Algo que disfrutaba mucho Sofía, era aprovechar ese tipo de embotellamientos para ponerse a platicar: se reinstala muy cómodamente en su asiento y empieza una conversación que dura tanto como el tiempo que invierten en llegar a su destino. Como Alejandra y Antonio vivían en el "profundo sur", tiene frente a ella un buen rato que aprovechar para contarle a Felipe de sus anfitriones.

"Quiero decirte que Alejandra es una de mis mejores amigas. Espero que te caiga bien. Aunque aquí entre nos es un poquito especial. A veces puede ser de lo más 'heavy', pero, sobre todo, 'bitchy'. Es medio envidiosilla, 'snob', criticona y de lo más frívola. Yo creo que está algo amargada, porque en el fondo está muy insatisfecha. Además, para mí que Antonio, su marido, le pinta el cuerno desde hace muchos años. Ella lo sabe pero se hace la loca. Lo que sucede es que es muy conservadora y es de las que nunca se divorciarían. Ella pertenece a una vieja familia panista. Es la típica niña-bien, exalumna del Sagrado Corazón, convencional y con muchas contradicciones. Antes vivían en Bosques de las Lomas pero como a su marido le fue tan mal después de la nacionalización y con la crisis de 95, se fueron a vivir a San Ángel, a una casa que Alejandra heredó de su mamá. Si tú crees que yo soy una compradora compulsiva, Alejandra me gana. ¡Te lo juro! Pero la pobre sufre muchísimo porque su marido es sumamente tacaño. Tan es así que fíjate que en una época le dio por robarle dinero de su cartera. Mientras su marido se bañaba, Alejandra se levantaba de la cama y en puntitas iba a buscar su pantalón, le sacaba la cartera y tomaba de dos a tres billetes, dependiendo de sus necesidades. Pero ¿qué crees? Que cuando viajaban, hacía exactamente lo mismo. Si iban a Nueva York, le robaba en dólares. Si viajaban a Japón, de su cartera de cocodrilo Dunhill tomaba varios billetes de yenes. Lo más curioso de todo es que Antonio no se daba cuenta de nada. Yo creo que se hacía de la vista gorda, porque como le ponía unos cuernos como los del papá de Bambi, pues era una forma de compensar su adulterio, ¿no crees? El caso es que después de todas las devaluaciones y crisis económicas, Alejandra empezó a trabajar en una compañía de bienes raíces y comenzó a ganar su propio dinero. Ahora que no trabaja, me pregunto si no ha vuelto con sus viejas mañas. Bueno, era tan consumista, ¿qué crees que hacía? Como su marido no le daba ni un clavo, nos pedía a sus amigas que usáramos nuestras tarjetas y después nos pagaba al fin del mes. Era muy chistosa. Me acuerdo que para que su marido no viera su shopping, lo escondía en la cajuela para sacarlo dos días después. Luego, arrugaba lo que había comprado y lo colgaba como si se hubiera tratado de algo ya usado. ¿Te das cuenta? Antonio es el clásico señor-bien. Pero el pobre, con la edad, se ha vuelto muy aburrido. Es un hombre bilioso, sobre todo desde que están tan amolados de dinero. Dice Alejandra que tiene muchas deudas y que no duerme por las noches. De hecho tiene un semblante medio apergaminado. Pero es buena persona. A mí me da un poco de lástima, porque tengo la impresión de que, en el fondo, se siente muy solo. A veces, Alejandra le habla horrible. Como si constantemente le estuviera pasando la factura de sus viejas aventuras. Tengo la impresión de que algo se rompió entre los dos y que siguen juntos nada más por la costumbre, por conveniencia y por el qué dirán. No te puedes imaginar cómo reaccionó Alejandra cuando me divorcié. Se pasaba las tardes enteras en la casa para tratar de disuadirme. Es tan mocha, que cuando empecé andar contigo, ¿qué crees que me dijo?: '¿Sabes qué? No soporto tu libertinaje'. ¿Te das cuenta de lo que significa para ella el libertinaje? Dice el doctor Muller que ésos son sus fantasmas; o sea, que brincos diera que se pudiera liberar de quién sabe cuántos miedos. Miedo, eso es lo que tiene Alejandra. Miedo de ser. Miedo de sentir. Miedo de liberarse. Miedo de que la abandonen. Miedo de que sus hijos no la quieran. Miedo de que su hijo menor vuelva a caer en las drogas. En suma, es una negadora de su realidad. Tiene miedo porque no sabe quién es. Para colmo, ella se cree perfecta. Cree que su familia es perfecta. Que educó perfectamente a sus hijos. Que sus nietos son los niños más bonitos que hay sobre la tierra. Que su matrimonio con Antonio es ejemplar. 'La happy family', empezamos a llamarlos en el club de La Peña, de Valle de Bravo. Otros los llaman 'los felices'. En realidad, son 'los infelices'. Su hijo Rodrigo fue drogadicto. Estuvo en Oceánica. No sabes las crisis que tenía. Se le desaparecía por semanas. Nadie sabía dónde estaba. Y Toño, el mayor, sigue viviendo en su casa como si fuera un adolescente. Pobre, porque novia que tiene, novia que lo manda a volar. Pero eso sí, gana muchísimo dinero y todo se lo gasta en coches, en reventones, en sus viejas y en sus viajes."

Conforme Felipe seguía el monólogo de Sofía, comenzó a embargarlo una profunda flojera. Sinceramente, no tenía nada de ganas de conocer a personas tan aburridas y, además, super convencionales. ¿Por qué, si le parecían tan tediosos, y los criticaba así, continuaba siendo su amiga? ¿Por qué si Alejandra podía llegar a ser tan mezquina y limitada, según su novia, la frecuentaba? Sin embargo, no le dijo nada. ¡Cómo le habría gustado, en lugar de cenar con esas personas tan extrañas, haberla invitado a Cluny de San Ángel o a comer unos tacos! Seguro que le hubiera contado que recibió un bono y que lo depositaría como un anticipo para la próxima boda. De haberse ido a cenar los dos juntitos, lo más probable es que también le hubiera contado que por fin había liquidado su adeudo con Banamex.

Pero no, no se atrevió sugerirle sus deseos, porque en el fondo intuía cuán importante era esta cena para Sofía. Aunque su prometida ya no era como ellos, y después de su divorcio había crecido, moralmente hablando, era curioso que la opinión de esa gente siguiera significándole algo especial. Este aspecto tan contradictorio de Sofía, también le gustaba. Lo divertía. Era tan distinta a todas las mujeres que había tratado, tan imprevisible, tan divertida. Ojalá que nunca deje de sorprenderlo. Ojalá que el matrimonio y la cotidianidad no apaguen esa pasión y entusiasmo. "Ten cuidado, no vaya a ser una 'devoradora de hombres'", le había advertido a Felipe un viejo amigo, conocido por su escepticismo en todo lo que se refiriera al matrimonio.

Ese hombre tan valiente que se quería casar

¿Cómo era el mundo de Felipe? ¿Qué clase de personas son sus amigos? ¿Qué dijeron cuando les anunció que se casaría? ¿En qué soñaba? ¿Qué opinaron sus dos hijos adolescentes de su futuro matrimonio? Felipe era egresado de la UNAM. En 1974 había estudiado cardiología en el hospital de la Johns Hopkins University, en Estados Unidos. En esta institución, además, cursó una subespecialidad en cardiopatías congénitas. Cuando regresó a México instaló su consultorio de cardiología infantil en Médica Sur. Aparte de preparado, Felipe era un hombre cuya inteligencia le permitía dedicarse a muchas actividades. Había escrito muchos ensayos; además de sus colaboraciones semanales en uno de los periódicos más influyentes del país. Sus artículos sobre "Tetralogía de Fallot" se publicaban en revistas científicas. Le encantaba la música. Su compositor predilecto era Bach. Sobre él sabía todo: obra, vida, amores y desamores. De niño había estudiado piano, pero el instrumento que mejor interpretaba era el oboe. El día que le tocó una tonadita de Cesaria Evora, Sofía casi se muere. Era un apasionado de la pintura; sobre todo del Quattrocento italiano. Conocía a la perfección todas las obras de ese periodo, desde las de Paolo Ucello hasta las de Botticelli. Fue él quien hizo descubrir a Sofía El Bosco. "Mi pintura preferida es el *Jardín de las delicias*; ahí aparece el diablo sentado en una silla agujerada, digiriendo las almas de los condenados. ¡Es maravilloso!", le había dicho un día que hablaron de pintura. De joven, Felipe fue "cinta negra", hecho que impresionó mucho a Sofía; de alguna manera se sentía más protegida. "Es como si anduviera con mi guarura sentimental", pensó sintiendo una enorme tranquilidad. Pero lo que, sin duda, más apreciaba su novia, era que su prometido había participado en los acontecimientos del movimiento estudiantil de 1968; que se había dejado crecer el pelo y la barba; que nunca de los nuncas había votado por el PRI; que hubo una época en que soñó con matar a Pinochet: "Es un sueño recurrente. Es de noche. Me veo entrar en su habitación. Lo observo durmiendo. Lo despierto. Le digo: 'Te voy a matar. Eres un miserable traidor'. Espero advertir un signo de terror en su rostro. Y lo mato con una pistola con silenciador". También le impresionaba que Felipe hubiera fumado mariguana; que se supiera de memoria todos los hit parade desde los años cincuenta, incluyendo los nombres de los compositores; que conociera de memoria todas las canciones de los Beatles, y que las cantara sin un ápice de acento; que hubiera vivido dos años solo en una casita a las afueras de Londres; que adorara a Woody Allen y al Gordo y el Flaco; que fuera un espléndido cibernético, es decir, que supiera manejar perfectamente bien todo lo que tenía que ver con las computadoras; y que le diera la espalda a todo lo relacionado con el establishment. "En esa época andábamos en quinto año de medicina en el Hospital General. Y, al mismo tiempo, con un grupo de amigos habíamos formado la compañía de teatro de la facultad, que en ese momento cumplía casi dos años de existencia. Como no había suficientes interesados, tuvimos que juntarnos con el grupo de ciencias políticas y de odontología. En realidad nos habíamos metido en esa aventura porque nos gustaban las piernas de la directora, quien resultó ser una persona fundamental en nuestro cambio hacia la tolerancia y la desinhibición personales que experimentamos en esos días. En seis meses cambiamos más que en los veinte años previos. El movimiento del 68, junto con el grupo de teatro, influyeron en nuestra forma de pensar, en nuestra manera de actuar y de relacionarnos con los demás; pero, sobre todo, en nuestra orientación política. Pasamos de ser los típicos 'fresas' a ser unos cuates 'alivianados'. Eso incluía alguno que otro contacto con las drogas. Entonces la cocaína no estaba a nuestro alcance; eran básicamente alucinógenos. Probamos de todo: mariguana, LSD, peyote, hongos y alguna que otra cosa extraña también. En relación con los hongos, lo único que conseguimos fue una diarrea espantosa; porque por más que los lavamos, supongo que no les quitamos por completo la tierra; y de alucinaciones, ¡nada! Si te platico todo esto no es para escandalizarte sino para que me conozcas mejor. A pesar de que la mayor parte de mis amigos y yo, estuvimos expuestos a esas sustancias, como podrás ver, resultamos ser hombres de bien; mucho mejores que los que supuestamente no consumían drogas pero que ahora forman parte del FOBAPROA."

"Goodness!", pensó Sofía, cuando escuchó, dos meses después de conocerlo, lo del consumo de drogas. Más que sus vivencias artísticas y universitarias lo que le había impactado a Sofía era lo que contó en relación con el LSD. Esa noche no durmió. "¡Qué horror, mientras en el 68 yo era una niña-bien, edecán super 'fresa' que se encargaba de los invitados especiales que vinieron para los juegos olímpicos, Felipe andaba haciendo 'pintas'. Mientras yo escuchaba a Pat Boone cantar 'Love Letters in the Sand', Felipe asistía a las manifestaciones de los estudiantes universitarios. Mientras yo bailaba en las tardeadas de los domingos del Jockey Club, Felipe se reunía con sus amigos para fumar mariguana y discutir sobre la Revolución cubana. ¿Le habrá entrado muy duro a las drogas? ¿Habrá estado alguna vez en la cárcel? ¿Por qué habrá caído tan bajo? ¿Habrá sido porque, la verdad, tenía muchas deudas económicas en esa época?" Con el tiempo, Sofía fue conociendo a Felipe más y más; y entre más lo descubría, más se decía que el Felipe del 68 se había convertido, como él mismo dijera, "en un hombre de bien". Y ella ¿en una mujer de bien?

Lo que Felipe nunca le contó a Sofía con más detalles fue que perteneció al Barzón, el movimiento "pluriclasista" que aglutinaba a todo tipo de productores comerciales, desde ejidatarios hasta propietarios privados. A partir de su fundación, en la década de los ochenta, el objetivo de esta agrupación —de las primeras que comenzó a formar la sociedad civil— había consistido en restructurar la deuda a largo plazo de acuerdo con las condiciones de solvencia de los deudores. En sus inicios tuvieron que padecer represiones, confiscaciones ilegales de maquinaria, encarcelamiento de dirigentes, manipulaciones informativas para desvirtuar y satanizar al movimiento, hasta el desconocimiento como organización de productores y la cerrazón de los bancos a la negociación, entre muchos más problemas. Muchos años después, a principios de los noventa, Felipe se había unido a los marchistas del Barzón que habían sufrido, como él, los problemas de carteras vencidas y el pago de intereses moratorios. Para entonces ya se habían unido al Barzón simpatizantes del PAN, del PRD, del PRI y del PT. "Si nos hemos de hundir, nos hundiremos con todo y el gobierno, porque ha sido una política económica errónea la que aplicó en el campo; por eso estamos como estamos", le había dicho, en esa época, un amigo suyo que había conocido en el grupo universitario de teatro y que tenía un ranchito en el estado de Jalisco.

En ese año de 1993, Felipe se encontraba en Guadalajara en una convención de científicos; a pesar de que su agenda estaba llena de compromisos, quiso acompañar a su amigo en la marcha en apoyo a los productores agropecuarios, que entonces representaban 33% de la población nacional. Curiosamente, también andaba por ahí el entonces secretario de Hacienda, Pedro Aspe, acompañando al presidente Carlos Salinas de Gortari en el recorrido de la Semana de Solidaridad. Y entre tractores y mantas, Felipe marchó muy serio mientras pensaba en sus dos tarjetas bancarias bloqueadas, las cuales no tenía dinero con qué pagar. El ambiente se sintió particularmente tenso. Hacía muy poquito tiempo habían asesinado al cardenal Posadas.

Al otro día, Felipe acompañó a misa en catedral a una doctora tapatía que conoció durante el congreso. Ahí, durante la homilía, escuchó al obispo Martín Rebago referirse a los del Barzón: "Conozco el motivo de su venida; llevan varios días por los caminos del estado para buscar caminos de solución a un problema que los trae inquietos. Sabemos que la situación económica es difícil, que se pasa por una situación singularmente aguda. Aumentan los desempleados, los salarios cada vez son más insuficientes; sabemos de los problemas de las empresas que cierran por incosteabilidad. Los agricultores han sido uno de los sectores sociales más golpeados; esperamos que el Señor ilumine a los que deben solucionar este problema". Más adelante, el obispo quiso recordar las palabras del papa: "La economía no es mundo sin corazón y no está al margen de la moral". Cuando Felipe escuchó esto por poco se echa una carcajada, pero se contuvo por respeto a su amiga, quien, por cierto, escuchaba el sermón con los ojos bien abiertos. Ella también tenía dificultades económicas. Antes de terminar, el obispo aseguró: "Se debe tener en cuenta al hombre, sus preocupaciones y sus proyectos. Nos preocupa que, como dijo un filósofo, el hombre se convierta en el lobo del hombre. Nos preocupa que exista gente que acapare riquezas sin importarle si se atropella en ello a los demás". No acabó de terminar la frase, cuando Felipe no aguantó más y suelta la carcajada que se había tenido que tragar dos minutos antes. "Shhhh", le dijo muy quedito la doctora Marta, a la vez que fruncía coquetamente su nariz. "El lobo es él", le dijo Felipe al oído. Al salir de misa, con lo primero que se toparon fue con los tractores, que seguían en la plaza. Martita quiso sacarle una fotografía a Felipe. "Súbete en uno de ellos", le sugirió muerta de la risa. Así lo hizo.

No obstante que conservaba la foto en uno de los cajones del buró, nunca quiso mostrársela a Sofía, por miedo a que lo hubiera encontrado un poco "pluck", como decía Sofía en francés por no decir "naco", con sus jeans y su playera, que decía: "Debo, no niego; pago, no tengo".

Después de hacerle la vida de rombitos a los banqueros y de incluso exigirle al gobierno de entonces que se declarara en moratoria frente a la deuda externa y se usaran las divisas para apoyar a los millones de afectados por la crisis de 1994, el Barzón siguió creciendo y creciendo. En 1995 contaba con un millón de afiliados en todo el país; contaba con representaciones en más de seiscientos municipios; con tan sólo cien pesos se podía uno afiliar.

En esa época, en las oficinas que se encontraban en la calle de 5 de febrero, casi esquina con Viaducto, se veían enormes filas. Muchas de estas personas eran, sobre todo, jubilados que percibían como pensión menos de ciento cincuenta dólares y que debían pagar más de doscientos de su adeudo, como pago mínimo. Habían leído en la prensa la declaración del entonces coordinador del Barzón metropolitano, Alfonso Ramírez Cuéllar: "La solución es que se distribuya equitativamente la deuda, que sea pagada en partes iguales por el gobierno, los bancos y los cuentahabientes, porque quienes tenían una tarjeta de crédito, un crédito hipotecario o un planauto o plancasa, no son responsables de la crisis económica ni de que se hayan disparado las tasas de interés". A pesar de todos los esfuerzos que hacía el Barzón para revisar cada uno de los casos de sus afiliados, hubo algunos barzonistas que empezaron a deprimirse. Su sufrimiento era atroz.

Por fortuna, Felipe pudo, poco a poco, ir pagando sus deudas.

Una noche para recordar

Finalmente llegaron a casa de Alejandra y Antonio.

No acababan de entrar Sofía y Felipe a un vestíbulo forrado de terciopelo color arena donde había un viejo baúl y un espejo enorme que reflejaba un piso de mármol blanco y negro, cuando Alejandra salió a su encuentro. "Bienvenidos", dijo, al mismo tiempo que revisó al doctor de pies a cabeza. Fue tan obvia que Sofía hasta sonrió. Antonio los esperaba en la sala; una habitación amplia y confortable en donde había muebles de marquetería poblana, santos estofados y sillones cubiertos de terciopelo color pelo de camello. Sobre la chimenea de cantera había una colección de marcos de plata con diferentes fotografías de la familia. Ahí estaban los niños Toño y Rodrigo esquiando en Vail; Alejandra con traje de amazona al lado de un caballo; Antonio mostrando un pez vela en Valle de Bravo; Toño jugando tenis en el club Chapultepec; Rodrigo vestido de payaso en la fiesta de los hijos de Sofía; Alejandra saludando al embajador de Francia; Antonio dando una conferencia en el Club de Industriales; el Muelas al lado de doña Licha, en una cena de fin de año en casa de los papás de Inés; Antonio con anteojos negros y fumando un puro; Alejandra enfundada en un vestido largo en casa de Viviana Corcuera.

Tomaban el aperitivo cuando apareció la muchacha, perfectamente bien uniformada pero con cara de aterrada, avisando que el señor Justo Leyva llegaría un poquito más tarde, así que le pedía a los señores que pasaran a la mesa cuando ellos gustaran.

"De seguro está todavía en una de esas juntas interminables de la PROFECO, así es que les sugiero que pasemos a cenar", propuso Alejandra, a la vez que le pedía a sus invitados que la acompañaran al comedor. A Sofía le pareció extraño que no les hubiera ofrecido primero un aperitivo; incluso hasta lo encontró un poquito descortés pero no quiso darle mucha importancia.

Todo estaba listo: la cena, la mesa puesta, los ramos de flores de Becky Alazraki, la gran charola de plata del aperitivo, el vino blanco (Montrachet 1989) y las dos muchachas uniformadas de negro, las toallas especiales para el baño de visitas compradas en Houston, las veladoras Rigaud con aroma a bosque, los compact discs de música de nostalgia estadunidense, la chimenea encendida.

Marina, con calentura y sintiéndose muy débil, terminaba de arreglar en el comedor las servilletas de organdí suizo bajo los cubiertos Christofle. En seguida secó cuidadosamente con un trapo cada una de las copas que brillaban bajo un candil de bronce. Mientras tanto, Carmen Rojas ponía a calentar el pan en el microondas, al mismo tiempo que, de lejecitos, revisaba que la sopa de flor de calabaza se estuviera calentando y sin hervir mucho. "No la quiero muy espesa", había recomendado su patrona.

Alejandra llevaba un traje sastre negro Thierry Mugler (comprado en la boutique de Avenue Montaigne, en París) y un collar de tres hilos de perlas cultivadas que hacían juego con sus aretes rematados con un moñito de brillantes. Su pelo estaba perfectamente bien cortado, pintado y peinado; sus uñas super bien manicuradas en rojo muy fuerte, hacían resaltar su anillo de zafiro y diamantes que hace muchos años compró con Hervé Peyrelongue en la primera joyería que tuvo en las calles de Amberes. Su maquillaje (Mac) era discreto pero suficientemente audaz como para hacerla lucir sofisticada. El aroma de su perfume Fleur de Rocaille se confundía maravillosamente bien con el de los nardos entreverados con las rosas del centro de mesa del comedor.

"¡Qué divino arreglo de flores! ¿Es de Becky Alazraki, verdad? Me encanta tu vajilla Meissen. ¿Fue la que heredaste de tu mamá?", le preguntó Sofía, como para elogiar a esa anfitriona tan pretenciosa. En efecto, la vajilla y la mesa se veían preciosas. Quizá lo que denotaba un poquito que era una cena "tout petit comité", como había querido bautizarla Alejandra, era el mantel de organdí blanco. Se hubiera dicho que se estaba celebrando un acontecimiento de gran importancia, cuando, en realidad, se había organizado una pequeña cena para reunirse entre amigos. Felipe observaba todo como sorprendido. Sentía el ambiente un poco forzado. Sin embargo, de inmediato sintió una cierta empatía hacia Antonio. Tal vez, en el fondo, le dio lástima que estuviera casado con una señora que seguramente no le hacía la vida fácil.

"Nada, por esta ocasión, los novios se sentarán uno al lado del otro", anunció Alejandra, como tratando de caer bien, cuando en realidad se le sentía demasiado artificial. A partir de ese momento todo pareció tomar su curso normal. Las dos sirvientas servían maravillosamente bien la mesa. Bastaba con que Alejandra las mirara de una cierta forma para que supieran con exactitud qué era lo que debían hacer. La cena transcurre entre risas, anécdotas, chismes y recuerdos de vivencias compartidas entre Sofía y los anfitriones. Entre tanto Marina no dejaba de servir las copas y, junto con Carmen, no dejaba de repasar las charolas de plata con un maravilloso filete que, de tan perfecto, parecía como de libro de cocina francesa, acompañado de puré de nabo. Mientras tanto, en la cocina, estaba por terminarse de preparar el postre: islas flotantes rociadas de caramelo y almendras.

De pronto, Antonio se puso de pie, alzó su copa y dijo a los novios: "Brindemos por su felicidad. Demos la bienvenida al Grupo al doctor. Brindemos por la transición. Brindemos por Fox. Y brindemos por el nuevo México que viene lleno de...", estaba a punto de terminar la frase, cuando entra al comedor Carmen Rojas y le dice algo al oído a la anfitriona. "Ahora no, por favor", contestó cortante Alejandra. "Ay, señora es que lo juro por Dios santo que está muy mala", exclamó nerviosamente la nana. "¿Qué pasa?", preguntó Sofía. "Nada. Parece ser que Marina se puso muy malita", respondió con aire de indiferencia. "¿Por qué no la ve Felipe?", preguntó Sofía. "Ay, no, pero qué pena", terció Alejandra. "Con mucho gusto", agregó el médico. "Parece ser que se sintió muy mal y se fue a su recámara. No se preocupen. No es nada. Ya se le pasará", agregó Alejandra. "No, señora, de veras que está muy mala, casi se desmaya y hasta devolvió del estómago. Mejor que vaya el doctor a revisarla", insistió Carmen. "Creo que es mejor que la revise", dijo Felipe. "¿Por qué no vamos todos?", propuso Sofía. "Tienes razón", apuntó Antonio. Todos se pusieron de pie y en fila india se dirigieron al cuarto de las muchachas.

Con dificultad abrieron una puerta de metal oxidada. Arrinconado bajo una ventana sin vidrios descubrieron el catre de la muchacha enferma. Se sentía un frío atroz y en el ambiente se respiraba un olor insoportable. Marina estaba envuelta en un sarape con visibles manchas de vómito. Su catre no tenía sábanas y un suéter de cocoles hecho bolita, hacía las veces de cojín.

"Tiene un ataque de epilepsia. Que me traigan rápido una cuchara", suplicó nervioso Felipe. Y mientras Carmen Rojas se la subía, los ojos de Sofía recorrían el cuartucho con las paredes llenas de humedad;

advirtió otros dos catres, separados por unas colchas viejas satinadas; con cara de asco vio el baño sin puerta en el que había un excusado (sin tapadera) completamente obstruido; colgado de la regadera, también descompuesta, descubrió un viejo calcetín. Sin poderlo evitar, entre Felipe y Sofía se hacían ojos y se miraban desorientados. "Ay, perdonen el desorden pero ya ven cómo son...", dijo Alejandra. Antonio se veía de verdad avergonzado. Se hubiera dicho que jamás había puesto un pie en ese cuartucho; estaba tan sorprendido como los invitados. De pronto Alejandra se volteó hacia la nana de toda la vida y le preguntó en un tono bastante despectivo: "¿Qué todavía no reciben las camas nuevas que les compré en Elektra? ¿Por qué no han llamado al plomero?". Su marido la miró desconcertado. No sabía si admirar la actuación de su mujer o si descubrirla delante de sus amigos.

Por fin llegó Carmen con la cuchara que había pedido Felipe, pero era ya demasiado tarde, la crisis había pasado y la enferma dormía profundamente. "Habría que llevarla al doctor, la veo muy desnutrida", dijo el médico. De nuevo en fila india bajaron todos y se sentaron a la mesa en absoluto silencio.

"Con permiso", dijo de repente Alejandra. Se paró de su silla y desapareció. Se dirigió a la cocina. Y dando grandes zancadas subió al cuarto de las muchachas: "¡Estúpidas! Por su culpa me pusieron en ridículo frente a mis amistades. ¿Se dan cuenta en el cuchitril en el que viven?". "Ay, señora, pero si desde hace mucho le dijimos lo de la humedad y lo de los vidrios rotos. También le llegamos a comentar que necesitábamos cobijas y que nuestro baño estaba retetapado. Además, aquí no cabemos. Oiga, señora, ¿es verdad lo de las camas de Elektra?" "¡Claro que no! Y ahora menos. ¿Para qué se las compro? ¿Para que las destruyan como han destruido los catres? Malagradecidas, después de todo lo que les he regalado. De todas mis muchachas, ustedes han sido a las que más les he regalado cosas. ¡Arreglen su cuarto!", les ordenó furiosa.

Al llegar al comedor ya estaba ahí su amigo Justo Leyva. "Ay, qué bueno que ya llegaste. ¿Le puede por favor servir al señor?", le preguntó Alejandra a Carmen, que aún se veía muy mortificada. "Gracias a Dios, Marina ya está mejor. Mañana sin falta le llamo al doctor de la familia para que venga a revisarla", advirtió la patrona, visiblemente irritada. Hizo tal coraje con el desafortunado incidente, que tanto su rímel como su peinado, se habían bajado; igualmente, se le había formado un extraño rictus en las comisuras de los labios. El que también se notaba bastante afectado por lo que presenciaron era Antonio. El único animado era don Justo, que ignoraba lo sucedido. "Ay, Alejandra eres igualita a mi mamá. Siempre preocupada por asuntos de la casa", dijo, a la vez que untaba un poco de mantequilla sobre un gran pedazo de "baguette".

Sofía no decía nada. Estaba más apenada que Alejandra. Hacía mucho tiempo que no había sentido tanta pena ajena por una amiga. Nunca se hubiera imaginado que Alejandra fuera capaz de tener a sus muchachas en esa situación tan lamentable. Nunca se hubiera imaginado que en esa casa existieran dos mundos tan contrastantes: upstairs y downstairs. La diferencia entre los dos niveles era, de verdad, apabullante. "Seguramente en muchas casas de las Lomas así viven las muchachas. ¡Qué horror! Se lo tengo que comentar al doctor Muller. Híjole, qué pena por Felipe. Ha de creer que yo también tengo así la habitación del servicio doméstico. ¿Será? Pues, desafortunadamente, creo que se asemeja bastante. Bueno, pero por lo menos mis muchachas tienen televisión con cable. Ay, qué horror. ¡Qué vergüenza!" Como para romper un poco el ambiente, que estaba particularmente pesado, Sofía le preguntó a don Justo:

−¿Qué tipo de quejas son las más comunes en la PROFECO?

−¿De veras quiere que le explique? Le advierto que es medio complicado...

Nunca le hubiera preguntado. A partir de ese momento Justo Leyva no soltó el micrófono.

-Bueno, Sofía, en primer lugar, me da mucho gusto conocerla, porque ya me habían hablado mucho de usted Antonio y Alejandra. Según ellos, usted es la amiga más consumista que han tenido, por eso supongo que le interesa qué es lo que hace la PROFECO. Pues bien, se ha de imaginar que tenemos todo tipo de quejas; sobre todo aquéllas que tienen que ver con servicios, como por ejemplo los concernientes a gas, teléfono, agua, energía eléctrica y de reparación de autos. Con respecto a estas últimas, las quejas casi siempre se refieren a autos a los que se les efectúan varias reparaciones y, sin embargo, siguen sin quedar bien. También hay otro tipo de quejas, que han surgido últimamente, y que tienen que ver con los llamados productos "milagro". Seguramente ya ha escuchado hablar de ellos, ¿verdad? Déjeme contarle una anécdota que me llamó mucho la atención. No hace mucho tiempo se quejaron unas hermanas, que por cierto son gemelas, de unas cremas llamadas Beverly Hills que, en vez de ayudarlas a rejuvenecer como decía la publicidad de la televisión, ¿qué cree que pasó?, les hizo brotar una acné terrible, al grado que tuvieron que ir con un dermatólogo, que, encima de salirles carísimo, tuvieron que consultar durante meses para que les quitara todos esos granos. También recibimos muchas quejas en relación con el Fataché, Vientre Plano, que en realidad es un combinado de bacilos lácteos, como el Yakult o el yogurt, que evita los gases. Sin embargo, todos estos productos los anuncian como si en efecto fueran milagros de la misma Virgen de Guadalupe. La verdad es que varios de esos productos son simplemente facilitadores de la evacuación, que producen bolo intestinal como el Psyllium Plantago, conocido en las farmacias como Metamucil. Un kilo de este producto te cuesta como 160 pesos y 90 gramos de esas cápsulas milagrosas, te salen en 299 pesos, más gastos de envío. Por eso, en cuanto a esos productos, hemos tomado acciones como exigirles que informen sobre sus verdaderos alcances; y en algunos casos hemos tenido que retirar del mercado ciertos productos que proporcionan información no veraz o no comprobable. Incluso hemos llegado hasta retirar los anuncios comerciales.

"Ahora, si me permiten, me gustaría comentarles otro asunto muy grave. Sin exagerar, les podría decir que es como una bomba. Sí, así es de grave. Se trata de ACO. ACO, así como suena. Pues bien, se trata de un autofinanciamiento para conseguir una vivienda. Por favor, no se les vaya a ocurrir pedir crédito a esa sociedad, porque tarde o temprano terminarían en la bancarrota. Créanme, este problema de ACO, entre bromas y veras, podría ser el próximo FOBAPROA...

–Ahora, ¿por qué no nos habla un poco a propósito de las tarjetas de crédito? —preguntó de pronto Sofía.

Tanto Felipe como Antonio lamentaron esta interrupción; ellos querían saber más sobre eso que se llama ACO. Pero el que en el fondo estaba muy contento con la interferencia era don Justo. Sintió que no había que insistir en un problema que podía traer consecuencias terribles para millones de mexicanos. De ahí que con toda buena gana haya encontrado muy oportuna la pregunta de la novia, quien en sus adentros seguía con las imágenes del cuarto de las muchachas de Alejandra.

–Lamentablemente, Sofía, y sé que a usted le incumbe mucho este asunto, no es injerencia de la PROFECO el recibir quejas sobre tarjetas de crédito. Te voy a explicar por qué. ¿Me permites hablarte de tú? Gracias. Por una razón muy sencilla. Por disposición de la ley, la PROFECO no se encarga de recibir quejas sobre las tarjetas bancarias, ya que los bancos son organizaciones supervisadas por comisiones nacionales, como lo es la CONSAR. Y la organización encargada de recibir este tipo de quejas es la CONDUSEF (Comisión Nacional de Usuarios de Servicios Financieros), que depende de la Secretaría de Hacienda. Sin embargo, sí nos encargamos de otros tipos de crédito, como son las tarjetas expedidas por almacenes, por American Express y por Diners, así como de los créditos que los almacenes proporcionan sin la necesidad de una tarjeta. Los principales problemas que detectamos con respecto a este último tipo de crédito son que los almacenes anuncian pagos semanales pero no dicen por cuántas semanas, es decir, no se proporciona al comprador el precio de contado. Con respecto a las tarjetas de crédito que sí nos competen, las quejas constantes son sobre los altos intereses. En cuanto a este punto, puedo decir que es un error de las personas el financiar con tarjetas de crédito todo lo que consumen. Se debería de hacer un uso racional de éstas, utilizarlas en casos urgentes y tratar siempre de cubrir la totalidad del saldo, ya que si sólo se paga el monto mínimo, nunca se acaba de pagar dados los altos intereses: lo que se abona termina diluyéndose debido a los intereses, y es entonces cuando si uno no tiene cuidado, puede terminar embarcado o fichado en el Buró de Crédito, la lista negra de los tarjetahabientes.

Qué tan deprimida pudo haber quedado Sofía después de lo sucedido con Marina, que cuando Justo Leyva comentó lo anterior, ni siquiera reaccionó. Es más, ni lo estaba escuchando. La mente de Sofía todavía trataba de digerir todas las escenas que le había provocado esa ida "upstairs". "Ese cuarto es como Chiapas. Así lo tenemos, los mexicanos ricos, a ese pobre estado tan marginado. Así, como el cuarto de las muchachas, está de pobre y de olvidado. Qué curioso, porque Alejandra está convencida de que es una mujer del primer mundo, cuando apenas es una patrona del tercer mundo. Ay, cuántas contradicciones padecemos los mexicanos. Mañana, sin falta, revisaré el cuarto de Lupita y Eva para ver en qué estado se encuentra."

Mientras Sofía reflexionaba sobre su calidad humana como patrona, Justo Leyva seguía explicando cuáles eran las funciones de la PROFECO.

–Ahora bien, respecto a las ventas a través de Internet. Desde que comenzaron han estado contempladas por la Ley del Consumidor, ya que pueden incluirse en el capítulo de ventas a distancia. Sin embargo, consideramos que era necesario integrar un nuevo capítulo a la Ley, que se dedicara únicamente a las ventas por Internet. Para hacerlo, fue necesario reformar el artículo 1° de la Ley. Pero les estoy haciendo el cuento muy largo. Mejor les platico de casos concretos. ¿Les parece?

En realidad, tanto los anfitriones, como los invitados, estaban deprimidos. El ataque epiléptico de Marina y su habitación, los había confrontado demasiado. De alguna manera, se sentían culpables. Culpables de pertenecer a un país donde existían tantos millones de mexicanos en la miseria extrema. Culpables de formar parte de una elite que se permitía este tipo de injusticias. Culpables frente a su impotencia y su ignorancia. Y, finalmente, culpables de vivir en un país donde la servidumbre no tenía derechos, ni seguridad social, ni jubilación, ni nada que no fueran los catres en los que dormían en casa de sus patrones. No, nadie tenía ganas de platicar; salvo Justo Leyva, a quien no le paraba la boca:

–Bueno, pues una señora de las Lomas llevó un vestido Armani a la tintorería y se lo echaron a perder. Ahora reclama ciento veinte mil pesos, que es lo que dice costó el vestido, pero como no tiene la nota correspondiente sino sólo una carta de Armani, pues aún no se le resuelve su problema.

"Otro caso es el del colegio Gandhi, que está contra el Rancho Leona. El colegio compró al rancho una pareja de venados. La hembra estaba preñada porque se pretendía que los alumnos del colegio pudieran presenciar el nacimiento de la cría. La venada murió durante la transportación, que corría por cuenta del comprador, quien ahora exige una indemnización del rancho por los daños psicológicos que dicha muerte causó a sus alumnos, que ya no pudieron presenciar el nacimiento; porque, dice el comprador, que la venada ya venía nerviosa del rancho y por eso murió. A pesar de que el comprador aceptó que en el rancho le habían advertido que los venados son muy nerviosos y que la venada podía sufrir un ataque cardiaco debido a la transportación, como esta información no estaba impresa, la queja procedió, y el colegio recibió una venada nueva (aunque ésta no estaba preñada) por un valor de siete mil pesos; pero no recibió ninguna indemnización por daños psicológicos. En este caso, el consumidor parecía no tener la razón, ya que la transportación corrió a su cargo, pero fue defendido por la PROFECO debido a la falta de información impresa.

"He aquí otro caso: un señor pidió en un taller que le revisaran el nivel de aceite de su coche y al sacarlo de dicho taller, se desbieló. Lo que sucedió es que en el taller únicamente comprobaron que el nivel del aceite estaba bajo, pero no llenaron el depósito porque el cliente no lo solicitó (además, en la nota no se especificaba que se hubiera puesto aceite al auto). A pesar de que el consumidor parecía no tener toda la razón, se logró que el taller efectuara el ajuste del coche (con un costo de quince mil pesos) gratis.

"Uno más: se compró una casa en Cancún con un valor superior a un millón de dólares, donde los metros cuadrados del contrato no correspondían con la realidad. El vendedor tuvo que dar al comprador 351,000 dólares debido a esta falla.

"Este caso te va a gustar, Sofía. Ahí tienen ustedes que una novia en Jalapa reclama que su vestido de bodas, que compró en la ciudad de México, venía roto; sin embargo, ya lo utilizó en la boda (tal vez lo rompieron en la víbora de la mar). A pesar de todo, se consiguió que el vendedor lo lavara y cosiera, aunque quedaba el problema de quién iba a pagar por el envío.

"¡La verdad es que a la PROFECO nos llega cada caso...! Imagínense éste. Un señor de apariencia bastante desarreglada, deja un costal en la paquetería de una tienda de autoservicio. Entra a hacer sus compras y cuando está a punto de pagar recuerda que tiene algo muy importante que hacer y deja todo: sus compras y su paquete. Más de treinta días después, reclama el paquete, pero éste ya no estaba, ya que al pasar más de treinta días, la paquetería no se hace responsable. Él dice que en su paquete había cubiertos de plata, cadenas, relojes de familia, por lo que es imposible que lo hayan tirado. La tienda de autoservicio le ofrece mil quinientos pesos, pero antes de que los acepte, aparece el costal, y se encuentra que en su interior hay una cuchara doblada, llaves, sábanas y toallas de moteles, papel de baño, un reloj destartalado y un paquete de mariguana. Obviamente, el señor no recibe nada.

"Bueno, pues el mismo señor puso una queja porque en un motel no se veían bien las películas pornográficas, que estaban censuradas con recuadros negros. Obviamente no procedió su queja.

"Ahora bien, también hemos recibido muchas quejas de los extranjeros. Ahí tienen el caso del señor que renta un coche a National Inter Rent y paga el seguro correspondiente. Se lleva el coche a Puerto Escondido, Oaxaca, y se lo roban. La agencia quería cobrarle el auto completo y no sólo el deducible, ya que en letras muy pequeñas el contrato del seguro decía que el coche debía dejarse en un estacionamiento en todo momento. En Puerto Escondido es imposible encontrar un estacionamiento, por lo que se logra que sólo pague el deducible.

"Otro: un iraquí llega sin visa a Panamá desde México, ahí lo detienen tres días y lo tratan muy mal. Demanda a la línea aérea por no advertirle que necesitaba visa. Ganó otro boleto a Panamá y mil dólares que pidió debido al maltrato sufrido.

"Y el último: el hijo de un senador estadunidense se ahoga en Cozumel mientras buceaba. Su padre compra un féretro de madera para transportar el cuerpo hasta Estados Unidos, donde es cremado. Sin embargo, dice que no le gusta el féretro y quiere regresarlo, a pesar de haberlo usado ya. Las leyes de sanidad mexicanas no lo permiten, pero la embajada estadunidense insistió constantemente sobre el caso.

De pronto, Justo Leyva se calló y se hizo un silencio interminable. Fue en ese momentito que Sofía aprovechó para decir: "Bueno, creo que ahora sí ya es muy tarde y mañana me tengo que despertar muy temprano porque voy a ir a ver lo de las invitaciones para la boda". De inmediato Felipe se puso de pie y empezó a despedirse de los anfitriones.

Alejandra les dijo adiós con demasiada euforia. Era evidente que seguía muy molesta por lo de las muchachas. Antonio acompañó a los novios hasta la puerta, no sin antes dirigirse hacia Felipe y decirle: "Mil gracias, mano, por lo de Marina. Ya sabes que ésta es tu casa. Oye, ¿juegas golf o tenis? Cuando quieras vamos al club. Muy bien. Muchas gracias por venir".

En el camino de regreso, Sofía y Felipe se sumieron en sus respectivos pensamientos, eso sí, tomados de la mano. Esa noche, excepcionalmente, no hicieron el amor.

Amigos en este Valle...

La casa de Fernando en Valle de Bravo se sitúa en la mejor parte del pueblo: cercana a La Peña y sobremirando al lago. Cuando se divorció de Sofía acordaron ponerla a la venta y dividir el dinero, pero una omisión —culposa o dolosa—, en el acuerdo de divorcio, permitió a Fernando pedir un precio estratosférico para dilatar ad infinitum la operación y seguirla disfrutando. A partir de la separación escogió ese sitio como lugar de reunión con los cuates o como refugio para sus muchas y frecuentes escapadas con sus amiguitas. Para ese fin de semana recibiría a Daniel, Beto y Antonio. En un tiempo constituyeron un grupo bastante unido, en virtud de la íntima amistad de sus consortes. Los frecuentes eventos en que coincidían las inseparables Sofía, Alejandra, Inés y Ana Paula trajo como consecuencia natural la amistad entre ellos cuatro, puesto que a menudo resultaron ser los amigos más cercanos en alguna reunión de desconocidos. Ahora que tanto Beto como el propio Fernando se habían divorciado, la camarilla había dejado de frecuentarse, de tal suerte que todos ellos recibieron con beneplácito la invitación del anfitrión.

Para Antonio, un fin de semana en Valle con los cuates no estaba mal, nada mal. Un fin de semana sin viejas, pensaba, para que los cuates pudieran hablar de viejas y pensar en viejas, pero ajenas. Andar con viejas ajenas estaría más difícil: en Valle, todo mundo te conoce. Ni modo. Un mundo sin viejas ni pensarlo. Qué horror. Pero un fin de semana sin viejas, eso ya es otra cosa. No estaba mal, nada mal.

Conforme más lo pensaba, más se convencía de las bondades del plan. Un fin de semana en casa de Fernando, el rey del gadget, con su porsche nuevo. A ver de qué tanto presumía. Seguro de sus últimas conquistas y sus últimas compras, como si no fuera vox populi que estaba a punto de ir al bote, porque don Paco quería demandarlo por haber cobrado comisiones por ventas no hechas y por los autopréstamos que se hizo para comprar su carrito. Pinche Fernando, siempre igual. Un fin de semana con Beto, tan orgulloso de su nueva vieja, veinte años menor que él. ¿No sabrá que a sus espaldas le dicen el Taquero? Que ya nomás se los echa de lengua. Pura envidia, diría él, y tal vez no le faltara razón. Por un lado, Isabel estaba buenísima y, además a quién no le daba gusto que hubiera mandado a volar a la bruja de Ana Paula. Qué vieja tan odiosa. Un fin de semana con Daniel. Pobre Danielón, él sí que era buena gente, lástima que le estuviera metiendo tan duro al trago. Desde que dejó el despacho de Legorreta no volvió a ver la suya. De seguro que se iba a poner hasta las chanclas, como de costumbre, pero a ése le aguantaría todo, como que le daba cruda moral con él. Además, de él dirían lo mismo: "Pobre Antonio, el abogado exitoso que puso su despacho y se lo llevó la chingada. Ahogado en deudas. Hubiera seguido en Basham, ahí le iba de maravilla, pero la ambición rompió el saco". Bueno, los Tres Mosqueteros (y D'Artagnan, por supuesto) se van solitos a Valle de fin de semana. No estaba mal, nada mal.

Para Daniel escapar de la supervisión de Inés, que de un tiempo acá controlaba sus tragos como la madre superiora, representaba la oportunidad de sentirse libre. Beto, en cambio, era el más renuente del grupo. En otros tiempos hubiera sido el primero en apuntarse; siempre le atrajo la amistad de los otros tres porque, a diferencia suya, eran miembros de familias distinguidas y de alto nivel social. Ahora, sin embargo, dejar sola a Isabel, de apenas poco más de treinta años y buenérrima, le inquietaba profundamente. A pesar de ello, el fin de semana le daría oportunidad para consultar con Antonio sobre sus temores de verse involucrado en problemas legales por haber participado en algunas operaciones bursátiles riesgosas.

Antonio llegó con el propio Fernando. A no ser por sus preocupaciones, que eran muchas y muy grandes, el camino le hubiera parecido un infierno, pues su anfitrión se dedicó a ponderar las virtudes de su nuevo porsche, que conducía a velocidad supersónica, y a hacer una apología no solicitada de su conducta poco transparente en la empresa donde ahora trabaja. El interminable monólogo dio oportunidad a Antonio de sumirse en sus propias reflexiones.

Beto y Daniel llegaron poco más tarde, en el mercedes del segundo. A pesar de que de un tiempo acá evitaba manejar en carretera, Daniel insistió en llevar su coche. No quiso confesar que tenía un fundado temor de verse forzado a vender su querido mercedes; por ello, procuraba usarlo lo más posible.

El viernes a las cinco de la tarde estaban reunidos los Tres Mosqueteros y D'Artagnan. Fernando los sorprendió con la peregrina idea de que ellos mismos tendrían que prepararse la cena. Y no sólo eso, sino que les cocinaría un hojaldre de salmón que le quedaba a pedir de boca, sólo que como no había salmón, tendría que sustituirlo por truchas. Para ello, propuso, caminarían hasta el embarcadero para comprar las más frescas y regresarían por el pueblo para traer algunas verduras orgánicas de las que se cultivaban en Valle, y vinos de La Europea. Minutos después la cuarteta de rucos camina por las empedradas calles del pueblo disfrutando de su libertad y añorando su juventud, ante la vista de las muchas jovencitas que lucían sus encantos con atrevidas minifaldas o ceñidos pantalones.

Una vez en casa, Fernando comisionó a Daniel para encargarse de la ensalada, Beto sería el cantinero y Antonio su ayudante de cocina. "Al cabo que estás bien pinche", le dijo. Así, con sus tragos en la mano (Daniel tomó solamente agua mineral), los amigos se dispusieron a preparar el peculiar banquete.

—Tenemos que lucirnos —dijo Fernando—, porque Daniel va a ir al pueblo a invitar a las chavitas de la minifalda para que se vengan a cenar con nosotros.

—Yo paso, maestro. El galán eres tú —contestó el aludido.

—Bueno, pues entonces que vaya Beto, que no canta mal las rancheras; o qué, ¿no se les antoja? —reviró Fernando.

—Pues claro que se antoja, pero acuérdense que yo estoy recién casado —se disculpó Beto.

—Pero bien que le diste vuelo a la hilacha antes de caer con Isabel. A ver, cuéntanos de tus conquistas —pidió Daniel.

—Prefiero contarles el día que mi mamá me pescó haciéndome una chaqueta. Eso es privado.

Los amigos rieron de buena gana ante la ocurrencia de Beto.

—Eso nos pasó a todos, Beto. Mejor cuéntanos cuando te cachó tu mujer, la semana pasada —se burló Antonio.

—Pues lo dirás de broma —respondió el aludido—, pero les voy a contar una cosa muy privada, nomás que de aquí no salga, y eso que se trata de Ana Paula, no de Isabel. Fíjense que cuando las cosas ya estaban muy mal, encontré en la tabla de hasta arriba de su clóset una cajota como de zapatos pero un poco más grande. Yo estaba buscando la hebilla de un cinturón y por eso la abrí. Por supuesto que no encontré la hebilla, pero la dichosa cajita estaba llena de... ¿de qué creen?, pues de juguetes eróticos. Yo nunca había visto tantas cosas. Reconocí los vibradores, de varios tamaños. Unos eran unos simples cilindros alargados, pero otros eran unas reproducciones perfectas, o más que perfectas, de aquello que te conté. Había pitotes, pititos y pitos simplemente. Había hasta uno ¡negro! Pinche vieja loca. También había jaleas lubricantes y otras cositas que pa'qué les cuento.

—Pos es que ya no le dabas batería, maestro —se burló Fernando.

—Por supuesto que no le daba batería. Ya al final me daba casi asco hacerle el amor. Siempre estaba embadurnada de cremas, con el pelo tieso, y luego sabiendo que todo era más falso que una moneda de veinte dólares, pero eso me sirvió para comprender que efectivamente estaba insatisfecha, y yo también. Era mejor que cada quien siguiera por su lado, porque no hay nada peor que cogerte a una vieja que no te gusta. Y a tu esposa, pues te la tienes que coger, al menos de vez en cuando.

—Por eso dicen que hacer el amor con tu esposa es como volar en jet —dijo Daniel. No se siente nada.

Todos rieron. Todos... menos Antonio.

—La verdad es que a nuestra edad no hay como una canita al aire —continuó Fernando. ¿No es cierto? Apuesto a que cada uno de nosotros ha tenido mejores experiencias fuera de casa. A ver, para ponerle la sal a este afortunado encuentro, cada uno de nosotros nos va a contar cuál ha sido su mejor y más sabrosa experiencia, ¿va?

—Zafo —dijo Beto. En mi caso tiene que ver con mi actual situación o tal vez con la forma en que empezó. Me perdonarán si no soy indiscreto.

—Indiscreto ya fuiste, maestro. Por eso te perdonamos. A ver tú, Daniel, tu turno —sentenció el anfitrión.

—Bueno —contestó el aludido—, creo que fue hace mucho tiempo, cuando era estudiante de la facultad. Teníamos una maestra de apreciación estética, una francesa que se había graduado en L'École des Beaux Arts, de París. No es que fuera bonita pero era guapérrima. Ya ven que las francesas tienen algo que las hace muy atractivas. Tal vez una elegancia natural. Se llamaba Nicole. Esta mujer usaba faldas muy largas y botas de ante sin tacón, cinturón de gran hebilla y un saco que le venía muy grande, con las mangas medio arremangadas. El pelo, largo y rubio, que solía anudar en una cola de caballo y los lentes de sol, le daban un aire sofisticado, exótico. Todos fantaseábamos con ella, pero ella, o no se daba color o nos ignoraba olímpicamente. Una vez todos los de la clase fuimos a Oaxaca para unas prácticas. El lugar se prestaba para apreciar la arquitectura prehispánica, en las ruinas de Mitla y Monte Albán, y colonial de la ciudad. Durante la visita a Monte Albán percibí o quise percibir, cierta preferencia de Nicole. Llevaba unos jeans ajustados y huaraches mexicanos. Mientras subíamos una pirámide, la tuve muy cerca. Pude percibir su perfume —delicioso— y atisbar el hermosísimo brasier de encaje que llevaba bajo su blusa de manta. Hasta ahí, eso fue todo. Esa noche muchos de los compañeros salieron de juerga. Yo no quise ir. A eso de las once tocaron a mi puerta. Yo estaba en calzones, unos enormes boxers de rayas, como los de Pomponio. Pensé que sería alguno de los cuates y abrí sin más. Era Nicole, con su cara lavada y su cola de caballo. Recién salía del baño. Llevaba una ligera bata de seda o de satén, tal vez. Sólo me preguntó si podía pasar. Yo asentí con la cabeza. Entró y se recargó en la puerta. Yo me disponía a ir por algo qué ponerme pero me jaló suavemente y así, recargada en la puerta, me besó una, dos y muchas veces. Creo que fueron los besos más deliciosos que he recibido y que he dado. Parece mentira, pero casi no hablamos. Me llevó a la cama y me tumbó. Luego apagó la luz. Al poco, mis ojos se acostumbraron a la penumbra y pude distinguir su silueta, soberbia. Hicimos el amor hasta el amanecer. No quiero entrar en muchos detalles pero les diré que lo peor que hacía Nicole con la boca era hablar. Sus besos, mordiscos, caricias con la lengua, en fin, creo que no hay nada igual. Nos seguimos viendo algún tiempo, en su departamento. Yo me empecé a clavar pero ella no. Tal parece que su interés era puramente físico. Poco después regresó a París. Le envié una o dos cartas que no contestó. De vez en cuando me llegaba una tarjeta con sus nuevas señas. Mucho después, ya casado, la vi en París. Se había convertido en una matrona francesa; elegante, pero ni sombra de aquella mujer. Creo que fue mejor así, aquella amante insuperable había desaparecido. La besé en las mejillas y le di un adiós definitivo.

Los presentes quedaron sorprendidos y conmovidos con el relato de Daniel; pero la noche era aún joven y el hojaldre de trucha no estaba listo. Fernando no se quiso quedar atrás.

—Yo les voy a contar —dijo Fernando— lo que me pasó en un viaje a Tailandia. Fuimos Sofía y yo con otra pareja. Ya desde la tarde mi amigo y yo hicimos un trato con las señoras. Ellas podían comprar unas joyitas que les gustaron, y a cambio mi cuate y yo saldríamos solos esa noche. Las viejas, felices, y nosotros también. En el hotel nos recomendaron un centro nocturno en el que, decían, se veía la mejor variedad de Bangkok. Era un lugar todo exótico, imagínense el Mauna-Loa pero en serio. Había muchos turistas y muchos meseros. La pista de la variedad era como herradura, para que todas las mesas vieran de cerca. Con cincuenta dólares nos dieron una de primera fila. La variedad era buena, tragaespadas, malabaristas y cosas de ésas, pero los números eróticos eran verdaderamente eróticos. Con decirles que hasta un burro hacía su show, y con una chinita, o tailandesa, pues. A mí las orientales siempre me han parecido muy sensuales, casi irresistibles. Enfrente de mí desfilaron una docena de cuerpos desnudos, turgentes y jóvenes. Una de ellas me llamó la atención más que las otras. Era relativamente alta, de pelo lacio, muy negro y casi hasta la cintura. Los senos, como los de todas ellas, eran pequeños, pero eran perfectos, no exagero, perfectos. No sé si lo vi o lo imaginé pero me pareció que me sonreía mientras actuaba. Terminado su número, llamé al mesero y le dije que la quería conocer. Me dijo que la chica no hablaba inglés, mucho menos español, pero que me recibiría en su camerino. Acompañé al tipo aquel y me condujo a la parte de atrás del escenario. El camerino no era tal, era una verdadera habitación, con luz tenue, rojiza y donde olía a esencias orientales. La joven me sonreía, envuelta en un kimono, sentada al borde de una cama redonda. Dejé cien dólares en las manos de aquel fulano y me encaminé hacia la chica, sonriendo, obviamente sin saber qué decir. Ella también sonreía. Se despojó del kimono y pude admirar el cuerpo mejor formado que he tenido la fortuna de ver. Empecé a hablar en inglés pero me di cuenta de lo inútil que resultaba. Ella sólo reía. Me desvistió lentamente y me tendió boca abajo en el lecho. Me untó con aceites aromáticos y empezó a masajearme, primero con las manos, luego con los pies y después con los senos. Mi excitación iba en aumento. Traté de hacérselo saber; quería poseerla cuanto antes pero ella me contuvo. Siguió acariciándome hasta que no aguanté más; entonces me dejó hacer el amor. Terminé muy rápido, estaba demasiado excitado. Cuando me dirigí hacia mi ropa, en una clara intención de marcharme, ella me detuvo. Me tomó de la mano y me llevó hacia un cuarto anexo, una especie de baño con duchas pequeñas que salían de los lados, la más alta a la altura del pecho. Ahí me enjabonó con esponjas naturales y gel de douche, poco a poco, sin prisa, con cariño. Al poco me sentí excitado otra vez. Después me envolvió en un kimono y me condujo a la cama. Hicimos nuevamente el amor; pero esta vez duré mucho. Intentamos un sinnúmero de posiciones y técnicas. No sé cuánto duró aquello pero sé que el tiempo no transcurrió para mí. Le demostré mi agradecimiento con señas, y con dólares, por supuesto. Ya no hablamos. Ni siquiera supe su nombre, todavía no lo sé ni lo sabré; lo que sí sé y sin lugar a dudas, es que esa chica sabía su oficio.

Mientras Fernando hablaba, los demás permanecían embobados. Por el relato y por la forma en que envolvía los filetes de trucha en el hojaldre, que él mismo había preparado, se hacía evidente que se trataba de un hombre refinado. Todos quedaron con la boca abierta.

—Ahora vas tú —dijo Beto dirigiéndose a Antonio. Como yo quedé fuera eres el único que falta, así que adelante, maestro, al ruedo.

Antonio se acercó al mueble bar para servirse otro tequila y destapar otra cerveza. Los demás tenían sus copas llenas, incluso Daniel, que seguía con agua mineral.

—Debería sentirme cohibido por sus relatos —respondió Antonio. Diría que me dejan atrás. Una francesa en las ruinas de Monte Albán y una tailandesa en Bangkok, mejor que telenovela o película de Woody Allen. Diríase que les debo tener envidia, pero no es así. En realidad, no tengo qué envidiarles. Lo que yo les voy a contar sucedió con una mujer madura y no hace mucho. Podría decir que tiene un cuerpazo pero no es verdad. Lo tuvo, estoy seguro, pero eso fue antes de mi tiempo. Ahora tiene los senos caídos y las carnes blandas. Ni siquiera se tiñe el pelo. Lleva las canas con elegancia, casi con ostentación. Para mí es irresistible. La conocí hace muchos años, siempre me gustó, siempre me despreció, o al menos eso creí. De joven me atrajo la sofisticación, el esnobismo. A ella, en cambio, le atrajo la sencillez, la naturalidad. Cada cual siguió su camino, yo con Alejandra y ella con el suyo. Nos seguimos viendo, siempre, y a mí me siguió atrayendo, siempre. Ahora sé que yo a ella también. Nunca lo manifestamos; nunca nos sobrepusimos al prejuicio y al pudor. Hace algún tiempo me pidió una cita para hacerme una consulta. Sentí un vacío en el estómago. El día fijado me acicalé y me perfumé como para ir a un baile de quince años. Casi no escuché lo que me decía. Si antes me perturbaba, estando solos, en mi privado, apenas podía disimular el temblor de mis manos. La seguí escuchando pero me paré de mi escritorio y me levanté junto a ella. "¿Cuándo vamos a comer?", le pregunté. Ella rio. Insistí que la comida eran mis honorarios y que si no los pagaba la demandaría. Burlona, accedió a que nos viéramos un jueves de ésos, pero me advirtió que tendría que marcharse a las cuatro. Y a las cuatro, en el restaurante, se apartó para hablar por teléfono. A las siete, después de varios coñacs, le dije que siempre me había gustado, que tenía que seguirla viendo, a solas.

Daniel se levantó sigilosamente de su asiento. Nadie se percató que se sirvió una generosa ración de whisky y que la apuró de un trago. Volvió a llenar el vaso.

"Ella me contestó, para mi sorpresa, que yo también le gustaba. Que sufrió cuando me hice novio de Alejandra y que nunca le había sido indiferente. Nos tomamos de la mano; nos miramos en silencio. De pronto, sin preámbulos, le solté a la cara: 'Vámonos a Nueva York'. Vinieron los '¿pero cómo?', los 'no es posible' y otras cosas. Antes de un mes, viajamos. Nadie supo nunca nuestro verdadero destino pero vivimos cuatro días como marido y mujer. Vivimos como jóvenes, como niños, como enamorados. Hicimos el amor una y otra vez; nos besamos y besamos y besamos. Y bebimos y bailamos y escuchamos y olimos y caminamos y presumimos y conocimos y recordamos y discutimos y dormimos y despertamos y vivimos y vivimos. Fue el mejor viaje de mi vida. Me sentí verdaderamente enamorado. Luego vino el regreso, los encuentros furtivos y los desencuentros, las miradas cómplices, el disimulo, la añoranza. La situación era difícil, comprometedora, no duró mucho pero caló hondo, dejó huella; fue mucho. Si me preguntan sobre el mejor y más excitante de los actos de amor que he gozado, les diré sin pensarlo un segundo, que fue en Nueva York una tarde después de pasear a pie por la avenida Madison. Como verán, no se requieren ruinas precolombinas ni pagodas orientales para amar plenamente.

–Vaya, pues —comentó Beto. Nos salió romántico el licenciado. Muy bien, señor, muy bien.

–Bueno, jóvenes, la cena está lista. Pasemos al comedor —invitó el anfitrión haciendo una chusca caravana.

–Voy a pasar al baño —terció Antonio, dirigiéndose a la sala contigua.

Minutos después salía del medio baño restregándose aún las manos húmedas. En la puerta estaba parado Daniel. Sostenía un vaso con whisky en la mano. Tenía los ojos inyectados de sangre. Miró fijamente a Antonio, impertérrito. Con aplomo, sin emoción, sin mover un músculo, sin acusar, sin dudar, sentenció:

–No creí que fueras tú el que se estaba cogiendo a mi mujer.

El sufrimiento que no cesa

$\mathcal{C}$uatro años después de que Juan se fuera a provincia, Inés recibió en su casa un aviso: tenía que ir a la oficina de correos de Prado Norte a recoger un paquete. Sorprendida y curiosa, fue inmediatamente a buscar el mentado paquete. Era un libro: *Los cuatro acuerdos*, de Miguel Ruiz. Una nota pequeñita hizo que su adrenalina se elevara por los aires. Hizo que sintiera mariposas en el estómago. Hizo que su piel se encogiera. Hizo que sintiera un chorro de calor de no sé dónde. Era una nota de Juan. Le mandaba el libro "por aquellos días de aprendizaje", decía el papel, y finalizaba: "Sé que te va a servir". Inés no esperó a que llegara la noche, tomó rumbo al Desierto de los Leones, estacionó el coche en un paraje y devoró el libro. Cuando acabó, su cuerpo estaba lleno de piquetes de moscos, de emoción, de paz y de alegría. Durante varios días lo releyó, lo subrayó, se aprendió frases de memoria; necesitaba compartirlo con alguien; "hablar los pensamientos en voz alta es como ratificarlos", recordó que le había dicho Juan en alguna ocasión. Citó a Sofía, muy curiosa de saber cuál era ese misterio del que le hablaba Inés. Frente a una taza de café en la librería El Péndulo de Polanco, Inés le leyó a Sofía algunos párrafos subrayados: "Nacemos con la capacidad de aprender a soñar, y los seres humanos que nos preceden nos enseñan la forma en que lo hace la sociedad [...] Utilizando nuestra atención aprendimos una realidad completa [...] aprendimos cómo comportarnos en sociedad [...] [cuando éramos pequeños] todos intentaban captar nuestra atención. También aprendimos a captar la atención de otros seres humanos y desarrollamos una necesidad que siempre acaba siendo muy competitiva [...] de niños no tuvimos la oportunidad de escoger nuestras creencias, pero estuvimos de acuerdo con la información que otros seres humanos nos transmitieron [...]"

–Es cierto, Inés, ciertísimo —afirmó Sofía.

–Pues el autor llama a esto "la domesticación de los seres humanos". Dice que a través de esta domesticación aprendemos a vivir, nos dicen cómo hemos de vivir y qué tipo de comportamiento es aceptable. Pero cuando no acatábamos las reglas nos castigaban y cuando las cumplíamos, nos premiaban. Pronto empezamos a tener miedo de ser castigados y también de no recibir la recompensa. Cuando recibíamos el premio nos sentíamos bien, y por ello, continuamos haciendo lo que los demás querían que hiciéramos. Debido a ese miedo de ser castigados y de no recibir la recompensa, empezamos a fingir que éramos lo que no éramos. ¿Qué te parece? ¿Sabías que el ser humano es el único animal que paga mil veces por el mismo error?; los otros animales aprenden a la primera o a la segunda, pero nosotros no aprendemos de nuestros errores.

–¿Qué quieres decir? ¿Cómo?

–Si cometemos una equivocación nos juzgamos a nosotros mismos, nos declaramos culpables y nos castigamos. Si fuese una cuestión de justicia con eso bastaría, pero cada vez que recordamos que hemos cometido un error, nos juzgamos, nos volvemos a señalar como culpables. ¿A poco no es cierto que cuando cometimos un error tú o yo, Daniel y Fernando nos lo recordaban una y otra vez y volvíamos a sentirnos culpables?

–Siempre. ¿Cuántas veces no me reprochaba mis gastos? ¿Cuántas veces no me recriminaba mis llegadas tarde? Lo peor de todo, es que siempre le daba la razón. Lo cual me hacía sentir dos veces culpable.

–Aquí dice que: "Si comparamos el sueño de la sociedad humana con la descripción del infierno que las distintas religiones de todo el mundo han divulgado, descubrimos que son exactamente iguales. Las religiones dicen que el infierno es un lugar de castigo y de sufrimiento. Cada vez que sentimos emociones como la cólera, los celos, la envidia o el odio, experimentamos un fuego que arde en nuestro interior. Vivimos el fuego del infierno [...] Cada ser humano tiene su sueño personal, que, al igual que ocurre con el sueño de la sociedad, a menudo está dirigido por el miedo. Sin embargo, no es necesario que nuestro sueño sea una pesadilla. Podemos disfrutar de un sueño agradable. Toda la humanidad busca la verdad, la justicia y la belleza. Estamos inmersos en una búsqueda eterna de la verdad porque sólo creemos en las mentiras que hemos almacenado en nuestra mente. Buscamos la justicia porque en el sistema de creencias que tenemos no existe. Buscamos la belleza porque, por muy bella que sea una persona, no creemos que lo sea. Seguimos buscando y buscando cuando todo ya está en nosotros. No hay ninguna verdad que encontrar [...] pero debido a los acuerdos y las creencias que hemos almacenado en nuestra mente, no tenemos ojos para verla [...] Lo que nos ciega son todas esas falsas creencias que tenemos en la mente. Necesitamos sentir que tenemos razón y que los demás están equivocados. Confiamos en lo que creemos y nuestras creencias nos invitan a sufrir".

–Híjole, Inés, qué horrible. Y ¿no hay salvación? ¿Así es para siempre?

–Confiamos en lo que creemos y nuestras creencias nos invitan a sufrir. Vivimos en una bruma que ni tan siquiera es real. Es un sueño, nuestro sueño personal de la vida: lo que creemos, todos los conceptos que tenemos sobre lo que somos, todos los acuerdos a los que hemos llegado con los demás, con nosotros mismos e incluso con Dios. Ahora fíjate lo que dice luego, Sofía, porque esto me encanta: "Toda nuestra mente es una bruma que los toltecas llamaron 'mitote'".

–¿Mitote? ¡Mi tía Guillermina decía que era super mitotera...! —interrumpió Sofía. Me recuerda los mitotes que hacíamos en la escuela cuando nos castigaban y todas hablábamos al mismo tiempo y nadie escuchaba a nadie, ni siquiera las monjas, y luego no sabíamos ni por qué era el pleito.

–¡Exacto! Nuestra mente es un sueño en el que miles de personas hablan a la vez y nadie comprende a nadie. Nos resulta imposible ver quiénes somos verdaderamente; nos resulta imposible ver que no somos libres. Ésta es la razón por la cual los seres humanos nos resistimos a la vida. ¡Checa esto, Sofía!: "Estar vivos es nuestro mayor miedo. No es la muerte, nuestro mayor miedo es arriesgarnos a vivir: correr el riesgo de estar vivos y de expresar lo que realmente somos. Hemos aprendido a vivir intentando satisfacer las exigencias de otras personas. Hemos aprendido a vivir según los puntos de vista de los demás por miedo a no ser aceptados y de no ser lo suficientemente buenos para otras personas".

–¡Órale! Fíjate, Inés, que estaba pensando en Rodrigo, el hijo de Alejandra; ese pobre niño cayó en las drogas por imitación y porque no lo fueran a rechazar los amigos, y ya ves qué arruinada le dio a su vida. Por otro lado también está Toño, su hermano, no para de hacer lo que la sociedad le pide y está arruinando su vida. ¿Y qué me dices de la pobre de Ana Paula?

–Mira, Sofía, eso se llama "ver la paja en el ojo ajeno". ¿Qué me dices de ti? ¿Y de mí? ¿Por qué creemos que nunca vamos a ser perfectas? ¿Por qué por más que nos vistamos a la última moda, tengamos el último modelo de todo y nos creamos una imagen perfecta para los demás, nunca estamos satisfechas? Ninguna de esas imágenes es real, y bajo ese punto de vista nunca seremos perfectas. Como no somos perfectas nos rechazamos. Después de la "domesticación" no somos lo bastante buenas para nosotras mismas y nos resulta imposible perdonarnos por no ser lo que desearíamos ser; o mejor dicho, por no ser quienes creemos que deberíamos de ser. Mira, Sofía, es muy difícil vernos a nosotras mismas porque no nos enseñaron eso, pero ¿sabes cuál es "la neta"? ¿Sabes quién sí te conoce bien, quién sabe cómo eres realmente, no lo que tú aparentas ser sino quién eres en esta onda de la que hablamos? —Sofía preguntó ansiosamente con los ojos: ¿quién?, como si Inés le fuera a dar el secreto más importante de su vida—: Felipe. Ese hombre se enamoró de ti porque conoció tu verdadero yo; tú misma le enumeraste todos los defectos que tú crees tener, ¿te acuerdas?, y a Felipe no le importa nada de eso porque supo ver quién sí eres.

—¡Ay, Inés, eres de lo más adorable! ¡Te lo juro que me vas a hacer llorar!

—Yo así me di cuenta, gracias a otra persona, a Juan, pude conocer de mí, de lo que soy, no de lo que los demás esperan que sea. ¿Sabes qué? Te voy a confesar que días antes de recibir el paquete, estaba yo pensando en lo que le "debía" a las personas con las que he vivido en el transcurso de mi vida: les debo a mis padres la vida; les debo a mis maestros la educación; les debo a mis amigos que me soporten; le debo a Daniel que me "haya perdonado" y que me mantenga y que me lleve a viajes; te debo a ti que siempre que te necesito estás ahí dispuesta. ¡Le debo a todo mundo! Y sufro. Sufro porque no me siento lo suficientemente buena para regresarles lo que me han dado. ¡No te parece una idiotez! Yo me he castigado en forma exagerada y por eso he permitido que otros me humillen: me lo merezco, no soy digna de amor, ni de respeto. He establecido conmigo misma tal cantidad de lo que Miguel Ruiz llama "acuerdos". Los acuerdos son muy poderosos. Pero hemos usado acuerdos negativos, y los hemos empleado mal, estos acuerdos en los que me he dicho quién soy, qué siento, qué creo, me han hecho sufrir y me siento víctima de todos, hasta de mí misma. Necesitamos cambiar los acuerdos. ¿Sabes?, hasta ahora entiendo lo que Juan me decía con eso de desechar la culpa de mi vida; se me hacía tan raro.

Después de que se fue Inés, Sofía se quedó sola pensando en cuánta razón tenía su amiga. Pero ¿estaría ella segura y deseosa de cambiar? ¿No sería tremendamente complicado? Lo comentaría con Felipe. Sofía se fue corriendo a su casa. Tenía que acabar de hacer la lista de invitados y hablarle a Paula, la encargada del banquete, a Becky Alazraki para ver lo de las flores de las mesas, y a la agencia de viajes. A Ita se le había metido en la cabeza que madre e hija debían hacer juntas un viaje a Nueva York, "para que te compres tu 'lingerie' super sexy, mamá. Además, tus camisones de franela ¡son horribles! Podrías decepcionar a Felipe. Por otro lado, sería el último viaje que haríamos juntas antes de casarte. ¿Por qué no aprovechas tus puntos de la American y nos vamos a un hotel muy barato? Te lo juro que a las dos nos hará mucho bien este viaje. Te lo juro que no vamos a gastar mucho; nada más compraríamos tu ropita interior. Al fin que ya tienes el vestido para la boda que te diseñó Álvaro Reyes, y que, por cierto, está padrísimo; ya tienes tus zapatos que compraste de barata en Ferragamo; ya prácticamente tienes todo", le dijo Ita con sus ojos verde olivo con una luz particularmente tierna. Sofía no se pudo negar. ¿Cómo podría no hacerlo si efectivamente era una magnífica oportunidad para que convivieran las dos, más de cerca, por algunos días? Pero ¿por qué a Nueva York en estos momentos en que la esperaban tantos gastos por lo del matrimonio, luna de miel, invitaciones, etcétera? ¿Por qué no mejor a Tecolutla? Ahí también podrían tener ese rencuentro tan bonito, al borde del mar y no saldría tan caro. O ¿por qué mejor no comprar los camisones y la 'lingerie', como le dijo su hija, en La Violeta, en San Cosme, donde acostumbraba comprarlos doña Sofía? Pero antes de hacer todas sus llamadas telefónicas, se dirigió a su computadora y, revisó su correo. Había un e-mail de su hermana Antonia. Se sentó en la silla y, con una sonrisa en los labios, leyó:

"Querida Sofía: Cuando leí que Gloria Steinem, la feminista americana que inventó el término Ms. para evitar la clasificacion de Miss y Mrs., la misma que comparó el matrimonio con un contrato de propiedad feudal y convenció a miles de mujeres de evitar este convencionalismo social, del cual, burlonamente, declaraba que era una 'pequeña muerte', se había casado recientemente, pensé que, a pesar de todo, a pesar de lo imposible que puede ser, el matrimonio es la mejor solución; y que aún no se ha inventado un estado mejor que ése. Yo, como mi mamá, soy promatrimonio. ¿Cómo decía ella? 'Más vale una mal casada que una bien soltera...' También se decía que 'cualquier matrimonio, feliz o desgraciado, es infinitamente más interesante y más significativo que cualquier aventura amorosa por apasionada que sea'. ¿Te acuerdas de los años sesenta, cuando el blanco de todos los ataques era la institución del matrimonio? Los hombres decían que era sofocante (de ahí la popularidad de las películas de James Bond, el soltero feliz). Las feministas declaraban que también era asfixiante para las mujeres y que a pesar de que hubiera 'amor' sólo se trataba de un medio para someterlas a su papel de sirvientas de sus maridos y de sus hijos. No dudo que había algo de razón en todas esas teorías y que gracias a ellas las mujeres ahora tienen muchos más derechos. Los hombres también han aprendido mucho y esto, estoy segura, hará que existan mejores matrimonios. 'Las cadenas del matrimonio son muy pesadas. Hacen falta dos para llevarlas, y a veces tres', decía Oscar Wilde.

"Ahora tú, mujer moderna, liberada, independiente, feminista a tu manera, te vas a casar, mejor dicho te vas a re-casar, no porque te vas a volver a casar sino porque me das la impresión de que quieres estar recasada... re... requetecasada y rete enamorada y rete feliz. ¿Sabías que la alegría expulsa el aburrimiento, porque introduce de nuevo en la vida del hombre la brillantez, el interés, la energía, la excitación y la diversión? De alguna manera yo también estoy enamorada de Felipe, porque te hace feliz, porque te quitó la depresión y porque rescató a la Sofía alegre que siempre he conocido. ¡Te felicito de todo corazón! Porque cuando funciona, como estoy segura será tu caso, se crea una intimidad, un sentido de seguridad y sobre todo, muy importante, la promesa de una estabilidad futura, que es exactamente todo lo que, me parece, tú necesitas. Sí, tú necesitas a alguien con las virtudes de Felipe. Necesitas a alguien así de sabio, así de dulce, así de tolerante y de generoso. Alguien que te acepte cien por ciento. Te puedo decir que su encuentro es como un milagro. ¡Es tan difícil encontrar a una pareja! Te lo mereces. Perdón. ¡Se lo merecen!

"Ya estoy de hermana mayor, y a estas alturas de nuestra vida ya soy hermana muy, pero muy mayor... Con mis cuarenta y un años de casada no creas que me siento autorizada por mi 'experiencia' para aconsejarte. La experiencia, finalmente, es un regalo inútil. Cada quien tiene que tener la suya propia y aprender de sus errores. Lo que sí te pido es que ahora que vas a tener marido, tengas mucho cuidado con tus gastos, mejor dicho, con tus deudas. Debes no deber más. Espérate hasta que sea su cumpleaños, santo y navidad para darle regalos a tu marido. No vayas a querer celebrar tu aniversario de bodas cada mes. Ya no gastes tanto en masajes. Ya no los vas a necesitar. No despilfarres tu dinero en tantas cremas para evitar las arrugas, las tuyas serán de tanto sonreir y eso basta para verte bonita. Cuando viajes procura ir más a museos que a tiendas. Muchos museos en Europa son gratis. Cuando vayas al cine en Estados Unidos pide boletos para 'senior', son a la mitad de precio. Ya sé que todavía no estás en la tercera edad. Pero para allá vas. Para que no gastes en clínicas de adelgazamiento es menester evitar los restaurantes. Cada vez que quieras comprar algo, pregúntate: ¿Lo necesito realmente? Pero, sobre todo, Sofía, no tengas deudas. Imagínate, si tu marido va a ser tu compañero, amigo, socio, cómplice, y va a compartir tu vida de una manera comprometida y amorosa, imagínate las angustias que le vas a transmitir cada mes cuando te lleguen las cuentas de American, Visa, Saks, etcétera. Piensa en su salud y en la tuya.

"Por otro lado, te recuerdo lo que dice Helen Fisher, que uno de los rasgos más característicos del hombre es su profundo deseo de sentirse necesitado por una mujer. Los hombres quieren ayudar, resolver problemas, sentirse útiles 'haciendo' algo. En cambio las mujeres, lo que más desean, es sentirse queridas por su pareja.

"Qué maravilla que se vayan de luna de miel a Cuba. Ahí sí que no vas a comprar nada que no sea ron, puros o música cubana. Además, acuérdate que no aceptan American Express por aquello del bloqueo... ¡Qué bueno, porque así no vas a gastar! Por cierto, y hablando de playas, ¿ya te surtió efecto el tratamiento de Body Therapy? ¿Ya tienes tu vestido? Espero que no sea muy blanco, ni muy ampón, ni que tenga mucho tul. Ayer, precisamente, me compré el mío en Harrods, especialmente para su boda. Está precioso. ¿Qué crees? Lo pagué con mi tarjeta de crédito. Lo que también pagué con mi American Express fue su regalo. Por tu culpa me endrogué. Ya estoy como tú: debo, luego sufro.

Salúdame a Felipe.

Te mando todo mi cariño, Antonia.

Después de pasar, madre e hija, cuatro días maravillosos en Nueva York, de regreso, en el avión, Sofía pensaba en todo, todo lo que no había comprado: "No compré mis cremas La Prairie; no compré ninguna pashmina; no compré libros de arte; no compré discos; no compré ningun traje de St. John; no compré zapatos; no le compré a nadie regalos; no compré el saco de piel Prada que me quedaba tan bien; no compré una gabardina nueva ni un paraguas; no compré perfumes; no compré anteojos; no compré regalos para Sebastián; no compré regalos para las muchachas; no compré gadgets; no compré la computadora ibook que me gustó tanto; no compré ninguna agenda para el 2001 no fuimos a restaurantes caros; no fuimos al teatro; no fuimos ni al cine. Tal vez en lo que más gasté fue en las llamadas teléfonicas que le hice a Felipe para recordarle que lo quería mucho. Pero, aparte de eso, creo que esta vez sí fui muy discreta. Mi 'lingerie' está preciosa y mis camisones parecen como de película de *Los ángeles de Charlie*".

Aun cuando la pobre de Sofía creía que en este viaje a Nueva York, efectivamente, no había comprado muchas, muchas cosas, el 24 del siguiente mes llegó a su casa, como de costumbre, un gran sobre blanco con el estado de cuenta de American Express. Para desgracia de la peor de las deudoras, el total del saldo por pagar representaba no lo que ella creía sino el triple. Sí. El triple. Y en ¡dólares!

A partir de ese momento, y como cada mes, Sofía empezó a sufrir por todo lo que debía.

Tepoztlán, Morelos, noviembre del año 2000

Agradecimientos

*Q*uiero expresar un reconocimiento muy especial a la invaluable colaboración de tres personas para hacer posible la redacción de este texto, que, como hace diez años con *Compro, luego existo*, me solicitó hace unos meses la Procuraduría Federal del Consumidor.

Hace años leí un libro que me ayudó a responder muchas dudas con respecto al comportamiento de las sociedades contemporáneas; además de que me permitió concebir una perspectiva diferente de mi propia realidad. Entonces *La era del vacío* de Gilles Lipovetsky se convirtió en mi biblia personal; gracias a ese texto estuve en posibilidades de entender lo que hoy por hoy es la posmodernidad y sus versiones características de individualismo, narcisismo y, sobre todo, consumismo. Tiempo después, la Providencia hizo posible que conociera personalmente al autor y que consiguiéramos entablar una muy buena amistad. No hace mucho, durante su última estancia en México, pudimos compartir tres días memorables, que se fueron en un suspiro, al pie del Tepozteco; hablamos y hablamos: del sentido del deber en la vida de todos los días; de las causas por las que en las sociedades modernas el sufrimiento es una constante, a pesar de que, en apariencia, tienen todo resuelto. Gracias, Gilles Lipovetsky.

Tiempo hace que conocí a un abogado litigante que, además, escribía. Bastó la lectura de algunos de sus textos —relatos cortos, principalmente; muy señalados por la mordacidad e inteligencia de su desarmante humor— para hacerme evidente el talento de su autor. Gracias a José Saucedo la voz de los personajes masculinos de *Debo, luego sufro* es verosímil y fresca; su ayuda para dotar de una presencia genuina a Daniel, Fernando, Antonio y Beto fue insustituible.

La interminable "huelga" en la Universidad Nacional Autónoma de México, causante y detonadora de muchos males, circunstancialmente, a mí acabó por beneficiarme. El hecho hizo posible que una joven estudiante de letras pudiera poner su notable capacidad de comprensión y síntesis a mi disposición para que cada jueves, durante muchas semanas, me entregara sus informes y síntesis de materiales muy diversos: libros (de sociología, antropología, filosofía, economía), revistas de contenido y tono variopinto, entrevistas con funcionarios de la Procuraduría Federal del Consumidor (para cumplir el acuerdo entre autora e institución). Gracias, Adela Goldbard.

Pero aún no termino:

Como bien dice mi muy querido amigo y editor, Rogelio Carvajal, este texto es un "collage coral", donde concurren todo tipo de géneros y voces. El coro narrador es amplio y diverso, por lo que no puedo, en riguroso orden alfabético, dejar de agradecer colaboraciones, ayudas y apoyos de: Dolores Antoni, Eduardo Bohórquez, Óscar de la Borbolla, Eugenia Calero, Elio Fajardo, Alonso García Loaeza, Beatriz Graf, Antonia Loaeza de García López, Julián Mayer, Ramón Pieza Rugarcía, Enrique Quintana, Joaquina Rodríguez, Jorge Septién, Cecilia Verea. Tampoco quiero pasar por alto a mi asesor cibernético en Tepoztlán, Jorge Carlos Pescador; y a otras dos tepoztecas, Marina e Isabel.

Y cierro con las gracias a mi testigo de toda una vida, Rogelio Carvajal.

Debo, luego sufro,
escrito por Guadalupe Loaeza,
es el drama de un grupo de hombres y
mujeres que, en su afán por darle sentido a su
existencia, van por la vida dejando tras de sí un
rastro de tarjetas de crédito sobregiradas
y deudas imposibles de pagar.
La edición de esta obra fue compuesta
en fuente palatino y formada en 11:13.
Fue impresa en este mes de noviembre de 2000
en los talleres de Encuadernación Ofgloma, S.A. de C.V.,
que se localizan en la calle de Rosa Blanca 12,
colonia Ampliación Santiago Acahualtepec, en la ciudad de México, D.F.
La encuadernación de los ejemplares se hizo
en los mismos talleres.